KB138059

하버드 리더십 수업

현대지성
리더십 클래스
003

HEARTS TOUCHED with FIRE

백악관 50년 경력 베테랑이 완성한
하버드 케네디스쿨 리더십 바이블

하버드 리더십 수업

데이비드 거건 지음 | 이종인 옮김

현대
지성

이 책에 쏟아진 찬사

나는 기업에서 세 명의 회장을, 청와대에서 두 명의 대통령을 곁에서 지켜볼 기회가 있었다. 10년 전부터는 리더십에 관한 강의도 하고 있고, 탐독한 책만도 수십 권은 족히 넘는다. 하지만 '리더십은 무엇이며, 어떻게 발휘되어야 하는가?'라는 질문에 명쾌한 답을 찾지 못했다. 손에 잡힐 듯 잡히지 않는, 그러나 분명히 실재하는 리더십.

나는 이 책을 읽고 비로소 리더십의 실체와 적용 방법에 관해 자신 있게 말할 수 있게 됐다. 읽는 내내 "맞아, 맞아"를 연발하며 무릎을 쳤다. 머릿속에 조각조각 맴돌던 퍼즐 조각들이 질서정연하게 맞춰졌다. 30년 묵은 체증이 내려가는 느낌이다.

그동안 국내에서 출간된 번역서들을 접하면서 두 가지 아쉬움이 있었다. 하나는 우리 현실에 맞지 않는 내용이 적지 않다는 점이고, 다른 하나는 다른 언어를 우리말로 옮기다 보니 저자의 의도가 선명하게 와닿지 않는다는 점이다. 이 책은 이런 우려를 말끔히 해소했다. 저자가 사례로 든 인물과 경험담은 단순히 과거 이야기가 아니다. 지금 현실에 당장 써먹을 수 있는 생생한 우리의 이야기다. 그뿐만 아니라 리더가 갖춰야 할 세 가지 자질, 리더를 위한 스무 가지 교훈 등을 조목조목 구체적으로 제시하고 있어 밑줄을 그어가며 쉽고 재밌게 읽을 수 있다.

세상은 갈수록 복잡하고 모호해지고 있다. 불확실한 시대에 너 나 할 것 없이 모두 불안하다. 지금 우리는 리더가 필요한 시기를 살고 있다. 하지만 현실은 어떤가. 리더십은 위기를 맞고 있고, 고대하는 리더는 보이지 않는다. 이 책을 다 읽은 지금, 나는 희망을 발견한다. 리더가 출현하려면 지금 무엇을 어떻게 해야 하는지 이 책이 명쾌하게 알려준다.

강원국 |『대통령의 글쓰기』저자, 前 청와대 연설비서관 |

리더의 자리에 앉아 있는 사람은 많지만, 참된 리더가 되는 일은 결코 쉽지 않다. 데이비드 거건에 따르면, 리더는 먼저 자신의 내적·외적 여정을 완수해야 하고, 자기 자신보다 더 큰 대의를 찾아 행동에 나서야 한다. 또, 리더의 자질을 완성하기 위해 고대 영웅과 같이 역경과 시련이 점철된 모험을 극복하고 더 강한 모습으로 거듭나야 한다. 하지만 그런 어려움에도 불구하고 오늘날 우리가 살아가는 세상에는 더 많은 리더가 필요하다. 특히, 새로운 시대에는 새로운 리더가 필요한 법. 이 책은 미래를 이끌어갈 내일의 리더들에게 진정한 리더로 거듭나는 방법을 알려준다.

임홍택 『90년생이 온다』 『2000년생이 온다』 저자
플라밍고엔터테인먼트 대표

열정과 지혜를 적절히 종합하면서 영감 넘치는 소명 의식과 실용적인 지침을 친절하게 알려준다. 장차 수십 년에 걸쳐 리더십을 발휘할 젊은 세대를 위한 글로 쓰인 멘토링이자 희망을 담은 책이다.

짐 콜린스 『좋은 기업을 넘어 위대한 기업으로』 저자
세계적인 경영사상가

공직 분야와 리더십에 헌신하려는 사람들을 위한 기상나팔. 50여 년간 공직 분야에서 활동해온 저자가 리더십에 관해 현명한 교훈과 독특한 관점을 제시한다. 지금이야말로 이 획기적이면서도 감동적인 저작을 읽어야 할 시간이다.

도리스 컨스 굿윈 | 퓰리처상 수상 작가, 『혼돈의 시대 리더의 탄생』 저자 |

획기적인 리더십 교본. 수십 년에 걸친 경력에서 나오는 수십 건의 일화와 그에 관한 통찰이 돋보인다. 이 책은 우리에게 도덕적 나침반을 제공하며, 어떻게 하면 우리의 진북을 발견하고 계속 올바른 항로로 나아갈 수 있는지 가르쳐준다. 반드시 읽어야 할 책이다.

클라우스 슈밥 | 세계경제포럼 창립자 |
『클라우스 슈밥의 제4차 산업혁명』 저자 |

수십 년간 리더십을 관찰하고, 조사하고, 가르치고, 실천하며 얻은 예리하고 소중한 통찰을 특유의 웅변과 기지를 발휘해 전한다. 윤리적이고 성공적인 리더를 만드는 방법에 관한 아주 중요한 정보가 담겼다. 우리는 그동안 이런 책을 간절히 원해왔다.

드루 파우스트 | 하버드 대학교 前 총장 겸 명예교수 |
아서 킹슬리 포터 대학교 교수 |

저자는 리더십에 관한 문제에는 통달한 사람이다. 그는 개인들의 활동에서부터 역사가 형성되는 더 큰 맥락까지 리더십을 관찰하고, 코치하고, 배우고, 성찰하며 평생을 살아왔다. 이런 깊은 경험을 바탕으로 위대한 지도자가 어떻게 만들어지는지 그 과정을 소개하고, 예리한 통찰과 심오한 교훈을 제시한다. 과거와 오늘날의 리더들에 관한 짧고도 감동적인 이야기를 풍성하게 인용하면서 리더십의 본질과 요체를 적절히 짚는다. 인생에서 어떤 가치 있는 목표를 달성하기를 열망하는 사람이라면 반드시 읽어야 할 책이다. 특히 이제 서서히 세상으로 나와 지도자로 부상하고 있는 전 세계 청년들이 읽어야 할 필독서다.

낸시 코엔 | 역사학자, 하버드 대학교 경영대학원 경영학 석좌교수 |
『위기에서 만들어지다Forged in Crisis』 저자 |

이 획기적인 책은 새로운 세대의 리더들을 주목하라고 요청한다. 이 세대는 '진북'을 발견하고 도덕적 목적을 추구함으로써 세상을 더 좋은 곳으로 만들 수 있다. 데이비드 거건처럼 새로운 세대의 리더들을 준비시키고 또 훈육하기 위해 혼신의 힘을 기울여온 사람도 없을 것이다. 그가 제시하는 여러 리더의 풍성한 사례는 리더가 되고자 하는 이들에게 영감을 불러일으킬 뿐만 아니라 유의미한 교훈을 줄 것이다.

빌 조지 | 하버드 대학교 경영대학원 시니어 펠로 |

약속을 실천하는 나라가 되길 바라는 남녀노소 모두를 위한 필독서. 『하버드 리더십 수업』은 정직하면서도 감동적인 리더십 매뉴얼이다. 새롭게 떠오르는 젊은 리더들에게 새로운 실험을 해야 한다고 격려하고 고무한다. 변화를 주도할 이들에게 아주 훌륭한 로드맵이 될 것이다.

제임스 매티스 | 前 미 해병대 장군 |
제26대 미국 국방장관 |

데이비드 거건은 지난 수십 년간 백악관 참모로, 또 유명 대학의 교수로 리더십을 연구해왔다. 그리고 드디어 리더십에 관한 걸작을 완성했다. 앞으로 수십 년간 지도자로 활약하고 싶은 사람들을 위해 이 책을 널리 권하면서 반드시 읽어보기를 요청한다.

데이비드 루벤스타인 | 칼라일그룹 공동 창립자 |
『타이탄의 지혜들』 저자 |

데이비드 거건은 권력을 잘 알고 있으며 리더십에 관해서는 그보다 더 잘 안다. 좋은 일, 위대한 일을 만들어내는 요령을 가르쳐주는 아주 소중한 지침서다.

존 미첨 | 퓰리처상 수상 작가 |
『그의 진리는 전진한다His truth is marching on』 저자 |

이제 막 떠오르는 새로운 세대의 다양한 리더들을 향해 간명하고 적절하면서도 애정이 넘치는 조언을 아끼지 않는다. 『하버드 리더십 수업』은 청년들에게 공직과 리더십에 봉사하라고 권하는 한편, 이를 실천하기 위한 도구와 지침을 제공한다.

셰릴 L. 도시 | 에코잉그린 대표 |

청년들에게 더 좋은 미래를 창조하기 위해 협동하는 정신의 유산을 계속 이어나가야 한다고 권유하면서 그 방법을 제시한다. 지금처럼 어려운 시대에 희망이 아주 강력한 무기임을 우리에게 일깨워주는 책.

데이비드 호그 | 총기 규제 활동가 |
'우리 생명을 위한 행진' 공동 창업자 |

매혹적이고 다층적인 책. 영감을 불러일으키면서도 실용적이다. 리더로서 경기장으로 진입하길 고민하는 사람들에게 이만큼 많은 지혜를 제공하는 책은 드물다. 오늘날에는 과거와 똑같은 방식으로는 앞으로 나아갈 수 없다. 거건은 이 책으로 미래로 나아갈 씨앗을 뿌렸다. 관건은 우리가 이 책에서 제시하는 최고의 목적을 다음 세대에게 전해줄 수 있는가다.

『워싱턴포스트』 |

일러두기 | 본문 하단의 각주는 옮긴이의 것이다.

프롤로그

위대한 리더는
어떻게 만들어지는가

이 이야기는 스웨덴에서 시작된다. 한 여덟 살 여학생이 전 세계에 영향을 미치는 리더로 올라서게 될 여정을 시작했다. 초등학생 때 이 아이는 학교에서 환경오염을 고발하는 다큐멘터리영화를 보았다. 다큐멘터리에서는 바다가 플라스틱으로 오염되고, 북극곰이 굶주리고, 산불이 맹렬히 타오르는 장면들이 나왔다.

영화를 본 학생 대부분은 환경오염에 관해 잠깐 생각하고는 곧 다른 일에 관심을 돌렸다. 하지만 그레타 툰베리Greta Thunberg는 앞으로 닥칠 지구환경의 파멸을 곱씹고 또 곱씹었다. 같은 반 친구들은 예전처럼 아무 일 없다는 듯 일상생활을 이어갔지만, 툰베리는 집에서 두문불출하며 어른들이 환경 피해를 줄이고자 전혀 노력하지 않는다는 사실에 매우 우울해했다. 급기야는 학교도 가지 않기 시작했고, 밥도 거의 먹지 않았다.[1] 지금 이대로 가면 과연 지구상에 생명체가 살아남을 수 있을지 심각하게 고민했다.

집에서 부모님과 기후에 관한 이야기를 나눴고, 관련 보고서나 영화를 봤다. 자신이 앓고 있는 아스퍼거 증후군*이 동력이 되었다고 한다. 집에 있는 몇 주 동안 아스퍼거 증후군에서 비롯된 엄청난 집중력으로 환경에 관해 해박한 지식을 쌓을 수 있었다. 부모님을 상대로 자기 생각을 시험 삼아 말해보았다. 그 말들은 상당히 설득력 있었지만, 이를 널리 알릴 방법은 알지 못했다. 세상에 영향을 미치기에는 자신이 너무 하찮은 존재라고 생각했다.

그러던 중 2018년 2월의 어느 날, 툰베리가 살던 지역과 8,000킬로미터 정도 떨어진 곳에서 비극적인 사건이 벌어졌다. 미국 플로리다주 남부에서 괴한이 파크랜드의 한 고등학교에 들이닥쳐 반자동 소총을 난사한 것이다. 안타깝게도 17명이 죽고 17명 이상이 다쳤다.[2] 총격 사고에서 살아남은 사람들은 큰 충격에 빠졌다.

그런데 일부 대담한 학생들은 비탄에 빠지지 않고 자신들이 겪은 고통을 승화시키기 위해 구체적인 행동에 나섰다. 처음에는 집 거실에서 모이던 소수의 학생이 'Never Again MSD'**라는 강력한 총기 규제법을 제정하는 데 헌신하는 조직을 구성했다. 그들은 이런 비극이 또다시 일어나지 않게 하자고 단단히 결심했다. 총격 사고 이후 며칠 동안 그들은 방송과 SNS에 호소했고, 범죄자의 신원 조사와 총기 안전 조치 등을 추가로 요구했다.

파크랜드 학생들이 교실을 황급히 빠져나오는 장면을 보고 격분

---

*   자폐스펙트럼장애의 하나.

**   총격 사건이 벌어진 마저리 스톤먼 더글러스Marjory Stoneman Douglas 고등학교의 약자.

한 미국 전역의 청년들은 허술한 총기 규제 관련법에 본격적으로 항의하기 시작했다. 학생들이 전하는 메시지는 명백했고, 목표는 정당했다. 현재 상태에 그대로 머무르지 않고 부모님의 도움을 요청하며 행동에 나섰다. 학생들의 항의는 전국으로 삽시간에 퍼져 나갔다. 프리덤 라이더스Freedom Riders*에서 영감을 받은 학생들은 미국 전역을 여행하면서 사람들에게 이 문제의 심각성을 알렸다. 몇 주 만에 운동의 영향력은 몹시 커졌다. 학생들이 선봉에 나선 '우리 생명을 위한 행진March for Our Lives'의 파급은 절정에 이르렀다. 이 행진은 120만여 명의 학생이 미국 전역에서 880번의 시위를 벌인 운동으로,[3] 미국 역사상 가장 큰 규모의 총기 규제 시위였다. 그때까지 아무런 행동에 나서지 않은 수많은 어른에게 부끄러움을 안겨주었다.

멀리 떨어진 스웨덴에서 그레타는 파크랜드 학생들이 몇 주 만에 충격 요법으로 지지자들을 끌어들이는 모습을 보았다. 그녀는 파크랜드 학생 대다수가 학교 출석을 거부하는 행동으로 사람들의 관심을 불러일으킨 데 깊이 감명받았다. 데이비드 호그David Hogg나 엑스 곤살레스X González 같은 학생들의 나이는 그레타보다 조금 더 많은 열일곱, 열여덟이었다. 파크랜드 시위 이전에는 그들도 평범한 학생이었다. 하지만 세상은 완전히 바뀌었고 이 학생들은 전국적인, 그리고 세계적인 운동가로 떠올랐다. 이들은 국민들이 해로운 총기 문화를 적극적으로 반대하도록 이끌었다.

---

* 1960년대 미국 남부의 인종 분리 정책에 맞서 버스를 타고 시위를 벌인 프리덤 라이드 운동에 참가한 학생 시민운동가들.

파크랜드 학생들이 거둔 성공에 놀란 그레타는 그들의 전략을 따라 하기 시작했다.[4] 파크랜드 총격에서 살아남은 학생들의 등교 거부는 처음에는 규모가 작았다. 그레타도 혼자서 스웨덴 국회의사당 밖에서 "기후를 위한 등교 거부Skolstrejk för klimatet"라고 적힌 팻말을 들고 시위했다.[5] 당시 그레타의 나이는 열다섯이었다.[6] 아무도 그녀와 함께하지 않았고, 행인들은 헛수고한다며 안타까움을 표했다. 하지만 다음 날 SNS에 소문이 퍼지자 몇 사람이 시위에 합류했다. 그다음 날에는 더 많은 사람이 합류했다. 이내 지지자들이 꾸준히 늘어났다. 국민들에게 약속한 것처럼 그레타는 총선이 열릴 때까지 다섯 달 동안 매일 그곳에 서 있었다.

인터넷에서 그레타의 존재감은 계속 커졌고, 그녀의 행동은 스웨덴 언론과 국제 언론을 통해 전 세계로 보도되었다. 그녀의 도전적인 행동으로 곧 400만여 명이 거리로 나와 '국제 기후 시위Global Climate Strikes'에 참여했다. 역사상 기후 관련 단일 시위로는 가장 큰 규모였다. 미국의 주간지 『타임Time』은 그레타를 올해의 인물로 선정했고, 유엔은 유엔총회에 그녀를 초청해 연설할 기회를 주었다. 그레타는 다시 한번 어른들을 맹비난했다. "여러분은 우리를 저버렸습니다. 하지만 청년들은 여러분의 배신을 알아차리고 있습니다."[7] 스웨덴에서 첫 시위를 하고 3년 뒤 그레타는 이탈리아의 유스4클라이밋 정상회담Youth4Climate summit에서 그동안의 허망한 약속을 "무의미한 헛소리"라고 지적했다.[8]

그레타 툰베리와 파크랜드 학생들만이 리더십을 발휘해 수천 명, 때로는 수백만 명을 움직이게 한 건 아니다. 시위자들이 이보다 더 큰 사회·경제적 정의를 요구한 사례는 아주 많다. 아쉽게도 몇몇 나라에서 시위자들은 권위적인 정부의 편을 들기도 하지만, 그래도 대다수는 자유를 쟁취하기 위해 이런 운동을 벌인다.

파키스탄의 10대 소녀 말랄라 유사프자이Malala Yousafzai는 젊은 여성을 위한 교육이 필요하다고 주장했다. 탈레반 세력은 열다섯 살에 불과한 그녀를 위협적인 존재로 여겨 살해하고자 했다. 어느 날 말랄라는 통학 버스를 타고 스와트 계곡에 있는 집으로 돌아가고 있었다. 그때 세 명의 남자가 버스를 세우고는 누가 말랄라냐고 소리를 지르더니 곧 그녀를 발견해 얼굴에 총을 쐈다. 말랄라는 죽음 직전까지 갔다가 겨우 살아났다. 하지만 그녀는 목숨을 지키는 데 그치지 않았고, 내면의 힘을 길러 오늘날까지도 계속 여성을 위한 교육 캠페인을 벌이고 있다. 말랄라의 인권에 관한 리더십은 많은 사람에게 귀감이 되었고, 그녀는 최연소 노벨 평화상 수상자가 되었다.

미국에서 젊은 여성들, 특히 흑인 여성들은 국가 지도자들에게 진보적인 어젠다를 수용하라고 계속 압박해왔다. 뉴욕 브롱크스에서 태어난 흑인 여성 타라나 버크Tarana Burke는 열여섯 살에 사회운동가가 되었다. 성희롱과 성폭력에 신물이 난 그녀는 서른세 살에 '미투 운동MeToo Movement'을 시작했고, SNS를 "공감을 통한 영향력 행사"의 장으로 만드는 데 온 힘을 기울였다. 그녀는 여성이 성희롱과 성폭력에 관한 개인적인 이야기를 털어놓을 수 있는 안전한 플랫폼을 바랐다.[9] 2017년 『타임』은 타라나 버크를 올해의 인물로 선정했다.[10] 도널드 트럼프Donald Trump의 취임식 바로 다음 날, 미투 운동 지지자들은 미국 역사상 가장 큰 규모의 여성 권리를 위한 시위인 '여성 행

하버드 리더십 수업

진Women's March'에 큰 힘을 보탰다. 여성 행진 이후로도 버크는 가부장적 성적 학대와 가부장 권력에 대한 국가적 각성과 심판을 적극적으로 독려하는 운동을 펼쳤다.

버크가 '미투'라는 용어를 만들고 나서 몇 년 후에, 20대와 30대 흑인 여성 패트리스 컬러스Patrisse Cullors, 얼리사 가자Alicia Garza, 오펄 토메티Opal Tometi는 트레이번 마틴이라는 흑인 청년을 살해한 지머먼이 무죄 판결을 받자, '블랙 라이브스 매터Black Lives Matter, BLM(흑인의 생명도 소중하다)'라는 사회운동을 조직했다.[11] 스스로를 '흑인 급진주의자'로 공언한 그들은 처음에 우익 세력으로부터 악의적인 공격을 받았다. 하지만 그로부터 7년 정도 흐른 뒤에는 상황이 달라졌다. 미국인들은 조지 플로이드가 경찰의 손에 죽는 텔레비전 영상을 보고 몸서리를 쳤다. 과거 1960년대에 버밍엄 보안관이 흑인 아이들에게 개를 푸는 모습을 담은 영상이 시민권 논쟁을 낳은 것처럼, 플로이드 살해 영상은 오늘날 인종 문제에 관한 논의를 크게 바꿔놓았다. 미국 전역에서 수백만 명이 분노하며 블랙 라이브스 매터를 지지하고 나섰다. 이 운동은 이전의 어떤 민중 운동보다도 과거와 현재에 벌어진 잔혹한 인종차별 현상을 미국 국민이 적나라하게 직시하도록 만들었다.

리더십은 어떻게 발전하는가

그레타, 파크랜드 학생들, 말랄라, 미투와 블랙 라이브스 매터 발기인들의 여정은 오늘날 리더십이 얼마나 빠르게 발전하고 있는지 잘 보여준다. 우리는 리더라는 사람이 국가의 최고 엘리트 기관에서 배출되고, 공직에서 훈련을 받고, 처음부터 책임자로 나서는 그런 세상에서 더는 살고 있지 않다. 이제 세상은 바뀌었고, 그건 정말 다행이라 하지 않을 수 없다! 청년들은 여러 경로로 국가의 리더로 올라서는 중이고, 그들 중 다수는 밑바닥부터 시작하고 있다. 청년들은 남의 눈치를 보지 않는다. 그들은 일부 기성세대를 불편하게 만드는 대의大義를 위해 거리낌 없이 목소리를 높이고 맞선다. 궁극적으로 우리는 대안적 관점을 사려 깊게 논의하는 대화를 환영해야 한다. 우리에게는 새로운 활력만큼이나 새로운 생각이 절실하다.

SNS는 젊은 리더들이 전 세계인에게 자신의 목소리를 들려줄 수 있는 강력한 도구다. 과거에는 미 의회 같은 기관에 있던 젊은 리더들은 눈은 뜨고 있되 입은 닫고 있어야 했다. 오랜 세월 동안, 그러니까 대충 15년 정도 공적 의무를 충실히 수행하면 지역 소위원회 위원장이 될 수 있을지 모르지만, 심지어 그 이후로도 영향력 있는 자리로 올라가는 길은 쉽게 보장되지 않았다. 이것이 바로 알렉산드리아 오카시오코르테스Alexandria Ocasio-Cortez 이전에 정계에 진출한 사람들이 겪은 일반적인 경험이었다. 파트타임 바텐더이자 공직 경험이 전혀 없었던 코르테스는 민주당 전당대회의 의원 선거에서 서열 4위인 강력한 대결 상대를 물리치고 당선되면서 미국의 새로운 진보 운동을 발족시켰다. 그 비결은 무엇이었을까? 대답은 간단하다. 그녀는 SNS의 달인이었고, 지금도 마찬가지다.

물론 인터넷과 SNS는 양날의 칼이다. 강력한 개성, 매력적인 아이디어, 강렬한 미사여구로 빠르게 대중의 이목을 사로잡을 수 있지만, 익명의 인물이 당신을 헐뜯고 파멸시키려고 부정한 정보를 퍼뜨리는 데도 동원될 수 있다. SNS 연구자들이 파악한 바에 따르면, 영향력을 얻기는 예전에 비해 훨씬 쉬워졌지만 영향력을 행사하기는 더 어려워졌고, 이를 유지하는 건 훨씬, 그보다 몇 배 더 어려워졌다. 오늘날 급속히 변화하는 환경에서 리더가 되고자 한다면 반드시 주변 환경에 끊임없이 주의를 기울이고 빠르게 적응해야 한다.

과거와 현재의 리더십에 관해 짚고 넘어가야 할 점이 하나 있다. 앞에서 강조한 것처럼, 오늘날 떠오르는 리더들은 반드시 과거보다 훨씬 더 빠르게 주변 환경에 적응해야 하고, 또 변화하는 요구 사항을 충족시키기 위해 전보다 더 적극적으로 지지자 및 협력자와 어울려야 한다. 하지만 위대한 리더들에게는 예나 지금이나 공통되는 원칙이 하나 있다. 그들은 요동치는 바다에서 항해하는 법을 익히는 그 순간조차도 자신만의 진북眞北, True North을 굳게 지키려고 한다. 내가 해군에 있을 때 배운 것처럼, 하급 장교는 함정 아래에 있는 기관실을 관리해야 하지만, 함장은 함교에서 키에 손을 올려놓고 배가 앞으로 나아갈 방향을 굳건히 지켜야 한다.

리더십의 양상은 계속 변화하지만 리더십의 몇몇 자질과 기술은 시간의 고금古今과 문화의 동서東西를 가리지 않고 변치 않는 매력을 발산한다. 오늘날 리더가 이런 사실을 무시한다면 위험을 자초하는 꼴이다. 예를 들어 용기와 인격은 고전 그리스·로마 시대 이래로 위대한 리더십의 전제 조건이었다. 에우리피데스는 인격을 "개인에게 있는 좋은 평판의 흔적"이라 정의했다. 그런 정의는 기원전 4세기만큼이나 지금도 여전히 유효하다. 윈스턴 처칠Winston Churchill이 용기에 관해 냈던 논평도 여전히 적절하다. 그는 "용기는 사람의 자질에서 마땅히 최고의 것으로 평가되어야 한다. … 그것이 다른 모든 자질을 보장하기 때문이다"라고 했다.[12] 나는 리처드 닉슨Richard Nixon과 제럴드 포드Gerald Ford 대통령 밑에서 일했는데, 두 사람 모두 용기를 지닌 데 반해 인격은 정반대였다. 한 사람은 인격이 떨어져 추문으로 쫓겨났고, 다른 사람은 세월이 흘러가면서 돌이켜볼수록 점점 더 훌륭해 보이는 인격의 소유자였다.

　세상의 모든 나라가 리더를 길러내기 위해서는 교육을 시켜야 한다는 전통을 오랜 세월 지켜왔지만, 항상 성공했던 건 아니다. 역사가 바버라 터크먼Barbara Tuchman은 자신의 책 『바보들의 행진』에서 통치 기술을 교육하는 것이 가능한지 의문을 제기했다. 그녀는 많은 문화권에서 리더십 교육을 시도해왔지만, 궁극적으로는 실패했다고 결론 내렸다. 중국의 관리들은 엄격한 행정 교육을 받았지만 결국 부패와 무능, 끝없는 권력욕에 굴복하고 말았다. 튀르키예의 근위부대 예니체리, 30년전쟁 이후의 프로이센, 대영제국이 붕괴하기 직전의 영국 등이 같은 실패를 겪었고, 아마 지금의 미국도 그런 상태라고 볼 수 있다. 모든 나라가 훌륭하게 통치할 리더들을 만들어내려 했으나 결과는 신통치 않았다. 바버라 터크먼은 이런 글을 남겼다. "야심, 부패 그리고 감정의 통제력을 잘 알기에 우리는 더욱 현명한 정부를 추구하기 위해 우선 인격 검증에 나서야 한다. 그 검증의 기준은 도덕적 용기가 되어야 마땅하다."[13] 터크먼은 계속 이어나가며, "중요한 문제는 공직자를 교육하는 것이 아니라 유권자를 교육하는

하버드 리더십 수업

것이 되어야 한다. 유권자가 흠 없는 인격을 평가하고, 그런 사람을 보상하고, 모조품을 거부하도록 해야 하는 것이다"라고 했다.[14] 용기와 인격은 늘 새로 등장하는 리더들에게 기본 자질이 되어야 한다. 이 책에서도 이 두 자질을 자주 언급할 것이다.

왜 이 책인가

몇 년 전 나는 머릿속으로 이 책을 쓰기 시작했다. 나는 에릭 에릭슨Erik Erikson이 말한 것처럼, 이른바 '생산성generativity'의 단계에 도달하는 중이었다. 에릭슨은 20세기에 활동한 저명한 정신분석 전문의로, 인간의 삶에서 주요한 여덟 단계를 규정하는 발전 모델을 만들었다. 생산성은 그중 일곱 번째 단계다. 그는 나이가 든 사람이 "다음 세대가 자리를 잡게 하고 그들을 인도하려는 데 관심"을 보이는 때가 바로 생산성 단계라고 말했다.[15]

  1999년 대학 강단에 서기 위해 워싱턴 정계를 떠났을 때, 나는 분명 그 단계에 이르렀다. 나는 백악관에서 네 명의 대통령—세 명은 공화당 대통령(닉슨, 포드, 레이건), 한 명은 민주당 대통령(클린턴)—을 위해 일할 기회가 있었다는 데 커다란 고마움을 느꼈다. 하지만 나는 우리 정치가 앞으로 나아가는 방향에 느끼는 환멸이 점점 커지고 있었고, 그래서 다음 세대에 내가 공적 분야에서 50년 동안 비축해온 리더십의 핵심 교훈을 전하고 싶었다. 그리하여 하버드 케네디스쿨(행정대학원)에 공공리더십센터를 설립하고, 그 후 거의 20년 동안 이 센터를 총괄하거나 공동 총괄하면서 지금까지 지내왔다.

내 꿈은 언젠가 내 생각을 공유하기 위해 리더십에 관한 책을 쓰는 것이었다. 하지만 당시 CNN과 20년 동안 계속되는 협력 관계가 막 시작되었고, 동시에 가르치고 총괄하는 책임 또한 끝없이 이어졌다. 그 외에 연설 약속과 다른 공적 임무도 만만치 않았다. 달리 말하면 일상생활이 늘 내 집필 계획을 방해하고 있었다.

하지만 지난 몇 년 동안 새로운 리더 세대의 부상浮上을 돕자는 내 꿈은 화급히 해야만 하는 일로 바뀌었다. 민주주의, 그리고 오랜 세월 이어진 전 세계의 민주적 전통이 심각한 위기에 봉착하리라는 걸 누가 상상이나 할 수 있었겠는가? 미국이 현재 내전으로 향하고 있는 게 아닌가 하는 문제를 진지한 관찰자들이 논의하게 되리라는 걸 누가 상상이나 했겠는가? 하지만 우리는 지금 그런 상황에 처했다. 마치 헤드라이트가 나간 채로 한밤에 절벽을 따라 자동차를 운전하는 것 같은 느낌이다. 우리 모두 사태의 심각성을 알지만, 멈출 수 없는 것처럼 보인다.

이젠 냉혹한 현실을 마주할 때다. 권력의 버스를 몰고 가던 사람들이 차 키를 반납할 때가 되었다. 우리 기성세대는 지난 30년 동안 핸들을 잡고 있었으나 일은 그리 잘 풀리지 않았다. 이제 새롭고 활력 넘치는 리더들이 들어설 때가 되었다. 기성세대가 여전히 해야 할 필수적인 역할이 있다면 그건 청년들에게 리더십을 발휘할 기회를 제공하고, 우리가 배운 교훈을 전하고, 그들이 걸어가야 할 앞길을 매끈하게 닦아주는 것이다. 미국의 몇몇 우수 대학은 노인들이 새로운 경력을 시작할 수 있게 돕는 성공적인 프로그램을 제공하고 있는데, 주된 내용은 비영리 영역에서 새 경력을 시작하도록 돕는 것이다. 다른 대학들도 마땅히 이런 일에 참여해야 한다.

하지만 여기서 분명히 해둘 것이 있다. 우리 미래는 이제 시민 생활에 수혈되는 새로운 젊은 피에 달려 있다고 해도 과언이 아니다. 이제 과거에 대한 강박관념에 매달리지 않고, 더 나은 미래로 나아갈 길을 찾는 유능한 새로운 리더들이 필요하다. 제2차 세계대전의 중대한 순간에 새 연립내각을 구성하면서 윈스턴 처칠이 말했던 것처럼 "개인적인 다툼은 잊어버리고 공동의 적에 대한 우리의 증오를 유지"하자.[16] 미국에서는 정당보다 나라를, 분열보다 통합을 우선시하는 새로운 리더들이 반드시 나와야 한다.

지금 이 순간은 역사적으로 횃불을 넘기기에 아주 적절한 시기다. 이제 수백만의 베이비 붐 세대와 침묵 세대 졸업생들이 무대를 떠나고 그 자리를 밀레니얼 세대와 Z세대가 채우고 있다.* MZ세대는 모두 합치면 1억 4,000만 명으로 미국 인구의 30퍼센트가 넘는다. 그들은 미국 역사에서 가장 규모가 크고 가장 다양한 집단이다. 그리고 조만간 가장 강력한 영향력을 행사할 것이다. 우리는 이 거대한 인구 집단으로부터 확실하게 나라를 구할 수 있는 수십만 명의 리더를 발견하고, 동원하고, 지원해야 한다.

나는 떠오르는 세대의 리더들을 폭넓게 만나 함께 일할 수 있었다. 그들 중에는 선원, 장교, 공무원, 백악관 직원, 저널리스트, 사회

---

* 베이비 붐 세대는 1946~1964년생, 침묵 세대는 1925~1945년생, 밀레니얼 세대는 1981~1996년생, Z세대는 1997년생 이후를 가리킨다.

적 기업가 그리고 물론 학생도 있었다. 젊은 세대가 갖춘 특별한 자질은 세 가지가 있는데, 유연함resilience, 시민적 참여civic engagement, 이상주의idealism가 그것이다. 21세기의 첫 10년 동안 그들이 맞닥뜨렸던 시련들을 잠시 생각해보자. 9·11 테러, 두 번의 파괴적인 불황, 세기에 한 번 있을까 말까 한 산불과 홍수, 점점 커지는 인종차별, 학교 학생들을 대상으로 한 총기 난사 사건들, 끊이지 않는 전쟁들, 고삐 풀린 국가 부채, 도널드 트럼프의 대통령 취임, 치명적인 유행병의 전 세계적 전파, 정치와 시민 문화의 붕괴.

정말 놀라운 재난의 목록이 아닐 수 없다. 이 목록은 얼마나 많은 MZ세대가 직장을 잃었는지 감안하지 않았고, 그들의 폭증하는 부채도 따지지 않았으며, 그들이 귀향하는 모습은 물론 그들이 느끼는 미래에 대한 위협도 고려하지 않은 것이다. 누군가는 그들이 공적 생활에서 물러날 거라고 예상했지만—실제로 많이 물러났다—그들 대다수는 엄청난 유연성과 투지를 보이며 되돌아왔다. 그들은 어려운 시기에도 굴복하지 않았다. 18~29세 청년의 80퍼센트 정도가 자신들이 나라를 더 낫게 바꿀 힘을 지녔다고 생각한다.[17] 60퍼센트 정도는 "자신의 견해를 표현할 운동의 일원이 되겠다"라고 했다.[18]

그들은 이미 시민 문화에도 관여하고 있다. 터프츠 대학교 서클 CIRCLE*의 조사에 따르면, 2016년에는 18~29세의 고작 5퍼센트가 항의 시위에 참여했지만, 2020년이 되자 그 수치는 27퍼센트로 급증했다.[19] 또 다른 조사에서는 2020년 미국 대선에서 대학생 투표율

---

* 미국의 시민 참여에 집중하는 초당파적 독립 연구 조직.

하버드 리더십 수업

이 52퍼센트에서 66퍼센트로 폭발적으로 증가했음을 보여주었다. 오늘날 학생들을 반복적으로 살핀 결과, 그들의 투표 성향은 민주당 쪽으로 크게 기울었다. 2020년 대선에서는 61대 37 정도였다. 그러나 2018년에서 2020년 사이 하원 의원에 입후보한 밀레니얼 세대의 수는 266퍼센트로 깜짝 놀랄 만큼 늘었다![20] 알렉산드리아 오카시오코르테스, 피트 부티지지Pete Buttigieg, 애덤 킨징어Adam Kinzinger, 세스 몰턴Seth Moulton 그리고 미키 셰릴Mikie Sherrill 같은 새로운 정치 스타는 이미 미국의 정치 담론을 바꾸기 시작했다. 나는 제자였던 하원 의원 댄 크렌쇼Dan Crenshaw와 정치관을 공유하지는 않지만, 그 사람이 살아온 삶은 존중한다. 그는 나라를 위해 목숨까지 기꺼이 내놓던 열렬한 보수주의자이고, 아프가니스탄에서 전투 중에 한쪽 눈을 잃기까지 했다.

공적 생활에 대한 냉소주의가 만연한 이때, 많은 청년이 자신의 이상주의를 유지하는 건 참으로 뿌듯하고 고무적인 일이다. 딜로이트 조사에서는 대졸 청년들이 회사가 훌륭한 시민적 자격을 보이지 않는다면 채용 제안을 거부하겠다고 고용주에게 말하는 경우가 점점 늘고 있다는 사실을 밝혀냈다. 청년들의 이상주의는 고용주가 진보적인 정책을 수용하도록 권장하고 압박한다. 진보적 의제들로는 기후변화, 정부 운영의 의료 서비스, 학자금 대출 구제, 마리화나 합법화, 형사 사법제도 개혁 등이 있다.

많은 MZ세대가 기꺼이 시위 행진에 참가한다. 구세대가 환경문제, 빈부 격차, 인종과 성별에 따른 불평등을 다루는 데 실패했다고 믿기 때문이다. 구세대는 문제를 해결해야 한다고 입에 발린 말만 열심히 할 뿐이다. 그동안 청년층은 부모 세대가 해결하지 못하고 남긴 오판, 무대책, 문젯거리 등을 고스란히 물려받고 있다. 젊은 이들은 아메리칸드림이 그들과는 무관하고, 고생 끝에 꿈이 실현되지 않을 수도 있다는 사실에 화가 나 있다. 따라서 과거 세대와 현재 세대 사이에는 내재된 긴장이 있고, 현재 세대는 대체 왜 이전 세대로부터 리더십의 교훈을 얻어야 하는지 의문을 품기도 한다. 물론 타당한 의문이다. 하지만 과거에는 훌륭한 일급 리더들이 있었고, 오늘날에도 그들은 롤 모델로 남아 있다. 로버트 존 루이스Robert John Lewis, 루스 베이더 긴즈버그Ruth Bader Ginsburg, 존 매케인John McCain 같은 사람들이 그렇다. 이 책의 첫 장은 그들의 삶을 소개한다.

나는 많은 특권을 누린 구세대 백인 남성으로서 이런 문제들을 다룬다는 것을 의식하고 있다. 흑백 분리주의를 실시하는 남부의 비포장도로 옆에 있는 집에서 살면서도 나는 교육 수준이 높고 지원을 아끼지 않는 유력한 가정에서 성장했다. 아버지는 25년 동안 듀크 대학교의 수학과 학과장을 지내셨고, 어머니는 멋진 작가셨다. 나는 나와 다른 사회경제적 지위, 성별, 인종의 사람들이 누릴 수 없는 여러 특정한 기회를 제공받았다. 성인이 되어 지낸 세월 동안 운이 좋지 못했던 다른 사람들의 의견에 민감하게 귀 기울이려 노력했지만, 때때로 그렇게 하지 못한 적도 있다. 그래서 나는 이 책의 초고를 읽어준 젊은이들에게 특별히 감사하지 않을 수 없다. 그들은 신구 세대의 차이점에 대해 더 세심하게 생각하도록 나를 유도했고, 내 생각에 이의를 제기했으며, 장차 가까운 미래에 우리가 어떻게 이 나라의 잘못된 점을 고쳐나갈지 깊이 생각하게 해주었다.

이 책의 내용과 구성

몇 년 전 나는 PBS*의 빌 모이어스Bill Moyers가 아프리카에서 했던 도보 여행에 관해 이야기해주는 것을 들었다. 땅거미가 질 때 그와 그의 팀은 모닥불 주위에 모여 있는 한 부족을 만났다고 한다. 그들은 짧은 시간 간격으로 각기 다른 부족민이 일어나 두세 개의 통나무를 구해 와서 모닥불에 던졌다. 주변에 있는 모든 사람을 계속 따뜻하게 해주기 위함이었다. 빌 모이어스는 우리의 공동체 생활이 그와 같아야 한다고 주장했다. 우리 각자가 불을 계속 살리고자 두세 개의 통나무를 가져와야 한다는 뜻이었다.

이 책에 대한 내 소망도 그러하다. 나는 이 책에서 내가 가진 얼마 안 되는 통나무를 내놓으려 한다. 우리는 엄청난 변화가 도사리고 있는 국가적 비상사태 속에 살고 있으며 위기는 온 사방에서 닥쳐오고 있다. 우리가 안전하게 길을 찾도록 이끌어줄 강력하고 새로운 리더십이 무엇보다도 필요하다는 것은 점점 더 분명해지고 있다. 공적 영역에서 보낸 50년의 경력을 바탕으로 젊고 열정적인 리더들의 발전에 관한 내 경험과 성찰을 공유하고 싶다. 또 내가 왜 희망을 갖게 되었는지까지도 말하고자 한다.

진정한 리더십과 변화는 행동으로 나타난다. 그런 점에서 나는 현실적인 조언뿐만 아니라 모닥불의 온기를 계속 살려온 여러 중요한 리더들의 이야기도 함께 전하고자 한다.

---

* 미국의 공영 방송 서비스.

오랜 세월 교단에 서오면서 나는 비교신화학과 종교 분야의 저명한 교수인 조지프 캠벨Joseph Campbell의 저서로부터 큰 영향을 받았다. 캠벨은 여러 문화와 시대에 존재한 공통 신화와 기원 설화를 연구하면서 가장 확고하게 공유된 신화가 '영웅의 여정'이라는 화두임을 발견했다. 먼저 영웅은 용을 죽이기 위해 고향을 떠난다. 용을 찾아가는 도중 여러 난관과 두려움에 직면함으로써 영웅은 일련의 상징적인 '죽음'을 겪지만, 마침내 회복해 새로운 감수성과 가치관을 지닌 완성된 인격체가 되어 고향으로 돌아온다.

캠벨은 대다수 인간의 삶이 영웅의 여정과 닮았다고 생각한다. "우리 삶은 우리 인격을 만들어냅니다. 사람은 삶을 계속 살아나가면서 자신에 관해 더 많은 걸 발견하지요. 자신의 저급한 본질보다 고상한 본질을 일깨워주는 여러 상황을 만나는 건 무척 좋은 일입니다."[21] 캠벨은 자신의 저서를 밑바탕으로 제작된 PBS 텔레비전 6부작 시리즈에서 사회자 빌 모이어스에게 이렇게 말했다. 모든 사람이 내면과 외면 모두에서 투쟁한다. 우리는 더 나은 내적 자아를 추구하면서 필요한 선택과 자기성찰을 하고, 그러는 중에 다른 사람과 소통하면서 외적 경험을 한다.

캠벨의 저서로부터 영향을 받은 이 책은 리더의 발전이 내적 여정과 외적 여정 두 분야에 걸쳐서 이루어지는 것으로 본다. 이것은 리더들이 어릴 때부터 시작해 평생 하게 되는 모험을 말한다. 리더십 권위자이자 내 훌륭한 친구인 고故 워런 베니스Warren Bennis가 주장한 것처럼, 리더가 되는 건 근본적으로 온전히 발달한 인간이 되는 것이다. 우리는 그 여정의 도중에 친구를 사귈 수도 있지만, 궁극적으로는 반드시 그 여정을 혼자 힘으로 해내야 한다.

이 책은 흔한 화두 몇 가지를 바탕으로 논의의 실마리를 풀어나간다. 정말 리더십이 중요한가? 왜 우리는 위대한 리더들을 필요로 하는가? 그들의 가장 중요한 자질이나 특성은 무엇인가? 어떤 가치가 몇 세기 동안 지속되어왔고, 또 시간의 경과에 따라 진화했는가? 이에 대한 답변이 이 책에서 다룰 여러 이야기의 토대가 된다.

1부에서는 중요한 화두 하나를 다룬다. 리더는 어떻게 자기 자신을 잘 인식한 다음 자기통제에 도달하는가? 그저 영리하고 재능 있는 것만으로는 충분하지 않다. 리처드 닉슨은 내가 만났던 사람 중 최고의 전략가였지만, 그의 내면에는 결코 다스릴 수 없는 악마가 꿈틀거렸고, 결국 그것 때문에 망해버리고 말았다. 일찍이 워런 베니스가 말했던 것처럼, 당신은 반드시 "자기 삶의 저자author of your own life"가 되어야 한다. 초반 여러 장은 당신의 가치를 확인하기 위해 반드시 수행해야 하는 내적 작업을 탐구하고, 모험을 시작할 때 당신을 도와줄 몇몇 비결과 조언을 제공할 것이다.

그렇게 되지 않기를 바라지만, 거의 모든 새로운 리더는 가혹하고 예기치 못한 일격을 경험한다. 보통 리더십 책에서는 이를 가리켜 '시련의 도가니'라고 부른다. 거의 죽을 뻔한 경험, 개인적 혹은 직업적 삶의 붕괴 등 시련은 아주 다양한 형태로 다가온다. 이어지는 세 개의 장은 이런 고난이 어떻게 리더의 내적 여정에 영향을 미치는지, 그리고 저명한 리더 몇몇이 어떻게 그런 시련 덕분에 더욱 강한 모습으로 거듭났는지 탐구한다. 시련의 도가니는 훌륭한 도덕적 목적과 올바른 목표를 확고히 정립할 기회가 된다.

2부에서는 외적 여정으로 시선을 돌린다. 이 여정은 리더십을 위한 내적 준비에서 벗어나 외부 세상과 접촉하면서 일어나는 변화를 말한다. 어떻게 같은 팀에 속한 다른 사람들과 원만한 인간관계를 구축할 수 있는지, 그리고 팀 바깥에 있는 다른 사람들과 어떻게 잘 일하고 잘 어울릴 수 있는지 탐구한다. 앞으로 살펴보겠지만 다른 사람들에 대한 인식과 사회적 기술을 발전시키는 것은 곧 자신의 자아에 관한 인식 그리고 자기통제와 밀접한 관련이 있다. 물론 외적 여정과 관련해 많은 질문을 던질 수 있을 것이다. 회사의 상급자는 어떻게 대해야 할까? 근사한 팀을 구축하는 방법은? 대중 설득의 기본을 마스터하는 법은? SNS를 효율적으로 활용할 수는 없을까? 이런 것들은 진정한 리더십으로 도약하기 위해 필요한 도구와 기술이다.

3부는 조지프 캠벨의 두 여정을 확장한 것이다. 내면에 대한 지배력을 획득하고 외부 세상으로 나아가게 되었다면 반드시 구체적인 행동에 나서야 한다. 훌륭한 리더는 밤늦게까지 등불을 켜놓고 공부를 한다거나 서너 개의 학위를 딴다고 해서 완성되는 게 아니다. 톨스토이가 일찍이 갈파했듯, 아직 준비가 덜 되었다며 자꾸만 미루는 '준비의 덫'을 피해야 한다. 이제 도전할 실력을 갖추었으니 당당히 경기장에 들어서야 할 때다.

리더로서의 인생 초반은 위험하고 실패를 겪는 시기가 될 수도 있다. 우리는 리더가 진북을 포기하고 항로를 이탈하며 자멸했을 때 다가오는 어둠에 대해서도 다룰 것이다. 점점 더 변덕스러워지는 세상에서 새로운 리더는 끊임없이 주변 환경을 면밀하게 관찰하며 대비해야 한다. 위기 상황에서 리더십을 행사하는 법을 배워야 한다.

할 수 있을 때 준비하고, 위기가 닥칠 때 현명하게 행동에 나서야 한다. 이런 계획은 내가 즐겨 거론하는(하지만 사람들 사이에서 자주 간과되는) 리더십의 세 가지 측면을 터득하지 않고서는 완성될 수 없다. 그 세 가지는 역사로부터 배우기, 장난기 넘치는 유머 감각, 즐거움과 열정을 동시에 누리는 잘 통합된 삶이다.

책의 끝으로 가면 리더십의 핵심 요점을 정리한 20가지의 교훈이 나온다. 리더가 되기 위해 왕성하게 활동하는 사람들을 위한 조언이다. 만약 지금 당장 먼저 그 부분을 살펴본다면 이 책의 나머지도 모두 읽고 싶어질 것이다. 그렇게 되길 바란다.

결론 부분에서 우리는 이 책의 핵심 논의로 다시 돌아간다. 지금 미국은 공화국 설립 이래 최악의 위기 상황을 맞고 있다. 향후 여러 해 동안 우리 삶은 아주 힘들겠지만 그래도 희망을 가질 수 있다. 우리가 누구인지 기억하고, 청년 세대가 봉사와 리더십의 삶을 준비한다면 장차 상황은 나아질 것이다. 우리는 젊은 지도자들의 이상주의가 마음껏 실현될 수 있도록 도와주어야 한다. 한때 마틴 루서 킹 주니어Martin Luther King Jr.가 한 말에서 우리는 큰 영감을 얻을 수 있다. "모두가 위대한 사람이 될 수 있습니다. … 모두가 봉사할 수 있기 때문입니다. 봉사하기 위해 대학 학위를 취득해야 할 필요는 없습니다. 봉사하기 위해 주술 관계가 일치하고 문법에 맞는 문장을 사용해야 하는 것도 아닙니다. 그저 은총이 충만한 마음만 있으면 됩니다. 사랑에서 생겨난 영혼만 있으면 되는 겁니다."

차례

3부 행동하는 리더십

1부

리더를 만드는
내적 여정

1장

열정으로 가득 찬 마음

그는 피할 수도 있었다.

아버지는 저명한 의사이자 지식인이었고, 어머니는 노예제도 폐지론자 중 주요 인물이었다. 그의 가족은 유력한 친지도 많았다. 따라서 링컨 대통령이 남북전쟁 자원병을 1차로 소집했을 때 올리버 웬들 홈스 주니어Oliver Wendell Holmes Jr.는 가볍게 그걸 무시해버릴 수도 있었다.

하지만 그는 피하지 않았다. 하버드 대학교를 휴학하고 제20 매사추세츠 보병 연대의 중위로 임관함으로써 나라를 위해 목숨을 걸었다. 그는 위기에 처한 국가의 소명에 부응했다. 이후로 볼스 블러프 전투, 앤티텀 전투, 챈슬러스빌 전투 등에서 치열하게 싸우다가 남부 연합군의 총알을 여러 번 맞았다. 한 전투에서 그는 흉부에 총알을 맞았다가 겨우 살아남았고, 또 다른 전투에서는 목에 총상을 입어 전사자로 여겨져 방치되기도 했다.

하버드 리더십 수업

하지만 전기 작가 마크 디울프 하우Mark DeWolfe Howe가 쓴 것처럼, 극심한 부상도 홈스의 삶에 피해를 끼치지 못했다.[22] 오히려 그런 부상은 그 후 70년 동안 그의 공적 리더십을 더욱 튼튼하게 형성하고 강화했다. 수많은 죽음과 파괴를 목격한 순간조차 그의 단단한 내면은 위축되는 것이 아니라 오히려 더욱 굳어졌고, 미국이 장차 더 위대한 나라로 거듭나리라는 열망 역시 더욱 확고해졌다. 그는 그 후 미국에서 가장 영향력 있고 언변이 뛰어난 법학자가 되었고, 시어도어 루스벨트Theodore Roosevelt. Jr.(미국의 제26대 대통령)에 의해 미국 연방 대법관에 임명되어 프랭클린 델러노 루스벨트Franklin Delano Roosevelt(미국의 제32대 대통령)가 백악관에 들어올 때까지 계속 그 역할을 수행했다.

남북전쟁이 끝나고 어느 정도 세월이 흐른 뒤인 1884년 전몰장병 기념일에 홈스는 군대 복무가 어떻게 그의 세대를 격려하고 고취했는지 자세히 설명했다. "삶은 행동과 열정이기에 당대에 그 열정과 행동을 공유해야 한다. 그렇게 하지 않는다면 살아도 산 게 아니라는 평가를 받게 될 것이다. … 무척이나 운이 좋게도, 젊은 시절 우리의 마음은 열정으로 가득 차 있었다. 인생의 초창기에 우리는 삶은 심오하고 열정적이어야 마땅하다는 교훈을 얻을 수 있었다."

"젊은 시절 우리의 마음은 열정으로 가득 차 있었다."

여러 시대에 걸쳐서 더 공정하고, 더 정의롭고, 더 평화로운 세상을 만들고자 시민 생활에 투신한 무수한 청년들이 경험한 바를 이토록 찬란하게 담아낸 언사가 또 있을까! 삶에는 위험이 따르지만, 다른 사람을 위한 봉사에 헌신하면 당신은 어려움 따위와는 비교도 안 되는 보람과 만족을 얻을 것이다. 많은 사람이 이미 알아낸 것처럼 봉사와 리더십은 서로 뗄 수 없을 정도로 단단히 결속되어 있다. 실제로 최고의 리더십은 다른 사람들에게 봉사하는 데서 나온다.

하지만 리더가 정말로 중요한가

여러 세대를 거쳐서 오늘날에 이르기까지 지칠 줄 모르고 다른 사람들에게 봉사한 리더들은 기쁨과 내적 평화를 느껴왔다. 19세기 말과 20세기 초에 활동했던 제인 애덤스Jane Addams를 생각해보자. 그녀는 헐 하우스Hull House*를 세워 매주 2,000명에 이르는 여성에게 봉사했고, 노벨상을 받은 최초의 미국 여성이 되었다. 혹은 20세기 전반에 아프리카 랑바레네에 병원을 설립한 알베르트 슈바이처Albert Schweitzer가 선보인 여러 창조적 사업을 살펴보자. 슈바이처는 "인생의 목적은 남들에게 봉사하고, 다른 사람을 돕겠다는 연민과 의지를 보이는 것이다"라고 말했다.

마찬가지로 1920년대와 1930년대 뉴욕에서 프랜시스 퍼킨스Frances Perkins가 이뤄낸 일도 떠올려보라. 그 일은 뉴딜 정책을 뒷받침

---

* 보통 인보관隣保館 혹은 인보사업단으로 번역되는데, 영세민 지구에 정주하면서 이민자 등 가난한 이웃을 위한 사회봉사 활동을 했던 기관을 말한다.

하는 창조적 힘이 되었다. 20세기 중반 수많은 여성에게 길을 터주고 유엔의 세계인권선언 기초위원회 위원장을 지낸 엘리너 루스벨트Eleanor Roosevelt는 또 어떤가. 혹은 간디, 마틴 루서 킹, 테레사 수녀 그리고 우리 시대의 존 루이스와 뉴질랜드 총리 저신다 아던Jacinda Ardern도 있다. 이들 모두가 전 세계적으로 존경받았다. 앞으로 살펴보겠지만, 남녀가 리더십을 행사하는 방식은 계속 변화한다(예를 들어 우리는 더욱 협조적이고 다양한 리더십을 위해 과거 몇 세기 동안 통했던 위인 중심 설을 대부분 포기했다). 그러나 리더에게 필요한 용기, 연민 그리고 인격은 여전히 매우 중요한 요소로 남아 있을 뿐만 아니라 그 영향력은 기하급수적으로 커졌다.

지난 몇 세기 동안 역사가와 사회학자는 리더가 역사적 발전에 중요한 역할을 했는지 여부를 두고 논쟁을 벌여왔다. 리더십 연구의 첫 시작은 고대 그리스, 로마, 중국 등에서 발견할 수 있다. 좀 더 현대적인 시기에 들어와서는 역사가, 도덕철학자와 정치철학자, 전문가 그리고 가장 최근에는 사회학자들이 리더십과 관련한 서양의 사상 학파를 주름잡아왔다. 이들은 리더십에 대해 각자 서로 다른 고유한 접근법을 제시했다. 역사가들은 눈에 띄는 과거의 리더들에게서 얻을 수 있는 교훈에 집중하는 경향을 보인 데 반해, 다른 전문가들은 리더십 분석에 자신의 고유한 경험과 통찰력을 적용했다. 과거 몇십 년간 워런 베니스 같은 사상가가 리더십을 독립적인 학문 분야로 정립하려고 공들였던 것처럼, 사회학자들은 효과적인 리더십과 그렇지 않은 리더십을 이루는 구성 요소들을 이해하는 데 객관적이고 몰가치적인 렌즈를 적용함으로써 리더십 연구 분야에서 더욱 점유율을 높였다.

리더십 연구는 초기에는 리더의 자질에 집중했지만, 갈수록 점점 더 리더와 그 지지자들 사이의 역학 관계를 더 많이 다루게 되었다. 리더의 가치와 문화가 그 지지자들의 가치와 문화에 부합하지 못하는 세상에서 리더는 어떻게 효율적으로 길을 찾아야 하는가? 리더의 효능 측면에서 지지자들이 수행하는 역할은 무엇인가? 영향력을 행사하는 사람이 비도덕적이거나 해로운 모습을 보인다면 여전히 그를 리더로 불러야 하는가? 어떻게 하나의 목소리가 다양한 이해관계를 대변하고 옹호할 수 있는가? 인간 행동의 뉘앙스를 이해하고 누가 '리더'가 될 수 있는지에 관한 이해를 넓히려고 할수록 훌륭한 리더십을 이루는 구성 요소에 대한 질문들은 점점 더 많이 늘어나고 있다.

하지만 그런 모든 질문의 정점에는 하나의 핵심 질문이 버티고 있다. 그 질문은 바로 '한 개인이 역사의 전개에 얼마나 큰 영향력을 미칠 수 있는가'다. 역사가 아서 슐레진저 주니어Arthur Schlesinger Jr.가 지적한 것처럼, 많은 저명한 사상가가 개인은 신의 의지, 운명 그리고 역사적 필연성 같은 더 큰 힘을 대변하는 졸卒이라고 생각했다. 『전쟁과 평화』에서 톨스토이는 나폴레옹이 없었다면 또 다른 어떤 프랑스 장군이 러시아를 침공해 사람들을 마구 학살했을 것이라고 주장했다. 톨스토이는 개인이 "역사의 노예"에 불과하다고 했다. 그는 결정론을 신봉하는 사상가였다. 올림포스산의 신들부터 시작해 마르크스, 슈펭글러, 토인비 그리고 실제로 나치주의에까지 이르는 일련의 사상이 결정론의 후예다.

내가 좋아하는 에세이 중 하나인 「민주주의와 리더십Democracy and Leadership」에서 슐레진저는 결정론이 본질적으로 인간의 책임은 물론 인간의 힘마저 부정한다고 반격했다.[23] 한 개인이 다른 사람을 살해 했을 때 우리는 그가 옳고 그름을 구별할 수 있는 사람이라면 그 행위에 대한 책임을 묻는다. 그리고 그가 자기 마음대로 행동하게 내 버려두지 않는다. 각자가 자신의 행동에 책임을 져야 한다고 믿기 때문이다. 우리는 좋은 쪽이든 나쁜 쪽이든 우리 자신의 힘을 사용한다. 리더십 또한 좋은 쪽으로 혹은 나쁜 쪽으로 발휘될 수 있다. 즉 우리는 어떤 선택을 하느냐에 따라 획기적인 변화를 일으킬 수 있다.

1931년 슐레진저는 이런 글을 썼다. 미국을 방문한 한 영국 정치 인이 만찬 행사를 마치고 뉴욕의 파크 애비뉴를 건너다 길을 잘못 봐서 지나가는 차에 치였다. 이 정치인은 나중에 "왜 내가 달걀 껍질 처럼 박살 나지 않았는지 잘 모르겠다"고 말했다.[24] 14개월 뒤 한 미 국 정치인은 오픈카에 앉아 마이애미에서 유세를 했는데, 이때 한 남자가 아주 가까이에서 총을 쐈다. 이 암살자의 팔이 근처를 지나 가던 한 여성에게 부딪치지 않았다면 그 정치인은 죽었을지도 모른 다. 실제로는 그 정치인의 옆에 있던 사람이 총알을 맞고 죽었다.

슐레진저는 이런 사례를 들며 가설을 제기했다. 역사가 다르게 작 용했다면 그 영국 정치인은 뉴욕에서 그날 밤 죽었을 수도 있다. 마 찬가지로 그 미국 정치인도 마이애미에서 총에 맞고 쓰러졌을 수도 있다. 그 두 사람, 즉 윈스턴 처칠과 프랭클린 델러노 루스벨트가 그 날 죽었더라면 그 후의 역사는 달라졌을까? 당연하다! 사실, 처칠의 대안이 되었을 법한 네빌 체임벌린Neville Chamberlain이나 핼리팩스 경 Lord Halifax이 제2차 세계대전 중에 처칠이 했던 것처럼 영국 국민의 저항 정신을 하나로 집결시킬 수 있었을지는 의문이다. 마찬가지로 자신의 부통령 직무를 "미지근한 오줌이 가득 찬 버킷"이라고 했던 텍사스 출신의 부통령 존 낸스 가너John Nance Garner가 대공황과 전쟁 중에 프랭클린 델러노 루스벨트처럼 난국을 타개하는 지도력을 발휘할 수 있었으리라고 생각되지 않는다.

가장 위대한 리더들은 좋은 시절과 힘든 시절을 가리지 않고 나타났지만, 힘든 시절에 좀 더 자주 등장했다. 그들은 지극히 우울한 시기에 사람들에게 희망을 불러일으키고 뚜렷한 미래의 비전을 보여주었다. 위기를 마주했을 때 그들은 무거운 책임을 맡으면서도 평온한 모습으로 당황하지 않고 침몰하는 배를 바로 세워 항해를 계속했다. 위기 상황에서 훌륭한 리더는 힘든 결정을 내려야 하는데, 이 결정은 궁극적으로 역사의 경로를 바꾼다. 그들은 자신의 용기와 인격으로 다른 사람들에게 자신을 따라오게끔 동기를 부여한다. 한 개인은 일반 대중에게 영감을 줘서 행동을 촉구하고 세상을 더 나은 곳으로 만들게 할 수 있다. 그러므로 개인은 여전히 중요하며, 특히 리더십에서는 개인이 더 중요한 요소다.

리더는 타고나는 것인가, 만들어지는 것인가

전문가들은 유력한 리더의 자질과 재능이 태어날 때부터 유전자에

하버드 리더십 수업

새겨져 있다는 주장에 동의하지 않는다. 하지만 드와이트 아이젠하 워Dwight Eisenhower의 어린 시절에 터치 풋볼* 게임의 작전을 짤 때면 다른 아이들은 매번 자동적으로 그를 쳐다봤다고 한다. 에이브러햄 링컨Abraham Lincoln은 정규 교육을 1년도 채 받지 않았지만, 그의 시대 로부터 한 세기 반이 지난 지금에도 그가 했던 말이 여전히 진심으로 들린다. 분명 몇몇 사람은 타고난 재능을 지닌 것으로 보인다. 가령 워런 버핏Warren Buffett은 자신의 주식 투자 노하우를 인생의 복권에 당첨된 행운이라고 말해 타고난 것임을 시인했다.

당신은 타고난 이점을 몇 가지 지니고 있을 수도 있지만, 짐 콜린 스Jim Collins가 말한 것처럼 "좋은 사람에서 위대한 사람"으로 나아가 는 탁월한 리더의 모습을 보이고자 한다면 꾸준히 오랜 세월 공들 여 노력해야 한다. 개인의 발전은 인내와 끈기에 따라 크게 좌우된 다. 우선 목적을 철저히 세우고, 자신의 가치를 이해하고, 점점 더 많 은 지지자 집단을 확보함으로써 진정 유력한 리더가 될 수 있다. 그 런 여정은 간단치 않고 분명 크고 작은 실패가 가득할 테지만, 리더 십은 삶에서 노력할 만한 의미 있는 것 중 하나다.

리더십을 어떻게 정의해야 하는가

리더십 연구자들은 리더십의 정의를 두고 논쟁을 벌인다. 왜냐하면

---

* 미식축구의 일종으로 태클 대신에 터치를 한다.

리더십 실천은 주로 인격, 연민, 공감 같은 주관적이고 측정하기 어려운 자질에 의존하기 때문이다. 리더십은 과학보다는 예술에 가깝다. 대법관 포터 스튜어트Potter Stewart는 1960년대 한 재판의 판결 내용에 외설은 정의하기 어렵지만 "보면 안다"라고 적어 그 구절이 유명해졌는데, 리더십도 그와 같을지도 모른다. 혹은 리더십을 재즈에 비유할 수도 있다. 마일스 데이비스Miles Davis는 음악이 음표 사이의 침묵을 연주하는 것이라고 했는데, 리더십이 바로 그러하다.

리더십 연구자들은 모두 합쳐 200가지가 넘는 리더십의 정의를 발견했다. 그중 다수가 서로 비슷하다. 상당수는 리더십을 다른 사람을 격려·고무하는 능력이라고 정의한다. 예를 들어 로널드 레이건Ronald Reagan은 훌륭한 리더가 "사람들이 가장 위대한 일을 하도록 유도하는 사람"이라고 생각했다. 약간 다른 학설은 리더의 이타적 본질을 강조한다. 노자老子가 한 유명한 말은 이러하다. "무릇 군왕은 백성이 그 존재를 거의 느끼지 못할 때 최선이다. 일이 끝나 목적을 달성하면 백성은 '우리 스스로 이를 해냈다'라고 할 것이다." 비슷하게도 넬슨 만델라Nelson Mandela는 다른 사람들에게 권한을 주고, 뒤에서 인도해 그들이 자신의 노동으로 결과를 만들어낼 수 있도록 하는 게 더 낫다고 생각했다. 다른 사람들은 개인적 특성과 자질을 강조했는데, 그중 흔한 건 용기, 비전, 고결함이다. 오늘날에는 리더가 필요 없다고 주장하는 학설도 나온다. 이 이론은 한 사람의 개인이 대중을 인도하는 것보다 집단행동과 공유된 역할을 강조하는 것이 더 낫다고 본다. 우리는 앞으로 적당한 때에 이 주제를 다룰 것이다.

하지만 내가 발견한 것들 가운데 가장 강렬하면서도 강단에서 활용하기 좋은 리더십의 정의는 퓰리처상 수상 작가이자 역사학자 개리 윌스Garry Wills가 내놓은 것이다. 25년 전에 쓴 책『확신의 나팔 소리: 리더십의 본질Certain Trumpets: The Nature of Leadership』에서 그는 여러 리더의 간략한 개별 전기를 제시하고, 지지자들이 어떻게 리더를 만들어냈는지 고찰한다. 리더십의 탁월함을 분류하면서 윌스는 이런 정의를 내놓는다. "리더는 그 자신과 지지자들이 공유하는 목적을 향해 다른 사람들을 움직일 수 있는 사람이다."[25]

전통적으로 학자들은 리더십에 리더, 지지자, 환경이라는 세 가지 주요 요소가 있다고 보았다. 이 세 요소는 저마다 중요하다. 우리는 그동안 리더에 집중해오면서 지지자는 간과했다. 하지만 개리 윌스가 알아본 것처럼, 지지자의 자질은 리더의 성공에 크게 영향을 미친다. 예를 들어 프랑스혁명과 미국독립혁명은 모두 민중의 자유를 강화하려는 운동이었고, 비슷한 역사적 시간대에 일어났다. 그런데 왜 미국독립혁명은 성공하고 프랑스혁명은 실패했는가? 토머스 제퍼슨Thomas Jefferson은 미국인은 이전부터 오랜 자치 경험이 있었지만, 프랑스인은 왕가와 교회의 지배를 받고 살아왔기 때문에 실패했다고 판단했다. 미국인은 문화적으로 독립할 준비가 된 상태였지만, 프랑스인은 그렇지 못했다. 나와 동료로 지냈던 바버라 켈러먼Barbara Kellerman은 지지자에 관한 귀중한 책을 펴냈는데, 그 책을 읽어보기를 권한다.

마찬가지로 리더가 처한 환경 역시 그 사람이 해낼 수 있는 일을 미리 규정한다. 정치학자 조지프 나이Joseph Nye는 최근 자신의 리더십 연구에서 1939년 윈스턴 처칠이 이미 한물간 리더였다는 점을 지적했다. 영국 대중은 당시 협상을 통해 독일과의 관계 개선과 해결을 기대했다. 그런데 처칠은 충동적인 군국주의자로 보였기 때문에 별로 지지받지 못하고 있었다. 하지만 그로부터 한 해도 지나지 않아 나치가 프랑스로 진군하고 영국을 침공하겠다고 위협하자 처칠은 일약 국가의 구원자로 떠올랐다. 리더를 둘러싼 환경이 변했고, 그는 다시 역사의 무대로 소환되어 행동에 나섰다.

　나는 리더, 지지자 그리고 환경이라는 리더십의 핵심 기둥 세 가지에 수정안을 내놓고자 한다. 백악관에서 다양한 정권을 경험해보니 리더십에는 늘 네 번째 요소가 있었다. 그것은 바로 뚜렷한 목적의식이다. 충분히 이행 가능하고, 지지자의 가치와 관심사에 부합하는 목적을 선택한다면 훨씬 더 성공적으로 리더십을 발휘할 수 있다. 예를 들어 레이건 정부 초기에 비서실장 짐 베이커Jim Baker는 대통령을 위해 목적의 세 가지 유형을 제시했다. 첫째는 쉬운 목적, 둘째는 어려운 목적, 셋째는 곤란하지만 해낼 수 있는 목적이다. 그는 쉬운 목적은 각 부처가 확보하도록 놔둬야 하며, 어려운 목적은 문제 해결의 적기가 오기까지 기다려야 한다고 했다. 그리고 곤란하지만 해낼 수 있는 목적이야말로 백악관이 수용해야 할 현안 목표라고 했다. 이 관점이 바로 레이건의 성공에 핵심 요인으로 작용했다. 사회보장제도의 대대적 개혁과 조세제도 점검 같은(양당의 상당한 참여가 필요한) 도전적 목적은 그의 대통령직 성패를 결정했다. 다른 대통령들은 감당 못 할 정도로 일을 벌이다 실패하기도 했다. 성공한 대통령으로서 긍정적인 유산을 남기고자 한다면 여러 국정 과제 가운데 올바른 균형을 찾아 그것에 집중하는 것이 무엇보다 중요하다.

오래 지속되는 기준과 진화하는 기준

예전 시대를 뒤돌아보며 리더십이 여러 세기에 걸쳐 어떻게 진화했는지 알아보는 것은 매력적인 일이다. 이 책이 내세우는 중심 주제는 빠르게 변화하는 환경에 적응하는 능력이 오늘날 리더에게 가장 중요한 기술 가운데 하나라는 것이다. 건국의 아버지 중에서도 가장 혁신적인 인물인 벤저민 프랭클린Benjamin Franklin조차 오늘날의 세계화와 디지털 문화를 접했더라면 정신을 못 차렸을 것이다.

하지만 더욱 세심하게 살피면 2,000년 넘게 변하지 않고 지속된 리더십의 기준들을 적극적으로 수용하는 것 또한 중요하다(어쩌면 더 중요할 수도 있다). 우리는 고대 그리스와 로마 이후로 개인의 인격이 리더십에 필수 요소라는 사실을 안다. 우리와 마찬가지로 고대인들도 개인의 내적 가치와 힘이 원칙적 리더십을 발휘하는 데 핵심적인 요인이라고 생각했다. 용기와 명예도 마찬가지로 필수 요소였다. 마르쿠스 아우렐리우스와 플루타르코스를 읽으면 현대의 글들 못지않게 리더십에 관한 교훈을 배울 수 있다.

미국에서 통용되는 확고부동한 리더십의 정의가 하나 있다. 백마를 탄 강인하고 두려움 없는 전사가 임박한 재앙으로부터 동포를 구하는 것. 바로 이것이 미국식 리더십의 핵심 개념이다. 리처드 닉슨은 영화 《패튼 대전차 군단Patton》을 자그마치 아홉 번이나 봤다고 한다. 그는 전투 전날 휘하의 장병들에게 욕설을 퍼붓는 대담한 리더, 패튼 장군을 사랑했다. 맥아더 장군도 그런 전통에 충실했고, 도널드 트럼프도 대선 캠페인에서 그런 강인한 면모를 강조했다.

실제로 정치적 전망이 암담해질 때 민주주의 국가들은 흔히 강인한 사람을 부르고, 또 필요로 한다. 1940년 5월 총리에 취임했던 처칠을 보라. 하지만 세월이 지나며 리더십 학자들은 실력자 개인을 강조하기보다는 협력적이고 동료들과 함께하는 리더 쪽으로 중점을 전환했다. 어떤 중대한 결정을 앞두고 심사숙고하는 고독한 한 사람의 모습 대신에, 빈 라덴이 사살되던 날 밤 백악관 상황실에서 여러 고문과 함께 앉아 사살 작전을 지켜보던 버락 오바마Barack Obama의 모습은 협력적 리더의 전형이다. 우리는 뒤에서 협력적인 리더십의 여러 사례를 살펴볼 것이다.

실제로 이 책을 읽으면서 우리는 리더십의 기술과 요령을 보여주는 리더들의 간략한 생애를 만나게 될 것이다. 우선 동시대에 활약한 세 명의 리더를 살펴보자. 그들의 삶은 진화하는 리더십의 기준 속에서도 몇 세기 동안 변하지 않고 그대로 이어지는 가치가 있다는 사실을 보여준다. 우리가 그들의 생애에서 얻을 수 있는 교훈은 그들이 당대 환경에 적절히 적응하면서 성공을 위해 각기 다른 여러 전략을 동원했다는 점이다. 하지만 서로 다른 사회계층에 있던 이 세 사람이 생각하고 행동하는 방식에는 놀라울 정도로 공통점이 있다. 중요한 것은 그들이 리더십의 기본 가치를 상당 부분 공유했다는 사실이다.

확신과 겸손의 리더십

미국 앨라배마주 파이크 카운티는 가난한 고장이었다. 대다수 주민이 가난을 면치 못했고, 미국의 흑인들은 여전히 목화를 따고 있었다. 노예제의 흔적은 노예해방선언이 있고 나서 거의 80년이 지 난 당시에도 여전히 생생하게 남아 있었다. 그곳이 1940년에 로버 트 존 루이스Robert John Lewis가 태어난 세상이었다. 장래 어느 날 우리 시대의 저명한 역사학자 존 미첨Jon Meacham이 그 아이에 관해 이렇게 글을 쓰리라고는 그 누구도 상상하지 못했으리라. "그는 18세기에 미국 공화국 건국에 토머스 제퍼슨, 제임스 매디슨 주니어James Madison Jr., 새뮤얼 애덤스Samuel Adams가 기여했던 것만큼이나 20세기와 21세 기에 현대적이고 다민족적인 미국을 건설하는 데 중요한 기여를 한 사람이다."[26]

로버트 존 루이스(나중에는 이름을 존으로 바꿨다)의 가족은 앨라배 마 땅 깊숙이 뿌리를 내렸다. 그의 증조부는 소작인이었고, 후손들 도 마찬가지였다. 증조부는 수십 년 전에 노예로 태어났고, 이내 노 예해방이 선언되었음에도 여전히 인종차별과 짐 크로 법Jim Crow Law,* 그리고 각종 규제의 희생자로 살았다. 그 후손인 존은 가족의 농사 일을 도우며 자랐다. 어머니는 밭에서 180킬로그램 정도 되는 목화 를 고되게 따서 겨우 1달러 40센트를 받았다. 이틀 치 노동의 대가 였다. 1944년 존의 아버지는 약간의 돈을 모아서 작은 땅뙈기를 사 들였다. "다른 누군가를 위해 종일 일하다가 내 것이라고 부를 수 있 는 자그마한 것이 생기면 기분이 좋을 수밖에 없어."[27] 존의 어머니 는 말했다. 어린 시절에 존은 인내의 중요성을 알았고, 조금이라도

---

* 1876~1965년 미국 남부에서 시행된 법으로, 공공장소에서 흑인과 백인의 분리와 차별을 규정한 법.

자유로운 것이 얼마나 달콤한 것인지 깨달았다.

밭에서 일하지 않을 때 존은 아프리카 감리교회인 던스 교회에 나가서 여러 활동에 참여했다. 그곳에서 어린 시절 가장 소중한 기억들을 얻었다. 그는 장차 전도사가 되겠다고 결심했고, 혼자서 설교 연습을 하기 시작했다. 루이스는 부모님이 가축을 돌보라고 하던 때를 이렇게 회상했다. "저는 문자 그대로 닭에게 설교하기 시작했습니다. 녀석들은 제 마음속에서 교회의 신자가 되었죠. 아니, 그 상상 속의 교회는 제게 진짜 교회나 다름없었어요."[28] 그는 종종 닭들에게 세례를 주려 했고, 죽은 병아리를 위한 영결 예배를 올리기도 했다. 성경을 크게 낭독하며 죽은 병아리를 위해 추도사를 읽었다. 닭을 상대로 하다 보니 이런 일들이 늘 잘 이뤄지지는 않았다. 그가 대여섯 살 무렵에 한 세례는 엉뚱한 결과를 낳았다. 그는 물속에서 닭을 너무 오래 붙잡고 있었고 하마터면 닭의 영혼을 구원하긴커녕 오히려 물에 빠트려 죽일 뻔했다. 다행히도 그 닭은 나름대로 부활을 경험했고, 햇빛에 내놓으니 몇 분 뒤 기력을 되찾아 다른 데로 잽싸게 달아났다. 이런 경험들 덕분에 존은 더 나은 전도사가 되지 않았을까? 닭들 덕분에 존은 설득력을 갈고닦았고, 공감 능력을 키웠으며, 성경에 관해 더 많이 알게 되었다.

존의 추억들이 모두 장밋빛은 아니었다. 그는 학교를 사랑했지만, 흑백 좌석을 분리하는 낡은 버스를 타고 등교했고, 거리에서는 "백인만 출입"이라는 간판들을 보기도 했다.[29] 그는 인종 분리와 짐 크로 법이 잘못된 것이라는 사실을 알았다. 뉴욕주 북부에 사는 친척 집을 방문하고 나서는 흑백 차별의 부당함을 더욱 명확히 깨달았다.

뉴욕에서 그는 자유롭게 백인 쇼핑객과 함께 물건을 사고, 에스컬레이터를 탔으며, 온갖 사회계층의 사람들이 한 동네에 모여 사는 모습을 봤다. 그는 자신의 고향이 얼마나 인종차별적이고 또 압제적인지 통감했다.

1956년 열여섯 살이 된 존은 자신만의 가치관을 형성하기 시작했다. 그는 라디오 옆에 앉아 있다가 우연히 마틴 루서 킹 주니어의 열정적인 연설을 듣게 되었다. 킹의 말은 루이스 본인이 평소 했던 생각과 많은 면에서 일치했다. 킹은 신앙과 비폭력 저항을 결합해 세상을 더욱 공평한 곳으로 만들자고 제안했다. 루이스는 이렇게 말했다. "킹의 연설을 라디오로 들었을 때 나는 바로 앞에서 그분의 말을 듣는 것 같았죠. 그 순간부터 저는 킹 같은 사람이 되겠다고 결심했습니다." 존 루이스는 그렇게 자신의 롤 모델 겸 멘토를 발견했다.

민권운동 리더들의 행동에 고무된 루이스는 행동을 요구하는 목소리를 듣기 시작했다. 그는 내슈빌로 가서 침례교 신학 대학의 무료 수업을 들었고, 그곳에서 많은 걸 배웠으며, 킹의 사회적 복음을 점점 더 많이 받아들였다. 열아홉 살 때 그는 내슈빌에 있는 하비 백화점에 동료들과 함께 들어가 백인 전용 간이식당 자리에 앉아서 비폭력 시위를 시작했다. 식당의 매니저가 그들에게 떠나달라고 요청하자 그들은 순순히 일어나서 식당을 나왔다. 하지만 날마다 내슈빌의 그 식당을 찾아가 평화로운 시위를 계속했다. 1960년 2월 그들은 이런 행동을 계속하면 백인 군중에게 구타당할 거라는 말을 들었다. 그래도 그들은 시위를 멈추지 않았다. 흑백 차별을 하는 울워스 식당에 들어가 앉은 루이스는 곧바로 야유를 받았고, 복부를 강타당해 식당 바닥에 내동댕이쳐졌다. 경찰은 루이스에게 린치를 가한 사람들이 아니라, 오히려 루이스를 '치안 문란 행위'로 체포했다. 그는 저항하지 않았지만, 시민권 운동의 대표곡인 〈우리는 승리하리라We Shall Overcome〉를 부르며 죄수 호송차로 순순히 끌려갔다.

내슈빌 시장은 시위자들을 감옥에서 풀어줬지만, 흑인들의 불만은 가라앉지 않았다. 시위자들의 저항 소식은 이제 전국으로 퍼지기 시작했다. 당시 스무 살이던 루이스는 점점 더 시민권 운동의 선두 주자로 떠올랐다. 시위자들이 내슈빌의 흑백 차별 가게들을 본격적으로 보이콧하고, 백인 운동가들이 전미유색인지위향상협회National Association for the Advancement of Colored People, NAACP 소속 변호사의 집에 다이너마이트를 던지면서 충돌은 더욱 자주 발생했다. 시민 5,000여 명이 행진에 나서자 내슈빌 시장은 마지못해 패배를 인정하고 도시의 간이식당에서 인종 분리를 철폐하라고 지시했다. 루이스는 비폭력으로 첫 승리를 경험했다. 몸에 생긴 멍, 감옥에서 보낸 여러 밤, 뿌리 깊은 인종차별, 이런 것들이 이제 명예 훈장이 되었다.

그 후의 이야기는 시민권 시대의 미국인에게는 익숙한 이야기다. 루이스와 동료들은 내슈빌의 한 식당 매니저가 흑인들의 시위에 맞서서 식당 문을 잠그고 유독성 살충제를 잔뜩 뿌렸을 때 거의 죽을 뻔했다. 나중에 루이스는 이렇게 말했다. "죽고 싶지 않았죠. 하지만 죽게 된다 해도 제 마음은 평온했습니다."[30] 여러 시위가 계속 폭력적인 반응을 유발하면서 루이스는 여러 번 체포되고 또 구타당했다. 그는 대법원에서 내린 두 건의 흑백 차별 금지 판결이 실제로 효력을 발휘하는지 시험하려고 남부로 내려온 프리덤 라이더스의 최초

열세 명 중 한 사람이 되었다.

나이 스물다섯에 그가 이룬 업적은 놀랄 만한 것이었다. 그는 비폭력을 수용하면서 체계적인 인종차별을 거부하는 새로운 청년 세대의 대표 리더가 되었다. 이후 루이스는 곧장 비폭력학생협력위원회Student Nonviolent Coordinating Committee, SNCC를 설립하는 데 참여해 조직을 이끌었으며, 1963년 워싱턴 행진March on Washington을 조직했을 뿐만 아니라 그 행사의 마지막 연사로 등장했다. 다음 해 그는 앨라배마주 셀마에서 행진을 이끌며 에드먼드 페터스 다리를 건너다 머리를 구타당했다. 시민권 운동 리더들과 함께 케네디 대통령과 존슨 대통령을 만나는 회의에 차례로 참석해 1965년 투표권법이 통과되는 데도 기여했다. 루이스는 무려 40여 차례 당국에 체포되었다. 이 모든 일은 그가 미국 하원에서 민주당 원내대표로 두 번째 경력을 시작하기 전에 벌어진 것이었다. 그 후 루이스는 하원에서 33년 동안 일했다.

존 루이스는 늘 조용하게 말하고 겸손한 사람이지만, 동시에 확신에 찬 리더였다. 그의 용기와 헌신은 같은 세대에서 타의 추종을 불허할 정도로 뛰어났다. 다른 훌륭한 리더와 마찬가지로, 존은 자신보다 훨씬 더 큰 대의에 헌신하는 삶을 살았다. 개인적인 관심사나 야심보다는 오로지 동포를 위한 대의를 따라 움직인 사람이었다. 그와 함께 항의 시위에 참석했던 한 동료는 이렇게 말했다. "존은 사람들을 뒤따라서 사자 굴에 들어가는 것이 아니라, 그 스스로가 앞장서서 사람들을 이끌며 사자 굴에 들어간 사람이었습니다."[31]

용기와 집념의 리더십

루이스가 비폭력 운동에 열심히 헌신하던 바로 그 시절에, 한 젊은 여성 법학도는 자신만의 싸움을 하고 있었다. 루스 베이더 긴즈버그Ruth Bader Ginsberg는 루이스처럼 유혈 시위를 겪지는 않았지만, 여성의 평등한 권리를 성취하려고 애쓰면서 평생 거친 저항을 해왔다. 다른 많은 리더처럼 긴즈버그는 젊은 시절에는 남들의 눈에 띄는 사람이 아니었고, 무명 인사로만 남을 운명처럼 보였다. 하지만 리더라면 으레 그러하듯이, 그녀는 강철 같은 투지와 내면의 의지를 키워갔고, 이를 발판으로 위대한 리더로 등극했다.

미국 전역에서 찬사를 받는 재판관이 되기 훨씬 전에 루스 베이더는 뉴욕 브루클린에 사는 아주 부지런한 학생이었다. 어린 나이부터 그녀의 어머니 실리아는 "배우는 걸 즐기고, 사람들을 배려하고, 열심히 일하라"라고 조언하면서 딸을 격려했다.[32] 어머니는 딸이 대학에 가기를 바랐고, 그래서 이웃 도서관에 딸을 열심히 데려갔다. 그곳에서 루스는 『작은 아씨들』과 『비밀의 화원』 같은 고전소설을 탐독했다. 나중에 루스는 제임스 매디슨 고등학교에 진학했고, 그곳에서 엄청난 학구열을 보이며 열심히 공부해 모든 과목에서 뛰어난 성적을 거뒀다. 그녀는 인기가 많고 우수한 학생이었고, 관현악단과 배턴 트월링baton twirling* 팀에서 활동하기도 했다.

베이더 집안의 생활 형편이 늘 좋았던 것만은 아니었다. 여러 일을 바쁘게 해내는 동안에 루스는 자궁경부암으로 점점 쇠약해지는

---

* 양 끝에 고무 추를 붙인 금속 봉을 돌리거나 공중에 던지는 연기를 하는 퍼포먼스.

어머니의 모습을 묵묵히 지켜봐야 했다. 매일 수업을 마치면 루스는 한 시간 동안 지하철을 타고 어머니가 입원한 베스 모지스 병원을 찾아갔고, 같이 저녁을 먹은 뒤에는 또다시 한 시간을 들여 집으로 돌아왔다. 암을 진단받고 4년이 지난 뒤 어머니는 결국 세상을 떠났다. 아버지는 도저히 비탄을 이기지 못해 운영하던 소매점의 문을 닫았고, 루스는 아버지가 거주할 새로운 집을 찾아야 했다. 당시 그녀는 겨우 열일곱 살이었다. 어머니의 투병과 죽음으로 막대한 정신적 타격을 입었지만, 그래도 그 감정을 혼자 되새기면서 학업과 과외 활동을 평소처럼 해나갔다. 생전의 어머니는 오랫동안 고등교육의 중요성을 가르쳐왔고, 루스는 그런 어머니에게 부끄럽지 않은 딸이 되고 싶었다. 그리고 그녀는 실제로 그런 딸이 되었다. 루스는 괴로운 시기를 겪으면서도 모든 일을 철저히 해냈다. 그런 일은 젊은 여성뿐만 아니라 그 누구에게나 어려운 일이다. 하지만 그녀는 어떻게든 극복해냈고, 앞으로 다가올 더욱 고된 시간에도 철저히 대비했다. 이러한 투지는 이후 도저히 극복할 수 없을 것 같은 난관에 봉착할 때마다 긴즈버그가 보여준 특징이다.

루스는 코넬 대학교에 입학했다. 당시 남자들은 고등교육을 추구하는 경향이 있었지만, 여자들은 빨리 결혼해 가정주부가 되기를 권장받았다. 다행스럽게도 루스는 학업 성적이 탁월했고, 그 대학에서 장래의 남편 마티를 만나는 행운도 얻었다. 몇 년 뒤 두 사람은 결혼해 행복한 가정생활을 시작했다. 루스는 남편을 따라 하버드 대학교 로스쿨에 입학했다. 법학도 생활을 시작할 때(500여 명의 동기 중 여학생은 겨우 9명이었다), 그녀에게는 열네 달 된 딸이 있었고, 남편 마티는 한 학년 선배였다. 바쁜 생활 속에서도 루스는 로스쿨의 『법학저널Law Review』 편집 일을 맡았다.

그녀가 로스쿨 2학년생일 때 마티가 고환암 진단을 받으면서 부부의 삶에 큰 시련이 닥쳤다. 화학요법은 아직 개발되지 않은 시절이었기에 마티는 엄청난 양의 방사선치료를 받아야 했다. 루스는 또다시 급작스레 가정 문제로 난관에 부딪히게 됐다. 이번에는 어머니이자 아내 그리고 대학원생으로 크나큰 고난을 견뎌야 했다. 암 치료를 받는 마티를 위해 루스는 학교 친구들에게 남편이 들어야 할 수업 내용을 대신 필기해달라고 부탁했다. 그러면서 자기 일을 계속해나갔다. 딸을 재운 뒤 루스는 식탁에서 밤새다시피 수강 과목을 공부했고, 동시에 마티의 3학년 논문도 대신 타이핑해주었다. 이런 상황 속에서도 그녀는 학문적으로 거의 무한에 가까운 능력을 발휘했다. 『법학저널』을 같이 만들던 동료들은 그녀의 남편이 병을 앓고 있단 사실조차 모를 정도로 그녀의 일 처리에 아무런 변화도 느끼지 못했다.[33] 그러는 동안에도 그녀는 계속 사랑하는 사람들의 건강과 행복을 무엇보다 중시하면서 꼼꼼히 챙겼다.

여기서 내 제자들의 반응을 말하고 싶다. 그들은 많은 리더의 생애를 연구했지만, 늘 암울한 시절을 돌파한 루스의 노력이 가장 기억에 남고 감탄스러웠다고 평가했다. 그녀는 사람들에게 끊임없이 영감의 원천이 되고 있다.

로스쿨 3학년이 된 루스는 뉴욕에서 일자리를 얻은 마티와 가까운 곳에서 지내고자 컬럼비아 대학교로 편입했다. 졸업할 때 그녀는 스물여섯 살이었고, 이미 두 번의 끔찍한 경험을 극복한 후였다. 하지만 백인 남성들이 차지한 직종으로 진출하는 그녀에게 다가올 앞날 또한 결코 녹록한 것이 아니었다. 그녀는 수석으로 졸업했지만, 단 하나의 일자리도 제안받지 못했다(미국 최초의 여성 대법관 샌드라 데이 오코너Sandra Day O'Connor도 스탠퍼드 대학교에서 수석으로 졸업했을 때 비슷한 차별을 겪었다). 긴즈버그는 마침내 연방법원 판사 에드먼드 L. 팔미에리의 서기 자리를 얻었지만, 로스쿨 교수가 뒤에서 힘써준 덕분에 겨우 얻은 자리였다. 긴즈버그는 그곳에서 일을 시작하며 또 한번 완벽한 노동 윤리를 증명했고, 판사와 강한 신뢰 관계를 구축했다. 서기로 지내던 시절에 관해 긴즈버그는 이렇게 말했다. "저는 필요할 때면 때때로 늦게까지 일했고, 필요하지 않을 때도 야근을 했어요. 토요일에도 출근했고, 집에 일을 가져오기도 했죠."[34]

새로운 사회 경력에 진입할 때마다 긴즈버그는 열심히 일하면서 탁월함을 추구하는 모습을 보였다. 서기 경력을 마친 뒤에는 컬럼비아 대학교 로스쿨의 국제 소송 절차 프로젝트 책임자에게 스웨덴 법체계에 관한 책을 만드는 데 연구원으로 함께 일하지 않겠냐고 제안받았다. 그녀는 일을 맡으면 과감하게 정면 승부를 걸었다. 빠르게 스웨덴어를 익혔을 뿐만 아니라 일에서 놀라운 성과를 내면서 승진까지 했다. 그녀의 상사는 나중에 판사에게 이렇게 말했다. "루스는 기본적으로 내성적인 사람입니다. 조용하지만 강철 같은 투지가 있어요. 뭔가 하기로 마음을 정하면 반드시 해내고, 그것도 무척 훌륭하게 해냅니다."[35]

몇 년 뒤 럿거스 대학교에서 두 명의 여성 법학 교수 중 한 사람으로 근무할 때, 그녀는 둘째 아이를 낳았다. 그렇다고 해서 학교 일과를 단 하나도 빠트리는 일은 없었다. 실제로 그녀는 최후의 순간까지 임신 사실을 숨겼고, 출산휴가에서 빠르게 복귀해 풀타임 스케줄을 소화했다. 그러는 동안 그녀의 시아버지가 교통사고를 당해 그녀의 집에 머물게 되었다. 루스는 시아버지까지 돌보느라 기진맥진했지만, 또다시 힘을 내며 시련을 견뎌나갔다. 그녀의 내면에 불굴의 정신이 활활 불타오르지 않았더라면 과연 이 세상 사람들이 그녀의 이름을 들을 기회나 있었을까.

이 모든 일은 긴즈버그가 법조계, 특히 여성 권리 증진 측면에서 리더로 부상하기 전에 벌어졌던 것이다. 그녀는 미국시민자유연맹 산하의 여성권리 프로젝트Women's Rights Project의 공동 창립자이며, 미국 흑인의 시민권을 위해 전미유색인지위향상협회에서 활약했던 서긋 마셜Thurgood Marshall의 리더십 역할과 많은 점에서 서로 비슷하다. 오래지 않아 그녀는 워싱턴 D.C.의 상소법원 판사로 임명되었고, 이어 클린턴 대통령에 의해 연방 대법원의 대법관으로 임명되었다. 나는 당시 백악관에서 클린턴 대통령 밑에서 일하고 있었고, 많은 성공한 사람이 그녀의 임명을 관철하기 위해 단결했던 모습을 기억한다. 클린턴 대통령도 그녀에게서 무척 깊은 인상을 받았다. 오랜 세월 여성의 온전한 권리를 위해 국가 여론을 주도해온 모습이야말로 대법관 임명의 비결이었다. 대법관 자리는 그녀에게 국가를 움직일 발판을 마련해줬고, 그녀는 먼저 그 자리에 걸맞게 자신을 변화시킨 다음 나라를 변화시키기 시작했다.

대법관 긴즈버그의 존재만으로도 법조계에서 여성의 지위는 계속 향상되었다. 그러나 미국 역사에 남을 평등과 인간 존엄성의 진정한 옹호자로 그녀의 명성을 굳힌 것은 다른 무엇보다도 대법원에서 그녀가 보여준 행동이다. 그녀가 대법원에 남긴 기록 중에는 기회 균등에 관한 선례를 확립하는 결정, 출산 건강에 대한 배려, 여성의 선택권을 제한하려는 각종 이의 제기에 대한 맹렬한 반대 등이 있다. 대법관 인준 청문회에서 그녀는 이후 널리 알려질 발언을 했다. "임신 여부에 관한 결정은 여성의 삶 그리고 여성의 안녕과 위엄에 있어 핵심적인 문제입니다. … 정부가 여성이 내릴 결정을 통제한다면 여성은 자기 선택에 책임지는 온전한 성인이 아니라는 취급을 받는 것입니다."[36]

친구이자 보수 성향의 동료 대법관인 고故 앤터닌 스캘리아Antonin Scalia는 그녀를 "대법원의 평형추"라고 불렀다.[37] 긴즈버그는 그만큼 부정의不正義를 인식하면 반대 의견을 내는 것을 두려워하지 않았다. 이런 반대의 말들은 소수 의견이지만 어떤 결정만큼이나 영향력을 미쳤다. 예를 들어 같은 일을 수행했는데도 남성 동료보다 훨씬 적은 급여를 받은 앨라배마주의 한 여성이 임금 차별로 받지 못한 급여를 지급해달라고 나선 2007년 레드베터 대 굿이어 타이어Ledbetter v. Goodyear Tire 소송에서 긴즈버그는 다수 의견에 대항해 강력하게 반대했다. 대법원에서의 소송은 패소했지만, 긴즈버그가 주장한 반대 의견은 2009년 미국 의회에서 제정된 릴리 레드베터 공정 임금법Lily Ledbetter Fair Pay Act에 반영되었다.[38]

실제로 2020년 사망할 때까지 대법관 긴즈버그는 대법원 진보 진영의 기둥이었다.[39] 여성의 권리를 보호하고, 사회적 약자 우대 정책과 동등한 투표권을 수호했으며, 양성평등을 가로막는 법적 장벽을 점진적으로 제거했다. 사실 연방법원 판사를 지내기 전에도 긴 즈버그는 대법원 앞에서 성차별은 여성뿐만 아니라 남성에게도 피해를 준다는 유명한 주장을 했다. 1975년 와인버거 대 와이젠펠드 Weinberger v. Wiesenfeld 소송에서 그녀는 배우자와 사별한 홀아비에게서 유족 급여를 박탈한 사회보장제도 조항을 폐지하라고 대법원에 요구했다.[40] 평등권의 영역에서 그녀가 달성한 업적과 사회적으로 미친 영향은 무궁무진하다. 성차별을 극복하고, 더욱 공평한 미래를 위해 판사의 자리에서 또는 그 앞에서 지칠 줄 모르고 투쟁한 그녀의 생애는 진정한 용기와 집념의 리더십이 무엇인지 보여준다.

인격과 명예의 리더십

지난 몇십 년간의 미국 정치를 돌아보면 실망스러운 일들뿐이다. 남북전쟁 이후로 미국의 선출직 공직자들이 이렇게 크게 분열되고, 온 국민이 당파적이고 맹목적인 충성심으로 갈라져 상대편을 절대 인정하지 않으려 드는 현상은 일찍이 본 적이 없다. 21세기 초만 해도 드물게 벌어졌던 일이 이제는 아예 대놓고 만연하다. 많은 공직자가 소속 정당이나 이데올로기를 더 중시하면서 개인적 이상과 국가적 이상을 희생시키는 환경이 조성된 것이다.

정치 환경이 이처럼 증오로 점점 차오르는 동안에도, 좌우를 가리지 않고 널리 존경받는 한 정치인이 나타났다. 그는 자신의 고상한 인격과 나라에 대한 헌신으로 보수와 진보 양 진영에서 찬사를 받았다. 그 사람의 이름은 존 시드니 매케인 3세John Sidney McCain III다.

존은 파나마운하 지대의 코코 솔로 해군 항공기지에서 한 군인 가

정의 아이로 태어났다.[41] 아버지 존 주니어는 당시 중위였고, 할아버지 존 시니어는 해군 4성 제독이었다. 우리의 국가적 기억에 소중히 남게 될 매케인 3세는 이런 사람이었다. 그는 베트남전쟁 포로로 끔찍한 감금 생활을 겪은 후 귀국해 죽는 날까지 명예롭게 상하원에서 의원으로 봉사했다.

평생을 군대의 영웅으로 지낸 아버지와 할아버지 덕분에 그가 군인 기질을 타고난 사람처럼 보일 수 있다. 또는 집안 어른들에 의해 교육과 영감을 많이 받은 젊은 매케인이 그들의 연줄을 이용해 군복무에 필요한 모든 적절한 준비를 빠르게 마쳤으리라 상상할지 모른다. 하지만 현실은 그런 이상적인 이미지와는 크게 달랐다.

청소년 매케인은 교사의 총애를 받는 학생이 아니었다. 학교에서 그는 종종 의욕이 떨어졌다. 감독교회 고등학교를 다닐 때, 그는 싸움을 벌이거나 허가도 받지 않고 인근 워싱턴 D.C.로 여행을 다녀오기도 했다. 그 시기 남학생다운 과격한 행동에도 불구하고 매케인은 명예라는 문제 하나만은 아주 진지하게 생각했다. 미식축구를 하던 때 동료 팀원 중 하나가 훈련 서약서에 서명하길 거부했고, 이어 연습에 나오지 않았다. 팀원들은 그를 팀에서 쫓아내길 바랐지만, 매케인은 벌떡 일어서서 그 친구는 잘못한 게 없다고 변호했다. 언제나 독립적인 정신의 소유자였던 매케인은 그 친구가 서약서에 서명한 적이 없으니 팀에 대한 약속을 어긴 것이 아니라고 주장했다.[42] 매케인은 이미 그때부터 재능 있는 웅변가였을 것이다. 코치가 그의 말을 듣고 서명을 거부한 소년을 처벌하지 않기로 했으니까.

그는 인생을 살아가면서 연달아 말썽을 일으키고 못된 짓들을 했다. 그의 반항적인 성격은 해군사관학교에서도 계속 이어졌다. 사관 후보생 동기들은 그가 벌점을 하도 많이 받아서 퇴학당할지도 모른 다고 생각했다. 하지만 매케인은 끝내 퇴학당하지 않고 꿋꿋이 견뎌 냈다. 한번은 주말에 벌점으로 인한 행군을 너무 많이 한 나머지 "볼 티모어 왕복을 몇 번은 할 수 있을 정도"로 걸었다고 농담하기도 했 다.[43] 1958년 그는 아슬아슬하게 졸업했고, 성적은 899명 중 맨 뒤에 서 다섯 번째였다.

9년 뒤 미국은 북베트남과 한창 전쟁을 치르고 있었고, 매케인은 스카이호크 함재 전투기를 조종하는 임무를 받고 베트남으로 갔다. 전투 임무에 투입된 지 몇 달쯤 지났을 때 그는 인생에 지대한 영향 을 미치는 획기적인 변화의 순간을 맞이했다. 그가 탄 제트기가 하 노이 상공에서 적의 포격을 맞아 격추되었고, 탈출하는 과정에서 그 의 양팔과 다리 하나가 부러졌다. 호수에 불시착하자마자 곧 북베트 남 군인들이 둘러싸더니 그를 끌어내고는 사타구니 부분을 마구 때 렸고, 소총 개머리판으로 어깨를 강타했다. 그들은 매케인을 호아 로 감옥으로 끌고 갔다. 이곳은 미군들 사이에서 '하노이 힐튼'이라 불 리는 곳이었다. 그는 제대로 치료를 받지 못한 채 방치되었고, 몸무 게가 거의 45킬로그램이나 빠졌다. 곧 혼수상태에 빠져 의식이 오락 가락했다. 동료 전쟁 포로들은 그가 살아나지 못할 거라고 생각했다.

포로로 지낸 몇 달 뒤, 북베트남인들은 매케인이 태평양 함대 사 령관인 4성 제독의 아들이라는 사실을 알았다. 북베트남인들은 그 에게 석방을 제안했지만, 죽음 문턱까지 다녀온 몇 달의 경험에도 불구하고 매케인은 특별 대우를 거부했다. 그는 집안 환경 때문에

하버드 리더십 수업

전쟁 포로에 관한 행동 강령을 위반할 수는 없다고 말했다. 강령에 따르면 전쟁 포로는 붙잡힌 순서대로 석방해야 한다. 석방 거부에 분노한 북베트남인들은 나흘 동안 쉬지 않고 그를 마구 두들겨 패며 고문했다. 결국 나흘째 되던 날, 육체적 피로에 무너진 그는 자신이 "질 나쁜 범죄자"이며 "항공기 납치범"이라는 마음에도 없는 거짓 자백을 해야만 했다. 다음 날 그는 허위 고백의 죄책감에 사로잡혀 엄청난 감정적 동요를 느꼈다. 그는 훗날 이런 글을 남겼다. "나는 내가 신의 없는 사람이라는 기분이 들었고, 그 압도적인 절망감을 도저히 통제할 수 없었다. … 내 자긍심은 전부 사라지고 말았다."[44] 매케인의 전쟁 포로 전우들은 그 자백이 매케인이라는 인물을 평가하는 데 아무런 영향을 미치지 못한다고 생각했다. 몇십 년이 지나 그 테이프가 공개됐을 전쟁 포로였던 많은 사람이 매케인의 편에 서서 그의 불충실한 복무를 비난하는 자들을 반박했다. 그들은 매케인이 동포를 위해 감내한 막대한 희생은 그런 사소한 잘못을 덮고도 남는다고 강조했다.

1973년 마침내 매케인은 다른 미국 포로들과 함께 풀려났다. 그 석방은 야전에서 붙잡힌 순서에 따른 조치였다. 그는 5년 반의 구금 생활에서 겪은 심신의 고통을 그대로 안고 귀국했다. 베트남에 붙잡힌 미국인 병사들은 미국 역사상 그 어떤 전쟁 포로보다 더 오랜 구금 생활을 견뎌야 했다. 그럼에도 매케인의 독립적인 성향, 명예 그리고 내면의 열정은 조금도 수그러들지 않고 그대로 남아 있었다. 미국 땅을 다시 밟았을 때 그는 서른일곱 살이었고, 공직의 다음 단계로 들어설 준비가 되어 있었다.

매케인의 정치적 출세에 관한 이야기는 잘 알려져 있다. 젊은 베테랑 용사는 상원의 해군 연락 담당관으로 정치적 각광을 받기 시작했다. 상원에서는 좌우 양당을 가리지 않고 젊은 상원 의원들과 지속적인 친분을 쌓았다. 1980년 조종사 신체검사를 통과하지 못하자 그는 공식적으로 해군에서 전역해 연방 하원 의원에 출마했고, 곧 처음으로 의원에 당선되었다. 그는 상원에서 애리조나주를 대표했다. 1980년대 중반에는 저축대부조합 스캔들로 인해 법적인 문제에 휘말렸다.[45] 그는 다른 네 명의 상원 의원과 함께 찰스 키팅Charles Keating을 위해 연방 은행 규제 수사를 방해한 혐의로 고발되었는데, 키팅은 그의 오랜 친구이자 선거운동 기부자였다. 매케인은 빠르게 잘못을 인정하고 자신에게 책임이 있음을 시인했다. 유권자 대다수는 그를 용서했다. 그는 자주 당을 대변했고 또 2008년에는 공화당 대통령 후보로 나서기도 했다. 공직을 수행하는 동안 명예와 성실의 행동 원칙을 계속 유지한 그는 자신의 신념과 국가에만 헌신했고, 그 이외에는 일절 뜻을 굽히지 않았다.

마이클 루이스Michael Lewis가 「체제 파괴자The Subversive」라는 글에서 지적한 것처럼, 매케인은 워싱턴 D.C.의 규범이나 정치적 허례허식에 전혀 신경을 쓰지 않았다. 상업 위원회 위원장을 맡던 시절에 한번은 매케인이 공청회 자리를 빨리 떠나야 할 사정이 생겼다. 그는 민주당 상원 의원 어니스트 홀링스Ernest Hollings의 귀에다 뭔가 속삭이며 의사봉을 건넸다. 홀링스는 매케인에게 이렇게 대답했다. "존, 이 의사봉을 기쁘게 받아들이겠지만, 자네 동료 의원 몇몇은 반대할지도 몰라."[46] 이에 매케인은 이렇게 답했다. "엿 먹으라 그래." 그는 민주당 의원들도 가까운 협력자처럼 대했다. 실제로 그의 입법 기록이 이를 증명한다. 그는 초당파적 정치자금법 개혁을 통과시킨 선구자였고, 전쟁 포로의 인도적인 처우를 요구했다. 가장 기억에 남을 만한 조치 중 하나는 늦은 밤에 공화당의 오바마케어 '폐지 및 대체'를 거부한 것이었다. 그것은 그가 세상을 떠나기 전에 마지막으로 독립불기獨立不羈의 정신을 보여준 순간이었다.

존 매케인은 뼛속까지 명예·정직·예절을 지키는 사람이었다. 그렇지만 분명 반항적인 측면도 있었고, 베트남에서 귀국했을 때 완전무결한 성인도 아니었다. 하지만 늘 자신과 자신이 한 말에 충실하고자 노력했다. 그는 또한 자신의 오판과 실책을 남들로부터 지적받으면 선뜻 인정하기도 했다. 2000년 대선 경선 중 그는 사우스캐롤라이나주에서 남부 연합 깃발을 게양하자 그것을 묵인했다. 심사숙고한 뒤 다시 사우스캐롤라이나로 돌아와 그는 그렇게 묵인한 자신의 행동을 사과했다. 특히 주목할 만한 사건은 2008년 대선 캠페인 집회 중 어떤 여성이 오바마를 '아랍인'이라고 큰 목소리로 비난하자 매케인이 그녀의 말을 끊고는 그건 잘못된 생각이라고 분명하게 지적했던 것이다.

중요한 사실은 그가 자신의 말과 약속을 지키는 사람이었다는 점이다. 고등학교 미식축구팀에서 시작해 하노이 힐튼에 포로로 붙잡혀 있을 때까지, 그리고 수백만 명이 건강보험의 혜택을 누릴 수 있도록 거부권을 행사할 때까지 매케인은 자신의 주장을 일관되게 유지했고, 자신이 섬기는 사람들을 명예롭게 숭상했다. 그는 미국의 영웅이 되어 이 세상을 떠났다. 이런 평가를 받을 수 있는 것은 그가 정치 활동을 잘했기 때문이 아니라 자신의 확고한 인격을 지키고, 공직 생활에서 공평무사하게 행동했기 때문이다. 그가 지킨 저 오래된 가치관은 오늘날 리더들에게도 여전히 훌륭한 덕목이다.

세 사람의 여정이 교차하는 곳

루이스, 긴즈버그 그리고 매케인은 다른 사회계층 출신이었다. 성장 과정과 정치관, 집안 배경, 인생의 목적이 전부 달랐다. 하지만 우리는 그들에게서 어떤 공통점을 발견할 수 있다. 그들이 성년식을 치르고, 봉사와 리더십을 실천하는 삶을 살기 위해 미리 준비한 과정에서 공통된 면모를 엿볼 수 있다. 이런 공통점이 바로 우리의 젊은 리더들이 성장을 추구하면서 지향해야 할 지점이다. 그런 공통점 가운데 몇 가지만 소개하고자 한다.

그들은 세상의 부름에 응했다

유명한 군인 가문에서 태어난 매케인은 국가를 수호하고 국가의 이상을 위해 헌신하는 것이 무슨 의미인지 잘 알았다. 그는 해군에서 23년간 복무한 뒤 공직에 진출해 36년간 미국 의회에서 봉사했다. 루이스는 자신의 친족에게 가해지는 주 정부의 압제에 섬뜩함을 느껴 시위를 주도했고, 운동가로서 활약을 다한 뒤 하원 의원이 되어 두 번째 사회 경력을 시작했다. 긴즈버그는 남성이 지배하는 법조계에 들어서면서 남녀를 평등하게 대우하는 것이 얼마나 중대한 문제인지를 깨달았다. 이들은 자신이 삶에서 무엇을 추구해야 하는지 묻는 것이 아니라 삶이 그들로부터 무엇을 원하는지를 물었다.

그들의 여정은 일찍 시작되었다

여전히 자기절제를 익히는 중이었던 20대 초반에 매케인은 동기들을 괴롭히는 선배 사관후보생들에게 맞서 저항했고, 일약 해군사관학교의 비공식 리더 자리에 올랐다. 그는 자신보다 더 많은 권력을 쥔 사람들과 맞서 싸우는 걸 두려워하지 않았다. 루이스는 겨우 열아홉 살에 내슈빌에서 인종 분리에 항의하는 시위를 조직했다. 긴즈버그는 서른에 럿거스 대학교에서 최초의 여성 법학 교수로 경력을 시작했다. 이들은 세월이 흐름에 따라 각자 계속 성장해나갔지만, 모두 어린 시절부터 전도유망한 리더십을 보였다. 그리고 그 리더십은 훗날 그들의 삶을 규정지었다.

그들은 내면의 용기를 소환했다

그들의 여정에는 용기가 필요했다. 때로는 무척 위험하기도 했다. 루이스는 자주 두들겨 맞았고, 에드먼드 페터스 다리 시위에서는 살아남은 게 신기할 정도였다. 매케인은 베트남 상공에서 비행기가 격추된 이후에 하노이 힐튼에서 고통과 고문의 세월을 견뎠다. 긴즈버그는 루이스나 매케인같이 물리적 위험을 겪지는 않았지만, 여성을 배려하지 않는 냉랭한 사회로 진출했고, 고개를 당당히 든 채 자존심을 잃지 않았다.

그들은 때때로 쓰러졌지만 더욱 강해져서 돌아왔다

루이스는 여정의 초기에 일격을 맞았지만, 인생의 노선을 바꾸길 거부하고 결국 승리를 거뒀다. 긴즈버그는 전체 수석으로 컬럼비아 대학교 로스쿨을 졸업했음에도 불구하고 일자리를 얻기가 어려워 고군분투했다. 매케인은 해군 장교 경력 초기에 경솔하고 흥청망청 지낸다는 평판이 있었지만, 나중에는 마침내 크게 각성해 청년들의 롤 모델이 되었다.

그들은 이른 나이에 핵심 가치를 파악하고 수용했다

세 사람은 모두 각자의 분야에서 성공 이상의 결실을 거두었다. 그들은 몸소 구현한 가치를 대변하는 상징적 인물로 여겨진다. 루이스는 대의에의 헌신과 겸손, 외유내강으로 유명해졌고, 긴즈버그는 거듭되는 방해에도 불구하고 이겨내는 끈기와 인내로, 매케인은 정직과 인품으로 사람들에게 인정받았다. 리더들은 종종 과도한 나르시시즘을 보이는 경향이 있지만, 결국 좋은 리더와 나쁜 리더를 구별하는 기준은 자신의 팀과 공동체 그리고 사명을 향한 영구불변의 충성심을 보였는지 여부다. 루이스, 긴즈버그, 매케인은 모두 다른 사람들을 위해 일하겠다는 목표를 확고하게 세웠다.

그들은 진북을 발견했다

세 명의 리더는 각자 극복해온 여러 어려움을 통해 자신의 가치를 파악했을 뿐만 아니라 자신의 가치와 지지자들에게 충실하게 복무하는 생활을 했다. 그들은 또 확고한 내면의 나침반을 마련해 어렵고 복잡한 여러 선택 사이를 잘 헤쳐나갔다. 연습에 빠진 미식축구 팀원을 위해 분연히 일어섰던 날부터 매케인은 자신의 명예를 중시했고, 주변 사람들의 이해관계에 굴복하길 거부했다. 루이스는 50년 넘게 자신의 북극성(진북)으로부터 시선을 떼지 않았다. 긴즈버그는 미국시민자유연맹 시절부터 대법관 시절에 이르기까지 맹렬하게 여성 권리를 지지했다.

그들은 모두 철저한 이상주의자였다

다른 사람들에게 평생 봉사하는 삶을 살고자 하는 사람은 끝까지 살아남기 위해 엄격한 이상주의를 수용해야 한다. 이 세 리더는 모두 넘칠 정도로 고상한 가치관을 지니고 있었다. 그들은 모두 자신의 한계를 넓혀나갔고, 헌신적인 지지자들과 동행했다. 그들은 자신보다 훨씬 더 크고 더 높은 진리에 헌신했다. 현실이 아무리 가혹해도 하던 일을 꿋꿋이 계속해나갔고, 근본적인 가치와 비전을 결코 희생시키지 않았다. 존 루이스는 평등한 권리를 위한 싸움에 대해 이렇게 말했다. "절망의 바다에서 길을 잃어선 안 됩니다. 희망을 품고 낙관적으로 나아가야 합니다. 우리의 투쟁은 하루, 한 주, 한 달 혹은 한 해만 하고 말 것이 아닙니다. 평생 해야 하는 투쟁입니다." 매케인과 긴즈버그도 자신만의 방식으로 이상을 품고 살았다. 그들은 이상을 실현하기 위한 싸움을 절대 포기하지 않았다.

더 폭넓게 보면, 동시대를 살아간 세 명의 리더가 겪은 경험은 이 책의 핵심 주제를 보여준다. 이들은 리더십에 이르는 각기 다른 길을 발견했지만, 나이가 들면서 내적 여정과 외적 여정이 서로 통합되기 시작했다. 워런 베니스가 강조했던 것처럼, 인격적으로 온전한 사람이 되는 리더의 과정을 밟은 것이다. 그들은 리더십의 실천 방식이 빠르게 변하는 중이며, 암초를 피해 앞으로 항해하려면 도덕적 나침반을 기준으로 삼는 것이 최선임을 깨달았다. 성년이 된 이후에도 끊임없이 갈등을 겪었지만 그들은 지나간 세월을 돌아보면서 하나의 깨달음을 얻었다. 그것은 남북전쟁이 끝나고 20년 뒤에 올리버 웬들 홈스 주니어가 얻었던 깨달음과 같은 것이었다. "무척 운 좋게도 젊은 시절에 우리의 마음은 열정으로 가득 차 있었다. 인생의 초창기에 우리는 삶은 심오하고 열정적이어야 마땅하다는 교훈을 얻을 수 있었다."[47]

♦ 2장 ♦

내 인생의 저자 되기

백악관에서 일한다는 것은 미국인이라면 누구에게나 자랑스러운 특권이다. 나는 민주당과 공화당을 가리지 않고 네 명의 대통령과 일했으므로 네 배로 명예로운 기분이다. 내게 후대에 남길 만한 유산이 있다고 한다면 백악관에서의 경험이 되어야 마땅하다. 하지만 공적 생활에서 가장 큰 만족감을 느꼈던 때는 그보다 훨씬 전으로, 내가 여전히 대학생이던 20대 초반의 일이었다.

노스캐롤라이나주에서 성장한 나는 1963년 새로 당선된 민주당 주지사 테리 샌퍼드Terry Sanford의 부름을 받았다. 테리는 우리 주의 존 케네디로, '새로운 남부'를 만들어 미국 흑인의 시민권을 인정하고 증진하려 했던 신선하고 카리스마 넘치는 리더였다. 나는 그의 메시지가 매력적으로 느껴졌기에 2학년과 3학년 사이의 여름방학* 동안

---

* 미국은 9월에 새 학기가 시작된다.

에 주 행정부에서 인턴으로 일했다. 내 요청으로 주지사실은 나를 테리의 새로운 조직인 노스캐롤라이나 좋은이웃위원회의 창설 팀에 배정했다. 공적 교육과 일터에서 각 공동체의 흑백 리더들이 힘을 합쳐 일하며 공존하는 위원회를 주 전역에 설립하려는 것이 이 팀의 목적이었다. 또 다른 역할은 서로 다른 인종들 사이에 평화가 형성되도록 돕는 것이었다.

위원회로 일하길 요청한 것은 내가 여태껏 살아오면서 했던 가장 현명한 일이었다. 며칠 만에 나는 위원장인 데이비드 콜트레인David Coltrane에게 일하러 왔음을 알렸다. 데이비드는 주 예산처장으로 일해온 침착한 사람이었다. 더 중요한 사실은, 그는 원래 확고한 인종 분리주의자였는데 마음을 바꿔 과감한 시민권 운동가가 되었다는 것이다. 나는 이 사람을 좋아하게 되었다.

그의 부하 직원이라고는 비서 한 사람뿐이었다. 그는 나를 최고 정책 고문 겸 공보 담당관 그리고 운전기사로 삼아 다용도로 활용했다. 나는 이후 세 번의 여름을 '데이비드 씨의 차를 모는 사람'으로 보냈다. 우리는 노스캐롤라이나주를 종횡으로 누비면서 이 도시 저 도시를 다녔고, 밤에는 흑백 양 진영 시민사회의 리더들과 만나 서로 어울리라고 설득했다. 늘 성공했던 건 아니지만 그들은 종종 악수를 나눴고, 시간이 흐를수록 증오와 폭력의 심리가 점점 옅어지는 것을 볼 수 있었다.

물론 미국에서 인종 문제 개선에 가장 큰 공을 세운 사람들은 따로 있다. 몇 년 전 앨라배마주 그린스보로와 내슈빌에서 연좌시위를 시작하고, 행진하고, 남부를 가로지르는 버스를 타고, 수차례 투옥되고 구타당한 존 루이스 같은 젊은 흑인 영웅이 바로 그들이다. 그들은 미국 흑인 앞에 세워진 무수한 장벽을 깨부쉈을 뿐만 아니라 여러 어려운 상황의 남부 주들과 미국의 나머지 지역 사이에 세워진 장벽도 낮춰주었다.

위원회에서 우리가 한 모험은 아슬아슬하고 위험했던 적도 있다. 백인 우월주의 단체인 KKK는 우리 주에서 극도로 적극적인 활동을 벌였고, 특히 간부인 골드 드래곤의 고향인 남서부 지역은 흑인 차별의 정도가 특히 심했다. 고교 동창 중 가장 친한 내 백인 친구는 흑인 교회에서 협동 목사로 여름을 보내는 중이었다. 그와 나는 솔즈베리 근처에서 열리는 KKK의 공개 집회에 참여하기로 했다. 나는 왜 이 사람들이 그토록 증오에 가득 차 있는지 알고 싶었고, 친구는 그 집회를 녹음해 교구 신자들에게 들려줄 생각이었다. 아마도 녹음을 들려줘서 미리 위협에 대비하라는 뜻도 있었을 것이다.

그 외에 두 백인 친구가 우리 계획에 동참했다. KKK 집회장 옆의 주차장에 차를 대자마자 골치 아픈 문제가 생길 첫 조짐이 나타났다. 우리가 현장에 도착했을 때 환영해주던 주 경찰들이 어디론가 사라지고 없었던 것이다. 대신 그들이 철수한 자리에는 덩치가 크고 건장한 갈색 셔츠를 입은 단원들이 '질서'를 지킨다며 서 있었다. 그들은 들고 있던 십자가에 불을 붙이더니 우리 넷을 빙 둘러싸기 시작했다. 누군가는 녹음기를 확 채 갔고, 다른 누군가는 위협적인 말을 내뱉었다. 집회가 끝난 뒤 우리는 차가 있는 곳으로 걸어갔다. 그 주위에는 엄청나게 많은 군중이 위협적으로 모여 있었다. 그들은 우리가 차를 타게 놔뒀지만, 창문을 마구 빠르게 두들기고, 차를 흔들고, 차 지붕 위로 올라타고, 욕설을 퍼부었다. 그들은 다른 집회에 절대 발들일 생각하지 말라며 윽박질렀다. 그때 우리 머리에 떠오른 건 미시시피주에서 제임스 채니, 앤드루 굿윈, 마이클 슈워너에게 벌어졌던 위험한 사건이었다.[48] 이 용맹한 세 사람은(두 사람은 백인, 한 사람은 흑인이다) KKK의 시위에 참여했다가 실종되었다. 그들의 시신은 나중에 발견되었는데, 무차별적으로 폭행당하고 고문당한 흔적이 역력했다.

도망칠 곳이 없어 보였다. 나는 운전석에 앉은 친구에게 재촉했다. "시동을 걸고 천천히 차를 몰아. 군중 속으로 천천히. 이렇게 하는 수밖에 없어." 우리 차가 앞으로 슬금슬금 움직이자 군중은 여전히 차의 본네트를 때렸지만 점점 길을 터주기 시작했다. 하지만 그들은 곧 대기해둔 차에 올라타더니 어두운 고속도로를 따라 우리를 미친 듯이 쫓아오기 시작했다. 영원처럼 느껴졌던 그 순간이 지나고 마침내 그들은 사라졌다. 우리는 무사히 집에 도착했지만 여전히 심적으로 크게 동요한 상태였다. 만약 우리가 흑인이었다면 그날의 운명은 훨씬 더 암울했을 것이다.

그날 밤의 일은 내게 몇 가지 교훈을 남겼다. 나는 다짐했다. 앞으로도 사람들을 억압하는 세력에 저항하고 악에 대항하며 위험을 감수할 것이다. 하지만 무모해지지는 말자. 실제로 그날 밤 나는 무모했다. 한창 진행 중인 그들의 집회에 나타나는 건 맹렬히 달려오는 투우에게 붉은 깃발을 흔드는 꼴이었다. 그야말로 멍청한 짓이었다. 다른 사람들이 어떻게 삶을 살아가는지 알아내는 건 중요하지만, 그 과정에서 장난을 치면 안 되는 것이었다. 우리가 그날 밤 그랬던 것처럼 사람을 동물원 안의 존재로 취급하면 안 된다. 그들의 악질적인 백인 우월의식과 증오 심리는 그 무엇으로도 용서받을 수 없다. 하지만 내가 그날 밤 봤던 사람들은 둘러쓴 후드를 벗으면 대부분 생활 형편이 좋지 않고 잃어버린 자존감을 찾으려고 애쓰는 노동자 계급의 사람들로 보였다.

그렇게 여러 차례 여름을 보내면서 나는 내적 여정에 관한 확고한 철학을 갖게 되었다. 당시 나는 사회 내의 여러 집단과 그 리더들이 가장 큰 난관을 어떻게 극복하는지에 관심이 많았다. 그리고 앞으로 내가 어떤 직업을 가지게 될지 이미 마음속 깊이 잘 알고 있었다. 나는 공적 영역, 즉 큰일을 벌여서 긍정적인 변화를 이끌 수 있는 현장에서 뛰고 싶었다. 앞으로 내가 어떤 사람이 될지는 확신하지 못했지만, 내가 가서 일하고 싶은 곳은 확실하게 알았다.

내가 깨우친 바로는, 움직임의 중심에 서기 위해 반드시 백악관이나 워싱턴 D.C.에서 일해야 할 필요는 없다. 연방 정부가 마비 상태에 있으므로, 리더십이 발휘될 현장은 이제 다른 곳으로 옮겨가고 있다. 권력은 더 이상 톱다운topdown 방식(하향식)으로 행사되지 않고, 오히려 점점 더 보텀업bottomup 방식(상향식)으로 구사되고 있다. 나는 공직에 관심을 보이는 학생들에게 워싱턴 D.C.에서 특별한 일자리를 구할 수 없다면, 고향 주나 지방 정부 혹은 사회적 기업이나 비영리 단체, 변화를 추구하는 시민 단체에서 일자리를 찾아보라고 자주 권한다. 그런 곳들이야말로 최근에 많은 움직임이 활발하게 일어나는 곳이기 때문이다. 빠르게 성장하는 기술이나 예술 분야의 스타트업에 취직해도 많은 걸 배울 수 있다. 분야마다 나름의 배울 점들이

하버드 리더십 수업

있다. 앞으로 젊은 운동가들과 대통령 집무실이 더 크게 활동을 벌여서 언젠가 연방 정부가 변화의 주도 세력인 젊은 세대를 다시 끌어들일 수 있길 바란다.

되돌아보니 노스캐롤라이나 좋은이웃위원회가 시민의 권리를 증진시키는 데 꽤 훌륭한 역할을 수행했다. 위원회는 분명 내 인생에서 커다란 역할을 했다. 젊은 나이에 주 정부에 봉사해달라는 부름을 받았고(실제로는 일방적 소환이었지만), 그 일은 내게 커다란 보람이었다. 직접 현장과 부딪치며 온갖 사회계층의 사람들과 함께 참호에서 일하는 계기가 되었다. 나는 그 일에서 도덕적 목적을 느꼈고, 미력하나마 주 정부의 행정에 변화를 일으켰다고 생각한다. 나는 백악관에서 일한 행운 못지않게 소외된 사람들과 얼굴을 마주 대하며 일하고, 그로부터 어떤 변화가 생겨나는 것을 목격할 때 크나큰 보람을 느꼈다.

자기인식

젊은 시절에 공직 생활을 하면서 나는 또 다른 근본적인 원칙을 깨달았다. 그건 바로 리더십이 인간의 내면에서 시작된다는 것이었다. 세상이 어떻게 작동하는지 배우는 것도 중요하지만, 어떻게 일해야 하는지를 배우는 건 더 중요하다. 전도사 피터 곰스Peter Gomes가 말했던 것처럼, 다른 사람들에게 봉사하기 전에 먼저 자기 자신을 인도하는 법을 배워야 한다. 간략하게 말하면, 당신은 아주 어린 시절부터 자기가 어떤 사람인지 잘 인식해야 하고 또 그러한 자신을 극복할 수 있어야 한다.

우리는 각자 우리가 누구인지, 우리가 믿는 것은 무엇인지, 미래의 꿈은 무엇인지 발견해야 한다. 고대 그리스 이후로 철학자들은 그것을 중시했다. 델포이의 신탁은 "너 자신을 알라"라고 명령했다.[49] 소크라테스는 "성찰하지 않는 삶은 살 가치가 없다"라고 자신의 재판에서 말했다.[50] 소크라테스 이후 플라톤은 대화편의 많은 부분을 할애해 델포이의 격언이 무슨 뜻인지를 탐구했다.[51]

현대에 들어서도 우리는 인생의 목적에 관해 계속 자문한다. 메리 올리버Mary Oliver는 자신의 시 「여름날The Summer Day」에서 "너는 무엇을 할 생각이야 / 이 한 번뿐인 신나고 귀중한 인생에서?Tell me, what is it you plan to do / with your one wild and precious life?"라고 물었다. 리더십에 관한 수천 수백 편의 논문은 이렇게 말한다. 자기 자신에 관한 명확한 이해는 통합된 삶을 구축하는 토대다. 하지만 논문들은 그런 삶에 도달하는 방법에 대해서는 모두 의견이 엇갈린다. 내 경험에 비춰볼 때, 내적 자아를 가장 훌륭하게 이해했던 사람들은 '사색하면서 실천하는 사람'이었다. 폭넓게 경험하고, 역사와 전기를 세심하게 읽고, 내적 자아와 지속적으로 대화를 나누며, 그 토대를 구축하는 방법들을 탐구했던 사람들이다. 우리는 이 모든 특성을 루이스, 긴즈버그, 매케인에게서 살펴볼 수 있다.

리더십에 관한 최고의 논문 중 하나는 1999년 20세기 가장 중요한 경영 전문가 피터 F. 드러커Peter F. Drucker가 발표한 것이다. 그의 논문 「자기관리Managing Oneself」는 여전히 필독서다.[52] 몇 년 전 나는 드러커와 만날 일이 있었는데, 그와 오후 한때 대화를 나누기 위해 전국 각지에서 비행기를 타고 날아오는 최고경영자들이 정말 많다는 사실을 알고 깜짝 놀랐다. 그들은 한 번만 찾아온 것이 아니라 그 후에도 계속 드러커를 만나러 왔다.

드러커는 자기가 누구인지 명확히 깨닫기 위해서는 기본적인 질문들을 계속 던져야 한다고 썼다.

당신의 강점과 약점은 무엇인가

당연한 일이지만, 사람들은 강점을 바탕으로 할 때 일을 더 잘 해낸다. 드러커가 보기에 문제는, 사람들 대부분이 자신의 뛰어난 점을 안다고 생각하지만 실은 그렇지 못하다는 것이다. 그렇기 때문에 솔직한 피드백이 필수적이다.[53] 드러커는 지난 20여 년간 중대한 결정을 내리기 전에 어떤 일이 벌어질지 예측하고 그것을 종이에 적었다. 그리고 아홉 달 혹은 열두 달이 지난 후에 자신이 예측한 것과 실제 벌어진 일을 서로 비교해보았다. 그는 자신이 엔지니어, 회계사 등 전문 기술직에 대해서는 잘 이해했지만, 다방면의 지식을 갖춘 제너럴리스트들에 대해서는 별로 공감하지 못했다는 사실을 알고 크게 놀랐다. 이러한 피드백은 무척 유익했고, 그래서 사람들에게 자신의 방식을 시도해보라고 권했다.

다년간 최고경영자들과 중역들은 자기인식에 도달하려고 다양한 방법을 시도했다. 그중 10년 전 가장 인기 있었던 방법이 360도 평가다. 하급자, 동급자, 상급자 등 직장의 모든 사람으로부터 업무 성취도를 비밀리에 다면적으로 평가받는 방법이다. 360도 평가는 여전히 유용하다. 하지만 피고용자들이 그런 평가를 빠져나가는 요령을 익히게 되었고, 회사들은 다른 평가 방법들을 실험했다. 마이어스-브릭스 테스트Myers-Briggs testing와 스트렝스 파인더스StrengthsFinders 같은 몇몇 간단한 평가 방법이 고안되었는데, 이 방법들 역시 나름의 한계가 있다.

좀 더 시의적절한 평가를 제공하려는 훨씬 더 야심 찬 노력의 일환으로, 헤지펀드 회사인 브리지워터 어소시에이츠Bridgewater Associates는 임원들에게 주요 회의 이후 24시간 안에 동료들을 솔직하게 평가해 해당자에게 그 내용을 보내라고 지시했다. 몇몇 대상자는 이를 불쾌하다고 여겨 회사를 떠났다. 다른 임원들은 평가의 효과를 받아들이고 더 높은 자리로 승진했다. 브리지워터 창립자 레이 달리오Ray Dalio는 2017년 베스트셀러가 된 자신의 책 『원칙』에서 브리지워터의 평가 방법을 강하게 옹호했다.[54]

자기인식에 도달하기 위한 올바른 방식을 찾는 건 어떤 고정된 답이 있는 게 아니라 유동적인 일이다. 드러커는 어떤 평가 방법을 활용하든 자신에 관한 기본적인 사항들을 반드시 파악해야 한다고 주장한다.

당신은 읽는 사람인가, 듣는 사람인가

나는 회사 사장이나 최고경영자에게 이 질문이 특히 적절하다고 생각한다. 그중 몇몇은 열렬한 독서광일 것이다. 시어도어 루스벨트는 독서에 관해서는 기록 보유자일지도 모른다. 역사가들은 그가 대통령으로 재직하던 시절 종종 하루에 책 한 권을 읽었다고 전한다.

그는 제퍼슨과 링컨처럼 읽고 숙고하는 능력이 있었고, 그 덕분에 훨씬 더 나은 대통령이 될 수 있었다. 대조적으로 로널드 레이건은 듣는 사람이었다. 그는 구두 브리핑을 좋아했고, 서류 브리핑은 기껏해야 한두 페이지 남짓 넘겨보는 정도였다. 그에게 구체적 사실과 세부 사항을 알려주려 하는 건 시간 낭비였다. 상급자가 어떻게 배우는지 알아채는 것도 중요하지만, 훨씬 더 중요한 건 당신이 어떻게 배우는지를 아는 것이다.

내향과 외향의 스펙트럼에서 어디에 있는가

역사적으로 볼 때, 내향적인 사람은 외향적인 사람보다 리더십 측면에서 덜 유능하다고 여겨져왔다. 2012년 수전 케인Susan Cain은 이러한 통념에 날카롭게 이의를 제기하는 유명한 책을 썼다. 내향인인 케인은 『콰이어트』에서 "리더의 이상적인 자아가 남과 어울리기 좋아하고, 지배적이며, 세간의 주목을 받아도 편안한 모습을 보이는 것이라는 일반적 믿음"에 강력한 이의를 제기했다.[55] 그녀는 그런 전통이 행동하는 사람이 사색하는 사람보다 더 나은 리더라는 그리스·로마 시대의 잘못된 믿음에서 유래한 것이라고 주장했다.[56] 짐 콜린스는 자신의 베스트셀러 『좋은 기업을 넘어 위대한 기업으로』에서 이러한 케인의 주장에 동의했다. 당신이 내향적이거나 조용하고 주로 혼자 지내는 사람이라면 케인과 콜린스의 책을 반드시 읽어야 한다. 대체로 사람은 내향과 외향의 두 극단 사이의 중간 어딘가에 존재한다. 따라서 우리는 각 성격 유형이 어떻게 성공을 도울 수 있는지, 또 그런 강점을 어떻게 활용할 수 있는지 이해해야 한다. 점점 더 많은 사람이 내향과 외향의 스펙트럼 중간쯤에 위치한 자신을 발견하고 있다.

스트레스에 어떻게 반응하는가

떠오르는 젊은 리더들에게 교육과 훈련 못지않게 중요한 사항이 하나 있다. 바로 위기 대응 능력이다. 리더는 휘하 집단이 갑작스럽게 위험에 처할 때, 자신의 리더십에 관한 진짜 시험을 치르게 된다. 이 책의 후반부에서 베트남전쟁 중에 고문과 폭력을 당한 미국인 전쟁 포로 제임스 스톡데일James Stockdale에 관한 이야기를 읽게 될 것이다. 그는 자신의 회고록『사랑과 전쟁에서: 베트남전쟁 중 한 가정의 시련과 희생에 관한 이야기In Love and War: The Story of a Family's Ordeal and Sacrifice During the Vietnam Years』에서 위기가 닥쳐오기 전까지는 진짜 리더가 누구인지 제대로 알지 못한다고 썼다.[57] 리더는 군복에 가장 높은 계급장을 단 사람이 아니라 적을 향해 돌격하는 사람이라는 것이다.

신임 해군 장교가 되고 얼마 지나지 않아 나는 샌프란시스코만에 있는 트레저아일랜드의 피해 대책 학교로 발령을 받았다. 거기서 훈련용 선박을 구해내기 위해 화재를 진압하고 누수 구멍을 막는 훈련을 받았다. 졸업 후, 나는 승선한 배의 피해 대책을 책임졌고, 심각한 화재가 실제로 일어나기 전까지 나는 만반의 준비가 된 상태라고 생각했다. 막상 배에 화재가 발생하자 나는 목숨을 잃을까 두려웠지만, 경험을 통해 단련된 사병들이 차분하게 불길을 잡았다. 위험한 순간을 마주하면서 사병들의 리더십 자질을 더 잘 알 수 있었다. 그들은 겁이 없었고 용감했다. 남들을 지도하는 사람이 되고 싶다면

하버드 리더십 수업

먼저 당신의 손을 더럽히고 두려움을 극복하는 것 외에 다른 방법은 없다(피해 대책 훈련은 내 백악관 생활에 아주 훌륭한 사전 경험이 되었다).

어떤 자리에 가장 적합한가

회사에서는 면밀하게 살펴보지 않고 훌륭한 2인자를 최고 리더의 자리로 승진시키는 일이 자주 있다. 그러나 어떤 사람들은 부하 직원이거나 최고 운영 책임자일 때는 탁월하지만, 막상 CEO 자리에서는 역량을 펼치지 못한다. 그 반대의 경우도 마찬가지다. 드러커가 언급한 것처럼, 조지 패튼George Patton 장군은 제2차 세계대전에서 미국 최고의 야전 지휘관이자 전쟁 영웅이었다. 하지만 독립적인 사령부의 지휘권을 그에게 주자는 제안이 나왔을 때 육군 참모총장 조지 마셜George Marshall 장군은 그것을 거부했다. 그는 이렇게 말했다. "패튼은 미국 육군에서 최고의 장군이지만, 사령관으로서는 최악일 것이다."[58] 드러커는 마셜이 미국 역사상 가장 성공적인 인사권자였다고 지적했다. 마셜의 판단은 옳았다.

대부분의 사람은 자신이 관리자, 리더 혹은 그 중간의 존재 중 어떤 자리에 적합한 재목인지 무척 빠르게 파악한다. 내 경우를 말하자면 젊은 시절에 내 행정 능력이 형편없다는 걸 알게 됐다. 서류 작업을 별로 좋아하지 않고, 너무 쉽게 지루함을 느꼈다. 알래스카 개썰매의 비유를 들자면, 선두에 선 썰매 개가 아니라면 언제나 같은 풍경만 보게 될 뿐 다른 풍경을 보지 못한다. 나는 내가 2인자로는 일을 잘해내지 못한다는 것을 깨달았다. 내게 장점이 있다고 한다면 그건 리더십에 관한 것이다. 특정 임무를 위한 팀을 구축하고, 공동의 미래를 생각하고, 그곳에 이르기 위해 행동에 나서는 것 등을 더 좋아한다.

여러 사회학자와 사회심리학자는 사람이 다중 자아를 지닌다고 주장한다. 1956년 출판되어 큰 영향력을 미친 책『자아 연출의 사회학』에서 사회학자 어빙 고프먼Erving Goffman은 무대 위 배우라는 비유를 끌어들인다.[59] 각기 다른 연극에서 사람들은 각기 다른 역할을 연기한다. 마찬가지로 우리 각자도 정황에 따라 여러 다른 방식으로 다른 사람들에게 자신을 보여주는 경향이 있다. 따라서 우리는 하나 이상의 자아를 지니고 있다. 내 동생 켄은 우수한 사회심리학자인데, 실제로 우리가 누구인지는 다른 사람이 우리에게 어떻게 반응하는지에 따라 규정된다고 말한다. 이런 주장은 아주 복잡하게 느껴진다. 내가 내린 나름의 결론은 이러하다. 젊은 시절 우리는 각자 다른 사람들에게 자신의 자아를 여러 형태로 표현하는 실험을 하지만, 점점 더 나이가 들면서 핵심적인 내적 자아를 인정하고 그것을 수용하게 된다. 그것이 우리의 진북이다.

자기통제

자기인식은 장차 펼쳐나갈 여정의 토대가 된다. 그러나 잠재적 리더를 위한 장기적 성공의 비결은 자신에 대한 이해를 바탕으로 자기통제를 달성하는 것이다. 많은 사람이 자신감이 부족하거나 자기 앞을 가로막는 장애물을 지나치게 의식한다. 그들은 인생에 대한 탐색을 너무 빨리 포기하고, 그렇게 끝내 실패한다. 하지만 역사에는 수많은 악조건에도 굴복하지 않고 버틴 사람들의 사례가 무수히 많다. 결국에는 이런 사람들이 자기 운명의 주인이 되었을 뿐만 아니라 나아가 자기 삶의 저자가 되었다.

다른 사람들에게 나를 따르라고 설득하기 전에 먼저 자신의 강점을 구축하고, 끈질기게 성과를 개선하고, 치명적인 약점들을 극복하는 데 집중해야 한다. 다시 말하지만, 우리 삶에서 확실하게 보장되는 것은 아무것도 없다. 최선의 노력을 다하기 전까지는 당신이 얼마나 성공할지 확실하게 알 수 없다. 유명한 아이스하키 선수 웨인 그레츠키Wayne Gretzky가 즐겨 말했듯 "시도하지 않은 샷은 100퍼센트 아무 결과도 만들어내지 못한다."

강점에 집중하라

당신이 어떤 한 분야에 강하지만 다른 분야에 약하다면 본능적으로 그 약한 분야를 강화하려 할 것이다. 그런 식이라면 야구의 유틸리티 내야수*처럼 한 자리가 아닌 여러 자리에서 뛰어야만 한다. 하지만 워런 베니스, 피터 드러커 그리고 빌 조지Bill George 같은 리더십 권위자들은 오히려 강점을 지닌 분야를 더욱더 강하게 키워야 한다고 가르쳤다. 형편없는 것을 그저 평범한 수준으로 개선하는 데 매달리는 것은 시간 낭비다. 물론 지나친 약점이라면 반드시 극복해야 한다. 하지만 이 책에서 강조한 것처럼, 고용주들은 특출난 강점을

---

* 내야의 여러 포지션을 두루 맡는 선수.

보여주는 사람을 가장 호의적으로 본다. 그들은 절대 B+급으로 이루어진 팀을 원하지 않는다. 마커스 버킹엄Marcus Buckingham과 도널드 클리프턴Donald Clifton을 포함한 갤럽 연구자들은 자기만의 강점을 더욱 갈고닦는 것이 자신감을 키우고 성취 욕구를 증진한다는 사실을 발견했다.[60]

우리는 사회 각계각층에서 이런 사실을 발견할 수 있다. 미식축구팀은 운동장에 쿼터백 재목의 선수들만 내놓지 않는다. 미식축구팀은 특정 포지션에 탁월한 선수들로 구성되며 그 선수들은 각자 맡은 포지션에 집중하면서 동시에 미식축구의 다양한 상황에 적합한 기량을 갖추도록 훈련된다. 관현악단도 똑같은 방식으로 조합한다. 지휘자는 한 악기에서 세계 최고 수준의 연주자를 찾는다. 이어 지휘자는 그 연주자들을 잘 종합해 세계 최고의 교향악단을 만든다. 대규모 기업과 조직에서도 무슨 일이든 다 잘해낼 수 있는 사람을 채용하지 않는다. 오히려 한 가지 구체적인 목표나 책임에 전문 지식을 제공할 수 있는 사람을 더 원한다.

크리에이티브 디자인 회사 아이디오IDEO는 한 단계 더 나아간 아이디어를 받아들이는 것으로 유명하다. 그들은 프로젝트에서 'T자형 인간'을 뽑고 또 양성한다. T의 세로 막대는 각 개인이 제공하는 특별한 기술을 나타낸다. T의 가로 막대는 여러 지식 분야에 걸쳐서 다른 사람과 협력하는 기술을 나타낸다. 최고경영자 팀 브라운Tim Brown은 특별한 기술과 협력하는 특성을 지닌 사람을 찾아내는 것이 회사의 필수 임무라고 설명한다.[61] 떠오르는 젊은 전문가인 당신은 이런 능력을 갖춰야 한다. 최소한 한 분야에서 엄청난 강점을 지니

하버드 리더십 수업

면서도 다양한 스펙트럼을 지닌 동료들과 함께 일하고 협력하는 능력 말이다.

업무 능력을 계속 키워나가라

대다수 젊은 미국인은 역대 최고의 NBA 스타가 된 마이클 조던 Michael Jordan이 고교 2학년이 될 때까지 학교 농구 대표팀에 들어가지 못했었다는 이야기를 많이 들어봤을 것이다. 조던이 다니던 고등학교에서 2학년 학생이 고교 대표팀에 들어간 경우는 극히 적긴 했지만, 고등학교 코치가 일찍이 조던이 별로 재능이 없다고 봤던 것은 조던에게 큰 충격이었다. 그래서 조던은 자신이 대표팀에서 '탈락한' 사실을 반복적으로 말하곤 했다(실제로 그는 2학년 내내 주니어 대표팀에 머물러 있었다).[62] 그가 정말로 '탈락'했는지 여부와 무관하게 이 이야기의 교훈은 명백하다. 무슨 일이 되었든 첫 시도에서 성공하지 못했다고 해서 단념해선 안 된다는 것이다. 어떤 탁월한 능력은 인내, 단련 그리고 끈덕진 연습을 통해 완성된다. 이에 관해서는 마이클 조던보다 더 좋은 사례가 없다.

믿기지 않을 정도의 타고난 재능을 지니고 있었지만, 조던은 스타 플레이어로 대학 농구 선수 경력을 시작하지 못했다. 실제로 노스캐롤라이나 대학교 농구팀 코치였던 딘 스미스Dean Smith는 그가 1학년 때 보여줬던 성적이 '들쑥날쑥했다'고 말했다. 대학 농구 선수가 된 첫날부터 드러난 명백한 사실은 그가 대학 농구 선수들 중에서 가장 단호한 선수였다는 것이다. 1학년 초에 조던은 보조 코치 로이 윌리엄스Roy Williams에게 자신은 그해 팀에서 최고의 선수뿐만 아니라 노스캐롤라이나 대학교 농구 역사에서도 최고의 선수가 되고 싶다고 말했다. 윌리엄스가 그에게 고등학교 팀에서 했던 것과는 비교도 안 될 정도로 훨씬 강도 높은 훈련을 해야 한다고 말하자 조던은 이렇게 답했다. "보여드리겠습니다. 아무도 저만큼 열심히 연습하지 못할 거예요."[63] 그리고 그는 약속을 지켰다.

그의 팀원들은 이렇게 회상했다. 녹초가 될 정도로 연습한 뒤에도 조던은 자신의 기술을 계속 단련하고자 팀의 최고 선수들과 일대일 농구를 계속했다. 그는 연습을 시험 삼아 하는 것이 아니라 실전과 다름없는 맹렬한 경쟁으로 여겼다. 조던은 꾸준히 그런 식으로 연습했고, 늘 최고의 실력을 보였다. 경쟁에 대한 굶주림은 노스캐롤라이나 농구팀에서 최고가 되어 NBA에 진출하고 나서도 쭉 조던에게 큰 도움이 되었다. 그는 시카고 불스에서 신인으로 보낸 일 년에 관해서 이렇게 말했다. "내 머릿속에는 이 생각뿐이었어요. 누가 이 팀의 리더이건 간에 내가 따라잡을 거라고." 농구 코트에서의 매 순간은 자신보다 앞선 선수를 능가하려는 끊임없는 도전이었다. 이런 사고방식은 그가 정상에 올라서고 나서도 계속됐다. 조던은 이렇게 말했다. "저는 일을 건성으로 하지 않습니다. 그렇게 하면 결과도 건성으로 기대할 수밖에 없기 때문이죠."[64]

이러한 행동은 최고 수준의 선수들에게서 거듭 발견할 수 있다. 또 다른 농구 스타이자 훗날 미국 상원 의원이 된 빌 브래들리Bill Bradley도 시작은 한미했다. 그는 지나치게 서툴고 얼빠진 모습에 점프는 형편없는 상태로 선수 경력을 시작했다. 훌륭한 선수가 되자고 결심한 그는 주간 훈련 계획을 세웠다. 평일 방과후와 일요일에 세 시간 반, 토요일에는 여덟 시간 연습을 했고, 여름 중에는 낮에 세 시간씩 연습했다. 그는 더 높이 점프를 뛰려고 신발에 4.5킬로그램 짜리 무게를 달고 연습하기도 했다. 공을 보지 않고 드리블하기 위해 안경 밑에다 테이프로 판지를 붙여 일부러 눈을 가린 채로 연습하기도 했다.[65] 이러한 노력은 성과를 거두었다. 그는 프린스턴 대학교를 거쳐 유럽으로 진출했고, 마침내 뉴욕 닉스로 돌아와 NBA 챔피언을 두 번이나 거머쥐었다. 윈스턴 처칠도 연설을 준비하면서 그와 비슷하게 치열한 연습을 했다. 그는 대중 연설을 위해 엄청난 시간을 투자했다고 한다.[66] 5분 연설할 내용이라면 다섯 시간을 준비했다. 1분을 위해 한 시간을 연습한 것이다.

조던, 브래들리, 처칠은 말콤 글래드웰Malcolm Gladwell이 그의 책『아웃라이어』에서 설명한 전형적 사례다. 글래드웰은 재능 있는 사람들이 어떻게 세계 최고 수준의 성공을 거두는지 알아보았다. 그가 지적한 것처럼, 전통적으로는 최고 수준의 실력자들은 굉장한 선천적 재능을 타고나며 그로 인해 수월하게 정상에 오른다고 가르친다. 하지만 그가 연구해보니 이런 인식이 실제 사정과는 무척 달랐다. 오히려 재능보다는 좋은 기회와 특별한 노력이 사람들을 꽤 훌륭한 사람에서 '아웃라이어outlier'*로 발전시킨다는 것이다. 글래드웰은 어떤 사람들은 삶에서 행운의 순간을 잘 포착해 특별한 노력을 쏟아부음으로써 큰 성공을 거둔다는 사실을 발견했다. 그의 책에서 더욱 흥

---

* 표본 중 다른 대상과 뚜렷이 구분되는 통계적 관측치를 가리키는 말로, 한 분야에서 큰 성공을 거둔 탁월한 사람이라는 의미로 쓰인다.

미로운 점은, 재능 있고 운도 좋은 사람들이 세계 최고가 되는 과정을 설명한 부분이다. 그런 사람들은 자신의 재능을 갈고닦기 위해 믿기지 않을 정도로 고되게 노력했다. 글래드웰은 이렇게 썼다. "연습은 당신이 일단 훌륭해졌을 때 비로소 시작하는 게 아닙니다. 연습은 훌륭해지기 위해서 반드시 해야 하는 것입니다."[67]

특히 글래드웰은 이른바 '1만 시간의 법칙'이라는 이론의 타당성을 옹호한다. 심리학자 K. 앤더스 에릭슨K. Anders Ericsson의 학술 논문에 근거해 그는 여러 사례를 지적한다. 모차르트는 여섯 살에 작곡을 시작한 것으로 유명하지만 그의 초기 곡들은 뛰어나지 않았고, 몇몇 작품은 그의 아버지가 작곡한 것으로 추정된다. 모차르트가 스물한 살에 처음 걸작 협주곡을 선보였을 때 그는 이미 협주곡을 지난 10년 동안 작곡해온 상태였다. 어떤 면에서는 미국의 음악 비평가 해럴드 숀버그Harold Schonberg가 주장했던 것처럼, 우리가 신동이라고 생각했던 사람은 "늦게 발달한" 사람이다.[68] 마찬가지로 글래드웰이 잘 지적한 것처럼, 비틀스는 벼락스타가 아니었다. 그들은 함부르크에서 1960~1964년간 1,200번 넘게 라이브 공연을 했다(보통 밤샘 공연을 했다). 이런 가혹한 실전 연습이 바로 그들의 재능을 형성했다. 비틀스 전기 작가 필립 노먼Philip Norman은 비틀스가 함부르크에서 잉글랜드로 돌아왔을 때 "그들은 다른 누구와도 다른 소리를 들려줬으며, 함부르크에서의 연습이 그들을 만들었다"라고 했다.[69]

글래드웰은 "1만 시간은 탁월함에 도달하기 위해 필요한 시간"이라고 결론 내렸다.[70] 이를 한번 나눠보자. 10년 안에 1만 시간에 도달하려면 1년에 1,000시간, 한 주에 19시간, 하루에 2.75시간이 필

하버드 리더십 수업

요하다. "최고 위치에 있는 사람들은 다른 누구보다 그저 더 열심히 혹은 훨씬 더 열심히 일하지 않는다. 그들은 훨씬, 훨씬, 훨씬 더 열심히 일한다."[71] 거장 피아니스트 블라디미르 호로비츠Vladimir Horowitz는 이런 말을 했다고 한다. "하루 연습을 건너뛰면 내가 알아챈다. 이틀 연습을 건너뛰면 아내가 알아챈다. 사흘 연습을 건너뛰면 온 세상 사람이 다 알아챈다."[72]

『재능은 어떻게 단련되는가』에서 『포춘Fortune』의 칼럼니스트 제프 콜빈Geoff Colvin은 글래드웰에게 중요한 경고를 남겼다. 단순히 좋은 경험이나 막대한 시간을 어떤 행위에 쓰는 것이 성공의 예측 변수가 아니라는 것이다(나도 이를 알고 있는데, 내 골프 실력을 그대로 설명해주기 때문이다). 중요한 것은 더 생산적인 방식으로 연습하는 법을 배우는 것이다. 마라톤 달리기를 예로 들어보자. 현재 고등학교 선수 최고 기록이 한 세기 전 올림픽 금메달 수상자의 기록을 20분 차이로 앞선다. 왜 그럴까? 콜빈은 지금 고등학교 선수들이 그들보다 더 나은 사람이라서가 아니라 더 효과적으로 훈련하기 때문이라고 설명한다. 그는 이를 '계획적 연습deliberate practice'이라고 명명한다. 콜빈이 언급한, 계획적 연습을 통해 보통의 탁월함을 세계 최고 수준의 탁월함으로 변화시키는 핵심 비결을 간단하게 알아보자.

> * **성과 향상을 위해 연습을 미리 설계하라**: 성악가 조앤 서덜랜드 Joan Sutherland는 다양한 진동음을 얻기 위해 아주 오랜 시간 연습했다. 젊은 타이거 우즈Tiger Woods는 모래에 빠진 골프공을 쳐서 빼내는 연습을 수도 없이 반복했다.

- **실수의 수정에 집중하라**: 사뮈엘 베케트Samuel Beckett가 권고한 것처럼 "다시 시도하라. 다시 실패하라. 더 낫게 실패하라".[73]
- **절대 현실에 안주하지 말라**: 멀리 떨어진 목표를 설정하되 종종 그 목표에 미치지 못할 수도 있음을 깨달아야 한다. 마사 그레이엄Martha Graham이 "멋진 불만족"이라 불렀던 것을 경험하라.[74]
- **지속적으로 피드백을 추구하라**: 콜빈이 언급한 것처럼 체스 장인들은 가장 훌륭한 스타들이 펼쳤던 게임을 연구하며 연습한다. 그들은 한 수를 둘 때마다 챔피언이 어떻게 수를 뒀는지 면밀히 살핀다.

마이클 조던과 빌 브래들리에게서 보았던 것처럼, 현명하게 연습하면 당신은 맥락을 다른 사람보다 더 빠르고 더 정확하게 읽을 수 있을 것이다. 훌륭한 쿼터백은 남들보다 빠르게 아주 짧은 순간에 결정을 내릴 수 있어야 한다. 빠르고 정확한 판단의 중요성을 보여주는 또 다른 사례도 있다. 침착하고 잘 훈련받은 기장 체슬리 버넷 '설리' 설렌버거Chesley Burnett Sully Sullenberger는 이륙하고 얼마 지나지 않아 여객기가 동력을 잃자 '허드슨강의 기적'이라 불리는 안전한 착륙을 해내며 155명의 승객과 여객기 직원들의 목숨을 구했다. 세 명의 해군 특수부대원은 1초의 시간뿐이었는데도 리처드 필립스Richard Phillips 선장의 처형을 준비하는 소말리아 해적 세 명을 순식간에 사살했다. 계획적인 연습을 오래 해온 덕분에 그들은 신속하게 비범한 행동을 할 수 있었다.

젊고 장래가 유망한 리더로서 당신이 처음 올라야 하는 산은 당신 내면에 있는 산이다. 자기인식을 하고 자기통제에 온전하게 이를 때까지 당신은 인생의 흐름 속에서 표류할 가능성이 높다. 윌리엄 제임스William James의 유명한 조언처럼 "깊고 생생하게 살아 있음을 느끼게 해주는 특정한 정신적 속성을 추구하라. 그것은 '이게 바로 나'라고 말하는 내면의 목소리와 함께 온다. 그런 특성을 찾았다면 그것을 따르라".

3장

축적의 시기

청년 시절의 여정은 종종 '성인식coming of age' 시기로 불린다. 어떤 사람들은 '유망한 시기promising years'로 부르기도 한다. 또 다른 사람들은 '축적의 시기gathering years'라고도 부른다. 꼬리표야 어쨌든 둥지를 떠나 하늘 높이 날아가는 이 시기는 인생에서 중요한 시간이다. 이 때가 인생에서 가장 획기적이고, 열정적이고, 모험적인 시기라는 데 학자들 모두가 동의한다. 그러므로 이 시기를 얼마나 현명하게 받아들이느냐 하는 것은 아주 중요한 문제다.

우리는 앞에서 자기인식과 자기통제가 개인의 발전에서 어떤 디딤돌 역할을 하는지 살펴보았다. 원만한 성인이 되기 위해 우리는 무엇보다도 자기인식과 자기통제를 잘해야 한다. 에릭 에릭슨이 주장한 것처럼, 현재 머무르는 단계를 잘 마쳐야만 삶의 다른 단계로 나아갈 수 있다.[75]

하지만 내가 누구인지 알게 되고 가장 분명한 약점들을 정복했을 때조차도 리더십을 향한 여정은 여전히 미완성이다. 자기인식과 자기통제는 필요한 것이지만 그것만으로는 충분하지 않다. 청년 시절의 야망을 실현하기 위해 당신은 더욱 폭넓게 그물을 던져야 한다. 그렇게 하는 것이 사회 경력의 초기 단계에서 반드시 해야 할 일이다. 당신은 눈을 뜨고 기회의 문을 열어줄 멘토, 코치, 후원자 그리고 롤 모델을 찾아야 한다. 당신의 가치와 원칙을 분류하고 정립해야 한다. 그리고 궁극적으로 자신만의 윤리 기준, 즉 진북을 설정해야 한다.

사회 경력의 시작

"너는 무엇을 할 생각이야 / 이 한 번뿐인 신나고 귀중한 삶에서?"[76] 앞에서 인용한 시인 메리 올리버의 시구를 기억하는가? 진로를 결정하고 직업 전선에서 성공하는 방법을 배우는 동안에 이 시구를 반드시 기억해야 한다. 이 시구의 질문에 얼마나 잘 대처하는지가 앞으로 다가올 몇십 년의 윤곽을 결정한다.

하기 싫은 일을 결정하는 것이 하고 싶은 일을 결정하는 것보다 훨씬 쉽다. 내 경험도 그랬다. 나는 그럴듯하게 경력을 마무리했지만, 목표를 달성하기 전까지 많은 우여곡절을 겪었고, 여러 실수를 저질렀다.

다른 많은 10대 소년처럼 나는 프로 운동선수가 되고 싶었다. 키가 크고 호리호리해서 좀 괜찮은 직구를 던질 수 있었다. 하지만 고등학교에 진학하자 그 꿈은 곧 깨져버리고 말았다. 고교 신입생이 되기 전 반년 동안에 나는 부쩍 키가 컸고, 15센티미터 정도가 자란 바람에 몸의 균형을 잘 잡지 못했다. 고등학교 야구팀 입단 테스트를 치른 날에는 비가 내려서 체육관에서 테스트를 진행했다. 그곳에서 우리는 투수와 포수 한 쌍으로 나뉘었다. 나는 두 번째까지는 그런대로 포수에게 공을 던질 수 있었지만, 세 번째 공은 제멋대로 날아갔다. 홈 근처로는 아예 가지도 못했고, 창문을 향해 날아가버렸다. 그것도 2층으로! 그 순간 프로 운동선수가 되겠다는 내 꿈은 끝장났다.

대신 나는 조간신문 만드는 일에 전념하면서 금요일 밤에 벌어진 고등학교 미식축구팀 경기 기사를 작성했다. 한 손에 메모장을 들고 사이드라인을 이리저리 오가며 경기 내용을 열심히 기록했다. 하프타임이 되면 당장이라도 무너질 것 같은 사다리에 올라가 무선 마이크를 잡고 그때까지 벌어진 경기를 분석했다. 밤 10시쯤 되어서야 경기가 끝나면 아버지는 나를 차에 태워 신문사 사무실로 데려다주셨고(운전하기에는 나이가 너무 어렸다), 그곳에서 타자기 앞에 앉아 10~15단락의 기사를 작성했다. 한 선임 편집자는 내가 기사를 작성하고 편집해 마감인 자정까지 끝낼 수 있도록 도와주었다. 아버지는 종종 나를 미식축구팀 파티가 열리는 곳에 내려주셨지만, 여자아이들은 그때면 대부분 이미 파티장을 떠난 뒤였다.

당대 최고 스포츠 기자였던 그랜틀랜드 라이스Grantland Rice를 주의 깊게 연구하면서 자신감을 얻었고, 내 기사는 더욱 다채로워졌다. 토요일 아침에 내 이름이 적힌 기사가 담긴 신문이 널리 배포되는 걸 보면 아주 즐거웠다. 시간이 지나 대학교, 로스쿨, 해군에서의 생활을 보낸 뒤 나는 노스캐롤라이나주로 돌아와 진짜 저널리스트가 되었다. 그리고 더 나아가 공직에 출마할 가능성까지 고려해보았다. 하지만 백악관에 취업하게 되었고, 노스캐롤라이나에서 활약해보겠다는 내 꿈은 그렇게 끝났다. 나는 젊은 시절 나를 지도했던 많은 선배 저널리스트에게 감사한다. 그들 덕분에 내 일은 놀이와 모험의 원천이 되었다.

예일 대학교에 진학해 대학 생활을 하고 졸업한 뒤에(예일에서 평생 함께할 친구 여럿을 만나 좋은 시간을 보냈다), 나는 어떤 경력이나 일자리를 추구할 것인지에 대한 구체적인 아이디어를 찾지 못하고 있었다. 그러나 무언가 이 세상에 영향을 미치는 일을 해보고 싶었다. 문제는 그 방법이었다. 너무 많은 선택지가 있었지만, 매력적으로 보이는 것은 극히 적었다. 확신도 없는 채로 나는 국제 문제를 다루는 예일 대학교의 국제정치학 박사과정에 지원했다. 당시 내가 사귀던 여학생은 건축과 박사과정을 밟고 있었다. 하지만 막상 박사과정에 들어가니, 내가 도저히 대학교 도서관 서가에서 이삼 년을 보낼 만한 기질의 소유자가 아님을 알게 되었다. 결국 여자 친구와 함께 박사과정을 이수하려던 내 꿈은 물거품이 되었다.

또다시 나는 우왕좌왕하며 비틀거렸다. 그러던 차에 우연히 대학교 총장인 킹먼 브루스터Kingman Brewster가 내게 뉴헤이븐(예일 대학교)에서의 공부를 마무리하고 케임브리지(하버드 대학교)의 로스쿨을 다니기를 권했다. 그의 말에 설득되었지만 여전히 머뭇거리던 나는 하버드 대학교 로스쿨만 지원하고 다른 데는 지원하지 않기로 했다.

경솔한 처사였지만 그 모험은 성공했고, 나는 북쪽으로 올라갔다. 솔직히 말하면 하버드 대학교 로스쿨에서의 첫해는 대학원생으로 공부하던 시절을 통틀어 가장 정신적으로 만족스러운 시기였다. 우선 화이트보드 앞에 선다. 그런 다음에 관련 소송문 두세 개를 읽고 화이트보드 위에 서로 연결되는 법원 판결들에 점선을 긋는다. 그후 더 많은 소송문을 읽고 더 많은 점을 찍는다. 처음에는 연결하는 점들이 무작위로 보였지만, 추수감사절이 다가올 무렵에는 일정한 패턴이 보이기 시작했다. 하나의 점이 어떻게 다른 점과 연결되는지 말이다. 남이 나를 위해 그 패턴을 대신 짐작해주지는 않는다. 반드시 스스로 해야 한다. 그렇게 법의 논리를 마침내 깨닫게 된 나는 기분이 아주 상쾌해졌다.

애석하게도 월스트리트의 일류 회사에서 여름을 보낸 뒤 나는 변호사 업무가 법률 공부보다 훨씬 매력이 떨어진다는 걸 알게 되었다. 거대 기업이 상대에게서 승소를 따냈다는 건 내게 그리 큰 관심거리가 아니었다. 나는 왜 업계 최고에 오른 사람들이 최고경영자들에게 전략에 관해 조언하길 즐기는지 알 수 있었다. 하지만 그 누가 그 자리에 오르기 위해 사무실 구석에서 수년간 문서와 데이터를 뒤적거리는 일을 하고 싶겠는가? 고향에서 시민권 운동을 했던 내 경험에 비하면 법률 사무소는 지나칠 정도로 재미가 없었다. 공감을 느낄 수도 없었다. 그렇게 나는 법률 관련 일도 그만두었다.

로스쿨을 수료하고 얼마 지나지 않아 나는 영국 잉글랜드에서 평생의 사랑이 되어 50여 년을 함께 살게 될 여성과 결혼했다(어떻게 그녀가 나와 그리 오래 같이 살 수 있었는지 모르겠다). 결혼식을 올리고

3주 뒤에 내가 로드아일랜드주 뉴포트에 있는 해군 장교후보생 학교에 입교했을 때 앤과 나는 우리의 장래가 어떻게 변할지 온전히 이해하지 못했다. 어쨌든 해군이 내 길이 아님을 아는 데 고작 24시간 정도밖에 걸리지 않았다.

3년 뒤면 다시 민간인의 삶으로 돌아가리라는 것을 알았지만, 해군에서 보낸 시간은 내가 여태껏 겪은 경험 중 최고의 리더십 훈련 프로그램이 되었다. 장교후보생 학교와 피해 대책 학교 교육을 마친 뒤 나는 일본 남부에 소속 항을 둔 미 함정 에이잭스호에 신임 소위로 승선해 50여 명의 젊은 승조원을 책임지게 되었다. 상아탑과 특권적 삶에서 벗어나 이제 노동자 계급 출신의 스무 살 청년들 사이에서 생활하고, 일하고, 성장할 기회를 얻은 것이다. 그들은 배가 공해로 나가면 나를 거의 신경 쓰지 않았지만, 그래도 나는 그들을 존중했다. 그들은 진지한 선원이었고, 해군 임무에 헌신적이었다. 비록 술을 많이 마시기는 했지만 열렬한 작별 인사를 건네주던 그 병사들을 오늘날까지도 자랑스럽게 생각한다.

해군에 입대하기 전 나는 월스트리트 변호사들과 면담했고(그중에는 리처드 닉슨도 있었다), 법무관이 되는 것이 나은지 아니면 최전방 장교가 되는 것이 나은지 물었다. 그들은 최전방 장교가 되기를 권했다. 50명(당시 맡을 수 있는 최대 인원이었다)을 책임지는 일이 리더십을 발휘할 앞날의 준비에 더 도움이 될 것이라고 했다. 반대로 법무관으로 나간다면 내가 군에서 배운 것을 다 잊어버리는 데 족히 1년은 걸릴 것이라고도 했다. 현명한 충고였다. 나는 그 이후로 수많은 학생에게 리더십 기술을 강화하는 방법의 일환으로, 젊은 장교로 군 복무를 몇 년 해보길 추천했다. 오늘날 청년들은 아메리코 AmeriCorps, 티치포아메리카Teach For America, 시티이어City Year 같은 프로그램을 통해 나라에 봉사할 수 있다.

앤과 내가 일본 해군 근무지로 떠나자 상황이 급박하게 흘러가기 시작했다. 복무 18개월 차에 나는 베트남으로 근무지 이동을 신청했다. 군사 전문 잡지 『스타스앤드스트라이프스Stars and Stripes』에 들어가 군복을 입은 특파원 기자로 뛰고 싶었다. 베트남에는 전투가 벌어지고 있었다. 하지만 함장은 내 신청을 딱 잘라 거절했다. 내가 에이잭스함에 그대로 남아서 근무해야 한다고 고집했다. 그런데 그 직후 우연히도 로스쿨 룸메이트가 백악관에서 연락을 해왔다. 워싱턴으로 와서 원고 초안을 교정하는 일을 맡지 않겠느냐는 것이었다. 함장은 백악관 요청을 막을 수는 없었고, 열흘 만에 나는 워싱턴 D.C.로 가는 비행기에 몸을 실었다. 그리하여 나는 지금까지와는 전혀 다른, 더욱 흥미진진한 세계로 들어서게 되었다.

근 60년을 거슬러 올라가는 이 우여곡절들에서 어떤 의미를 찾을 수 있을까? 이런 이야기가 빠르게 변화하는 혼란스럽고 예측 불가능한 세상에 사는 오늘날의 20~30대에게 어떤 통찰력이나 지혜를 전해줄 수 있을까? 미래의 진로에 관한 조언은 어떻게 해줘야 좋을까? 확실한 것은 내가 모든 답을 가지고 있지는 않다는 것, 또 내가 생각하는 것 중 일부는 틀릴 수도 있다는 사실이다. 하지만 잠시 숨을 고르면서 내가 경험한 수많은 모험에서 얻었던 교훈 여덟 가지를 내놓으려 한다.

휴식기를 활용하라

청년들에게 조언하던 내 경험에 비춰보면, 때로 일반적인 학업 과정에서 벗어나 중간 휴식을 취하는 학생들이 그렇지 않은 동급생들보다 더 온전하게 성장했다. 따라서 다양한 단기 선택지를 탐구해보긴 학생들에게 제안한다. 해외로 가서 한 학기 연구나 업무 프로그램에 참가해도 좋고, 좋아하는 교수의 여름 연구 프로젝트에 가입해도 좋고, 정치 캠페인에서 인턴으로 활동해도 좋고, 무료 급식소나 노숙자 보호 시설에서 일해도 좋고, 기후변화에 대비하는 활동에 자원봉사자로 참여해도 좋다. 가능성은 무한하다.

나는 일이 년 정도 봉사기관에서 헌신하기를 특히 권장한다. 정말 세상에 자그마한 변화라도 만들고 싶다면 최전방에 있는 사람들과 함께 생활하고 일하는 것이 가장 좋다. 나는 소속 공동체 이외에 다른 공동체를 알기 위해 시간을 들였을 때 가장 많은 걸 배웠다. 익숙하게 알고 있는 경계 너머의 사람들과 관계를 맺음으로써 더 명쾌하게 세상을 볼 수 있다.

물론 일 년 남짓한 시간을 내는 일이 꽤 감당하기 어려워 보일 수 있다. 특히 학자금 대출 등 이미 빚이 꽤 있는 상태라면 더더욱. 하지만 주변을 둘러보면 무척 매력적이고 훌륭한 일거리가 많음을 알 수 있다. 큰돈을 주지는 않지만, 그래도 소액의 급여를 제공하는 프로그램들이 있다. 이런 프로그램들에 참여하면 빚에 대한 부담을 덜 수 있으면서도, 시민의 삶을 더욱 향상시키고, 기후변화에 효과적으로 대처하는 데 보탬이 될 수 있을 것이다.

나는 경험에 의한 학습이 반드시 필요하고, 또 우리 교육기관이 현장을 지향하는 데 투자해야 한다고 말하고 싶다. 내가 듀크 대학교 이사회에 있었을 때, 듀크인게이지DukeEngage라는 학내 프로그램이 만들어졌다. 학생과 교수진이 여름 동안 함께 국내나 해외의 여러 공동체에서 봉사하는 프로그램으로, 현장에서 그 공동체 사람들에게 가장 절실한 문제를 해결하는 데 집중했다. 이 프로그램은 엄청난 성과를 냈고, 듀크 대학교로 더 많은 지원자를 끌어들였다. 오늘날 경험에 의한 학습 기회는 여러 기관에서 폭넓게 제공하고 있다. 산학 프로그램에서 시작해 소외된 지역에서 봉사하며 보내는 학기 등 다양한 프로그램이 있다.

열정과 가치에 부합하는 일자리를 선택하라

나는 한때 20여 명의 케네디스쿨 학생을 데리고 워싱턴으로 여행을 간 적이 있다. 그곳에서 당시 케네디스쿨 교수이자 현재 미국 국제개발단 이사인 서맨사 파워Samantha Power가 당시 상원 의원이던 오바마를 만나보도록 주선해주었다. 한 학생은 자신이 일하고자 하는 직장과 장소 등 자신의 경력 계획에 관해 털어놓았다. 오바마는 곧장 이 이야기에 끼어들었다. 그는 5~10년 기간의 경력 계획을 세우지 말라고 조언했다. 그 대신 어떤 중요한 대의를 위해 열정을 갖고 일하면 새로운 일자리가 저절로 생긴다고 말했다. 탁월한 조언이었다. 자신이 살면서 무엇을 하길 좋아하고, 무엇에 의미를 부여하는지 알아낸다면 적합한 일자리로 나아가게 될 것이다. 심지어 그런 일자리를 애써 찾지 않아도 기회의 문이 저절로 열릴 것이다. 특권을 가져다주지만 자기 내면의 목적과 충돌하는 역할을 맡는 것보다는, 자신의 열정과 가치에 부합하는 자리에서 탁월한 모습을 보이는 것이 훨씬 더 해내기 쉽다.

아무리 사소해도 맡은 일을 탁월하게 수행하라

로스쿨을 졸업하고 몇 주도 지나지 않아 해군에 들어간 내게 선임 자들은 손과 무릎을 바닥에 댄 채로 칫솔로 임시 변소를 청소하는 일을 시켰다. 굴욕적인 일이었을까? 그렇게 생각하는가? 하지만 그 일은 심신을 단련하는 데 무척 도움이 되었다. 남들을 잘 지도하려 면 먼저 남의 지시를 훌륭하게 따르는 법을 배워야 한다. 당신이 열 심히 노력한다면 선임자들은 반드시 그것을 알아챈다. 그러면 당신 에게 더 많은 책임을 부여할 것이다. 겸손은 당신의 친구이고, 오만 은 당신의 적이다.

당신을 성장시키는 일을 찾아라

당신의 기대 이상으로 당신에게 최선을 요구하는 일을 찾아라. 그 렇게 하면 겸손해질 뿐만 아니라 주어지는 일은 무엇이든 처리할 수 있다는 차분한 자신감도 갖게 된다. 때로 당신은 이런저런 방식으 로 크고 작은 실패를 맛볼 테지만, 사람이 개인으로도, 직업적으로 도 성장하는 순간은 그런 실패를 겪고 나서다. 주목해야 할 점은 당 신의 학습 곡선이 오름세를 멈출 때 성장을 지속시킬 수 있는 새로 운 일을 찾아야 한다는 것이다. 당신의 축적 시기는 성장을 돕는 시 간이 되어야 한다. 나는 오랜 세월 소규모 팀에서 최고의 연구 조교, 최고의 연구 보조와 함께 일하는 축복을 받았다. 그들은 내 곁에서 열심히 일했고, 우리는 서로 많은 것을 배웠다. 하지만 그들은 2년 정도 우리 팀에 머물렀고, 그다음에는 또 다른 성장을 위해 다른 곳으로 여정을 떠났다. 그들은 우리 팀을 떠난 뒤에도 오랫동안 우리의 가족으로 남았다.

자신이 조직에 기여할 수 있는 가치를 인식하라

제임스 M. 시트린James M. Citrin과 리처드 A. 스미스Richard A. Smith는 그들의 책『성공한 커리어의 5가지 패턴』에서 회사 임원 중 다수가 훌륭한 교육을 받고 커다란 포부를 품었으나 경험은 거의 없는 상태로 사회 경력을 시작한다고 썼다.[77] 하지만 그들은 조직에 기여하는 자신의 가치가 두 가지 요소, 즉 잠재력과 경험에서 나온다는 사실을 잘 알았다. 회사 생활을 시작할 때는 누구나 높은 잠재력과 낮은 수준의 경험을 지닌다. 시간이 흐르면서 당신의 장기적인 잠재력은 내려가지만, 그에 비해 경험은 올라간다. 이때 요령은 당신의 잠재력이 줄어드는 속도보다 빠르게 경험의 가치를 증가시키는 것이다. 그러면 그때까지는 생각지도 못했던 기회의 문이 열린다.

유망한 인재를 발견하고 함께하라

싱가포르 전前 총리 리콴유李光耀가 하버드 대학교 케네디스쿨의 캠퍼스를 방문했을 때, 나는 리더십 권위자 로널드 하이페츠Ronald Heifetz와 함께 그를 인터뷰했다. 나는 총리에게 싱가포르를 찢어지게 가난한 나라에서 세계 최고 수준의 나라로 탈바꿈시킨 비결이 무엇이었는지 물었다. 그는 자신을 갓 태어난 새끼들을 만난 양치기에 비유해 답변했다. 각각의 새끼를 주의 깊게 살핀 뒤 챔피언이 될 수 있는 두세 마리를 발견해 그들을 집중적으로 훈련시킨 덕분이라는 것이었다. 미래의 리더를 발굴하는 것도 그와 비슷하다. 우선 그들의 장래성을 알아볼 수 있는 선구안을 지녀야 한다. 그들은 당신이 구축한 인맥의 중요한 일원이 될 수 있고, 평생 당신의 친구가 될 수도 있다.

누구나 초기에 실수한다는 것을 명심하라

우리는 모두 실수할 수 있다. 하지만 그런 실수에 좌절해서는 안 된다. 20세기의 가장 뛰어난 최고경영자 중 하나로 널리 인정받는 잭 웰치Jack Welch는 회고록에서 자신의 첫 직장인 제너럴일렉트릭General Electric에서 3년간 겪었던 경험을 회고했다. 스물일곱 살이었던 웰치는 회사의 한 공장을 관리했는데, 그가 당직을 서던 중에 폭발이 일어나 공장 내 한 건물의 지붕이 날아가버렸다. 최고 경영진은 그를 본사로 소환했다. 그는 자신이 틀림없이 해고당할 거라고 생각했다. 하지만 그렇지 않았다. 그의 상사는 어떻게 그런 일이 벌어졌는지 자세히 소명할 것을 요구했고, 그가 말하는 도중에 여러 질문을 던졌다. 이어 그는 웰치에게 말했다. "누구나 실수하는 법이야. 거기서 확실히 배우도록 하게."[78] 웰치는 이런 글을 남겼다. "그는 나를 코치하는 중이었다. 그보다 더 자상하게 이끌어줄 수는 없었다." 이 에피소드의 교훈은 이러하다. 사회생활의 초창기에 실수하라. 실수하더라도 좌절하지 말고 툭툭 털고 일어나 더 나은 판단을 하며 앞으로 나아가라.

비상 탈출용 낙하산을 준비하라

식장에서 아무리 탁월한 성과를 내더라도 어느 날 갑자기 당신은 일자리를 잃어버릴 수 있다. 해고될 수도 있고, 일을 더 이상 하지 못하겠다는 판단이 들 수도 있다. 어느 쪽이든 대안을 가지고 있어야 한다. 곤경을 극복할 충분한 자금과 정서·직업적으로 도와줄 친구들의 네트워크가 있어야 한다. 적어도 두 달 치 월세는 비축하고 있는 것이 좋다. 1980년대 중반『유에스뉴스앤드월드리포트U.S. News & World Report』를 사들인 새로운 발행인 모트 저커먼Mort Zuckerman은 내게 그 신문의 고위 편집자로 일할 생각이 없는지 물어왔다. 나는 저널리스트로 몇 년간 일한 경험이 있었지만 그리 대단한 건 아니었다. 다행스럽게도 모트는 세계 최고 수준의 저널리스트인 해럴드 에번스Harold Evans를 내 코치로 데려왔다.

나는 내가 그 자리에서 오래 버티지 못할 것을 알았다. 모트는 편집자를 무척 빨리 해고한 이력이 있었기 때문이다. 그래서 나는 대안으로 모트의 승인 아래《더 맥닐/레러 뉴스아워The MacNeil/Lehrer NewsHour》*에서 시사 해설가로 일했고, 이때 파트너로 마크 실즈Mark Shields를 만나 친구가 되었다. 나는『유에스뉴스앤드월드리포트』에서 2년 정도 경력을 쌓으면 저널리즘에 본격적으로 진출할 자격을 얻게 되리라고 생각했다. 대안을 준비해둬서 다행이었다. ABC에서 내게 관리직을 제안해 논의하던 도중에『워싱턴포스트The Washington Post』가 이를 누설했고, 모트는 더 이상 못 참겠다는 식으로 나왔다. 그래

---

*   PBS의 TV 뉴스 프로그램. 현재는《PBS 뉴스아워》라는 이름으로 방영되고 있다.

서 며칠 만에 나는 회사를 그만두게 되었다. 다행히 앤과 나는 적어도 두 달은 버틸 자금이 있었고, 곧 다른 일자리 제안도 들어왔다. 그 후 모트와 나는 과거의 불화를 잊고 좋은 친구로 남았다. 그가 내 후임으로 고용한 한 편집자는 20여 년을 근무하면서 인터넷판『유에스뉴스앤드월드리포트』를 선보여 견실한 수익을 올리는 데 기여했다. 모두에게 좋은 결과로 돌아온 윈윈 상황이었다.

대략 같은 시기에 나는 텍사스 주지사를 역임한, 기발한 발상의 소유자 앤 리처즈Ann Richards가 2,000명의 여성을 모아두고 한 강연에 소수의 남성으로 참석했다. 그 강연의 주제는 간단했다. 남자들은 삶이 곤경에 빠졌을 때 '생계유지비'를 마련해두는 방법을 오래전에 배웠으나, 여자들은 그렇지 못하니 이제 여자들도 똑같이 그런 방법을 배워야 한다는 것이었다. 악질적인 상사나 잘못된 결혼에서 벗어나기 위해 충분한 자금을 확보해둬야 한다. 그렇게 해야 자유와 존엄으로 이어지는 길을 계속 열어둘 수 있기 때문이다.

멘토, 코치, 롤 모델 찾기

지난 2,000여 년 동안 코치와 롤 모델은 젊은 리더가 발전해나가는 데 필요한 핵심 요소였다. 이를 보여주는 사례는 아주 많다.

- 기원전 4세기 마케도니아의 필리포스 2세는 아리스토텔레스를 아들 알렉산드로스 대왕의 지도 교사로 초청했다. 아리스

토텔레스는 '스승'으로 불렸고, 알렉산드로스는 그의 밑에서 7
년간 공부하면서 크나큰 영향을 받았다. 그 이후 알렉산드로
스는 매일 밤 베개 밑에다 아리스토텔레스가 교정을 본 『일리
아스』 사본과 단검을 함께 놔두었다.

* 랠프 월도 에머슨Ralph Waldo Emerson은 헨리 데이비드 소로Henry
David Thoreau의 멘토였고 그에게 초월주의 사상을 소개했다. 에
머슨은 또한 자신의 영향력을 적극 활용해 소로의 작품을 홍
보하고, 월든 호수에 있는 자신의 땅을 소로가 자유롭게 쓸
수 있도록 했다. 소로는 그 땅에다 작은 오두막을 손수 지었
고 그 집에서 대표작 『월든』을 썼다.

* 캔자스주 시골에서 성장해 육군사관학교를 거의 말석으로 졸
업한 드와이트 아이젠하워Dwight Eisenhower는 임관 후 그리 좋
지 못한 경력을 쌓을 것처럼 보였다. 하지만 파나마에서 전설
적인 멘토인 폭스 코너Fox Conner 장군의 지도를 받으면서 그의
사회 경력은 크게 바뀌었다. 이후 육군 지휘참모대학에 입학
한 아이젠하워는 그 과정을 수석으로 수료했고, 이후 뛰어난
경력을 쌓으며 계속 나아갔다.[79]

* 최근 미국 정치에서 큰 변화가 있었다. 알렉산드리아 오카시
오코르테스와 다른 진보적인 여성들이 2018년 의원으로 선출
되었을 때, 여성 의회의원 프라밀라 자야팔Pramila Jayapal은 그들
을 보살피며 장래성과 영향력 있는 삶으로 나아갈 수 있도록
적극 지원했다.[80] 그들은 미국 정치의 지형도를 빠르게 변화시
키는 중이다.

하버드 리더십 수업

이외에도 높이 평가받아야 할 사람들이 많다. 내가 좋아하는 사람 중 하나는 테네시주 태생의 비범한 여성 퍼트리샤 서밋Patricia Summitt 이다. 그녀는 코치, 멘토 그리고 롤 모델로 생애 내내 빛나는 존재였다. 이제 세상을 떠났지만, 그녀의 유산은 여전히 살아남아 빛을 발하고 있다.

2016년 치매 증상으로 사망하기 전까지 퍼트리샤 서밋은 미국대학체육협회 여자 농구 디비전 1*에서 가장 많은 승리를 기록했을 뿐만 아니라, 여성 스포츠의 주변 환경을 더욱 개선시켰다.[81] 하지만 가장 훌륭한 유산은 그녀가 코치와 멘토를 맡아 더 나은 운동선수이자 리더로 성장시킨 여성 세대들이었다. 남성이 지배하는 스포츠 업계에서 그녀는 빈스 롬바르디Vince Lombardi, 존 우든John Wooden, 케이시 스텐절 Casey Stengel, 마이클 시셰프스키Michael Krzyżewski 같은 뛰어난 남성 코치들과 동등한 반열에 올랐다.

서밋은 테네시주 클락스빌에 있는 낙농장에서 세 명의 오빠와 한 명의 언니와 함께 성장했다. 그녀의 아버지는 자식들에게 엄격했고, 절대 변명을 받아주지 않았다. 이런 준엄한 성격은 딸에게도 그대로 전해졌다. 그녀는 테네시 대학교 마틴 캠퍼스에서 선수로 활동했고, 몇 년 뒤 같은 대학 녹스빌 캠퍼스에서 여성 농구팀인 테네시 레이디 볼런티어스의 감독을 맡게 되었다. 당시 그 팀의 전망은 그리 밝지 않았다. 하지만 그녀는 코치로서 팀에 획기적인 변화를 일으켰고, 1,098승의 경기 기록과 여덟 번의 리그 우승이라는 전에 없던 대

---

* 　 미국대학체육협회 여자 농구 중 최상위 리그.

기록을 세웠다.

1998년 스포츠 주간지 『스포츠일러스트레이티드Sports Illustrated』는 서밋의 스타 선수인 미셸 마시니악Michelle Marciniak의 경험들을 바탕으로 한 흥미로운 인물 소개 기사를 냈다. 서른여덟에 첫 아이를 임신해 만삭의 몸이던 퍼트리샤는 당시 고등학교 최고 선수인 미셸과 만나기로 한 약속을 지켜야 한다고 고집했다. 미셸과의 미팅 직전에 퍼트리샤는 양수가 터졌지만, 꾹 참고 자리를 지켰다. 하지만 더는 자연의 부름을 무시할 수 없었다. 당장 침대에 드러누워 분만해야 할 때가 온 것이었다! 미셸과 그녀의 아버지는 퍼트리샤가 테네시로 돌아가 그곳에서 아이를 낳을 수 있게 하려고 급히 차에 태워 공항으로 데려갔다. 다행히 그녀는 제때 테네시에 도착해 무사히 출산했다.

서밋은 미셸과 다른 많은 선수에게 코치이자 멘토 그리고 롤 모델이었다. 부모님이 가르친 것처럼 퍼트리샤는 농구 코트 안팎에서 항상 최고의 기량을 발휘해야 한다고 강력히 주장했다. 변명은 용납되지 않았다. 모든 건 저절로 주어지는 게 아니라 자기 힘으로 얻어내야 하는 것이었다. 그녀의 선수들은 수업을 받을 때 반드시 맨 앞 첫 세 줄에 앉아야 했고, 일상생활의 모든 부분을 엄격하게 단속당했다. 그녀는 엄격한 사랑을 베푸는 데 능했다. 형편없고 안일한 플레이를 한 선수들을 동료 팀원들 앞에서 따끔하게 질책하고 가혹하게 처벌했다. 미시시피주 클리블랜드에서 처참하게 패배한 뒤 녹스빌로 돌아가는 길에 그녀는 버스에 탄 여덟 시간 내내 선수들에게 용변을 보기 위한 휴식 시간을 단 한 번도 허용하지 않았다.

농구 코트와 라커룸에서 무자비하기로 유명한 퍼트리샤였지만,

농구 코트 밖에서는 어머니처럼 자상했다. 『스포츠일러스트레이티드』의 기자 개리 스미스Gary Smith는 그녀의 이중적인 태도를 기사에 잘 묘사해두었다. "선수가 사무실을 찾아가면 그녀는 친해지려고 몸을 앞으로 기울였다. … 날카로운 두 눈 주변의 살은 상대방에게 집중하느라 잔주름이 질 정도로 물결쳤고, 그녀는 언제나 팀에 필요한 것이 무엇이라고 생각하는지를 물었다. 이어 사무실을 떠나려고 할 때 그녀는 자신의 베이지색 구두가 흰색 스커트와 잘 어울리는지를 물었다."[82]

훌륭한 멘토가 자주 그러는 것처럼, 서밋은 나중에 멘토 역할을 하고 싶어하는 선수들의 의욕을 크게 북돋아주었다. 그녀 밑에서 뛰었던 총 62명의 선수는 나중에 고등학교나 대학교 혹은 프로 농구팀에서 코치나 행정직을 맡았다.[83] 퍼트리샤는 코치 말년에 오바마 대통령에게 미국에서 시민이 받을 수 있는 가장 큰 명예인 자유 훈장을 받았다. 그녀가 너무 이른 죽음을 맞이한 뒤에 오바마는 이렇게 말했다. "40년 동안 그녀는 경쟁자를 이겨왔고, 승리를 하나의 태도로 삼았으며, 선수들을 가족처럼 사랑했고, 저의 두 딸을 포함한 수백만의 미국인에게 롤 모델이 되었습니다."[84]

헌신적인 일급 코치나 멘토 혹은 롤 모델이 미래의 리더를 만드는 데 얼마나 큰 영향을 미치는지는 말로 다 하기 어렵다. 청년들이 얼마나 많은 경영관리와 리더십에 관한 강의를 듣든, 파도치는 거친 바다를 항해하는 기술을 아는 멘토와 직접 만나 배우는 것보다 더 좋은 교육은 없다.

멘토라는 단어는 그리스 신화를 통해 유명해졌다. 트로이전쟁을 나서기 전에 오디세우스는 노년이던 친구 멘토르Mentor에게 자신이 떠난 동안 아들 텔레마코스를 돌봐달라고 청했다. 이 일화에서 비롯해 '멘토mentor'는 영어에서 젊은 동료에게 지혜를 전하고 지식을 공유한다는 고유한 의미를 지닌 동사가 되었다.

우리가 사는 이 시대에 멘토의 가르침은 폭넓게 활용된다. 비즈니스 업계에서 리더들은 종종 멘토에게 의지하는데, 리처드 브랜슨Richard Branson도 버진애틀랜틱 항공사를 막 발족하던 때에 이렇게 말했다. "프레디 레이커Freddie Laker 경을 멘토로 삼아 지도받지 않았더라면 저는 항공업에 발붙이지 못했을 겁니다."[85] 마찬가지로 청년경영자협회Young Presidents Organization의 구성원들은 처음 최고경영자 자리에 오를 때 개인 코치를 찾으려 한다. 정치에서처럼 스포츠에서도 스타 선수들은 코치와 멘토를 찾는다.

멘토는 대화에 풍성하고 현실적인 통찰력을 불러온다. 보통 최고의 멘토는 현명하고 균형 잡힌 판단을 제공하며, 멘티의 포부에 불꽃을 일으킨다. 다시 말하지만 나는 멘토, 코치 그리고 롤 모델의 조언이 내 눈을 뜨게 해주고 종종 기회의 문을 열어주었다는 것을 확인했다. 멘토는 멘티를 세심하게 보살피고, 그들이 간과한 바를 다시 한번 살피게 하고, 또 업무 처리의 맹점을 파악하도록 돕는다. 몇 년 전 영국 경찰 최고위 간부단이 케네디스쿨을 방문해 국내 테러에 어떻게 대처했는지를 설명했다. 과거 여러 성공 사례에 기초해, 그들은 한 베테랑 간부에게 작전을 책임지도록 하는 동시에 2인자를 곁에 둬서 그 간부의 일을 골똘히 살피고 차선의 대안을 제안하도록 했다. 그 방식은 아주 효과적이었다!

하버드 리더십 수업

멘토와 후원자의 문제에서는 성별과 인종이 무시할 수 없는 역할을 한다. 오랜 세월 남성이 지배해왔던 기업계에서 최근에 회사 최고위직이 여성으로 채워지기 시작했다. 이처럼 가장 높은 자리에 오른 여성들 사이에는 성공을 거두기 위해서는 엄청난 시련을 극복해야 한다는 인식이 널리 퍼져 있었다. 그건 분명 사실이었다. 많은 여성이 최고의 자리에 오르기 위해 미친 듯이 일했다. "진저 로저스Ginger Rogers는 프레드 아스테어Fred Astaire가* 하던 모든 걸 해냈다. 하이힐을 신고 거꾸로 춤추면서"라는 유명한 말과 딱 맞아떨어진다. 하지만 나는 이런 여성들이 막상 최고의 자리에 올랐을 때, 상당수가 젊은 여성 후배들이 성공하도록 돕길 주저한다는 이야기를 듣고 매우 놀랐다. 몇몇 사람이 내게 말해준 것처럼, 그들은 자신이 그런 엄청난 어려움을 극복하고 성공을 거머쥐었으니 젊은 세대도 마찬가지로 그 과정을 겪는 것이 옳다고 생각했다.

그러나 시대가 바뀌었다. 나보다 더 현명한 연장자에게서 큰 도움과 조언을 받아 한 단계 올라간 사람으로서 나는 시대가 바뀌어 재능 있는 연장자 여성이 종종 젊은 여성에게 훌륭한 멘토링을 제공한다는 사실에 기쁨을 감출 수 없다. 2017년 경영관리 회사인 하이드릭앤스트러글스Heidrick & Struggles가 수행한 조사에서는 실제로 여성 멘토가 젊은 세대에서 늘어나고 있다는 사실을 확인했다. 60세 이상의 노동자 중에서는 14퍼센트가 여성 리더를 멘토로 삼아 조언을 받았다고 응답했다. 이 수치는 51~60세 노동자에서는 35퍼센트로

---

* 20세기 초에 활동한 댄스 콤비로, 할리우드 뮤지컬 영화 전성기를 대표하는 스타.

증가했고, 21~25세 노동자에서는 인상 깊게도 46퍼센트로 늘어났다.[86] 이러한 조사 결과는 더 많은 여성이 직권을 행사할 수 있는 자리로 올라갔을 뿐만 아니라 리더로서 목소리를 내려고 한다는 사실을 보여준다. 나는 떠오르고 있는 여성 리더 세대가 이제는 매들린 올브라이트Madeleine Albright의 말에 동의할 거라고 확신한다. 한때 그녀는 이렇게 말했다. "지옥에는 서로를 돕지 않는 여성을 위해 마련된 특별한 자리가 있습니다."[87]

흥미롭게도 자수성가한 첫 여성 백만장자는 시대를 앞서가며 이런 상부상조의 필요성을 받아들였다. 20세기의 초입에 여성 흑인 기업가 C. J. 워커 부인Madam C. J. Walker은 화장품 제국을 세웠다. 그리고 다른 흑인 여성들을 기용해 회사의 성장을 돕도록 했다. 그녀는 흑인 여성들에게 자신의 상품을 판매하는 훈련을 시키기 위해 미국 전역에 학교를 세웠고, 1919년이 되자 2만 명에 이르는 판매원이 그녀의 회사에 합류했다.[88] 이 판매원들은 워커의 상품을 도매로 구입해 판매한 수익을 자신의 지점을 여는 데 투자할 수 있었다. 워커는 한때 이렇게 말했다. "단지 저만 만족하려고 돈을 벌지 않아요. 수백 명의 흑인 여성에게 일자리를 제공하려고 애쓰고 있지요."[89]

후원자의 역할

당시에는 깨닫지 못했을 수도 있지만, 워커는 직원들에게 초창기 형태의 후원을 제공했다. 지원 네트워크를 구축하는 것이 필수적인 것처럼 후원자를 찾거나 후원자가 되는 것 또한 마찬가지로 중요하다. 멘토와 후원자의 역할은 서로 관련이 있지만 다른 것이다. 멘토는 멘티가 핵심 기량을 발전시키도록 도와주는 사람이고, 후원자는 조직 내에서 어떤 사람을 적극적으로 옹호해 그가 인정받아 승진하도록 도와주는 사람이다. 물론 멘토는 후원자도 될 수 있다. 멘토든 후원자든 그 혜택을 받는 하급자는 그에게 충성심을 갖게 된다.

후원자의 역할은 멘토의 역할과 비슷하지만, 후원자의 명시적인 책임은 후원받는 사람을 옹호하고, 그의 뒤를 봐주며, 승진에 중대한 영향력을 발휘하는 것이다. 런던 대학교 경영대학원 조직행동학 교수 허미니아 이바라Herminia Ibarra와 여성의 기회를 확장하기 위해 기업과 협력하는 비영리 단체 캐털리스트Catalyst의 수석 연구원 낸시 M. 카터Nancy M. Carter와 크리스틴 실바Christine Silva는 『하버드비즈니스리뷰Harvard Business Review』에 글을 기고했는데, 남성과 여성이 같은 속도로 "멘토의 지도"를 받더라도 여성이 눈에 띌 정도로 덜 "후원을 받으며", 그 결과 남성 동료와 같은 속도로 승진하지 못한다고 했다.[90] 마찬가지로 후원자와 다양한 리더십을 연구하는 전문가 실비아 앤 휼렛Sylvia Ann Hewlett은 2012년 유색인종의 8퍼센트만 후원자를 두고 있으며, 이는 백인의 13퍼센트가 후원자를 두고 있는 현실과 대조된다고 말했다.[91]

멘토는 많은 사람을 멘티로 받아들일 수 있지만, 후원자는 자신이 후원할 사람을 스스로 선택한다. 유감스럽게도 누구나 후원자 역할을 하려고 하지는 않는다. 조직의 리더들이 진정 다양성을 믿는다면 그들은 다음과 같은 사실을 인정해야 한다. 소외된 사람들이 직장에서 밀접한 유대를 형성하기 위해 스스로 노력할 책임이 있듯이, 리더에게는 소외된 사람들을 밀어줘야 할 책임이 있다. 『포춘』에서 뽑은 500대 기업의 CEO 명단에 포함된 제임스나 마이클이라는 이름이 그 명단에 포함된 모든 여성보다도 더 많다는 사실은 여전히 남성이 지배적인 세상임을 보여준다.[92] 2020년 명단에는 흑인 여성이 단 한 사람도 없었다. 우리는 불과 몇 년 전에 기대했던 만큼의 진보도 이뤄내지 못한 것이다.

멘토와 후원자는 소외된 집단의 경력을 밀어주는 데 핵심 역할을 할 수 있다. 이런 관계는 단순히 소외된 사람들에게 기회를 주고 발전을 이끄는 것 이상으로 나아갈 수 있다. 그렇게 되면 점차 더 많은 여성과 유색인종이 최고 위치에서 두드러지는 역할을 하게 될 것이다. 이러한 변화는 리더가 되기 위해 필요한 능력에 관한 우리 인식을 바꿀 것이고, 조직에 생각과 경험의 다양성을 주입하는 방식을 개선할 것이다.

그렇지만 조사 결과들은 오늘날까지도 고용주가 자신과 비슷한 배경을 지닌 지원자를 채용할 가능성이 크다는 것을 보여준다.[93] 구직자에게는 고용주와 같은 대학에 다녔거나 같은 우편번호를 쓰는 곳에서 성장했다는 점이 크나큰 혜택이 된다.[94] 지원자를 평가하는 확고한 기준이 없는 조직이나 업계에서는 이런 연고가 특히나 더 큰 영향을 미친다.

케네디스쿨 교수 아이리스 보닛Iris Bohnet은 학계 동료들과 함께한 연구에서 차별의 효과에 관한 의미심장한 증거를 발견했다. 1970년대에 미국 교향악단에서 여성 연주자는 전체 구성원의 10퍼센트도

되지 않았다.[95] 보닛과 동료들이 진행한 한 실험에서 교향악단 지휘자들은 지원자의 모습을 커튼으로 가린 채 면접을 봤는데, 채용 담당자들이 성별과 무관하게 능력을 평가하게 하기 위함이었다. 그 오디션의 결과는 놀라웠다. 오늘날 미국 교향악단 구성원 중 40퍼센트가량이 여성이다.

이 실험을 비롯한 다른 여러 실험 결과에서 얻을 수 있는 교훈은 명백하다. 조직에서 리더가 여성과 유색인종을 가로막는 장벽을 낮추기 위해 능동적으로 노력할 때, 경이로운 일을 해낼 수 있다. 리더는 이러한 파격적인 개선을 전적으로 믿고 지지해야 한다.

핵심 가치와 원칙을 분명히 규정하라

우리는 각자 세상을 경험하면서 자신만의 이야기를 만들고, 그로부터 우리의 행동을 인도할 일련의 가치와 원칙을 만들어낸다. 가치를 정립하면서 발생하는 하나의 난관은 이런 가치들이 너무 많아 선택을 해야 한다는 점이다. 우리는 모두 더 나은 세상을 만드는 데 헌신하면서 정직하고, 용감하고, 행복하고, 책임감 있고, 공손하고, 인정 많고, 남에게 공감하고, 공정하고, 호기심 많은 사람이 되고 싶어한다. 이런 것을 개인적 가치라 부른다. 사랑하는 사람들 사이에서 우리는 애정이 넘치고, 상냥하고, 배려하고, 솔직하고, 늘 함께하는 사람이 되려고 애쓴다. 이런 것을 가족적 가치라고 한다. 직장에서 우리는 전문성, 진실성, 신뢰성, 비전, 협력, 경쟁력, 상호 지원을 가치 있게 여긴다. 이런 것을 직업적 가치라 한다. 공적 혹은 정치적 삶에서 우리는 자신이 자유, 평등, 정의, 통합, 다양성, 상호 존중, 선의를 지지한다고 믿고 싶어한다. 이런 것이 이른바 시민적 가치다. 우리는 은근히 그리고 일관되게 돈, 권력, 영향력, 명성 등을 높이 평가한다. 우리는 이런 것을 '실질적' 가치라고 부른다.

이를 모두 합치면 30가지 이상의 서로 다른 가치들이 있다. 어떻게 하면 그런 가치 하나하나마다 온전히 전념하는 삶을 살아갈 수 있을까? 그것은 불가능하다. 이러한 가치 중 다수가 서로 빈번하게 충돌을 일으키기 때문이다. 예를 들어 당신이 세상을 걱정하는 마음 때문에 세계 최고의 비영리 단체에서 일하기 시작했다고 치자. 그곳은 멋진 조직이지만 시간이 흐르며 계속되는 업무 관련 출장으로 당신의 결혼 생활이 위협받게 된다. 당신에게 더 중요한 건 경력인가, 가족인가? 또 다른 예로 당신이 어떤 유력 의회의원의 보좌관으로 일하게 되었다고 하자. 꿈꾸던 자리였지만, 정작 모셔야 하는 의원이 실은 끔찍한 상사이자 온갖 부적절한 이유로 권력을 쥐고 흔든다는 걸 알게 되고 환멸을 느낀다. 그럼 그 자리를 미련 없이 떠날 수 있는가? 일류 경영대학원을 졸업한 당신은 월스트리트에서 고액 연봉 일자리에 취직할 수 있지만, 대신 5년 뒤에 고향으로 돌아와 한때 꿈꾸던 공직에 출마하는 꿈을 이룰 수는 없음을 안다. 어떤 길이 당신의 가치에 더 잘 맞을까? 대학을 졸업한 뒤 당신은 정상급 기술 회사의 신입 사원으로 입사하거나 자신만의 사업을 시작해야 하는 선택의 기로에 서게 된다. 당신은 특권과 함께할 것인가, 아니면 모험에 나설 것인가?

이런 질문들이 사회 진출 초창기에 해결해야만 하는 유일한 문제는 아니다. 공적 영역에서 두드러진 변화를 일으키고 싶다면 당신은 여러 가치가 충돌하는 방식과도 씨름해야 한다. 당신이 내심 자유와 평등을 맹세했다고 하자. 하지만 시간이 흐르며 당신은 제임스 오툴 James O'Toole이 말한 것처럼 갈등을 느끼게 될 것이다. 사회에서 온전하고 절대적인 평등—모두에게 보장된 공공 서비스와 수입, 복잡하게 얽힌 정부 통제, 높은 세금의 납부 등—을 추구하면 당신은 많은 자유를 잃어버리게 된다. 반면 완전한 자유—규칙과 규제, 세금, 사회적 약자 우대 정책이 없는 상태—를 추구하면, 그 결과로 엄청난 평등을 잃어버리게 된다.[96]

분명 공적 생활에서 가장 우선해야 할 사항 중 하나는 자유와 평등 사이에서 적절하고 사려 깊은 균형을 유지하는 것이다. 우리가 개인주의와 공동체, 자본주의와 사회주의, 중앙집권과 지방분권 같은 것들 사이에서 균형을 유지해야 하는 것과 마찬가지 논리다. 우리는 마치 자신이 '여러 가치를 공유하는 것'처럼 말하지만, 현실에서는 그렇지 않다. 불행하게도 현재 미국의 리더들은 극도로 양극화되어 있어서 양당 간 의견 차이에 다리를 놓는 일은 거의 불가능하다. 내가 반복해 말했지만, 바로 이 때문에 우리는 시급히 새로운 세대의 리더들이 필요하다. 지나간 과거를 두고 소모적으로 논쟁하길 멈추고, 국민 생활에 새롭고 신선한 장을 열어낼 수 있는 남녀 리더가 필요한 것이다.

리더가 일단 자신의 가치를 정립하면 원칙 또한 정립할 수 있다. 원칙은 가치를 행동으로 옮기는 기준이다. 몇 가지 사례를 들어보자.

- **가치**: 다른 사람에 대한 배려
- **원칙**: 당신의 팀을 지속해 돌볼 수 있는 업무 환경 조성

- **가치**: 기회의 평등
- **원칙**: 동일 노동, 동일 임금

- **가치**: 다른 사람에게 보이는 모범
- **원칙**: 리더로서 늘 가장 먼저 남들의 비판을 받기

새롭게 떠오르는 리더들은 흔히 자신을 돌아볼 시간—로널드 하이페츠Ronald Heifetz가 자신이 펴낸 여러 책에서 썼던 탁월한 표현을 빌리자면, 발코니에 올라가 댄스 플로어에 있는 자신의 모습을 지켜볼 시간[97]—이 거의 없는 바쁜 삶을 살고 있다. 하지만 많은 사람이 이미 발견한 것처럼, 개인적인 숙고와 명상을 위해 매일 시간을 내는 것은 당신의 가치를 정립하기 위한 중요한 통로다. 우리는 일상의 부산함과 계속되는 스트레스에서 빠져나왔을 때, 더 큰 그림을 볼 수 있고, 더 큰 목적과 포부를 정립할 수 있다. 우리의 일상생활과 진행 중인 프로젝트를 꼼꼼하게 살펴보는 것도 큰 도움이 된다. 아니면 감사 일기를 꾸준히 써볼 수도 있겠다. 언젠가 당신이 경력의 밑바닥을 쳤을 때, 다시 읽어보면 도움이 될 것이다.

우리 딸 캐서린이 기독교에서 유대교로 개종했을 때 나는 장차 어떤 일이 벌어질지 확신하지 못했다. 나중에야 알았지만 개종으로 인해 딸의 삶은 더욱더 풍성해졌다. 우리 가족 모두의 삶도 마찬가지

였다. 우리가 유대교 안식일 전통에서 발견한 즐거움 중 하나는 금요일에 저녁을 같이 먹고 토요일에는 가족과 친구, 조용한 사색 그리고 삶에 감사하기 등에 시간을 할애하는 것이다. 이런 즐거움을 진작 알았더라면 좋았겠다는 생각도 들었다. 불교 또한 이와 비슷한 실천을 권장한다. 우리는 모두 합리적으로 이 복잡한 세상을 헤쳐나가려고 하는데, 이런 가르침들은 좋은 교훈이 된다.

지금까지 해온 이야기의 결론은 이렇다. 청소년기는 당신이 인생에서 어떤 가치와 원칙을 지향할 것인지 정립하기에 아주 이상적인 시기다. 가치와 원칙은 시간이 흘러가면서 점점 바뀔 것이다. 그렇지만 인생에서 가장 중요하게 생각하는 가치와 원칙을 늘 명심한다면 삶을 살아나가면서 그것이 큰 도움이 된다는 사실을 몇 번이고 깨달을 기회가 올 것이다.

도덕적 나침반 만들기

지난 몇십 년간 미국은 여러 차례 엄청난 리더십의 실패를 겪었다. 실패 사례는 기업과 비영리 단체부터 시작해 공적 생활에 이르기까지 광범위하게 나타났다. 2020년 중반에 들어서는 80퍼센트가 넘는 시민들이 우리 사회가 통제 불능 상태라고 말했다.[98]

리더십에 구멍이 뚫리면서 비즈니스 현장에서는 기존의 낡은 리더십 형태를 버리고 다른 접근법으로 방향을 수정하려 노력하고 있다. 이에 힘써온 빌 조지는 이렇게 말했다. "리더십은 카리스마를 키우고, 다른 리더를 모방하고, 겉으로 훌륭해 보이고, 자기 이익을 위해 행동하는 그런 것이 더는 아니다."[99] 그가 지적한 것처럼, 이런 리더십은 1990년대와 2000년대 초에 썩 효과가 없었다. 대신 이제 리더십에는 진정성, 솔직함, 개방성, 정서 지능, 협력, 체계 변화가 필요하다. 이런 학설을 '진정한 리더십' 혹은 '진북 찾기'라고 한다. 모든 분야의 리더들은 이제 자신만의 도덕적 나침반을 갖고 있어야 한다는 것을 굳게 믿고 있다. 앞으로 최고의 리더는 자신보다 더 큰 무언가를 추구하는 사람이어야 한다.

그렇다면 진정한 리더십을 실천한다는 것은 무슨 뜻인가? 간단히 말하면 리더로서 마주치는 어려운 문제와 씨름할 때 내적으로 고유한 도덕적 가치와 원칙을 고수해야 한다는 것이다. 삶이 잘 풀릴 때 당신의 가치를 지키는 건 쉽다. 하지만 위기가 닥쳐와 힘든 결정을 내려야 할 때, 어떤 가치가 가장 중요하고, 어떤 가치가 희생되어야 하며, 어떤 거래가 필요할 것인지 판단할 수 있어야 한다. 당신이 머리는 물론이고 가슴으로부터 우러나오는 리더십을 발휘하기 위해서는 당신 내면 깊숙이 도달하는 것이 무엇보다 필요하다.

오랜 세월 사업에서 성공적인 경력을 완성한 뒤, 빌 조지는 자신의 경험을 바탕으로 리더십 연구에서 선도적인 개척자가 되었다. 피터 드러커, 워런 베니스, 존 가드너John Gardner의 훌륭한 후계자인 것이다. 그가 즐겨 인용하는 불교의 영적 지도자 틱낫한Thích Nhất Hạnh의 말이 있다. "당신이 거쳐야 하는 가장 긴 여정은 머리에서 심장까지 이르는 18인치다."[100]

진정한 지도자가 되려면 리더는 다른 사람에게 투명하고 개방적이어야 하며, 자신의 약점을 편안하게 드러낼 수 있어야 하고, 끊임없이 정직해야 한다. 공직에 오른 사람은 닫힌 문 뒤에서도 같은 사람이어야 한다. 당신은 다른 리더들에게서 영감을 받되 그들의 복제품이 되려고 해서는 안 된다. 있는 그대로를 사람들에게 보여줘라. 스티브 잡스Steve Jobs가 말한 것처럼 "다른 사람들이 시끄럽게 내는 의견에 당신 내면의 고유한 목소리가 묻히지 않도록 하라."[101]

오늘날 리더십을 발휘하는 것은 엄청나게 스트레스를 수반하는 일이 되었다. 진정한 리더는 어떻게든 현실에 기반을 두고 행동하려 하고, 가족과 공동체, 친구들의 지지를 환영한다. 또, 리더에게는 고도의 자기통제는 물론이고 자기인식도 필요하다. 사업적인 삶과 시민적인 삶에서 리더들은 보상과 인정이라는 외적 평가를 선호하지만, 내적인 평가, 즉 삶에 대한 보람이 궁극적으로 더 큰 성취감을 안겨준다. 이런 점들을 다 종합하면서 조지는 이렇게 글을 남겼다. "진정한 리더는 자신만의 진북을 발견했고, 사람들로 하여금 공유된 목적과 가치를 중심으로 같은 태도를 취하게 하며, 사람들에게 권한을 위임해 모든 이해 당사자를 위한 가치를 창조하게 한다."[102]

런던 대학교 경영대학원의 전문성 개발 권위자인 허미니아 이바라Herminia Ibarra는 진정한 리더십에 대해 주요한 참고 사항을 제기한다. 그녀는 진정한 리더십은 자신에게 충실할 것을 요구하지만, 그게 어떤 자아에 대한 충실함인지 물었다. "우리는 많은 자아를 지니고 있는데, 그런 자아들은 일상생활 속 여러 다른 역할에 따라 결정되죠."[103] 환경이 변하면 리더도 반드시 따라서 변하게 된다. 상황이 잘 풀릴 때 리더는 협력적일 수 있고, 모든 목소리에 경청하는 원탁

회의를 만들 수 있다. 하지만 비상사태가 벌어진다면, 팀 리더는 지휘 망토를 걸치고 속사포 같은 지시로 결정을 내려야 한다. 리더 역시 내면의 의혹을 종종 억누르고 다른 사람들에게 확신을 심어줘야 한다. 제2차 세계대전 중 가장 암울한 시기에 아이젠하워 장군은 이런 말을 했다. 한 조직의 수장은 "비관적인 기분과 좌절감"을 "베개"에 "따로 놔두어야" 한다.[104] 지지자의 요구사항이 바뀌면 리더는 그에 적응하면서 자신의 리더십을 알맞게 조정해야 한다.

진정한 리더십을 비판하는 사람들은 때로 그것을 옹호하는 사람들이 너무 고지식하다고 생각한다. 그들은 이런 반론을 편다. 만약 어떤 사람이 사적 영역에서 멍청이라면 그가 '진정한' 사람이 되는 유일한 방법은 공적 영역에서도 멍청이 노릇을 해야 한다는 것이다. 당연히 그런 반론은 터무니없는 소리다. 상식과 예의의 규칙은 전통적인 리더에게 통했던 것만큼이나 진정한 리더에게도 통한다. 당신이 바보라면 먼저 당신의 바보 같은 행동을 교정할 필요가 있다.

더 진지한 질문은 롤 모델이 진정한 리더의 삶에서 어떤 역할을 맡는가 하는 것이다. 여태껏 보았듯 나는 롤 모델의 강력한 옹호자다. 롤 모델의 사례는 역사상 아득히 멀리 떨어진 알렉산드로스 대왕의 지적 롤 모델인 아리스토텔레스까지 거슬러 올라간다. 환경에 변화가 생기면 리더가 새로운 가면을 써야 한다는 것도 맞는 말이다. 프랭클린 델러노 루스벨트가 적절한 예다. 그는 '회복 박사doctor recovery'로서 대통령 임기를 시작했고, '승전 박사doctor win the war'로서 임기를 마쳤다. 그는 한때 오슨 웰스Orson Welles에게 이렇게 말했다. "오슨, 자네와 나는 이 나라 최고의 배우야."[105]

하버드 리더십 수업

그러면 롤 모델의 중요성과 진정한 리더의 필요성을 어떻게 서로 조화시킬 수 있을까? 빌 조지와 나는 여러 차례 이 문제를 논했고 새롭게 떠오르는 리더는 롤 모델의 삶과 교훈을 면밀히 연구하되 그들을 그대로 따라 해선 안 된다는 데 동의했다. 있는 그대로의 모습을 내보이되, 다른 누군가가 되려고 해서는 안 된다. 내면의 목소리에 귀를 기울여라.

물론 누군가의 복제품이 되려고 해서도 안 된다. 설혹 그러길 바라더라도 누가 링컨을 그대로 따라 할 수 있겠는가? 엘리너 루스벨트는? 만델라는? 골다 메이어Golda Meir는? 하지만 훌륭한 리더는 영감은 물론이고 열망의 원천이 될 수 있다. 그들은 당신이 내면을 들여다보도록 유도하고, 인류 최고의 인물에게서 발견되는 영구불변의 자질을 개발하게 이끌 수도 있다. 나는 우리 삶에는 앞뒤로 이어지는 순서가 있다고 생각한다. 10대와 20대 초반에 우리는 롤 모델을 통해 배우기 시작한다. 이후 다가오는 세월에 그런 지식은 다른 경험과 함께 우리의 가치관을 형성하는 토대가 되고, 시간이 흘러가면서 우리의 진북을 발견하는 기초가 된다.

베르톨트 브레히트Bertolt Brecht의 연극《갈릴레오의 생애Life of Galileo》에서 안드레아가 "영웅을 키워내지 못한 땅은 불행하다"라고 하자 갈릴레오는 "아니, 안드레아, 영웅을 필요로 하는 땅이야말로 불행한 곳이지"라고 말한다.[106] 나는 안드레아가 더 훌륭한 주장을 하고 있다고 생각한다. 미국은 늘 영웅에 기대 성장해온 땅이다. 오늘날 우리가 겪는 문제의 일부는 그런 영웅이 무척 드물기 때문에 발생한 것이다. 최근 영웅의 출현이 급격히 드물어졌기에 우리는 훌륭한 인물들 사이에서 산다는 게 어떤 것인지 거의 잊어버렸다. 그들은 영감과 희망을 주는 롤 모델인 것이다.

내가 말하는 진정성은 리더의 모든 생각이 겉으로 표현되어야 한다는 뜻이 아니다. 모든 감정을 안으로 감춰야 한다는 뜻도 아니다. 그보다 진정한 리더십은 길을 찾는 동안 자신의 가치와 원칙을 고수하는 것이다. 생각과 행동의 측면에서 우리는 장기적인 목적을 시야에서 놓치지 말아야 한다. 하지만 환경이 변하면 전략을 그에 따라 조정할 수도 있어야 한다. 일관성과 경직성은 구분해야 한다. 우리 주변의 세상은 너무 빠르게 변화하는 중이어서 자신의 가치와 원칙을 고수하면서도 리더십은 민첩하게 움직이며 적응해야 한다.

진정한 리더십을 비판하는 자들에게 우리는 이런 질문을 반드시 물어야 한다. 그렇다면 당신들은 그 대신에 무엇을 제시할 텐가? 진정한 리더십은 완벽한 해법은 아니지만 다른 대안들보다 확실히 나은 것이다. 가장 어려운 시기를 헤치고 나아가는 리더들은 자신의 가치를 알고 그것을 충실히 지키는 것이 무엇보다 중요하다. 앞으로 이어질 여러 장에서는 리더들의 진정한 모습을 보여줄 것이다. 그들은 궁극적인 시험에 처했을 때 자신의 기준을 온전히 유지하며 그것을 극복했다. 이렇게 시련을 견뎌낸 리더들은 존경할 만한 사람일 뿐만 아니라 우리의 영웅이기도 하다.

4장

시련의 도가니에서 살아남기

병에 걸린 황태자

캄포벨로섬에서 가족 여행을 하던 서른아홉 살의 프랭클린 델러노 루스벨트는 일어나보니 하루아침에 삶이 완전히 뒤집혀 있었다. 몸을 움직여 침대에서 나와 욕실로 가려고 하는 순간, 왼쪽 다리가 휘청거렸고 곧 바닥에 쓰러진 것이다. 그는 섭씨 39도에 가까운 고열에 시달렸다. 다음 날이 되자 오른쪽 다리에도 문제가 생겼다. 이제 더 이상 걸을 수가 없었다.[107]

의사들이 왕진을 다녀갔고, 처음에는 그가 어떤 병에 걸렸는지 알 수 없었다. 하지만 곧 그들은 만장일치로 결론을 내렸다. 이 강건한 남자는 당시 사람들이 가장 두려워하는 병에 걸린 것이었다. 소아마비라는 병으로 절정기에는 미국에서 매년 몇만 명의 목숨을 앗아가고, 다리를 마비시킨 바이러스다.[108] 백신은 그 시점에서 앞으로

30년은 더 기다려야 했다.

바이러스가 면역 체계에 침입하기 전에 프랭클린은 특권을 누리는 삶을 살아왔다. 미국의 아주 저명한 가문에서 애지중지 사랑을 받으며 자란 이 아이는 허드슨강의 강둑에 있는 집에서 재택교육을 받았고, 하버드 대학교의 학생 일간지 『하버드크림슨Harvard Crimson』의 편집장을 맡았으며, 미국에서 아주 유명한 대통령의 조카였다. 제1차 세계대전 중에는 해군성 차관을 지냈고, 서른일곱 살에 민주당 부통령 후보가 되어 앞으로 더 높은 공직을 맡을 길만 남은 듯한 스타 정치인이었다. 프랭클린은 그야말로 전부를 가진 사람처럼 보였다. 그가 겪은 가장 큰 실패는 하버드 대학교 재학 중 포셀리언 클럽* 입회를 거부당한 것이었다.[109] 한 논평가가 말했듯, 그때까지 그가 살면서 걸어온 길은 장미 꽃잎이 가득 뿌려진 꽃길이었다.

하지만 가족과 친구들이 볼 때, 그 유망한 장래성에도 불구하고 프랭클린은 천박하고, 이기적이고, 지루한 사람이었다. 등 뒤에서 가족들은 그를 '버티 우스터Bertie Wooster'라 불렀는데, 나태한 부자를 묘사한 영국 소설에 등장하는 우유부단한 등장인물에 빗댄 말이었다. 시어도어 루스벨트의 딸 앨리스는 그가 어머니 품을 벗어나지 못하고 쥐여사는 마마보이라고 봤다. 대학 졸업 후 그는 테디 루스벨트의 뒤를 이어 뉴욕주 주의회에 들어갔다. 성공 가도를 달리는 사촌 테디와는 다르게 프랭클린은 거만한 사람으로 여겨졌다.

따라서 프랭클린이 소아마비라는 잔혹한 질병에 어떻게 대응할지

---

*   하버드 대학교 졸업반이 가입하는 사교 클럽 중 가장 오래되고 평판이 좋은 클럽.

는 짐작하기 어려웠다. 그는 어머니가 재촉한 것처럼 공적 생활에서 물러날 수도 있었다. 사라 루스벨트는 그가 집으로 돌아와 자기 말을 잘 들으며 고분고분 살아가기를 바라는 군림하는 여성이었다. 아니면 그는 아내 엘리너와 오랜 세월 정치 고문으로 도움을 준 루이스 하우Louis Howe가 강력히 권한 것처럼 다시 걷기 위해 재활을 거쳐 공적 생활에 다시 복귀하려고 노력할 수도 있었다. 하지만 세월은 아무런 진전 없이 흘러갔고 프랭클린은 우울증에 빠졌다. 그는 신께서 자신을 잊으셨다며 한탄했다.

하지만 그는 어떻게든 자신의 깊은 내면에 다다랐고, 과거의 화창한 낙관주의를 다시 발견했을 뿐만 아니라 아무도, 심지어 본인조차도 알지 못했던 내면의 기운과 결단력을 발견했다.

그렇게 미국 역사상 가장 극적인 기사회생이 시작되었다. 소아마비는 그의 삶을 둘로 가르는 경계선이 되었다. 그는 엄청난 회복력으로 결정타를 맞고도 다시 일어섰을 뿐만 아니라 인격과 연민을 갖춘 원숙한 사람으로 성장했다. 그는 삶에서 가장 큰 시련을 만났지만 마침내 승리했다.

놀라운 것은 그가 처음에 가장 핵심이라고 봤던 목표 달성에 실패했다는 점이다. 그는 다시 걸을 수 있을 때까지 공직에 나설 수 없다고 생각했고, 그래서 걸을 수 있도록 끈질기게 노력했다. 날마다 그는 몸을 앞으로 끌고 나아갔다. 1년 만에 그는 무게가 각각 3킬로그램 정도 되는 다리 부목의 도움을 받아 일어설 수 있게 되었다. 조지아주 웜스프링스에 있는 재활 센터에서 온천을 발견했고, 온천욕으로 신체와 정신의 고통을 달랬다. 그는 다른 소아마비 환자들과 함께 재활하는 시간을 좋아했는데, 특히 아이들과 함께 있으면 더욱 좋아했다. 결국 그는 그 재활 센터를 사들였고 자주 그곳을 방문했다. 소아마비에 걸린 아이들과 온천에서 어울리는 모습은 영상으로도 남아 있어 온라인으로 볼 수 있다. 무척 감동적인 장면이다.

하지만 그 후 7년 동안 아무리 애를 써도 도구의 도움을 받지 않고 서거나 걷는 일은 어렵다는 사실이 분명해졌다. 그의 공적 생활은 끝장난 것처럼 보였다. 그렇게 그의 어머니가 한차례 승리했다.

루스벨트가 자신의 인생에 꽂힌 이 강력한 일격으로 어떻게 자신을 변화시켜나갈지 예측한 사람은 아무도 없었다. 그의 유전자에는 낙관주의가 새겨져 있는 것처럼 보였고, 그러한 낙관을 하나의 예술로 승화시켰다. 쾌활한 모습으로 다른 사람들에게 영감을 주었고, 전에 없이 집중하며 다른 사람들의 말을 경청했다. 훗날 첫 취임식에서 그는 "우리가 두려워해야 할 것은 두려움 그 자체뿐"이라는 유명한 말을 남겼다.

소아마비 이전에 프랭클린은 우월 의식에 빠진 사람이었다. 소아마비 이후 그는 고통을 견디는 다른 사람들에게 깊은 연민을 품고 공감했다. 소아마비 이전 그는 거의 자기 자신에게만 관심을 보였지만, 이후 그는 다른 사람들의 행복에도 관심을 기울이며 헌신했다.

정치적 리더십에 관해 내가 좋아하는 문장 중 하나는 테드 모건Ted Morgan이 쓴 프랭클린 델러노 루스벨트 전기에 있다. "병에 걸린 황태자"라는 제목의 장에서 그는 루스벨트에 관해 이렇게 말했다. "그의 두 다리는 시들어버렸지만, 그의 정신은 승리를 거뒀다. 얄팍하고, 이기적인 야심만 많고, 때로는 원칙도 없고 검증도 안 된 청년을 프랭클린 델러노 루스벨트라는 성숙한 인물로 변화시킨 건 이 정신적인 싸움, 패배를 거부하는 태도, 역경에서 배우는 능력이었다."[110]

그는 눈에 띌 정도로 변했다. 그의 얼굴은 확 폈고, 운동으로 딱 벌어진 가슴을 만들었다. 그는 자신의 체력에 자부심을 느꼈고, 두 시간을 싸워 108킬로그램에 달하는 상어를 뭍에 올려 힘을 자랑했다.[111] 하지만 상체 힘보다 더 대단한 것은 그가 보인 인격의 힘이었다. 그는 이전보다 훨씬 더 강한 인내심을 보였다. 대통령이 되어서는 정교한 타이밍 감각을 보였고, 해결에 나서기 전에 이슈가 무르익을 때까지 기다리는 능력도 갖췄다.

또, 그는 더욱 깊이 명상하게 되었다. 1940년 11월 제2차 세계대전이 진행되던 중 세 번째로 대통령에 선출되었을 때, 영국은 절박한 심정으로 그에게 군사 원조를 요청했다. 대통령의 참모진은 투표 집계가 끝나자마자 그가 비상 회의를 소집하리라 생각했다. 그러나 그는 카리브해에서 대통령 전용 요트에 타고 며칠 시간을 보내길 원했다.[112] 미국은 공식적으로 중립인 입장이었고, 영국에 무기를 제공하는 데 반대가 아주 심했다. 그에게는 생각할 시간이 필요했다.

그렇게 카리브해의 요트에서 시간을 보내다 그는 무기 대여 정책에 관한 훌륭한 아이디어를 떠올렸다. 영국에 무기를 제공하는 대신에 빌려주자는 전략이었다. 그는 이 일을 비유를 들며 설명했는데, 후에 널리 알려졌다. 이웃집에 불이 나서 이웃이 정원용 호스를 빌려달라고 요청한다면 그런 일로 입씨름하지 않고 당장 빌려주지 않겠냐는 이야기였다. 호스가 화재 진압 과정에서 불길에 망가질 수도 있겠지만, 그렇게 된다면 이웃이 호스를 새로 사줄 수도 있을 것이다. 어려움에 빠진 친구들에게는 그렇게 도움을 주는 것이 맞지 않겠냐고 그는 말했다. 몇 주 만에 루스벨트는 무기 대여 정책을 의회에서 승인받았고, 처칠은 구축함을 손에 넣었다.[113]

영리한 수완 또한 루스벨트의 타고난 자질이었다. 소아마비와 투쟁하면서 그는 병을 하나의 고차원적 예술로 변화시켰다. 그는 자신의 몸이 얼마나 많이 망가졌는지 일반 대중에게 들키지 않는 일이 필수적이라고 믿었다. 하지만 뉴욕 주지사로, 이어 대통령으로 선거를 이기기 위해 무대에 수도 없이 올라야 했다. 이 난제를 어떻게 해결했을까? 그 방법은 시각적 신기루를 만드는 것이었다! 먼저 그의 승용차를 연단에 최대한 가까이 붙여 주차했다. 수행원들은 대중의 시선을 피하면서 휠체어를 들어 그를 무대로 옮겼고, 재빨리 그를 일으켜 세워 다리 부목에 몸을 고정했다. 그러면 루스벨트는 한 손으로는 지팡이를 잡고 다른 한 손으로는 도우미의 팔을 꽉 잡으면서 서 있는 포즈를 취했다. 도우미는 보통 그의 아들이 맡았다. 연단으로 나오면서 그는 고개를 위로 쳐들고 활짝 웃었다. 청중이 그의 얼굴에 떠오른 홍조를 보는 동안 그는 무대를 가로질러 걸어 간다기보다는 거의 떠밀려서 갔다.[114] 그는 청중에게는 행복한 전사처럼 보였다. 그러나 그들에게는 보이지 않는 게 있었다. 실제로 마이크를 단단히 붙잡을 즈음에 루스벨트는 땀을 뻘뻘 흘리고 있었다. 때때로 루스벨트가 도우미의 팔을 하도 세게 잡아서 손가락에 눌려 도우미의 팔에 피가 나기도 했다. 어쨌든 그 작전은 성공적이었다! 루스벨트를 연구하는 저명한 역사학자 윌리엄 록텐버그William Leuchtenburg는 자신이 대학생 시절에 집회에서 연설하는 루스벨트를 봤는데, 그가 걸을 수 있다고 확신했었다고 내게 말했다.

지금이라면 절대 그런 식으로 숨길 수 없겠지만, 당시만 해도 루스벨트는 워낙 언론에 개방적이었기에 자신의 신체장애를 보여주는 사진을 보도하지 말라고 언론을 설득할 수 있었다. 겉보기에는 수수하지만 최고의 도서관 중 하나인 하이드파크의 프랭클린 델러노 루스벨트 도서관은 수천 장에 이르는 루스벨트의 사진을 보유하고 있는데, 휠체어에 탄 그의 모습을 볼 수 있는 사진은 단 3장뿐이다.[115] 루스벨트가 대통령이 될 수 있었던 이유 중 하나는 그가 소아마비를 극복했다는 대중 사이에 널리 퍼진 믿음 때문이었다. 소아마비에서 회복할 수 있는 사람이라면 분명 불경기에서도 나라를 회복시킬 수 있을 거라고 다들 생각했다. 그는 자신이 무엇을 해야 하는지 정확히 알았다.

'시련의 도가니crucible'는 대중적인 지도자를 만들어낸다. 오랫동안 리더십 학자들은 시련의 도가니를 역경의 한 형태로 보면서 리더들이 그런 좌절에 대처하는 방법을 집중적으로 연구해왔다. 최근에는 전기 작가와 연구자들이 인생의 중요한 시기에 리더들이 어떻게 자신을 변화시키는지 살피면서 시련의 도가니 개념이 각광받았다. 프랭클린 델러노 루스벨트야말로 시련의 위대함을 보여주는 더없이 좋은 예다. 훌륭한 역사학자 도리스 컨스 굿윈Doris Kearns Goodwin이 『혼돈의 시대 리더의 탄생』에서 썼듯이 "프랭클린 루스벨트의 시련은 파괴적인 시련의 도가니를 통과한 경험이 어떻게 일반적 예측과 논리와는 다르게 커다란 성장, 강렬한 포부, 증진된 리더십의 재능으로 이어지는지에 대한 가장 명백한 패러다임을 보여준다."[116]

하버드 리더십 수업

불타는 시련의 도가니 속에서

리더십 연구와 저작들이 지니는 위험한 요소가 하나 있다. 그건 바로 대부분의 사람은 프랭클린 루스벨트 같은 위대한 대통령이 되기는커녕 평범한 대통령이나 총리조차 되지 못한다는 점이다. 따라서 사람들은 그런 사례를 읽으면 어깨를 들썩하면서 무시해버리고 싶어진다. 하지만 시련의 도가니는 뛰어난 대통령이 원숙한 인격을 얻거나 그의 등장을 극적으로 설명해주는 것 이상으로 보편적 의미를 지닌다. 어떤 학자의 언급처럼 시련의 도가니는 "우리의 일상생활 속에서도 얼마든지 발견할 수 있다". 코로나19로 죽어가는 남편에게 작별 인사조차 할 수 없었던 부인, 어린 딸이 익사하는 광경을 무력하게 바라볼 수밖에 없었던 아버지, 스물다섯 살 난 아들이 백인 거주지를 조깅하다가 절도범으로 오인받아 총에 맞아 죽는 바람에 삶이 완전히 망가진 흑인 어머니 등이 그런 사례다. 전쟁은 한 세대 그리고 그다음 세대마저도 유린한다. 인간의 경험은 알 수 없는 것이기에 우리는 인생의 이런저런 시점에서 극심한 고통을 겪게 될 가능성이 높다. 그런 고통이 개인적 비극이든 국가적 위기로 인한 것이든, 그런 사건들을 계기로 우리는 우리 자신과 주변의 세상에 관한 비전을 다시 형성할 수 있다. 프랭클린 루스벨트가 소아마비에 걸리기 직전에는 세상에서 가장 파괴적인 전쟁이 유럽에서 치열하게 계속되고 있었고, 그 결과 2,000만여 명이 죽고 수억 명에 이르는 사람들이 극심한 슬픔에 빠졌다. 제1차 세계대전은 특히 유혈과 폭력이 난무한 악명 높은 전쟁이었다.

한 프랑스 군인은 참호에서 보냈던 시간과 조국으로 돌아오는 힘든 과정에 관해 인상 깊은 글을 남겼다. 예비군 병사로 군에 입대한 앙드레 프리부르Andre Fribourg는 전우가 죽는 모습을 지켜보며 인생에 많은 의문을 품게 되었다. 조국, 전쟁, 전쟁에서 자신이 맡은 역할 그리고 교사로 지냈던 고향으로 돌아가고자 한 목적 등 그 모든 것이 의문의 대상이었다. 자신이 학교에서 가르쳤던 것, 자신이 지키고자 싸웠던 그 모든 것에 의문을 품었고, 더 나아가 자신의 정체성마저도 의심했다.

따라서 프리부르는 예전의 선배들이 그랬던 것처럼 자신의 기억과 생각을 포착하기 위해 글을 썼다. 프리부르는『불타오르는 도가니: 전투원의 신념The Flaming Crucible: The Faith of the Fighting Men』이라는 제목의 책을 펴냈고, 이를 통해 무수한 사람이 겪은 고통과 조국이 견딘 위험, 프랑스를 구해내기 위한 노력을 적극 표현했다. 이 책을 영어로 번역한 작가는 프리부르에 관해 이런 글을 남겼다.

몸은 너덜너덜해지고, 시각·후각·미각은 거의 사라진 상태로 전쟁에서 돌아온 이 교사는 죽은 사람들과 자기 인생의 공허함을 깊이 생각했다. 그것은 참호에서 보내던 끔찍한 낮과 밤보다 한없이 더 슬프고 암울한 시간이었다. 암담함 속에서 그의 영혼은 마음속 침울한 동굴에 갇혀 있었다. 하지만 점차 깨달음이 다가왔다. 그는 처음에 군중이 너무 무관심해 오싹함을 느끼고 충격을 받았지만, 그래도 그들에게 의지하는 법을 배웠다. 그는 불확실한 자신의 걸음을 인도하는 사람들의 상냥한 손길을 느

하버드 리더십 수업

껐고, 온화한 목소리를 들었다. 동굴 벽은 점점 뒤로 물러났고, 그의 심장은 오르간 악기처럼 부풀어 올랐다. 그는 신앙만이 인생의 괴로움을 치유해줄 수 있다는 걸 알았다. 그는 불타오르는 도가니 속에서 새롭게 단련되었다.[117]

프리부르의 이야기는 전쟁에 관한 것이지만, 다른 많은 사람이 그와 비슷한 방식으로 자신의 개인적 역경에 관해 이야기했다. 브라질 작가이자 슈워브 재단 이사진에서 내 동료이기도 한 파울로 코엘료Paulo Coelho는 10대 시절 보호 시설로 보내졌는데, 부모님이 작가가 되겠다는 그의 열망을 증오했기 때문이었다. 그는 작가 대신에 작사가가 되었지만, 브라질 정부를 비판하는 가사를 쓰는 바람에 체포되었다. 감옥에서 석방되고 나서 코엘료는 작가가 되었고, 이후 80개가 넘는 언어로 번역된 수십 권의 책을 펴냈다.[118] 그는 자신이 버텨낸 인생의 획기적 순간에 관해 이렇게 말했다. "우리가 전혀 예측하지 못할 때 삶은 우리의 용기와 기꺼이 변화하려는 마음을 시험하는 도전을 걸어온다. 그런 순간에 아무 일도 벌어지지 않은 척하거나 아직 준비가 되지 않았다고 말하는 건 아무 소용이 없다. 도전은 당신을 기다려주지 않는다. 인생은 되돌아보지 않는다."[119]

미국의 가장 훌륭한 작가 겸 시인도 오래 지속된 비슷한 고통과 의문에 대해 같은 목소리를 냈다. 마야 안젤루Maya Angelou는 무수한 어려움을 겪었는데, 그중에는 인종차별주의자의 증오심과, 당시에는 아무도 드러내놓고 말하지 않았던 성폭행 피해 트라우마가 있었다. 그녀의 강인한 정신은 그런 시련에 당당히 맞섰고, 그녀의 문장에는 프랭클린 루스벨트의 강인함이 깃들어 있었다. 그녀는 이렇게 썼다. "당신에게 벌어진 일을 모두 통제하기는 어렵지만, 그런 일에 압도되지 않도록 결정할 수 있는 것은 바로 당신 자신이다."[120]

시련의 힘

나의 친애하는 벗인 워런 베니스와 그의 동료 로버트 J. 토머스Robert J. Thomas는 리더십 연구에서 시련의 중요성을 널리 알렸다. 그리하여 이제 그 중요성은 시련과 승리에 관한 이야기들에서 빈번히, 심지어 무분별하게 강조되기까지 한다. 2002년 『하버드비즈니스리뷰』에서 그들은 이런 질문을 던졌다. "어떤 사람들은 자신감과 성실함, 노력이 그들에게 자연스럽게 주어진 것처럼 보인다. 그에 반해 그들만큼 비전도 있고 똑똑한데도 거듭 실패하는 사람들이 있다. 이유가 무엇일까?"[121]

40명이 넘는 최고경영자와 공인을 인터뷰한 뒤 그들이 내놓은 답은 이러하다. 성공한 리더들은 극단적인 물리적 혹은 정신적 도전, 즉 시련의 도가니를 맞았을 때 잘 대처해냈다는 것이다. 그들은 이렇게 썼다. "진정한 리더십에 관해 가장 믿을 만한 지표 혹은 예측 변수 중 하나는 부정적인 사건에서 의미를 찾고, 가장 괴로운 환경에서조차 배우려고 하는 개인의 능력이다. 달리 표현하자면, 역경을 극복하고 이전보다 더욱 강한 모습으로 되돌아오며 어느 때보다 더 열성적으로 일에 매달리는 것, 바로 이것이 비범한 리더가 되기 위해 필요한 기술이다."[122] 그들이 인터뷰한 사람들은 모두 인생의 여정 중 어딘가에서 가혹한 도전에 직면했고, 그것이 자신을 변화시켰다고 말했다.

실제로 리더의 여정과 밀접하게 관련된 영웅의 여정은 지난 3,000년 넘게 이어진 서양 신화의 핵심이다. 가령 호메로스의 오디세우스 이야기는 원초적인 시련의 이야기로 전혀 손색이 없다. 오디세우스는 트로이 전쟁에서 그리스가 여러 차례 승리하는 데 중추적 역할을 했으며, 그리스 최고의 전사 아킬레우스를 선발하고 트로이 목마라는 묘수를 고안해 성공리에 트로이에 침입해 그리스가 승전을 거두게 했다.

하지만 오래 떠나 있던 고국으로 돌아오는 과정은 오디세우스에게 무척 낯설고 힘든 시련의 연속이었다. 강풍 때문에 항로를 벗어난 그와 부하들은 키콘족에게 붙잡혀 외눈박이 거인 사이클롭스를 물리쳐야 했다. 이후로는 자만심이 그에게 좌절을 안겼다. 승리를 과하게 자랑하다가 해신 포세이돈의 분노를 샀고, 그 결과 오디세우스와 부하들은 위험한 바다에서 떠돌게 되었다. 모험에 모험이 계속이어졌고 오디세우스는 바다에서 7년을 넘게 보내야 했다. 마침내고향인 이타카섬으로 돌아온 그는 또 다른 도전을 마주한다. 남편을 참을성 있게 기다려왔던 아내 페넬로페는 이제 막 재혼하려던 참이었고, 구혼자들이 경쟁하고 있었다. 변장한 오디세우스는 아내를 괴롭히던 구혼자들을 물리치고 마침내 가족과 재결합해 왕좌로 돌아왔다. 『일리아스』가 피비린내 나는 전쟁과 오만의 이야기라면, 그와 대조적으로 『오디세이아』는 모험의 이야기로, 수천 년 동안 커다란 역경을 극복하고자 분투하는 리더들에게 영감을 주었다.

100년 전 프로이트와 융의 시대 이후로 심리학자들은 리더의 외적 투쟁뿐만 아니라 내적·정서적 투쟁에도 집중해왔다. 20세기 초 심리학자 겸 철학자인 윌리엄 제임스는 개인적 위기에서 형성되는 리더십에 관해 자신의 책『종교적 경험의 다양성』에서 이런 유명한 글을 남겼다. "정서적인 일, 특히 난폭한 사건은 아주 강력하게 정신적 구조 조정을 촉발시킨다."[123] 제임스는 그런 변화를 겪는 개인을 묘사하기 위해 "다시 태어나다"라는 문구를 제시했다. 그는 두 번 태어나는 사람들이 "불가능한 걸 가능하게 하는 영웅적 수준에 도달할 수 있고 새로운 활력과 인내력을 보여준다"라고 생각했다.[124] 다시 태어남이야말로 바로 프랭클린 루스벨트의 생애 후반을 묘사하는 말이 아닌가?

물론 시련의 도가니는 여러 다양한 방식으로 리더의 삶을 무너뜨린다. 오프라 윈프리Oprah Winfrey가 그랬던 것처럼 어린 시절 겪은 트라우마는 성인이 되어서도 사라지지 않고 여전히 뇌리에 박혀 있다. 로버트 케네디Robert Kennedy처럼 사랑하는 사람이 갑작스럽게 비극적인 암살을 당하기도 한다. 혹은 느닷없이 남편을 잃은 셰릴 샌드버그Sheryl Sandberg*처럼 무고한 이유로 상실의 고통을 겪기도 하고, 소저너 트루스Sojourner Truth,** 셜리 치점Shirley Chisholm,*** 간디가 겪었던 것처럼 추하고 암울한 인종적 편견의 고통에 시달리기도 한다. 넬슨

---

*　미국의 기업인이자 메타(前 페이스북)의 최고운영책임자.
**　미국의 흑인 여성 해방운동가.
***　미국 최초의 흑인 여성 하원 의원.

　　　　　　　　　　　　하버드 리더십 수업

만델라, 존 매케인, 디트리히 본회퍼Dietrich Bonhoeffer* 그리고 다른 전쟁 포로들처럼 길고 외로우면서도 충격적인 구금 생활을 하기도 한다. 출산한 후에 거의 죽을 뻔했던 세리나 윌리엄스Serena Williams**처럼 죽을 고비를 넘기기도 한다.

앞서 언급했지만, 시련의 도가니를 겪은 현대에서 가장 잘 알려진 인물은 파키스탄의 말랄라다. 말랄라의 아버지는 딸에게 아주 어릴 때부터 배움의 즐거움을 천천히 알려주었다. 스와트 계곡에서 학교를 운영하는 아버지를 지켜본 말랄라 유사프자이는 교육에 일찍부터 흥미를 보였고, 심지어 말을 할 수 있게 되기 전부터 아버지의 교실에 들어가 교사들을 흉내 냈다. 탈레반이 파키스탄 북부를 통제하기 시작하면서 춤과 텔레비전이 금지되었다. 하지만 말랄라와 그녀의 가족에게 가장 충격적이었던 것은 여학생의 통학을 금지한 조치였다. 소녀들 대부분의 배움을 끝장내버리는 파괴적인 조치였다. 말랄라는 그런 사태 속에서도 단념하지 않고 오히려 여성 교육을 위한 캠페인을 시작했다. 그녀는 BBC의 우르두어 방송에 나와 "어떻게 탈레반이 교육을 받을 내 기본권을 빼앗을 수 있죠?"라고 물었다.[125] 첫 블로그 게시물을 온라인에 올렸을 때 그녀는 고작 열한 살이었다. 많은 사람이 기본권을 박탈당한 것 자체로 그녀에게 시련의 도가니가 시작되었다고 생각했다. 하지만 말랄라는 탈레반 치하에서 교육을 계속 받으면서 여성의 교육권을 옹호하는 일에서 도덕적 목

---

* 독일의 신학자.
** 미국의 테니스 선수.

적을 찾았고, 자신이 고난을 딛고 일어설 수 있음을 증명했다.

말랄라는 회복하기 훨씬 더 어려운 또 다른 시련의 도가니를 견뎌내야 했다. 프롤로그에서 언급했듯이, 탈레반 전사들은 통학 버스를 세우고 말랄라가 누구인지 묻고는 그녀의 얼굴에 총격을 세 번 가했다. 여성의 교육권을 옹호하려는 노력이 그녀의 목숨을 위협한 것이다. 그녀는 잉글랜드 버밍엄에서 몇 주 동안 수술과 치료를 받고 혼수상태에서 가까스로 깨어났다. 다행스럽게도 그녀는 총상을 입었음에도 살아남을 수 있었다. 충분히 회복해 학교로 돌아왔을 때 그녀는 가만히 있지 않았다. 오히려 여성 교육권 옹호를 위한 노력에 더욱 힘썼으며, 활동의 폭을 국제적으로 확장해 전 세계 여성 교육권이라는 대의를 옹호하고 나섰다. 말랄라의 전기로 그녀가 펼쳤던 여성 교육권 옹호를 위한 노력과 이후 그녀에게 가해진 공격이 상세히 알려졌고, 그녀는 국제적인 찬사를 받았다. 2014년 열일곱 살의 나이에 그녀는 최연소 노벨 평화상 수상자가 되었다. 오늘날 탈레반과 다른 이슬람 군사 집단들의 영향력이 커지면서 말랄라는 파키스탄에서 더욱 삼엄한 감시를 받고 있다. 지방 경찰은 그녀의 이야기를 담은 책을 단속하기 위해 서점과 학교를 불시에 검문하는 소동을 벌였다.

말랄라에게 고난은 파도처럼 밀려왔다. 탈레반의 압제적인 통치를 마주했고, 여성이라는 이유만으로 교육에 대한 열정은 가로막혔다. 과거의 많은 여성과 유색인종이 그랬듯이, 그녀 또한 태어난 환경이 극단적 형태의 역경을 만들어낸다는 사실을 깨달았다. 이어 그녀는 언제 죽을지 모르는 위험한 상황에까지 직면했으나 거기에 굴하지 않고 이전보다 더 강한 모습으로 되돌아왔다. 리더라고 해서 이러한 경험을 반드시 겪어야 하는 것은 아니다. 그러나 역경을 겪은 리더는 그 경험으로 인해 앞으로 나아갈 여행길이 완전히 바뀐다. 나는 개인적으로 인격을 형성하는 상실이나 갈등을 겪었지만, 인격을 송두리째 바꾸어놓을 만큼의 변화는 아직 겪지 못했다.

시련이 남긴 흔적은 완전히 사라지는 법이 없다. 설혹 장애물을 극복했다고 하더라도, 또 빠르게 회복해 결국 그 경험 덕분에 성장했다고 하더라도 시련의 도가니에 관한 기억은 수십 년 혹은 평생 리더에게 자기불신과 의심의 그늘을 드리울 수 있다. 엘리너 루스벨트를 보라. 그녀는 딸의 행복에 무관심했던 부모 밑에서 자랐고, 부모는 종종 그녀를 불안정하고 외로운 상태로 내버려두었다. 먼 친척인 프랭클린과 결혼한 뒤 그녀는 전업주부가 되어 다섯 자녀를 키웠는데, 어느 날 날벼락 같은 일이 벌어졌다. 당시 워싱턴에서 고위 공무원으로 근무하던 프랭클린이 유럽 출장을 마치고 귀가했고, 심하게 앓고 있던 그를 대신해 엘리너가 그의 여행가방을 풀어 정리했다. 그러다가 그녀는 가방 안에서 자신의 비서인 루시 머서Lucy Mercer와 남편 사이에 오간 열렬한 연애편지 뭉치를 발견했다. 남편의 부정을 알게 된 엘리너는 오랜 세월 고통스러웠지만 결국 더욱 강한 모습으로 일어섰고, 탄압받는 사람들의 옹호자가 되었다. 그녀가 시련의 도가니를 겪지 않았더라면 이런 불우한 사람들을 절대 만나지 못했을 것이다. 프랭클린 사후 몇십 년 동안 그녀는 미국에서 가장 존경받는 여성이 되었다. 엘리너는 남편을 용서했지만 절대 잊지는 않았다. 그녀가 사망한 뒤 침대 옆에서 한 편의 시가 발견되었는데,

그 여백에는 "1918년"이라고 적혀 있었다.[126] 루시 머서와 주고받은
프랭클린의 연애편지들을 발견한 그해였다. 그녀가 남긴 시는 버지
니아 무어Virginia Moore의 〈영혼Psyche〉이었다.

믿었으나 기만당한 영혼은

한동안 아무것도 생각하지 않았다

모든 생각은 상스럽다.

태양은 무언의 설득이며

봄과 가을에 희망은

가장 자연스럽기에

영혼은 점점 차분하고 온화해진다

작은 아이는

죽음보다는 숨을 들이쉬는 것이 더

낫다는 것을 발견한다…

믿었으나 기만당한 영혼은

이전 그 어느 때보다

더 많이 믿는 것으로 끝을 맺는다.[127]

　　　　　　　　　　하버드 리더십 수업

5장

회복력의 비결

왜 몇몇 대중 지도자는 시련의 도가니에 직면했을 때 무너지고, 반면에 오디세우스, 프랭클린 루스벨트, 말랄라 유사프자이 같은 리더는 성공적으로 그것과 맞붙어 싸우고 심지어 성상하기까지 할까? 긍정 심리학의 아버지 마틴 E. P. 셀리그먼Martin E. P. Seligman과 그의 동료들은 극심한 역경에 대한 인간 반응을 종 모양의 곡선을 따라서 3개의 영역으로 나누어 분류할 수 있다는 사실을 연구를 통해 알아냈다.

스펙트럼의 한쪽 끝은 절망에 빠진 사람들로, 극단적인 트라우마를 경험한 사람들에게 이런 반응은 무척 당연하다. 회복하는 데 필요한 도움을 받지 못하면 그들의 절망은 불안, 우울, 마약, 외상 후 스트레스 장애, 자살 등으로 발전한다. 그들은 셀리그먼과 동료들이 '학습된 무기력learned helplessness'이라고 한 것, 즉 삶의 질곡에 갇혀서 도저히 벗어날 수 없을 것 같다는 느낌으로 고통받는다. 다행스럽게

하버드 리더십 수업

도 이 집단에 속한 사람은 소수이며, 이들이 전문가와 가족 네트워크로부터 도움을 받아 좋은 결과를 향해 나아가는 사례가 점점 늘어나고 있다.

스펙트럼 중간에 있고 가장 큰 비중을 차지하는 두 번째 집단은 처음에는 우울증에 빠지고 극심한 스트레스를 받지만, 일정 기간이 흐른 뒤에는 회복해 원래대로 돌아오기 시작한다. 우리는 이런 경우를 회복력이 있다고 말한다.

스펙트럼의 또 다른 끝에는 셀리그먼의 말에 따르면 "외상 후 성장이라는 현상을 보여주는 많은 사람"이 있다.[128] 이들은 보통 정신적 외상—심지어 여러 형태의 외상 후 스트레스—의 여파로 힘든 시기를 거치지만, 1년 정도 지나면 "신체·정신적으로 전보다 더 강해진다".[129] 이들은 니체가 말한바, "날 죽이지 못하면 그것으로 난 더 강해진다"를 보여주는 사람들이다.[130]

미국 육군은 회복력이 있고 도전적인 경험을 통해 성장할 수 있는 장교와 부사관을 양성하는 일이 중요하다고 보았다. 그래서 셀리그먼과 협업해 이를 위한 특별 훈련을 만들었다. 그 결과 수천 명이 그 훈련 과정에 열성적으로 지원했다.[131]

해병대도 그 훈련 과정에 주목했다. 1990년대 중반에는 모든 군이 신병 모집을 위해 애쓰고 있었다.[132] 육군과 해군, 공군은 복무 기간을 줄이는 등 신병의 생활을 더욱 편안하게 해주기로 결정한 반면에 해병대는 신병의 생활을 훨씬 더 힘들게 하기로 결정했다. 그들은 해병대답게 지옥 같은 마지막 한 주의 훈련을 "시련의 도가니"라는 이름으로 부르며 시행했다.[133]

해병대는 신병에게 6시간 수면을 취하고 한차례 식사하게 한 뒤, 분대 단위로 식사와 수면 없이 54시간을 견디게 하고, 72.5킬로미터 정도의 행군을 시킨다. 그렇게 신체·정신·도덕적 시련을 견디는 훈련을 자랑스럽게 여기는 것이다. 시련의 도가니에서 마지막 언덕을 오르며 훈련병은 비로소 해병대원이 된다.[134] 각 군의 신병 모집 결과는 그 후 어떻게 되었을까? 육군, 해군, 공군은 계속 지원이 줄어들었지만 해병대는 지원이 급등했다.[135] 25년 뒤 시련의 도가니는 여전히 해병대원의 정체성을 규정하는 경험으로 여겨진다. 상당히 많은 젊은이가 끈끈한 유대와 삶에 목적을 제공하는, 큰 용기가 필요한 경험을 강하게 원하고 있다. 그것이 바로 그들이 해병대에 지원하는 이유다.

점점 더 혼란스럽고 위험해지는 세상을 고려하면 부모가 자식을 보호하려고 애쓰는 것은 그리 놀라운 일이 아니다. 그렇기는 해도 나는 종종 우리가 청년들에게 더 많은 용기를 갖게 하고, 또 편안한 환경을 넘어 더 많은 경험을 하도록 권해야 한다고 생각한다. 내 수업을 들었던 20대 초중반의 많은 해병대원은 엄청난 자기수양, 정신적 강건함, 대단한 회복력을 보여주며 그 힘든 군사적 경험을 헤쳐나왔다.

내 어머니는 생애 만년에 내가 앞으로 인생의 여정을 헤쳐나갈 수 있도록 커다란 도움을 주셨다. 어머니는 내가 오랫동안 죽음에 대한 두려움을 품어왔다는 사실을 알고 있었다. 하지만 나는 죽음에 관해 말하고, 읽고, 생각하고 싶지 않았다. 그래서 어머니는 내게 죽는 법을 가르쳐주셨다. 어머니는 자신이 쇠약해지는 모습을 전혀 숨기지 않으셨다. 나는 모든 겁나는 순간을 봤다. 어머니가 숨을 거두실 때 임종을 지키며 손을 잡아드렸다. 어머니는 죽음의 독침을 느끼지 않고 우아하고 위엄 있게 죽음을 맞이하셨다. 아름답고 존경스러운 순간이었다. 같은 날, 그러니까 봄의 첫날 증손자가 태어났는데, 그 소식은 내게 삶의 순환을 깨닫게 했다. 신의 은총으로 문이 하나 닫히면 또 다른 문이 열리는 것이다. 나는 더 이상 예전처럼 죽음에 두려움을 느끼지 않는다. 나는 더 강인해진 것이다.

이제 우리는 리더가 극심한 역경을 맞이해 취약해지는 상황을 더 잘 이해하게 되었다. 우리는 불안정하고 자아도취적인 사람이 결국 실패한다는 것을 안다. 과도한 야망, 인격 결여, 비겁함 혹은 나태한 무능을 보이는 사람도 마찬가지로 실패한다. 누구도 그런 사람과 같은 참호에 있고 싶어하지 않는다.

그렇다면 대중 지도자의 회복력을 강화하고 개인적인 성장을 이루도록 격려하는 가장 중요한 특성은 무엇일까? 내가 알아본 바에 따르면, 어떤 조사나 연구도 확실한 결론을 내리지 못했다. 하지만 우리는 개인적 경험은 물론이고 역사, 사회과학 그리고 철학에서 여러 중요한 교훈을 도출할 수 있다. 나는 네 명의 대통령을 보좌하고 20년 넘게 강단에 서며 현장에서 느낀 것이 있다. 리더의 가장 근본적인 소양은 인격, 진실성, 용기다. 하지만 리더가 회복력을 보이며 시련의 도가니를 무사히 거치려면 쾌활한 기질, 적응력, 강인함, 견인주의라는 네 가지 중요한 자질이 추가로 필요하다.

쾌활한 기질

1933년 대통령에 취임하고 얼마 지나지 않아 프랭클린 루스벨트는 아흔 살 생일을 맞이한 대법관 올리버 웬들 홈스 주니어를 만났다. 두 사람은 한 시간 동안 이야기를 나눴고, 루스벨트가 떠난 뒤 홈스는 동료에게 이렇게 말했다. "지성은 2류지만 기질은 1류다."[136] 홈스의 평가는 정확했다. 루스벨트는 공직 생활에서 가장 지적인 사람은 아니었고, 소아마비에 걸리기 전에는 유별날 정도로 가문의 보호를 받았다. 하지만 우리가 앞서 살핀 것처럼 그는 쾌활한 기질을 지녔고 그 덕분에 자신의 고통을 넓은 마음과 내면의 확신으로 다스릴 수 있었다. 그는 소아마비에서 완쾌되지는 못했지만, 자신의 삶에서 새로운 이야기를 써냈다. 그것은 그 자신을 변화시켰을 뿐만 아니라 마침내 그를 대통령 자리에 오르게 했다.

　나는 낙관적이고 긍정적인 전망이 레이건 대통령을 얼마나 크게 도왔는지 직접 목격했다. 그 덕분에 그는 암살자의 공격에 거의 죽을 뻔했으나 살아남았고, 그 후에는 더욱 큰 활약을 보였다. 기퍼The Gipper*는 자신이 맡은 대통령직의 존엄을 믿었고, 그런 자세를 조금도 흐트리지 않았다. 나는 1981년 대통령이 피격당한 운명적인 오후에 백악관 웨스트 윙**에 있었다. 그를 태운 차가 급히 병원에 도

---

*　레이건이 1940년 연기했던 미식축구 선수 조지 깁George Gipp의 이름을 따서 지어진 별명. 선거 슬로건으로도 활용했다.

**　백악관 중앙 관저를 중심으로 서쪽에 위치한 건물로, 대통령 집무실과 비서진의 사무실 등이 있다.

착했고, 그는 승용차의 맨 뒤쪽에서 하차했다. 그는 땅에 내려서서 조심스럽게 신사복 상의의 단추를 잠그고 차 주위를 돌아서 병원 문 앞까지 걸어갔다. 대기 중이던 의사들 앞에 도착한 그는 카메라를 든 기자들이 나가자 그제서야 비로소 의사들의 품속으로 쓰러졌다. 그는 그렇게 행동해야 한다는 것을 알았다. 미국 대통령으로서 국민에게 나약한 모습을 보이고 싶지 않았던 것이다.

몇 달 뒤 참석한 회의에서 나는 늘 낙관적인 레이건의 모습을 직접 볼 수 있었다. 그는 온갖 재미있는 이야기를 해줬는데, 특히 크리스마스 아침을 맞이한 두 어린 형제의 이야기를 좋아했다. 형제 중하나는 불평이 많은 울적한 아이였다. 부모가 선물로 새 자전거를 보여주자 아이는 울음을 터뜨렸다. 아이는 부모에게 자신은 곧 사고를 당할 거라고 확신하며, 그렇게 되면 자전거는 폐기 처분될 것이고, 자신은 가슴이 아플 거라고 말했다. 실망한 부모는 다른 낙관적인 아이를 선물이 있는 다른 방으로 데려갔다. 문을 열자 아이의 눈에 보이는 건 가득 쌓인 폐지 더미뿐이었다. 그러자 아이는 격양된 웃음을 터뜨리며 폐지 더미를 뒤지면서 "여기 어딘가에 조랑말이 숨어 있을 거야!"라고 소리쳤다. 나는 레이건 대통령의 기질을 100퍼센트 다 안다고 말하지는 못하겠다. 그러나 대통령이 그 쾌활한 기질 덕분에 시련의 도가니에서 회복한 후 더욱 크게 활약할 수 있었다고 생각한다.

적응력

미국 역사에서 밀레니얼 세대와 Z세대 이상으로 더 집단적인 시련의 도가니를 겪은 다른 세대는 아마 없을 것이다. 프롤로그에서 언급한 바와 같이, 지난 20년만 따져봐도 그들이 겪은 시련은 만만치 않다. 우리 영토에 테러리스트가 가한 끔찍한 공격, 대공황 이후 가장 급격한 두 번의 경기 후퇴, 수십만 미국인이 사망하고 지구 전체에 더욱 큰 위협이 되고 있는 세계적인 유행병 등을 모두 겪은 것이다. MZ세대 다수가 대학을 졸업했으나 학자금 융자로 큰 빚을 지고 또 구직 전망도 불확실한 상태다.

이처럼 변덕스럽고 혼란스러운 세상에서 적응하는 능력은 필수적인 자질이 되었다. 베니스와 토머스가 말한 것처럼 "환경을 이해하고 기회를 인식·포착하는 능력을 포함하는 적응력은 리더에게 필수적인 사항이다".[137] 두 사람은 유명한 '그랜트 연구'를 수행하며 발달 단계의 분석에 평생 헌신한 하버드 대학교의 정신과 의사 조지 베일런트George Vaillant의 저술을 인용한다. 그의 첫 저작인 『성공적인 삶의 심리학』은 가장 성공적으로 나이 든 사람들이 훌륭한 적응력을 보이며, 계속 새로운 것을 배우려 하고, 과거에 얽매이는 일 없이 낙관적이고 열정적인 모습으로 앞날을 기대했다고 썼다.[138]

아이다 B. 웰스Ida B. Wells의 삶은 많은 측면에서 적응력을 잘 보여주는 멋진 이야기다. 1862년 미시시피주에서 노예로 태어난 그녀는 어린 시절 남북전쟁이 끝난 뒤 부모님과 함께 남부에서 생계를 꾸리며 힘들게 살아갔다.

하지만 곧 불운이 닥쳤다. 웰스의 부모님이 황열병으로 세상을 떠난 것이었다. 아이다는 장녀였고 당시 겨우 열여섯 살이었다. 그녀가 다니던 교회 공동체는 아이들을 맡아 길러줄 가정을 찾는 것이 최선의 조치라고 판단했다. 하지만 아이다는 그것을 거부했다. 그녀는 입양 계획을 제안하는 사람들에게 말했다. "자식들이 뿔뿔이 흩어졌다는 걸 알면 지하의 부모님이 돌아누우실 거예요."[139] 그녀는 아이들을 따로 떼어놓으려는 거듭된 노력에 계속 저항했다. 이내 그녀는 교사가 되어 가족 모두가 먹고살 수 있는 집을 마련했다.

한 저널리스트의 말을 빌리자면, 바로 그 높은 적응력이 웰스가 "시민권 운동의 저평가된 영웅"으로 등장하도록 도왔다.[140] 실제로 그녀가 한 가장 훌륭한 일은 그녀가 망설임이나 두려움 없이 기꺼이 진로를 변경했기 때문에 시작될 수 있었다. 1880년대에 웰스는 고향인 멤피스로 돌아가 『자유언론Free Speech』이라는 신문사를 운영했다. 그녀는 미국 흑인의 권리를 옹호했고, 그들에게 가해지는 백인의 폭력을 조사해 보도했다. 1892년 백인들이 세 명의 흑인 남성을 린치한 사건이 발생했다. 린치를 당한 사람 중 하나는 멤피스 흑인 공동체의 대표였던 식료품점 주인이었고, 그는 웰스와 친한 친구이기도 했다.[141]

웰스는 신문 지면에서 멤피스 흑인 시민들에게 도시를 떠나자고 요청했다. 그녀의 발언은 존중과 지지를 받았고, "수십, 수백 명의" 흑인이 그 후 몇 주 안에 도시를 떠났다.[142] 그녀는 해당 린치가 흑인 남성이 여성을 때렸기 때문에 벌어진 일이라는 백인 가해자들의 변명이 거짓말임을 지적하는 글을 익명의 신문 사설에 실었고, 그로

인해 목숨을 위협당하는 지경에 이르렀다. 그녀가 뉴욕을 여행하던 중에 군중이 『자유언론』의 사무실에 침입해 그곳을 완전 박살내버린 것이다. 그들은 웰스가 익명의 사설을 쓴 사람이라는 사실을 알아내고는 그녀가 멤피스로 돌아오면 죽여버리겠다고 위협했다.

그녀의 경력은 물리적으로 누더기가 되었고, 투자 자본도 사라졌으며, 이제는 목숨마저 위험했다. 실제로 그녀의 친구는 목숨을 잃었다. 하지만 그 순간이 아이다에게 기폭제가 되었다. 그녀는 훗날 이렇게 썼다. "린치의 본질이 무엇인지 내 눈을 뜨게 해준 사건이었다. 그것은 부와 재산을 늘려가는 흑인을 제거해 흑인들을 공포에 떨게 만들려는 것이었다. '깜둥이를 계속 억압하자'가 그들의 생각이었다. 나는 당시 알게 된 모든 린치에 관한 조사를 시작했다. 나는 그 석 달 동안 보고된 모든 강간 사건이 세상에 알려졌을 때만 보도되었다는 놀라운 기록을 우연히 발견했다."[143] 그녀는 린치의 가혹하고 소름 끼치는 진실을 폭로하겠다고 마음먹었고 그 일에 평생 헌신했다.

그녀는 미국 전역을 여행하며 군중에게 자신이 발견한 참상을 전했고, 「남부의 공포Southern Horrors」라는 린치에 관한 조사 보고서를 써내기도 했다. 『뉴욕타임스The New York Times』에 따르면, 그녀가 이런 노력을 펼치면서 개척한 보도 기법은 오늘날 저널리즘에 여전히 중요한 기법으로 남아 있다.[144] 미국에서 가장 뛰어난 웅변가이자 유력한 흑인 운동가인 프레더릭 더글러스Frederick Douglass는 웰스의 업적에 대해 이렇게 말했다. "그 어떠한 말도 설득력에 있어서 그녀의 말에 미치지 못한다. 나도 연설을 하지만, 그녀의 말에 비하면 한참 못 미친다.”[145] 나중에 웰스는 감옥을 찾아가 봉사하는 한편, 전미유색인지 위향상협회와 미국유색인여성협회의 창립을 도왔다.[146] 그녀는 사람들이 관심을 보이기 한참 전에 이미 대규모 투옥의 심각한 문제점을 제기했다. 2022년 통과된 반反린치법은 처음으로 린치를 증오 범죄로 규정한 연방법이었다. 법적으로 획기적인 이정표가 된 이 법은 아이다 웰스가 남긴 중요한 유산 중 일부다.

아이다 B. 웰스에 대해서는 아주 할 말이 많다. 그녀가 보여준 용기, 정의에 헌신하는 모습, 지성 등은 모두 초일류급이다. 그녀에게 능동적으로 또 효과적으로 적응하는 능력이 없었더라면 미국은 확실히 지금보다 덜 공정한 곳이 되었을 것이다. 그녀는 삶에서 마주한 고난을 곱씹으며 불평하기보다 힘든 형편을 최대한 활용하고자 애썼고, 심각한 시련도 잘 활용해 기회로 바꾸고자 했다. 변하는 환경, 슬픈 사건 그리고 예기치 못한 불행은 더 나은 삶을 추구하려는 아이다 웰스를 결코 단념시키지 못했다. 그녀는 어려운 시절을 잘 활용해 사회의 부정의를 널리 알리는 계기로 삼았다. 우리는 아마도 웰스와 그녀의 가족이 당한 곤경을 겪게 될 일이 없겠지만, 예측 불가능한 상황은 얼마든지 맞닥뜨릴 수 있다. 그리고 그런 시련 중 일부는 도저히 극복할 수 없는 것처럼 보이기도 할 것이다. 그러나 우리 중 뛰어난 몇몇은 그런 문제들에 적극적으로 대응해 자기 자신과 자신의 관점을 바꿈으로써 가장 암울한 시기에도 스스로 빛을 뿜어낼 것이다.

강인함

최근 내 동료이자 친구인 하버드 대학교 경영대학원 역사학 교수 낸시 코엔Nancy Koehn은 내게 레이철 카슨Rachel Carson을 다시 소개해줬다. 나는 카슨이 환경 운동가로서 이룬 업적에 관해 알고 있었다. 그녀의 책 『침묵의 봄』은 20세기 가장 중요한 책 중 하나다. 하지만 나는 그녀가 정말 어떤 사람인지, 뉴잉글랜드 사람들이 종종 '강인함hardiness'이라고 부르는 측면에서 표본으로 삼을 만한 사람인지에 대해서는 전혀 몰랐다. 다른 사람들은 강인함을 '끈질김perseverance'이라부른다. 그리고 앤절라 더크워스Angela Duckworth를 위시해 다른 사람들은 강인함을 '투지grit'라는 개념으로 널리 알렸다.[147] 더크워스는 투지를 중요한 하나의 목표를 향한 열정과 뚝심의 결합이라고 규정한다. 그녀의 연구 결과는 다양한 산업 분야에서 높은 성과를 거두는 사람들의 핵심 특징이 바로 투지임을 보여주었다.

강인함이든, 끈질김이든, 투지든 무엇으로 불러도 좋은 그 자질을 레이철 카슨은 풍성하게 지닌 사람이었고, 그 자질은 그녀가 사회에 영향력을 미치는 데 커다란 도움이 되었다. 1960년 그녀는 책을 집필 중이었는데, 당시 미국 농업에서 널리 사용되던 합성 살충제의 위험이 커져가고 있음을 깊이 있게 파헤친 책이었다. 그해 봄 의사들은 세 번째로 그녀의 왼쪽 가슴에서 종양을 제거했다. 그 종양은 무척 '수상해서' 본격적인 유방절제술을 생각해볼 만도 했지만, 무슨 이유에서인지 의사들은 더 이상 치료를 권하지 않았다. 애석하게도 그러한 판단은 지나치게 낙관적이었던 것으로 드러났다. 그 후

하버드 리더십 수업

몇 달 만에 클리블랜드 클리닉에서는 그녀의 암이 전이되는 중이라고 진단을 내렸다.[148]

그러자 레이첼 카슨은 한정된 시간에 맞서 싸우는 경주를 시작했다. 그녀는 쓰던 책을 마저 끝내야만 한다고 생각했지만 완수하지 못할 것을 걱정했다. 게다가 암 때문에 빈번히 극심한 고통에 시달렸다. 낸시 코엔이 쓴 리더십에 관한 책『위기에서 만들어지다Forged in Crisis』에서 지적했던 것처럼, 카슨은 가장 우울한 생각을 가슴 속 깊이 감추고 남에게 알리지 않았다. 그녀는 노트 여백에 이렇게 적었다. "나는 속으로 신음한다. 나는 밤에 일어나 조용하고도 간절하게 메인에 있게 해달라고 빌었다(그녀는 메인주에서 여름을 보내는 걸 좋아했다)."[149] 어떤 날에는 집필이 생산적으로 잘 이뤄졌지만, 곧 난관에 직면했다. 그녀는 한 절친한 친구에게 이렇게 털어놓았다. "너무 전문적이지 않으면서도 살충제의 매우 위험한 영향을 사람들에게 쉽게 이해시키고, 큰 오류 없이 내용을 간단하게 풀어내는 것. 이것이 가장 큰 문제였어."[150]

카슨은 기적적으로 원고 집필을 끝냈지만, 또 다른 장애물과 맞닥뜨렸다. 『뉴요커The New Yorker』에서 세 번에 걸쳐 그녀의 책을 발췌해 게재하자 거센 논란의 불길이 일었다. 지지자들이 몰려와 그녀의 곁을 지켰다. 대법관 윌리엄 O. 더글러스William O. Douglas는 그녀의 책을 "『톰 아저씨의 오두막Uncle Tom's Cabin』 이후 가장 혁명적인 책"이라 평가했다.[151] 반면에 화학 업계는 앞장서서 그녀의 책뿐만 아니라 그녀의 인격까지 비방했다. 화학 업계의 한 거물은 그녀가 공산주의 세력의 앞잡이 역할을 하고 있다고 주장하기까지 했다. 또 다른 거물은 그녀의 사상이 인류를 암흑기*로 돌릴 수 있으며, "해충과 질병이 다시 한번 지구를 차지하게 될 것"이라고 비난했다.[152] 카슨은 중병에 시달리면서도 투쟁을 계속해 정부가 제대로 살충제 단속을 시행할 때까지 버텼다.

죽음이 빠르게 다가오고 있음을 알아챈 그녀는 친한 친구 한 사람과 함께 부스베이 하버Boothbay Harbor**의 항구 길을 따라 마지막 산책을 했다. 그 직후 카슨은 이런 글을 남겼다. "우리는 서로 이제 이 길이 마지막 길이라고 말하면서도 아무런 슬픔을 느끼지 않았다. 생명체가 삶의 주기를 마치는 때가 되면 그런 끝맺음을 자연스러운 것으로 받아들여야 한다. … 그것이 오늘 아침 산책길에서 눈부시게 찬란한 삶의 편린이 내게 가르쳐준 것이었다. 나는 그런 가르침에서 깊은 행복을 얻었다."[153]

낸시 코엔은 "카슨의 인품이 형성되던 시간", 즉 시련의 도가니가 2년 넘게 지속되었으며 "이 길고 느릿한 연소는 그녀가 절망의 벼랑에서 벗어나서 다시 본연의 임무에 헌신하길 거듭 요구했다"라고 썼다.[154] 낸시는 글을 이렇게 끝맺었다.

> "힘들어도 끝까지 버텨내고, 책을 마무리하고, 막대한 영향력을 행사한 그녀의 능력은 중요한 대의에 끊임없이 헌신하는 태도에서 원동력을 얻었다." 조용하고 내성적인 여성인 레이철 카슨은

---

* 서로마 제국 멸망부터 르네상스 이전까지의 중세를 일컫는 말로, 이 시기 학문과 예술이 크게 쇠퇴해 암흑시대라고도 불린다.

** 메인주의 소도시.

오늘날까지 현대 환경 운동의 어머니로 높이 평가되고 있다. 거친 파도에도 아랑곳하지 않고 그녀가 꿋꿋이 자신의 항로를 지킨 것은 오늘날 우리에게 커다란 행운이 되었다.

카슨은 우리에게 이런 것을 가르쳤다. 변화를 일으키는 것이 좀처럼 쉬운 일이 아니지만, 그래도 동요하지 않은 채로 대의에 헌신하는 것이 반드시 필요하다. 역경을 마주했을 때 뛰어난 리더는 굳건히 자신의 목적을 유지하는 사람이다. 일 단위로, 월 단위로, 심지어는 연 단위로 어려움이 찾아오겠지만, 자신의 가치에 다시 헌신하고 착실히 나아갈 수 있게 해주는 힘이 바로 강인함이다.

작고한 하버드 대학교 메모리얼 교회 목사 피터 고메스Peter Gomes는 역경에 관해 교회 신자들에게 이렇게 충고했다. "우리는 역경에 익숙해지고, 그것을 극복하고, 그것과 함께 나아가야 합니다."

견인주의

2000년 전의 그리스인과 로마인은 이제 과학·기술·공학 그리고 다른 많은 분야에서 밀려난 지 오래되었지만, 인생에 관한 그들의 생각은 여전히 오늘날에도 필수적인 지혜의 원천이다. 1990년대 백악관에서 일할 때 나는 클린턴 대통령과 함께 대통령 전용기를 타고 국내 비행을 한 적이 있었다. 탑승하던 중에 대통령은 ABC의 오랜 뉴스 앵커 테드 코펠Ted Koppel이 좌석에 앉은 채 얇은 책에 몰두한 모습을 보았다. "테드, 뭘 그렇게 읽어요?" 대통령이 물었다. "로마 황제 마르쿠스 아우렐리우스가 쓴 『명상록』입니다." 그러자 클린턴이 말했다. "아, 저도 그래요. 사실 1년에 한 번은 읽으려고 하죠." 이에 코펠도 답했다. "저도 마찬가지입니다." 독서로부터, 그리고 넬슨 만델라 같은 리더와의 대화로부터 클린턴은 스토아철학에 대해 알게 되었다. 스토아철학은 공화당이 그를 대통령 자리에서 몰아내려고 할 때 정서·정신적 균형을 유지하는 유용한 방법이 되어주었다. 만델라는 클린턴에게 적이 그의 정서·정신적 균형 상태에서 우위에 있게 내버려둬서는 안 된다고 조언했다.

독서 습관에서 내가 그들과 견줄 만하다고 말하긴 힘들겠지만, 나역시 나이가 들면서 청년 시절에 더 부지런히 고대 그리스·로마의 지식을 공부했더라면 어땠을까 하는 바람을 갖게 되었다. 고대 철학자들은 실용적인 사람들로, 지혜와 올바른 삶을 추구하면서 자신의 지지자들과 자주 만났다. 미국 건국의 아버지들은 그들이 남긴 책과 대화록에 심대한 영향을 받았고, 로마 철학자들과 스토아학파에 깊이 매혹되었다. 역사학자 포레스트 맥도널드Forrest McDonald에 따르면, 건국의 아버지들은 세계 최강의 군대인 영국군을 기적처럼 물리친 것만으로 만족하지 않았고, 곧이어 이전에는 아무도 성공하지 못했던, 오래 지속하는 공화국 정치 체제를 만드는 작업에 나섰다. 그런 목표를 세운 건국의 아버지들에게 플라톤과 아리스토텔레스 같은 아테네 철학자는 실용성이 별로 없었다.[155] 심지어 로크와 몽테스키외 같은 철학자들조차도 성에 차지 않았다.

그리하여 건국의 아버지들은 과거 스토아학파의 철학에서 앞으로 나아갈 길과 희망을 보았다. 세네카, 키케로, 에픽테토스 그리고 마르쿠스 아우렐리우스 같은 철학자와 정치인은 미국 사람들에게 굉장히 매력적인 생활 방식과 리더십을 가르쳐주었다. 스토아학파는 사람들을 움직이게 하는 원칙이 공적 미덕이라고 주장했다. 맥도널드는 이렇게 썼다. "그 미덕은 공공복리를 위해 이타적이고, 전면적이며, 고결한 헌신을 바치는 것이다."[156] 그런 공적 미덕이 독립전쟁 중에 유행했고, 많은 사람이 독립이라는 대의를 위해 기꺼이 큰 희생을 치렀다. 하지만 평시에는 사람들이 각자의 열정에 이끌릴 것이고, 공직자들은 야심과 권력, 즉 '권력욕과 금전욕'을 향한 열정에 휘둘릴 것이라는 우려가 있었다. 역사적으로 스토아학파는 자유와 독립뿐만 아니라 자제력, 엄격한 극기, 열정의 포기, 역경에 굴하지 않는 당당한 태도 그리고 명예를 향한 확고한 헌신 등을 강조했다.

베트남전쟁 중에 포로가 되었던 제임스 스톡데일James Stockdale의 이야기는 우리 시대에 스토아철학에 대한 관심과 환영을 다시 불러일으켰다. 포로수용소에 갇히기 전에 스톡데일은 20년 동안 미국 전투기 조종사로 지냈고, 30대 후반이 될 때까지 조종석을 벗어나는 일이 거의 없었다. 그 무렵 그는 국가 안보에 특화된 스탠퍼드 대학교 후버 기관의 석사과정에 등록했다. 그는 국방부에서 전략 설계자로 경력을 쌓을 준비를 하고 있었다. 하지만 곧 수업이 지루하다고 생각했고, 워싱턴에서 서류를 보는 관리 업무가 자신의 적성에 맞지 않는다고 판단했다. 그러던 어느 날 그는 우연히 스탠퍼드 대학교의 철학과 사무실에 들렀고, 거기서 인문사회과학대 학장인 필 라인랜더Phil Rhinelander를 마주쳤다.[157] 그 우연한 만남 덕분에 그는 새로운 세상에 눈뜨게 되었다.

스톡데일은 몇 년 뒤 『포화 속 용기: 인간 행동 실험실에서 에픽테토스 가르침의 실천Courage Under Fire: Testing Epictetus's Doctrines in a Laboratory of Human Behavior』이라는 아주 감동적인 글을 썼다.[158] 40쪽가량의 에세이인데, 인터넷에서 쉽게 찾을 수 있다. 장차 리더가 되려는 사람이라면 누구든 이 글을 한번 읽어보길 권한다. 소아시아에서 노예로 태어난 에픽테토스는 열다섯 살이던 서기 50년에 사슬에 묶여 로마로 압송되었다. 로마인들에게서 난폭한 취급을 받은 그는 한쪽 다리를 못 쓰게 되었고, '불구자'로 노예 경매시장에 나왔다. 다행스럽게도 그의 호기심과 불굴의 정신에 감탄한 어떤 로마인이 그를 사 갔다. 이런 호의 덕분에 에픽테토스는 결국 일가를 이룬 스토아학파 철학자로 인정받게 되었다.

스톡데일은 에픽테토스를 연구하고 이런 결론을 내렸다. "스토아 철학은 현대의 부정적인 사람들이 추측하는 것 이상으로 실용적이라 판명된 고귀한 철학이다. … 스토아학파는 신체의 손상을 하찮게 보는데, 이것은 결코 허풍이 아니다. 그들은 동포와 신에 대한 의무를 이행하지 못했음을 진심으로 깨달았을 때 훌륭한 사람이 품게 되는 수치심의 고통은 육체적 고통과는 비교가 안 된다고 말한다."[159] 소수의 사람만이 잘 단련된 사고와 용맹한 행동을 요구하는 스토아학파의 기준을 받아들인다. 스톡데일은 윌 듀랜트Will Durant의 『그리스의 삶Life of Greece』을 인용해 이렇게 말했다. "그런 소수가 어디에서나 용기, 숭고함, 선의를 지닌 최고의 인재들이다."[160]

스톡데일은 곧 이러한 생각을 행동으로 실천해야 하는 엄격한 시험, 즉 시련의 장을 맞이했다. 스탠퍼드 대학교에서 현역 군인으로 돌아온 그는 베트남 근처 해역에서 세 척의 항공모함에서 근무했다. 근무마다 그는 에픽테토스의 저술을 지참했으며 침대맡에 두었다. 1965년 9월 9일에 벌어진 일에 관해 그는 이렇게 적었다. "나는 작은 스카이호크 한재 전투기를 타고 500노트의 속도로 저공으로 적의 대공포 위를 날고 있었다. 그러다 갑작스럽게 기체에 불이 붙어 비행기를 조종할 수 없게 되었다. … 비상 탈출 이후 나는 30초 정도 마지막 유언을 할 수 있었고 그 직후 바로 앞에 있던 작은 마을의 큰 길에 떨어졌다. 그때 나는 자신에게 이렇게 속삭였다. '앞으로 최소 5년은 선진 기술의 세상을 떠나 에픽테토스의 세상으로 들어서는구나.' 에픽테토스는 제자들에게 '다른 사람의 희생자라는 건 있을 수 없다. 너희는 너희 자신의 희생자가 될 수 있을 뿐이다. 모든 게 너희가 어떻게 마음을 단련시키느냐에 달렸다'라고 했다."[161]

적에게 포로로 잡히자 스톡데일은—그의 감방에서 두 칸 떨어진 곳에 투옥된 적이 있는 전쟁 포로 존 매케인과 마찬가지로—베트남 군인들에게 상상도 할 수 없는 잔혹하고 고달픈 대우를 받았다. 그는 하노이 힐튼에서 8년간 붙잡혀 있었다. 그곳에서 열다섯 번 고문당하고 족쇄를 찬 채로 독방에 감금되었다. 게다가 스톡데일은 전쟁 포로 중 최고위 장교였으므로, 한국전쟁부터 시행된 군사 규칙에 의해 대략 50명에서 400명으로 늘어난 동료 포로들의 대표 역할도 맡았다.[162]

포로 생활을 하던 내내 그는 스토아학파 철학자가 늘 마음에 두 개의 문서를 간직한다는 것을 기억했다. 한 가지는 자신에게 달려 있고 자신의 힘이 미치는 일에 관한 것이고, 다른 한 가지는 자신에게 달려 있지 않고 자신의 힘이 못 미치는 일에 관한 것이었다. 힘이 못 미치는 곳에 있는 일에 관심을 보이면 사람은 궁극적으로 두려움과 죄책감이 가득한 삶을 살게 된다. 당신은 그런 일을 놓아버리고 당신이 힘을 발휘할 수 있는 일에만 관심을 기울여야 한다. 격추되었을 때 그는 자신이 더는 공군 비행단 단장으로서 미국인 동포를 책임지는 사람이 아니며, 적 간수들의 눈에는 범죄자이자 경멸의 대상으로 보일 뿐이라고 생각했다. 그런 극적인 변화를 어떻게 할 수가 없었기에 그는 그 일을 자신의 힘이 미치지 않는 것으로 간주했다. 따라서 그는 베트남 군인들이 자신의 감정과 사고를 지배하도록 내버려두지 않고, 고통을 묵묵히 견디기로 마음먹었다. 스토아철학은 그에게 극심한 고통을 견디는 동안 두려움과 불안을 내려놓게 하는 힘이 되어주었다.

가장 힘든 순간은 전쟁 포로가 '밧줄을 타야 하는' 순간이었다. 하노이 힐튼에 투숙하게 되면 전쟁 포로는 무조건 취조실로 먼저 끌려갔고, 그곳에서 간수들은 군사 정보를 요구했다. 정보 제공을 거부하면 포로를 잔인하게 다뤘다. 스톡데일의 설명에 따르면, 새로 도착한 포로들은 밧줄에 태워졌다. "당신은 바람, 비, 얼음, 바닷물, 간수 따위가 몇 분 만에 사람을 무력하고 흐느끼는 만신창이로 만들 수 있다는 걸 알게 된다. 당신은 심지어 대소변마저도 제대로 통제하지 못한다. … 당신은 갑작스레 몰아치는 고문을 당한다. 고문 전문가는 아주 단단한 밧줄로 당신의 두 손을 등 뒤로 묶고, 철봉에 달린 조임쇠로 당신의 양 발목을 단단히 고정해 거꾸로 매달리게 한다음, 손에 든 밧줄을 홱 잡아당겨 당신의 몸을 그 발목을 향해 절반쯤 접히도록 잡아당겼다가 다시 당신의 몸을 허공으로 내팽개친다. 이런 밧줄타기 고문을 겪으면 사람 몸이 얼마나 허약한지 금방 깨닫는다. 엄청난 불안이 당신에게 몰려온다. 곧 상체의 혈액순환이 멈추고, 그로부터 유발되는 통증은 계속 커져만 가며, 밀실 공포증은 점점 더 심해져 당신의 가슴을 무겁게 짓누른다. 그들은 당신이 안다고 생각하는 모든 것에 관해 질문을 던지고, 그러면 자기도 모르게 아는 것을 내뱉게 된다. 그 과정에서 당신은 때때로 숨기고 싶은 정보를 자기도 모르게 불기도 한다."[163]

스톡데일은 이런 결론을 내렸다. "이러한 고문에 못 이겨 우리는 굴복했고, 우리의 죄책감과 미국의 사악함을 낡은 녹음기에다 대고 불어야 했다. 이어 우리는 이른바 '콜드 소크cold soak'*에 들어갔다. 그것은 한 달 정도 완전히 고립되어 '자신의 죄를 숙고하는' 것이었다. 그 시간 동안 우리는 아주 우울한 명상에 빠져들었다. 그 상황에서는 가장 태평한 미국인조차도 자신과 자신이 옹호하는 모든 걸 배반했다는 자괴감이 들 것이다." 에픽테토스는 오래전에 그런 심리 상태를 이해했다. "신뢰할 수 있고, 자존심이 있고, 품행이 바른 내적 자아를 파괴하는 것보다 더 큰 손해는 없다."[164] 놀랍게도 오랜 포로 생활 중에 스톡데일은 동료 포로들에게 스토아철학을 공공연하게 말하고 다니지는 않았다. 대신 그는 자신의 스토아철학 리더십을 통해 그들에게 영감을 주려고 했다. 스톡데일은 늘 자신의 회복력과

---

*   차량 또는 엔진의 모든 부품이 외부 온도에 충분히 냉각되기 위해 정지한 상태.

생존 능력이 에픽테토스 덕분이라고 말했다. 그렇게 인격을 성숙시킨 그는 같은 세대의 롤 모델이 되었다.

쾌활한 기질, 적응력, 강인함, 견인주의. 이 네 가지 자질은 내면의 회복력으로 시련의 도가니를 잘 통과해 궁극적으로 이겨낸 사람들의 특징이다. 물론 이 네 가지 자질을 모두 갖췄다고 하더라도 반드시 유망하고 회복력 넘치는 리더로 성장하는 것은 아니다. 반면에 그런 자질을 갖추지 못하면 패배자가 될 가능성이 크다. 이제부터 리더들이 어떻게 역경을 이기고 다시 일어서면서 굳건한 도덕적 목적을 세울 수 있었는지 살펴보자.

6장

역경을 이기고
굳건한 목적을 세우기

"강건한 마음의 습관은 곤경과 씨름하며 형성된다. 모든 역사가 네게 이를 납득시킬 것이다. … 긴급한 필요는 훌륭한 미덕을 불러일으킨다. 매혹적인 장면들로 인해 마음이 높이 고양되고 생기가 돌때, 그렇지 않았더라면 계속 잠들어 있었을 자질들이 활짝 깨어나 활기를 띠면서 영웅과 정치인의 인격을 형성한다."[165] 널리 잘 알려진 이 글은 애비게일 애덤스Abigail Adams가 미국독립혁명의 가장 암울한 시기에 아들 존 퀸시John Quincy에게 써서 보낸 것이다.

애비게일 애덤스의 조언은 250년이 지난 이후에도 여전히 진실이다. 얼마 전 역사학자 데이비드 매컬러프David McCullough는 토머스 제퍼슨과 존 애덤스John Adams가 모두 은퇴했을 때 두 사람이 주고받은 서신에 관한 책을 쓸 생각이라고 내게 말했다. 하지만 데이비드는 그들 개인의 생애를 더 깊게 파고들면서 제퍼슨을 향한 애정이 시들고 오히려 애덤스의 아내 애비게일을 더 좋아하게 되었다. 그 결과 그가 쓴 존 애덤스 전기는 애덤스 부부의 평판을 높여주었고, 더 나아가 문학상까지 받았다. 제퍼슨에게는 좀 실망스러운 일이겠지만.

애비게일은 어떠한 명철한 견해를 갖고 있었고, 그것이 옳다고 철저히 믿었다. 그것은 어려운 시대가 민첩한 시민들에게 힘과 용기를 불러일으킨다는 생각이었다. 거듭 실패를 겪은 대중 지도자들은 몇 번이고 다시 일어섰고 실제로 이전보다 더욱 강해졌다. 애비게일의 말을 빌리자면, 많은 경우에 호되게 시련을 겪었던 사람들은 삶에서 새로운 도덕적 목적을 굳건히 세우게 된다.

다음에서 소개하는 두 명의 리더가 살아온 인생은 애비게일의 주장이 옳았음을 보여준다.

하비 밀크 이야기

미국에서 하비 밀크Harvey Milk가 맡게 될 역할을 예측한 사람은 아무도 없었다. 그는 본래 배리 골드워터Barry Goldwater의 정치관을 공유하는 보수적인 공화당원이었다. 1955년 해군에서 제대한 후에 교육계에서 사회 경력을 시작했다가 뉴욕에서 주식 분석가가 되었다. 젊은 시절 그는 폐쇄적인 삶을 살았다. 고등학생 시절에는 전통적인 이성애자 운동선수인 척 억지로 연기하면서 지냈다. 공공연하게 게이임을 고백했다가 사회에서 배척당할까 두려웠기 때문이다. 그의 어머니는 게이로 살아가는 위험에 관해 그에게 은근하게 경고했다.

열일곱 살에 그는 뉴욕 중심부 공원인 센트럴파크에서 셔츠를 입지 않았다는 이유로 다른 게이들과 함께 죄수 호송차에 실려 갔다.[166] 다행스럽게도 경찰은 그를 훈방했지만, 다음에 어떤 운명이 닥칠지 누가 알았겠는가? 뉴욕에서 그는 두려움에 떨며 이중생활을 했다. 바깥세상에서는 월스트리트 재무 분석가 역할을 해내면서 사적으로는 남자들과 종종 어울렸다.[167] 그 시절에는 시련의 도가니라고 할 만한 것이 없었지만, 그 대신 게이를 받아들이지 않는 세상에 살면서 계속 힘들고 낙담하는 경험을 했다. 밀크에게 역경은 다양한 형태로 다가왔다. 그런 경험을 하면서 이 세상에 자신이 소속된 땅은 없으며, 자신이 크게 차별당하고 있다는 생각이 들었다.

1960년대와 1970년대가 흘러가면서 밀크는 점점 더 진보적인 정치적 입장에 서기 시작했고, 베트남 반전反戰 시위에 참석하면서 더욱 진보적인 운동가 집단과 친분을 쌓았다. 그는 더 이상 자신의 성 정체성을 숨기고 살 수 없음을 깨달았고, 1970년대에 동성애에 호의적인 샌프란시스코로 이주해 카스트로 거리에 카메라 상점을 열었다. 카스트로 거리는 샌프란시스코 게이 공동체의 문화적 중심지였다. 그는 그곳에서 드러내놓고 게이의 삶을 살기 시작했다. 그의 카리스마와 유머 감각은 게이 공동체의 관심을 끌었고, 그가 운영하는 작은 상점은 곧 혁명의 발상지가 되었다. 하비는 다른 많은 게이 혹은 레즈비언 미국인에게 유권자 등록을 하도록 장려했고, 개인과 집단 양쪽 측면에서 정치에 개입해야 한다고 권유했다. 게이의 관심사와 정체성을 온 세상에 알리기 위한 행동이었다. 그는 자신의 손님을 영업용 인사말이 아니라 "유권자 등록은 하셨나요?"[168]라는 질문으로 맞이했다. 그는 미국 게이 집단도 연방 의회에 대표를 보낼 자격이 있다는, 당시로서는 새롭고 파격적인 아이디어를 강력하게 밀어붙였다. 더 중대한 사실은 공동체를 대표할 사람이 단순히 공동체의 협력자가 아니라, 반드시 게이여야 한다는 점이었다. 이러한 리더십 덕분에 밀크는 곧 '카스트로 거리의 시장'이라는 호칭을 얻었다.

밀크가 전국적으로 논쟁을 일으키는 인물이 되기까지는 그리 오랜 시간이 걸리지 않았다. 그는 뉴욕주 버팔로부터 텍사스주 샌안토니오에 이르기까지 전국을 여행하며 게이들에게 동기를 부여하는 연설을 했다. 그는 이렇게 말했다. "그 사람들한테 희망을 줘야 합니다."[169] 수백만의 게이 미국인을 위해 하비 밀크는 자신의 말을 그대로 실천했다. 하지만 쉬운 일은 아니었다. 그는 1973년 샌프란시스코 시의원 후보로 나섰고, 미국에서 처음으로 주요 선출직에 출마한 게이가 되었다. 이 유리 천장은 1974년 매사추세츠주에서 일레인 노블Elaine Noble이 하원 의원으로 선출되기 전까지 깨지지 않았다.[170] 샌프란시스코 토박이들과의 연줄은 거의 없었음에도 그는 대중에 영합하는 진보적 문제에 헌신하고 과격한 연설을 함으로써 지역 유권자들의 관심을 끌었다. 그는 게이를 위한 후보가 되는 것은 물론이고, 캘리포니아 엘리트 계층에게 짓눌린 모든 사람을 위한 후보가 되기로 결심했다. 그의 첫 번째 캠페인 포스터에는 이렇게 쓰여 있다. "밀크는 모든 사람에게 줄 무언가가 있답니다."[171]

낙선했을 때도 하비는 낙담하지 않았다. 온갖 비방과 중상모략, 동성애 혐오증으로 공격받고 낙선자 꼬리표도 붙었지만, 그는 오히려 전보다 더 굳건한 모습을 보였다. 심지어 샌프란시스코 공동체에 연고가 있는 게이 리더들로부터 지나치게 급진적이고 자기 차례를 기다리지 않는, 버릇없는 후보라는 비판도 받았다. 하지만 밀크는 신경 쓰지 않았고, 대중이 큰 관심을 가지는 의제와 게이 해방 운동에 변함없이 헌신했다. 그의 확신은 흔들림이 없었다. 오히려 그는 새로 제기된 비판에 대응해 전보다 더 큰 노력을 기울였다. 선거에서 쓰라린 패배를 맛보았지만, 그는 무려 1만 7,000표를 획득했다.[172] 그 표의 대부분은 게이 공동체에서 나온 것이었다. 그는 다음 선거에 더욱 진지하게 임할 필요가 있다고 생각했고, 머리를 짧게 자르고 마음을 다잡으며 선출직에 나서기 위한 노력을 계속했다.[173]

1973년 패배 이후 밀크는 카스트로마을협의회를 부활시켰다. 이 협의회는 LGBT* 관련 일에 체계를 세우려고 미국에서 설립된 최초 집단 중 하나였다. 그의 사업 초점은 투표 등록에서 게이 사업 지원으로 옮겨갔다. 그는 또한 게이 구역에 사업체를 유치하기 위해 카스트로 거리 박람회를 개최했고, 이를 통해 미국 전역에서 게이 소유의 사업체가 성공을 거둘 수 있는 로드맵을 만들었다. 5,000명에 달하는 상당한 숫자가 첫 박람회에 다녀갔고,[174] 그 결과 게이 공동체뿐만 아니라 카스트로 거리의 다른 가게 주인들에게도 일거리가 몰려들었다. 몇 년 사이에 관람객은 폭증했다. 그는 또한 인접 집단들의 대의도 공식적으로 지원했는데, 전미트럭운전사조합과 계약을 체결한 것으로도 유명하다. 그는 노조를 분쇄하려는 쿠어스브루

---

* 성소수자를 일컫는 말로, 레즈비언Lesbian · 게이Gay · 바이섹슈얼Bisexual · 트랜스젠더 Transgender의 앞글자를 딴 약어.

잉컴퍼니Coors Brewing Company에 대항하는 조합의 파업을 지원하겠다고 선언했다. 그리하여 주점을 운영하는 게이 사장들은 그의 선언에 따라 그 회사의 맥주를 판매하지 않았다. 불매운동을 끝내는 대가로 그는 조합에 더 많은 게이 기사를 채용할 것을 요구했다. 『베이에어리어리포터Bay Area Reporter』에 기고한 칼럼에서 그는 이렇게 말했다. "우리 게이 공동체가 차별을 끝내려는 싸움에 다른 사람의 도움을 받고자 한다면, 우리도 다른 사람이 벌이는 싸움에 도움을 줘야 한다."[175] 보이콧은 효과적이었고, 맥주 배급사 여섯 중 다섯은 조합이 제안한 내용으로 계약을 맺는 데 동의했다.[176] 그리하여 더 많은 게이 기사가 채용되었다.

1975년 밀크는 다시 시의원 선거에 나섰다. 이번에는 새로운 우군인 조합의 상당한 지지를 얻었지만, 또다시 낙선했다. 웬만한 투사들도 두 번째 타격에는 낙담해 나가떨어졌을 것이다. 낙선 승복 연설에서 그는 굳건한 모습으로 이렇게 말했다. "우리는 아주 많은 사람을 알게 되었습니다. 이런 토대를 바탕으로 우리는 이후 2년 동안 더욱 성장할 것입니다."[177] 1975년 캠페인 중에 밀크가 얻은 지지로 신임 샌프란시스코 시장이 된 조지 모스콘George Moscone은 그를 도시의 첫 게이 행정위원으로 임명했다. 행정위원으로서 그는 게이 미국인들이 의회에 대표를 보낼 수 있어야 한다는 대의에 헌신했고, 2년 뒤에 다시 한번 시의원 후보로 나섰다. 1977년 그는 마침내 원하던 공직에 선출되었다. 그는 그 후에도 변함없이 도덕적 목적에 헌신했고, 게이 공동체의 권리를 향상시켰으며, 사회 주변부 집단들의 이해관계를 옹호했다.[178]

그해 밀크는 강자들을 상대로 또 한번 분연히 들고 일어섰다. 캘리포니아주 학교에서 게이 교사의 해고를 요구하는 6호 법률 개정안에 맞서 싸웠다. 그는 개정안에 항의하는 사람들을 동원하는 데 성공했다. 개정안을 통과시키려고 선봉에 선 주 상원 의원 존 브리그스John Briggs에 반대하는 캘리포니아 게이 행진에 더욱더 많은 사람이 참여해왔다. 진보적인 활동에 관여하는 사람들이 보통 그러하듯이, 사람들은 소매를 걷어붙이고 밀크의 캠페인에 자원봉사자로 참여했다. 밀크와 지지자들이 펼친 노력 덕분에 6호 법률 개정안은 철저히 패배했다.[179] 미국 어디에서든 정치인이 멋대로 게이 공동체를 위협하던 그 당시에 이 일은 대표적인 승리의 사례로 널리 알려졌다.

하지만 1년도 채 되지 않아 하비 밀크는 총격에 숨을 거뒀다. 1960~1970년대 미국을 괴롭힌 또 다른 암살 사건이었다. 샌프란시스코 시장 역시 증오로 가득한 맹렬한 댄 화이트Dan White라는 암살자에 의해 살해당했다.[180] 그는 샌프란시스코의 전임 행정위원으로, 밀크가 그 자리에 재임명되는 것을 반대하는 운동을 펼쳤던 자였다.

밀크의 장례식은 샌프란시스코의 게이 공동체와 도시에 미친 그의 영향력을 보여주는 행사였다. 4만 명이 넘는 사람이 그를 추모하고 애도하고자 장례식에 참석했다. 1979년 10월, 밀크의 암살 사건으로 인해 전국적으로 일어난 운동은 수도 워싱턴에 10만이 넘는 사람을 동원했다. 하비 밀크는 미국에서 막 피어나는 게이 권리 향상 운동의 순교자이자 우상, 영감의 원천이 되었다. 그의 전직 보좌관 중 한 사람은 나중에 그에 관해 이런 글을 남겼다. "하비 밀크는 그를 원하지 않던 세상에 태어났고, 그가 떠난 뒤에 이 세상은 그가 없기에 더욱 힘들어졌다."

그의 부재는 오늘날 더욱 크게 느껴지고 있다. 2008년 샌프란시스코시는 시청 중앙 원형 홀에 밀크의 조각상을 설치했다. 샌프란시스코 공항 1번 터미널은 그의 이름을 따랐고, 캘리포니아주의 다른 여러 곳에서도 그의 이름을 따서 도로명을 지었다.[181] 그의 생애를 다룬 영화가 여러 편 제작되어 인기를 누리기도 했다. 『타임』은 그를 20세기 가장 영향력 있는 미국인 100명 중 한 사람으로 선언했다. 버락 오바마는 미국 시민 최고의 명예인 자유 훈장을 그에게 사후 수여했다. 그의 생애는 자신의 성 정체성을 밝히고 정치 분야로 뛰어든 수백만 명에게 영감을 주었다. 그는 시민권 운동 리더의 한 사람으로 늘 존경받을 것이다. 하비 밀크처럼 무수한 내적·외적 투쟁을 겪어온 사람은 그리 많지 않다.

캐서린 그레이엄: 두 가지 삶

지독한 역경에 시달렸던 사람들의 삶이 종종 그렇듯이, 캐서린 '케이' 그레이엄Katharine Kay Graham의 삶은 전반과 후반으로 나눌 수 있다. 전반에서 그녀는 공적 생활에서 비교적 미미한 역할을 맡을 것처럼 보였다. 하지만 가정 내의 엄청난 비극을 마주한 이후 지낸 후반의 시간에서는 세상에 크게 영향력을 미치고 존경받는 여성으로 탈바꿈했다. 그녀가 이끌던 시기의 『워싱턴포스트』는 황금기를 맞은 것으로 평가된다. 그녀는 자신을 발전시키는 여러 자질을 지녔지만, 그녀의 놀라운 성공은 내면 깊은 곳에 자리한 어떤 것에 적잖이 신세를 졌다. 그것은 바로 리더들을 인도하는 영감의 원천인 도덕적 목적이다.

나는 『워싱턴포스트』와 접촉하면서 캐서린을 처음으로 알게 되었다. 1970년대 초까지 거슬러 올라가보면, 당시 나는 닉슨 백악관에서 연설문 작성 담당자로 근무하고 있었다. 워터게이트 추문이 터지던 시기에, 『워싱턴포스트』의 기자 밥 우드워드Bob Woodward는 종종 전화를 걸어 그와 칼 번스틴Carl Bernstein이 펴내려고 하는 초대형 폭탄급 특종에 대해 백악관은 어떻게 생각하는지 물었다. 나는 닉슨의 승인을 받아 밥과 그 이야기를 나눴다. 낮 동안에 나는 닉슨에게 아무런 잘못이 없다는 백악관 상급자들의 말을 들었다. "그레이엄과 『워싱턴포스트』의 기자 놈들이 우리를 엿 먹이려고 한다"라는 것이었다. 밤이 되면 우드워드는 홀드먼과 얼리크먼*이 거짓말을 하고 있다고 강력히 주장했다. 물론 나중에 드러난 바와 같이 내 상사들은 당시 거짓말을 했고, 『워싱턴포스트』는 진실을 말했다. 은폐 공작은 다른 어느 곳보다 백악관 내부에서 훨씬 더 효과적으로 벌어졌다. 이것은 오늘날에도 유의미한 교훈이다.

여러 해 뒤에, 레이건 백악관과 언론은 우리가 본 가장 프로다운 언론 대 정부 관계를 발전시켰다. 우리는 상대를 아주 존중하며 대우했다. 캐서린 그레이엄은 그런 우호적 관계에서 중대한 역할을 수

---

* 당시 백악관 비서실장 H. R. 홀드먼H. R. Haldeman과 국내 담당 보좌관 존 얼리크먼 John Ehrlichman.

행했다. 캐서린이 레이건 부부의 워싱턴 입성을 환영하는 만찬을 주최하면서 일은 아주 멋지게 풀려나갔다. 캐서린과 영부인 낸시 레이건Nancy Reagan은 무척 죽이 잘 맞았고 평생 가는 친구가 되었다. 중요한 점은 『워싱턴포스트』가 일류 저널리스트 루 캐넌Lou Cannon과 앤 데브로이Ann Devroy를 백악관 담당 기자로 파견했다는 것이었다.

비서실장 짐 베이커는 내게 공보 담당 수석 비서를 맡아주길 요청했고, 이 자리는 『워싱턴포스트』와 이면에서 밀접한 관계를 맺는 연결 고리가 되었다. 나는 적어도 매주 한 번 그들을 만나 서로 무슨 일이 벌어지고 있는지 공유했고 또 가능한 범위 내에서 많이 공유하려고 했다. 어느 쪽도 서로 봐주는 사이가 되려 하지 않았고, 프로다운 관계를 지속하고 싶어했다. 그들은 우리에게 투명성을 요구했다. 우리는 그들에게 공정함을 요구했다. 그렇게 우리는 서로 원하는 것을 얻었다. 레이건 부부처럼 보수적인 부부가 캐서린 같은 진보적인 만찬 주최자와 잘 어울리는 모습은 백악관 공보 활동에 큰 도움이 되었다. 웨스트 윙과 『워싱턴포스트』 사이의 관계는 완벽한 것은 아니었지만, 최근 우리가 본 그 어떤 정부의 언론 관계보다 훨씬 나은 것이었다.

곧 캐서린은 자택에서 개최한 환영 연회에 나를 초대하기 시작했다. 우리가 맺은 인연은 시간이 흐를수록 깊어졌다. 취임 6개월 차인 클린턴 백악관에 합류한 일로 내가 맹공격을 받고 있을 때, 그녀가 따뜻하고 힘이 되는 편지를 보내줄 정도였다. 이후 나는 그녀의 사무실로 초대를 받아 단 둘이서 점심 식사를 같이했고, 이야기를 주고받으며 즐거운 시간을 보냈다. 나는 왜 수많은 사람이 그녀의 편에 서서 응원하는지 알 수 있었다. 그녀의 인생 후반기에 인연을 맺게 되어 감사한 마음이지만, 그녀가 어떻게 지금의 캐서린 그레이엄이 되었는지 온전히 이해하려면 인생의 전반기를 알아야 한다.

캐서린은 제1차 세계대전 중에 태어나 뉴욕과 워싱턴 D.C.에서 성장했다.[182] 그녀의 아버지 진 메이어Gene Meyer는 성공한 투자은행가로 대공황 중에 『워싱턴포스트』를 사들였다. 부모 모두 직장 생활에 몰두했고, 캐서린에게 애정을 보이거나 함께 시간을 보내는 일은 거의 없었다. 그 결과 그녀는 자신감이 부족한 사람으로 컸고 그것은 그녀의 인생에서 큰 짐이 되었다.

사립 고등학교인 마데이라에서 공부를 마친 캐서린은 바사 여자 대학교에 입학했다. 입학 당시 그녀는 부모처럼 공화당원이었지만, 곧 헌신적인 진보주의자가 되었다. 3학년 때 시카고 대학교로 전학해 로버트 허친스Robert Hutchins 밑에서 위대한 책들great books*을 공부하는 동안에도 진보주의 운동가로 활동했다. 캐서린은 조심스럽게 날개를 펴는 중이었다. 졸업하자마자 그녀는 수습기자 자격으로 서부에 갔다. 캘리포니아의 부두 노동자들이 벌이던 시위를 취재하기 위해서였다. 30년 넘게 미국 검사들의 표적이었던 호전적인 노동조합 간부 해리 브리지스Harry Bridges와 그녀가 점심 식사를 함께하는 모습을 그 누구도 쉽게 상상하긴 어려웠을 것이다.[183] 하지만 그녀는 그 일을 해냈다.

---

*   로버트 허친스가 시카고 대학교 총장으로 재임하던 시기에 시행한 위대한 고전 100권을 읽는 독서교육 프로그램.

하버드 리더십 수업

아버지의 신문사 일을 거들러 워싱턴으로 돌아온 그녀는 자신의 정서적 삶에서 중심이 될 남자를 만났다. 필립 그레이엄Philip Graham 은 스타가 될 자질을 모두 갖춘 사람이었다. 아주 쾌활하고, 카리스 마 있고, 재치 있는 동시에 과감하면서도 무척 활동적이었다. 하버 드 대학교 로스쿨을 졸업한 그는 대법관 스탠리 리드Stanley Reed, 그 리고 널리 이름을 떨친 대법관 펠릭스 프랭크퍼터Felix Frankfurter 밑에 서 서기로 일했다. 미국의 훌륭한 저술가인 데이비드 핼버스탬David Halberstam의 말에 따르면 필립은 "눈부시게 밝은 사람"이었다.[184]

캐서린은 필립에게 깊이 빠졌고, 두 사람은 1940년 결혼했다. 그 것은 운명적인 결정이었다. 앞서 말한 것처럼, 그녀는 기자의 모자 를 쓰는 대신 당시 여성들에게 기대되는 주부의 앞치마를 입었다. 그 후 여러 해 동안 아이들이 태어났다. 유산하고 아기가 태어나자 마자 죽는 불행도 겪었지만, 그녀는 헌신적인 어머니이자 부인으로 살았다.[185]

필립과 보낸 삶은 종종 즐거웠지만, 오늘날의 관점에서 보면 심지 어 가장 행복했던 때조차 견딜 수 없는 순간으로 생각될 것이다. 과 거를 돌아본 그녀는 한때 이렇게 말했다. "나는 필립 그레이엄이라 는 사람을 보살피려고 태어난 사람이 아닐까 생각했었죠. … 정말 매력이 넘치는 사람이라 그가 떠난 자리를 청소하는 것만으로도 더 없이 행복했어요. 온갖 일상적인 잡일은 제가 다 했죠. 청구서를 처 리하고, 집을 관리하고, 아이들을 학교에 차로 데리고 갔어요. 가족 들의 농담에는 늘 내가 놀림감이 됐죠. 왜 있잖아요, 천천히 움직이 는 착한 엄마. 난 그걸 받아들였어요. 그게 내가 본 나의 모습이었으니까."[186]

필립이 제2차 세계대전 중에 정보 장교로 복무하고 돌아왔을 때, 캐서린의 아버지는 신문사를 운영하는 책임을 점차 딸이 아닌 사위에게 넘겼다. 캐서린이 좋은 엄마와 부인이 되기 위해 옆으로 밀려나 있는 동안 필은 17년 동안 신문사를 총괄했다.[187]

겉으로 볼 때 두 사람은 이상적인 부부였다. 하지만 어둠의 힘이 그들의 결혼 생활에 스며들기 시작했다. 어떤 날에 필립은 눈부시고 활력이 넘쳤지만, 다른 어떤 날에는 시무룩하고, 활력을 잃고, 걸핏하면 싸움을 걸고, 심지어 폭력적이기까지 했다. 절망을 떨치고자 그는 과도하게 술을 마셨다. 캐서린의 친구 중 한 사람은 그녀를 "인내심 있는 그리젤다"로 묘사했다.[188] 제프리 초서Geoffrey Chaucer의 책 『캔터베리 이야기』에 나오는, 순종적으로 지내며 남편의 잔혹한 학대를 견디는 그 그리젤다였다. 1957년 필립은 신경쇠약에 걸려 보호 시설에 입소했다. 몇 년 뒤인 1962년 말 캐서린은 그가 외간 여자와 불륜을 저지르고 있음을 알아챘다. 그녀가 따져 묻자 남편은 자신이 저지른 여러 다른 외도를 자백했다. 곧 필립은 캐서린을 떠나 워싱턴 D.C.에서 새로운 애인과 함께 공공연하게 살았고, 동시에 이혼을 요구했다. 캐서린은 자서전에서 이때 자신이 알고 사랑했던 세상이 사라졌다고 적었다.[189]

전기 작가 로빈 거버Robin Gerber는 필립의 타락상이 신문사 사주와 출판인들을 위해 마련된 1963년 만찬에서 적나라하게 드러났다고 적었다. 필립은 느닷없이 성큼성큼 앞으로 걸어가 마이크를 잡더니 파티 참석자들의 이름을 하나씩 들먹이며 맹비난을 가했고, 케네디

하버드 리더십 수업

대통령과 바람을 피고 있다고 의심되는 여자의 이름을 떠들어대더니 이어 옷을 벗기 시작했다. 그는 이내 다시 정신병원에 입원했다. 퇴원했을 때 그는 캐서린이 보유한 회사 주식을 자신의 정부情婦에게 주려고 했다.[190]

그 후의 세월은 캐서린에게 지옥 같은 나날이었다. 하지만 그녀는 굴하지 않고 꿋꿋이 버텼고, 남편을 정신병에서 구해내기 위해 할 수 있는 모든 일을 했다. 정신병원에서 6주를 보낸 뒤 필립은 자신이 이전보다 나아졌다고 의사들을 속였고, 그렇게 퇴원 허가를 받은 그는 캐서린과 함께 워싱턴 교외에 있는 약 1.4제곱킬로미터 규모의 농장에서 주말을 보낼 수 있었다. 그 주 토요일 부부는 오후 낮잠을 자려고 누웠다. 필립은 잠깐만 실례하겠다며 자리를 비웠다. 몇 분 뒤 캐서린은 끔찍한 총성을 들었다. 계단을 달려 내려가 욕실로 간 그녀는 엽총을 자신의 머리에 겨눈 채 죽은 필립을 발견했다. 그는 부부의 집에서 거리를 하나 건너면 있는 자그마한 터에 묻혔고, 그 무덤은 창을 통해 보이는 곳에 있었다.[191]

캐서린의 생애 전반부는 이렇게 막을 내린다. 이어진 세월에는 그녀를 돕겠다고 나선 많은 친구와 지지자가 있었다. 그녀는 깊이 감사하면서도 자신의 내면에서 일어나는 정서적 갈등을 겉으로 잘 드러내지 않았다. 역사가와 그녀의 친구들은 그 참사에 대해 그녀와 나눈 대화가 극히 적었다고 회고했다. 그녀는 자기 방식으로 자신의 감정을 억누르기로 했다. 한번은 이렇게 속을 털어놓았다. "말하기 무척 어려웠죠. 그래서 문을 그냥 닫았어요." 다른 때에 그녀는 이렇게 말했다. "내가 한 건 힘들게 한 발, 한 발 걸어간 것뿐이었어요.

이어 눈을 감고 암벽의 돌출된 부분에서 허공으로 발을 내딛었죠. 그런데 놀랍게도 두 발이 땅 위에 우뚝 선 거예요."[192]

캐서린이 가장 신뢰하는 고문인 벤 브래들리Ben Bradlee는 그녀의 친구와 신문사 동료 대다수가 "속으로는 그녀가 『워싱턴포스트』를 매각하길 바랐다"라고 말했다.[193] 그녀가 경영 능력이나 본격적인 저널리스트 경험이 부족하다고 생각해서 그렇게 바란 것은 아니었다. 그보다는 여태껏 여성이자 주부로 지내온 그녀가 극도로 남성적이고 경쟁적인 환경으로 들어서는 것이 걱정스러워서였다. 여태껏 미국 주요 신문사를 운영했던 여성은 없었다. 『워싱턴포스트』의 많은 사람이 그녀가 물러나는 것이 모두를 위해 좋은 일이라고 생각했다. 캐서린은 한때 이렇게 말했다. "제가 하고 싶던 일을 하려고 할 때 방해가 된 건 제 불안감이었죠. 그런 감정은 여성의 역할을 규정했던 편협한 사고방식에서 비롯되었습니다. 그건 저와 같은 세대 여성 대다수가 공유하는 특성이었어요. 우리는 앞으로 자신이 맡을 역할이 아내이자 어머니라고 믿으면서 성장했고, 남편과 자식을 행복하고 편안하게 만드는 게 우리 임무라고 교육받았으니까요."[194]

캐서린은 자신을 페미니스트로 생각하지 않았지만, 남자들이 아는 것보다 훨씬 더 내적으로 강인한 면을 보였다. "남편이 죽었을 때 세 가지 선택지가 있었죠."[195] 훗날 그녀가 말했다. "신문사를 팔거나, 운영을 맡아줄 다른 사람을 찾거나, 그게 아니면 제가 직접 경영하거나. 저는 무엇을 선택할지 분명하게 알았어요." 이사진과의 첫 만남에서 그녀는 신문사를 매각하지 않고 자신이 직접 운영하겠다고 선언했다. 그녀는 자신이 신문사의 저널리즘을 통제하는 막강한

하버드 리더십 수업

권력을 내려놓고, 사업 경영의 측면에서만 파트너가 되겠다고 분명하게 밝혔다.

그녀는 공공장소에서 자신의 두려움을 감춰야 했다. 많은 리더가 그런 것처럼, 그녀 역시 가면 증후군impostor syndrome*에 시달렸다. 하지만 자신의 인생은 물론이고, 사랑하는 신문사의 운명도 자신이 책임져야 한다고 확신했다. 『워싱턴포스트』와 그것이 추구하는 가치를 향해 그녀가 보여준 헌신은 그녀의 삶에 생기를 되찾아주었다. 그런 헌신은 그녀가 겪은 절망의 결과물이면서 동시에 절망을 버텨내도록 도와준 버팀목이기도 했다. 캐서린은 삶의 새로운 목적을 세우고 시련의 도가니에서 빠져나오는 중이었다. 그녀의 목적은 『워싱턴포스트』를 영향력 있고 세상을 바꾸는 데 도움이 될 세계적인 일류 신문사로 변화시키는 것이었다. 그녀는 그렇게 신문사를 바꾸면서 자기 자신 역시 변화할 거라고 확신했을 테다.

엄청난 성과를 내는 최고경영자가 되어가는 변화의 과정은 고난이 많았고, 시간도 걸렸다. 삶의 중요한 변화는 늘 예측했던 것 이상의 시간과 에너지를 소모한다. 하지만 캐서린은 경영자이자 리더로서 경험이 부족함에도 불구하고 전심전력으로 신문 경영에 나섰고, 마치 타고난 일인 양 그 역할을 해내기 시작했다.

그녀는 리더십 권위자 짐 콜린스와 무척 비슷한 생각을 갖게 되었다. 『좋은 기업을 넘어 위대한 기업으로』에서 콜린스는 최고경영자

---

*   자신의 성공을 그대로 받아들이지 못하고, 남들을 속이고 있다고 느끼는 데서 오는 불안 심리.

로 올라선 사람에게 핵심적인 일은 잘못된 사람들을 버스에서 하차시키고 올바른 사람들을 승차시켜 알맞은 자리에 배치하는 것이라고 말했다.[196] 캐서린은 단계적으로 편집 담당 중역, 사설난 편집자, 행정 담당 관리자를 하차시키고 자신의 팀을 승차시켰다. 벤 브래들리를 편집 담당 중역으로 임명한 데서 확인할 수 있듯이, 그녀는 재목을 알아보는 탁월한 시각을 지녔고, 친분보다도 재능을 우선시했다. 그녀는 새로 발탁한 재능 있는 사람들에게 재량을 펼칠 기회를 줬을 뿐만 아니라, 데이비드 브로더David Broder 같은 떠오르는 뉴스 스타를 채용하기 위해 적극적으로 투자했다. 캐서린과 벤은 힘을 합쳐 미국 저널리즘 역사에서 길이 남을 아주 강력한 파트너십을 구축했다. 그녀 역시 벤 못지않게 다채로운 언어를 구사한다는 점도 회사 경영에 도움이 되었다.

최고경영자 초기 시절부터 캐서린은 늘 저널리스트들과 어울리며 여러 이야기와 소문을 교환하길 즐겼다. 캐서린은 팀에 필요한 사람을 찾아내 승차시키는 것을 자신이 맡은 중요한 일로 여겼고, 그들의 말을 진지하게 경청했다. 그녀는 그들로부터 신문사를 운영하는 법을 배웠고, 그들은 캐서린에게서 대의에 헌신하는 법을 배웠다. 캐서린은 용기와 적응력을 발휘해 1960년대에 점진적으로 공동체를 구축하고 공유된 목적을 창조해나갔다. 그렇게 한 덕분에 그녀와『워싱턴포스트』는 격동하는 1970년대와 그 이후의 시대에 대비할 수 있었다.

그 후에 벌어진 아주 긴 이야기를 자세히 다루는 것은 다른 기회로 미루자. 다만, 간결하게 언급해보자면, 1970년대에 두 차례 극적인 위기가 뜬금없이 『워싱턴포스트』에 들이닥쳤다. 그 두 사건은 신문사의 존립 자체를 위협했다. 베트남전 개입 극비 문서 건에서 캐서린은 어려운 선택에 직면했다. 그것을 신문에 게재할 것인지, 아니면 비밀을 유지하며 보도하지 않을 것인지, 이 두 선택지가 그녀의 앞에 놓여 있었다. 어느 쪽을 선택해도 위험하긴 마찬가지였다. 그녀는 수익보다 원칙을 우선했고, 자신이 새롭게 맡은 저널리즘에서 최고로 엄격한 기준을 고수했다. 그녀는 그 기사를 보도하라고 지시했다. 후에 대법원이 기사 게재의 정당성을 인정하면서 그녀는 자신이 옳았음을 증명했다. 이후 벤 브래들리는 캐서린에 관해 이렇게 말하길 즐겼다. "그녀에게는 밤도둑 같은 배짱이 있습니다."[197] 그녀는 그 비유를 관대하게 받아넘겼다.

그로부터 1년이 갓 지났을 때 두 번째 사건이 시작되었다. 이 사건은 그녀와 『워싱턴포스트』에게 아주 심각한 난관이었다. 사건은 1972년 6월 어느 토요일 아침, 편집국장이 그녀에게 전화해 어젯밤에 실린 기사에 관한 업데이트를 알려주면서 시작됐다. 그는 두 개의 기이한 이야기가 있다고 보고했다. 하나는 어떤 차가 한 가정집의 측면을 뚫고 들어가 반대편 측면으로 빠져나갔는데, 그러는 와중에 그 집 부부가 거실 소파에서 아랑곳하지 않고 섹스에 몰두하고 있었다는 것이었고, 다른 하나는 신사복을 입은 다섯 남자가 워터게이트 아파트 단지에 있는 민주당 전국위원회 본부에 침입했다는 것이었다. 기자들은 두 이야기를 두고 함께 크게 웃었다.[198] 『워싱턴포스트』는 두 신입 기자 밥 우드워드와 칼 번스틴에게 워터게이트 내용을 더 알아보도록 지시했다. 당시 아무도 어떤 일이 펼쳐질지 알지 못했다. 이 사건은 뒤이은 2년 동안 현대 미국 역사에서 가장 큰 정치적 추문으로 번졌고, 미국 대통령이라면 도저히 상상할 수 없는, 사임이라는 결과를 가져왔다. 워터게이트 사건에서 드러난 좋은 소식은 건국의 아버지들이 그렇게 소망했던 권력의 견제와 균형이 제대로 작동하고 있다는 점이었다. 모든 기관과 권력의 원천은 공익을 위해 봉사해야 한다. 백악관이 그토록 매도한 『워싱턴포스트』만큼 훌륭하게 공익에 봉사한 언론사도 없을 것이다.

캐서린의 생애는 고통과 실패, 침잠을 아우르는 시련의 도가니를 겪고 회복력을 발휘해 인생의 목적, 관용, 지혜를 향해 나아갔다. 고난을 통과해 지혜의 길로 이르는 이야기 중에 이보다 더 훌륭한 사례는 찾기 어렵다. 이것이 바로 내가 뒤늦게 알게 된, 존경해 마지않는 캐서린 그레이엄의 삶이었다.

그녀는 내가 상상할 수 있는 최고의 공공 봉사자 중 한 명이었다. 저널리즘 분야에서 그녀가 보여준 삶은 실제로 공익에 헌신하는 놀라운 삶이었다. 단지 헌법 수정 조항 제1조를 유지하는 데 그치는 문제가 아니었다. 공적 담론에서 우리가 진실을 귀중하게 여기는지를 따져 묻는 문제였다. 나는 『워싱턴포스트』가 최근에 들어선 백악관 행정부들보다 훨씬 더 신뢰할 수 있는 기관임을 알게 되었다.

내가 아는 캐서린 그레이엄은 도덕적인 힘, 매력, 관대하고 자비로운 정신을 가진 사람이다. 그녀는 모든 사람으로 하여금 그들이 소중한 존재임을 느끼게 해주는 사람이다. 나는 어려움을 겪던 인생 전반부의 그녀를 만나지는 못했지만, 다른 많은 사람이 그러하듯이, 그녀의 후반부 삶에 감사하는 마음을 갖고 있다.

도덕적 목적의 필요성

16세기 스페인 시인이자 신비주의자인 십자가의 요한John of the Cross은 방랑하는 어떤 영혼이 황야를 따라 극심한 고통의 여정을 떠나는 내용의 〈영혼의 어두운 밤Dark Night of the Soul〉이라는 시를 썼다.[199] 오늘날에도 어떤 끔찍한 문제가 우리 친구에게 들이닥치면 우리는 그가 '영혼의 어두운 밤'을 지나고 있다고 말한다. 하지만 우리는 요한의 시에서 영혼이 결국 신과의 신비로운 결합을 달성한다는 사실을 간과한다. 영혼은 오랜 시련을 통해 결국에는 승리를 거두는 것이다.

우리는 지금까지 끔찍하고 고통스러운 문제가 희생자를 쓰러뜨리는 장면을 거듭 발견했다. 소아마비 증세는 하룻밤 사이에 프랭클린 루스벨트를 덮쳤고, 그 후 다시는 걸을 수 없게 되었다. 아이다 웰스는 백인들이 그녀를 침묵시키려고 하는 동안 온갖 불행에 오래도록 시달렸다. 레이철 카슨은 암이 온몸으로 전이되어 시간과의 경주를 벌여야 했다. 제임스 스톡데일은 베트남에서 포로로 잡혀 하노이 힐튼에서 8년을 보냈고, 그곳에서 잔혹한 일을 반복적으로 당했다. 하비 밀크는 온갖 암살자들로부터 협박을 당하다가 결국 암살되고 말았다. 캐서린 그레이엄은 끔찍한 총성을 들었다. 돌아보면 이 세상에 '영혼의 어두운 밤'은 무수히 많다.

하지만 우리는 각 리더가 난관에 잘 대처해 단호한 회복력으로 오뚝이처럼 다시 일어서는 모습도 봤다. 더욱 인상적인 건 그들이 삶의 가능성을 재검토하고 새로운 목적을 수용했다는 사실이다. 프랭클린 루스벨트부터 캐서린 그레이엄에 이르기까지 그들은 내면의 힘으로 성장하고, 더 높은 도덕적 목적을 세워 그에 헌신하며 봉사하는 삶을 살았다. 그들은 윌리엄 포크너William Faulkner가 70년 전 노벨상을 받으며 했던 말이 옳았음을 증명한다. "인간은 그저 인내하기만 하는 것이 아니라 이겨낼 것이다."[200]

몇 세기 동안 철학자, 종교인, 시인, 역사학자는 개인적 목적보다 더 큰 목적을 추구하라고 인류에게 촉구해왔다. 그들의 지혜는 여전히 우리에게 큰 도움이 된다. 아래 인용문들은 그 지혜의 일부다.

석가모니는 이렇게 말했다.

> 너의 일은 네가 해야 할 일을 발견하는 것이며, 그다음에는 전심전력으로 그 일에 열중하는 것이다.

1800년대 역사학자 토머스 칼라일Thomas Carlyle은 이렇게 말했다.

> 목적이 없는 사람은 키가 없는 배와 같다. 주인 없는 물건이자 하찮은 존재이며, 사람이라고 할 수 없다. 삶의 목적을 가지고, 신께서 주신 몸과 마음의 힘을 당신의 일에 적극 쏟아라.[201]

오프라 윈프리는 이렇게 말했다.

> 열정이 무엇인지 모른다면 이러한 사실을 깨달아라. 당신이 이 세상에 존재하는 이유는 그것을 알아내기 위함이다.[202]

생후 19개월 만에 시력과 청력을 잃었지만, 사람들에게 많은 영감을 준 헬렌 켈러Helen Keller는 이렇게 말했다.

> 많은 사람이 진정한 행복이 무엇인지에 대해 잘못 생각하고 하고 있다. 행복은 자기만족이 아니라 가치 있는 목적에 헌신함으로써 얻을 수 있다.[203]

리더들은 개인적 목적과 더 높은 목적—남들에 대한 봉사, 행동주의, 정치를 추구하도록 사람들에게 영감을 주는 도덕적 목적 등—을 구분하면서 그 둘 사이에는 중대한 차이가 있다고 생각한다. 하비 밀크는 직접 차별을 경험하고, 자신의 공동체가 당하는 각종 어려움을 목격했다. 그래서 선출직에 당선된 후에는 선출직 인사들에게서 찾아보기 어려운, 소외된 사람들에 대한 관심과 헌신을 내보였다. 캐서린은 자신의 신문 『워싱턴포스트』가 널리 유통될 뿐만 아니라 당대 저널리즘의 표준이 되는 것을 지켜보았다. 변화를 일으키는 데 있어 개인의 포부도 중요하지만, 리더가 자신의 삶을 헌신할 대의나 집단을 발견하는 것이 무엇보다도 중요하다.

최근 심리학자들은 물론이고 종교인들도 도덕적 목적의 수용이 어떻게 사람들의 삶을 변화시키는지에 관한 문제에 더 집중하기 시작했다. 대부분의 경우, 그들은 뚜렷한 목적의식이 있으면 활력과 만족감이 증대되고, 동기가 부여되며, 회복력이 증진된다고 말한다. 목적의식은 공공 생활에 더욱 적극적으로 참여하게 하고, 우리의 시민 의식을 강화한다. 이는 또한 자기도취의 파괴적 경향을 이겨내는 데도 도움을 준다. 학자 윌리엄 데이먼William Damon은 다음과 같은 글을 남겼다. "뚜렷한 목적의식은 좋은 시절엔 즐거움을 부여하고, 고된 시절엔 회복력을 부여한다. 이것은 한평생 유효한 진리다."[204]

가장 흥미로운 연구 중 하나는 1996년에 다수의 심리학자가 참여한 굿 웍스Good Works 프로젝트다. 이 연구의 첫 결실은 명망 있는 심리학자인 하버드 대학교의 하워드 가드너Howard Gardner, 클레어몬트 대학교의 미하이 칙센트미하이Mihaly Csikszentmihalyi, 스탠퍼드 대학교의 윌리엄 데이먼이 2001년에 펴낸 책『굿 워크: 탁월함과 윤리가 만났을 때Good Work: When Excellence and Ethics Meet』다. 그들은 도덕적 목적을 최종적인 관심사로 수용한 사람들이 목적을 달성하면 이를 통해 새로운 활력과 만족감을 얻고, 장애물을 만나면 그것 때문에 오히려 끈기를 얻는다는 사실을 발견했다. 그들은 또한 일에서 만족감을 얻으려면 뚜렷한 사명 의식이 있어야 하고, 직업의 최고 기준을 충족시켜야 한다는 것도 발견했다.[205] 그렇지 않으면 전문직에 종사하는 사람들은 다른 쪽으로 관심을 돌리게 된다. 보라. 캐서린 그레이엄과 하비 밀크는 뚜렷한 목적의식, 즉 일에 대한 사랑이 있었기 때문에 각자 여성과 게이라는 불리한 입장에도 불구하고 자신의 일을 계속해나갈 수 있었다.

학자들은 도덕적 목적을 수용하는 데 있어 젊은 사람들에게 시기상조時機尙早라는 말은 있을 수 없으며, 마찬가지로 나이 든 사람에게도 시기이만時機已晩(이미 때가 늦었음)이라는 말은 할 수 없다고 말한다. 잔 다르크Joan of Arc는 어려움에 빠진 동포들을 왕의 깃발 아래 결집시켰을 때 10대였다. 그레타 툰베리와 말랄라 유사프자이 역시 처음 우리의 사회적 양심을 뒤흔들며 일어섰을 때 10대였다. 넬슨 만델라는 젊은 시절에 벗들에게 독립 남아프리카 공화국의 첫 대통령이 되겠다고 선언했다. 반면에 그랜드마 모제스Grandma Moses*는 78세에 그림을 그리기 시작했다.[206] 농장과 시골 생활을 담은 그녀의 그림은 널리 찬사를 받았다.

지금껏 해온 우리의 대화가 보여주듯이, 모든 리더는 반드시 내면의 여정을 시작해야 한다. 역사는 리더십이 내면에서 시작된다는 사실을 반복해 보여준다. 내면의 자아를 제어할 수 있어야만 비로소 다른 사람에게 봉사할 수 있다. 지금까지 우리는 내면의 여정에 본질적인 세 가지 요소, 즉 인격의 성장, 시련의 도가니에서 회복해 성장하는 능력, 도덕적 목적의 확립에만 초점을 맞췄다. 이런 자질들이 있어야 리더가 도덕적 용기를 발휘해 올바른 일을 할 수 있다. 그런 자질들을 갖추지 못한 리더라면 국가의 이익을 위해 혹은 자신의 경력이나 명예와는 무관하게 권력자에게 양심적으로 직언하지 못할 가능성이 크다.

도덕적 목적과 도덕적 용기를 중시하고 또 남들에게 영향력을 미치려고 한다면, 리더는 여러 시련을 극복함으로써 남들을 설득하고 고무하는 능력을 갖춰야 한다. 그렇게 내적 여정을 완성했으면 리더는 이제 외적 여정을 떠나야 한다. 그 여정에서 리더는 지지층을 구축하는 방법, 인내와 끈기를 통해 동기를 부여하는 방법, 핵심 목적을 성취하는 방법 등을 배우게 될 것이다.

---

* 미국의 민속 예술가.

2부

리더로 나아가는
외적 여정

7장

사람들을 관리하는 법

외적 여정을 시작하는 20대와 30대는 몇 년 안에 자기 조직을 운영하고 다른 사람들에게 해야 할 일을 지시하는 자리에 오를 거라는 미래상을 그린다. 이제 내적 문제를 잘 다스렸고, 열심히 공부했으며, 자격을 증명하지 않았느냐고 생각한다. 확실히 자신이 상급자들이 고대하던 그런 인재임이 틀림없다고 생각하는 것이다. 하지만 그런 생각은 틀렸다!

우리는 젊은 시절, 앞으로 나아가야 할 길이 생각 이상으로 길고 또 복잡하다는 것을 거의 인정하지 않는다. 로스쿨을 마치고 이후 20년 동안 나는 주로 조직의 고위 상급자에게 보고하는 참모로 일했다. 다행스럽게도 경험이 쌓이면서 내 책임은 점점 늘어나 서투른 관리자에서 대통령 고문으로까지 발전했다. 하지만 여전히 내가 앞장서서 상황을 주도하는 일은 거의 없었다. 나는 그런 사람을 돕는 보조 역할이었다. 지난 반세기를 돌이켜보면 십여 곳의 조직에서 일

하버드 리더십 수업

했고, 공공·민간·비영리 부문에서 두루 일하며 최소 15명의 상급자를 만났다. 그 시절 동안 나는 내적 여정을 계속하면서 나 자신과 내 가치관에 대해 알아갔고, 상황을 주도한다는 것이 어떤 의미인지 깨우쳐갔다.

이 장과 다음 장은 리더십의 길 위에 있는 유망한 사람들을 위한 것이다. 그들은 여전히 각종 관리하는 방법을 배우고 있는 사람들일 것이다. 가령 자신뿐만 아니라 상사, 동료, 팀, 심지어 외부 협력자까지 관리하는 법을 배워야 한다. 상사와 동료, 부하를 관리하는 기술은 동시에 발휘해야만 빛나는 기술이다. 사람들을 이끈다는 것은 당신과 함께 일하는 사람을 효과적으로 조직하고, 그들과 소통하며, 동료의 우선 사항과 목표를 이해하고, 그런 목표가 실천되는지를 확인하는 것이다. 나는 평소 이렇게 말한다. 모든 리더가 사람을 관리하는 법을 알지만, 관리자가 되었다는 것 자체로 훌륭한 리더가 되는 것은 아니다. 달리 말하면 관리 기술은 리더십이 구상되고 구축되는 토대다. 워런 베니스가 자주 말한 것처럼 "관리자는 일을 올바르게 하며, 리더는 올바른 일을 한다."

지난 여러 해 동안 내 상급자들은 훌륭한 모습을 보여주었다. 하지만 때로 진짜 형편없는 상급자도 있었다. 해군 장교로 처음 배치되었을 때 나는 매우 미숙한 초급 기관사였다. 너트와 볼트의 차이도 간신히 아는 수준이었다. 소속 함선의 선장은 걸걸하고 고압적인 사람이었는데, 내가 얼마나 얼뜨기였는지 틀림없이 파악했을 터였다. 그는 거의 매일 당장 이것저것을 고치고, 수도꼭지에서 물이 새지 않게 하라는 등의 지시를 담은 쪽지를 내려보냈다. 하지만 나는 그가 그런 지시사항의 결과를 거의 확인하지 않는다는 걸 알아챘다. 그는 단지 부하들이 바쁘게 돌아치는 광경을 즐길 뿐이었다. 그의 지시사항은 지루한 일이었다. 그래서 다음번 쪽지가 도착했을 때 나는 그걸 서랍에 집어넣고 그가 결과를 확인하는지 기다려보기로 했다. 만약 확인한다면 황급히 움직일 것이고, 그렇지 않으면 쪽지는 휴지통에다 내버릴 생각이었다. 해군은 나 같은 사람이 들어오지 않았으면 좋겠다고 생각했을 테지만, 그래도 나는 해군 생활을 무사히 마쳤다. 그 경험은 내가 상급자 관리의 측면에서 앞으로 배우게 될 수많은 교훈 중 하나였다. 나는 상사 관리 기술을 무수한 시험과 시련을 통해 연마해왔다.

상사 관리하기

사람들을 관리하는 일에 관해 내가 당신의 지식 창고에 무엇을 보태줄 수 있을까? 지난 세월 수많은 참모 업무를 수행하면서 내가 배운 핵심 교훈은 무엇일까? 어떻게 하면 당신의 상사를 가장 잘 지원할 수 있으며, 그들은 당신의 팀을 어떻게 더 성공적인 팀으로 만들 수 있을까?

이제 나는 상급자를 관리하는 최고의 방법에 관한 개요를 제공하려 한다. 아래의 일곱 가지 요령은 조직의 분야 전반에 그대로 적용할 수 있다.

자, 그럼 살펴보기로 하자.

입사 초기에 상급자를 파악하고 그 특징에 부응하라

앞의 여러 장에서 우리는 내적 여정을 집중적으로 살펴보았다. 자기인식과 자기통제의 기술을 발전시키고, 힘든 상황을 직접 헤쳐나가는 방법을 알아본 것이다. 그러면 이제 상급자를 파악하면서 외적여정에 나서야 할 차례. 당신은 상사가 어려운 상황을 풀어나가면서 리더로 성공하는 것을 지원해야 한다. 당신은 상급자의 성품에서 무엇을 파악했는가? 그들의 장점은 무엇인가? 그들의 약점은? 어떻게 하면 그런 장점을 돋보이게 하고 약점은 드러나지 않게 할 수 있겠는가?

1990년대 초 대통령 취임 후 넉 달이 지난 빌 클린턴은 자신이 힘들게 버티고 있음을 인정하고 내게 백악관 고문으로 합류하겠느냐고 물어왔다. 하지만 그런 임명은 그에게나 나에게나 논란이 많이 생길 일이었다. 일단 나는 예전에 세 명의 공화당 대통령을 모시고 그 밑에서 일했다. 그런데 민주당 대통령 밑으로 간다니! 하지만 그는 내 친구였고 또 미국의 대통령이었으므로 나는 그 요청에 긍정적으로 응답했다. 내게는 아주 영광스러운 일이었다.

백악관에 출근한 첫날 나는 기존에 알고 있던 클린턴, 즉 미국에서 가장 뛰어나고 혁신적인 주지사였던 클린턴이 발판을 잃고 허둥대는 모습을 봤다. 수도 워싱턴의 소란스러운 정치 환경 속에서 그는 자신감마저 잃은 상태였다. 그는 공식 행사를 치르고 나면 매번 내게 자신이 잘했는지 물으면서 조언을 듣고 싶어 안달했다. 나는 무엇을 해야 할지 확신이 서지 않았지만 그를 클린턴이 아닌, 다른 어떤 사람으로 내세우려 해서는 안 된다고 판단했다. 내가 이미 레이건을 통해 겪었던 것처럼 '클린턴을 클린턴답게' 보이도록 해야 했다. 우리는 그에게 예전의 장점을 재발견하고 특유의 진정성을 다시 내보이라고 격려했다. 그것은 효과가 있었다. 참모진과 내가 억지로 도움을 줘서 그를 도랑에서 끌어낸 것이 아니었다. 그는 우리의 응원을 받으며 스스로 그 도랑을 서서히 빠져나왔다. 이렇게 돕는 것이 바로 훌륭한 참모진이 해야 하는 일이다. 이는 상급자뿐만 아니라 다른 모든 사람의 최선을 이끌어내는 방법이다.

한 눈은 오늘에, 다른 눈은 내일에

영리한 참모진은 매일의 일을 훌륭하게 끝마치는 것은 물론이고, 앞으로 무엇이 다가올지도 진지하게 주목해야 한다. 지평선 너머에 막 나타나 예상보다 빠르게 우리에게 닥치려고 하는 것은 무엇인가? 어떻게 해야 경쟁에서 앞설 수 있는가? 우리의 전략은 어떠해야 하는가? 어떻게 대비할 것인가? 마이크 디버Mike Deaver가 레이건 행정부에서 거둔 성과 중 하나는 주기적으로 핵심 고문들을 교외 조용한 곳에 모아놓고, 향후 몇 달간의 전략과 전술을 세우도록 한 것이었다. 장기적으로 앞날을 대비하지 못하는 백악관은 문제를 자초하게 된다. 도널드 트럼프는 자신의 팀에게 좀 더 일찍 전 세계적인 유행병의 영향을 깊이 있게 연구하라고 지시했어야 했다. 그랬더라면 훨씬 더 큰 성공을 거두었을 테고, 재선에 성공했을지도 모른다. 이런 리더십의 실패에 대해 그의 비서실장은 트럼프 대통령만큼이나 책임을 져야 한다.

하버드 리더십 수업

권력 앞에서 진실을 말하라

전통적인 경험 법칙에서는 물론 훌륭한 참모라면 권력 앞에서 진실을 말해야 한다고 가르친다. 우리는 그것이 말할 필요조차 없는 자명한 진리라는 말을 무척 흔하게 듣는다. 하지만 하급자가 권력자에게 양심적으로 말하려 하면 아주 위태로운 상황에 처한다. 이런 일을 하려면 보통은 엄청난 용기를 내야 한다. 상급자의 판단은 물론이고 심지어 그의 윤리에도 이의를 제기하는 일이기 때문이다.

이에 대한 가장 유명한 사례가 조지 마셜이다. 마셜이 프랑스의 전투 연대에서 젊은 장교로 근무하고 있을 때 유럽 파견 미군 부대의 사령관 존 퍼싱John Pershing 장군이 전선 부대들을 시찰했다. 힘이 없고 단정하지 못한 병사들의 모습을 본 퍼싱은 그들을 맹비난하며 화를 내기 시작했다. 그때 마셜은 장군 앞에 나서며 강력한 어조로 부하들을 옹호했다.[207] 퍼싱의 사령부가 일만 제대로 했다면 병사들은 전투태세를 갖추고도 남았을 것이라고 항변했다.

이후 다른 젊은 장교들은 마셜이 죽은 목숨이나 다름없다고 생각했다. 그가 징계를 받아 면직될 거라고 확신했다. 하지만 퍼싱은 그 따끔한 항변의 순간을 기억하고 나중에 마셜에게 연락해 그를 수석 보좌관으로 삼았다.[208] 두 사람은 오랜 세월 협력 관계를 이어갔다. 마셜이 육군참모차장으로서 제2차 세계대전을 준비하던 때 비슷한 일이 또 벌어졌다. 이번에는 군 최고 통수권자인 프랭클린 루스벨트 대통령에게 정면으로 맞선 것이다. 마셜이 토론 참석자 중 서열이 가장 낮았고, 모든 다른 참석자가 미국 공군력을 확장하자는 대통령의 제안에 동의했음에도 불구하고 마셜은 루스벨트의 계획을 딱 잘라 거부했다.[209] 다시 한번 동료들은 마셜이 끝장났다고 생각했다. 하지만 오히려 대통령은 그를 진급시켰고,[210] 마셜은 결국 미국에서 가장 존경받는 공직자가 되었으며, 그런 대우를 받을 만한 자격도 갖추었다. 권력자에게 양심적으로 말하는 것은 올바른 일일 뿐만 아니라 사회적 평판도 다질 수 있는 일이다.

결정을 수용하고 존중하라

훌륭한 조직은 반대하는 목소리를 권장하지만, 상사가 결정을 내리면 참모진은 이를 존중하고 일을 시작한다. 조직의 결정을 수용할 수 없다면 그곳을 떠나야 한다.

제럴드 포드 대통령의 백악관에서 국정 연설 내용을 두고 치열한 논쟁이 벌어졌던 일이 기억난다. 대선이 다가오자 몇몇은 긴 공약 목록을 읊길 바랐고, 다른 몇몇은 몇 가지 테마를 강조하는 간결한 연설을 하길 바랐다. 대통령은 오랜 세월 의지해온 의원 출신 고문들에게 긴 내용의 연설을 작성해달라고 요청했고, 내게는 앨런 그린스펀Alan Greenspan(당시 수석 경제 고문)과 함께 테마를 간추린 간결한 연설을 작성하길 요청했다. 초안을 작성한 뒤 포드는 우리 모두를 대통령 집무실로 불러 투표를 했다. 내 기억으로 테마를 강조한 연설은 12표, 긴 공약을 내비친 연설은 고작 2표를 받았다. 하지만 포드가 그 단 두 표를 행사한 사람 중 하나였다. 그렇게 포드는 긴 공약을 담은 연설을 했고, 그것은 별로 효과가 없었다. 하지만 우리는 모두 똘똘 뭉쳐 그를 응원했다. 이것이 바로 조직에서 일이 이뤄져야 하는 방식이다.

투명하고 솔직하게 소통하라

훌륭한 리더는 휘하 구성원에게 더욱 강한 책임감을 요구한다. 내각 관료부터 고급 사무실의 임원에 이르기까지 최상급 리더는 전략 개발에 책임이 있고, 전략 실행의 권한은 한 단계 혹은 두 단계 낮은 리더들에게 부여한다. "이게 우리 목적지야. 자네가 거기에 어떻게 도달할 것인지 한번 알아내봐." 이것이 전형적인 지시 방식이다. 물론 이런 접근법에 이의를 제기하는 사람도 많을 것이다.

이 접근법에는 한 가지 전제 조건이 있는데, 상부와 하부의 리더들이 서로 투명하고 솔직하게 대해야 한다는 점이다. '너무 갑작스러워 놀라는 일은 없어야 한다.' 그렇지 않으면 서로 신뢰가 무너져 조직 내에 나쁜 영향을 미칠 것이다. 어떤 나쁜 소식이 있다면 그것이 언론에 알려지기 전에 파악해 조치하는 것이 특히 중요하다.

훌륭한 눈과 귀를 갖춘 수석 외교관 역할을 하라

상사가 가장 힘들게 여기는 일 중 하나는 자기 팀원을 명확하고 정직하게 파악하는 것이다. 그들의 사기가 높은가? 그들이 존중을 받는다고 느끼는가? 그들이 조직 업무를 유의미하다고 보는가? 하급자 중 누군가는 이런 상황을 잘 파악해 조용히 상급자에게 그것을 알려야 한다. 위에서 말했듯이, 너무 갑작스러워 놀라는 일은 없어야 한다. 보통 그런 역할을 맡는 사람은 부사장이나 전무다. 혹은 최고경영자와 가까운 어떤 사람일 수도 있다.

또, 그 사람은 상사를 위한 수석 외교관이 되어야 한다. 이너서클inner circle(핵심층) 밖에 있는 동료들에게 본사 CEO의 사기, 기분, 분노와 평온, 관점에 관해 계속 알려줘야 한다. 믿을 만한 정보가 꾸준히 공급되지 않으면 팀원들은 리더에게 거리감을 느끼고 불신하기 시작한다. 이러면 나쁜 소문이 퍼지고 팀원들의 사기가 저하된다.

수석 보좌관의 책임 범위는 아주 넓다. 15년 동안 로잰 바도스키 Rosanne Badowski는 잭 웰치의 보좌관이었고, 훌륭한 회고록인 『상사 관리하기Managing Up』를 집필했다. 그녀는 웰치와의 오랜 경험을 이렇게 요약했다. "14년 넘게 나는 자동응답기, 자동 다이얼 장치, 워드 프로세서, 여과 장치, 오류 검토기였다. 반응 테스트 대상자, 성가신 친구, 좋은 소식과 나쁜 소식의 전달자이기도 했다. 잔소리꾼, 외교관, 수리공, 치어리더, 비관론자 역할을 하기도 했다. 1984년 『포춘』에서 선정한 미국의 가장 엄한 상사 10인에 포함된 인물의 '보좌관' 직함을 달고 다른 역할 수십 가지를 수행하기도 했다."[211] 웰치는 두 문장으로 그녀에 관한 생각을 요약했다. "로잰은 뛰어난 보좌관의 덕목에 부합하는 충실하고, 신중하고, 너그러운 사람이었다. 이런 자질을 조금씩 골고루 지닌 게 아니라 각각 뛰어나게 갖추고 있었다."[212]

정서적으로 적극 지원하라

미국 대통령 역사에서 가장 그럴 법하지 않은 관계가 바로 해리 트루먼Harry Truman 대통령과 국무장관 딘 애치슨Dean Acheson의 관계였다. 트루먼은 미주리주 농장에서 성장했고, 대학을 가본 적이 없으며, 잡화상 점원으로 일했다. 이와는 대조적으로 애치슨은 북동부 명문가에서 태어났고, 예일 대학교를 졸업한 뒤에는 하버드 대학교 로스쿨을 졸업했으며, 저명한 변호사이자 유력가들의 고문으로 일했다.[213] 그와 트루먼은 결코 친한 벗이 아니었지만, 두 사람은 지극히 따스하면서도 프로다운 관계를 맺었다.

트루먼 시절에 관한 최고의 책 중 하나인 『창조에 입회하다Present at the Creation』에서 애치슨은 트루먼의 리더십에 열렬한 찬사를 보냈다. 셰익스피어의 『헨리 5세』에서 아쟁쿠르 전투 부분을 인용해 애치슨은 "밤중에 느껴진 해리의 인간적 흔적"에 여러 번 깊은 영감을 받았다고 언급했다.[214] 그들의 관계가 부각된 순간은 1946년 중간선거 이후였다. 공화당 유권자는 트루먼의 민주당을 대패시켰고, 그의 행정부는 재선에 실패할 것처럼 보였다. 이전에는 트루먼이 기차로 워싱턴에 돌아올 때마다 관례로 내각 각료와 다른 많은 사람이 유니언역에 나가 대통령을 마중했다. 하지만 사정이 나빠지자 비가 쏟아지는 승강장에 나와 서 있는 사람은 딘 애치슨 한 명뿐이었다.[215] 그는 트루먼에게 필요한 정서적 지원을 해주었다. 트루먼은 늘 이에 감사를 표했다.

우리는 보통 대통령을 미끄러운 장대를 올라간 낯선 사람 정도로 여기면서 평범한 사람과는 분명 다르다고 생각한다. 그러나 사실은 대통령도 우리와 마찬가지로 삶이 던지는 돌멩이와 화살을 맞고 괴로워하는 복잡한 인간이다. 다른 많은 리더처럼 대통령도 정서적 응원이 필요하다.

실제로 미국 대통령들을 돌아보면 가장 성공적인 부류는 큰일을 치를 때 한두 사람의 신뢰하는 친구에게서 크나큰 도움을 받았다. 조지 워싱턴은 고집불통이지만 없어서는 안 될 사람인 알렉산더 해밀턴Alexander Hamilton의 지원이 필요했다.[216] 일리노이주를 떠난 에이브러햄 링컨은 두 사람을 대동하고 백악관에 입성했는데, 한 명은 23세의 존 헤이John Hay, 다른 한 명은 22세의 존 니콜레이John Nicolay였다.[217] 그들은 링컨이 여러 정책을 실행하는 것을 옆에서 도왔고, 언제나 그의 기분이 어떤지 잘 파악했으며, 남북전쟁이라는 가장 암울한 시기에도 그가 기운을 낼 수 있도록 옆에서 정서적으로 응원했다. 헤이는 19세기 말에 주요 정치인이자 국무장관이 되었다.[218] 20세기 중반 프랭클린 루스벨트에게는 루이스 하우, 프랜시스 퍼킨스, 해리 홉킨스Harry Hopkins가 있었다.[219] 물론 그의 부인 엘리너의 도움은 말할 것도 없다. 해리 트루먼에게는 조지 마셜과 국가 안보를 담당하는 "현인들"이 있었다.[220] 존 F. 케네디에게는 동생 바비가 있었고, 테드 소런슨Ted Sorensen과 다른 사람들도 있었다.[221] 리처드 닉슨에게는 헨리 키신저가 있었다.[222]

외유내강

우리 시대에 비교적 최근에 선출된 대통령들을 잘 보좌한 사람들에 대한 최종 판단을 내리는 것은 아직 지나치게 일러 보인다. 하지만 동시대 최고의 참모를 꼽으라는 요청을 받는다면 쉽게 결정을 내릴 수 있다. 그 사람은 제임스 A. 베이커 3세James A. Baker III다. 나는 1976년 제럴드 포드 캠페인 중에 그와 함께 일했고, 1980년대 초에 레이건 대통령 임기 첫 3년 동안 그의 수석 부관 중 한 사람으로 일했다. 베이커는 다른 어떤 사람보다도 상사, 부하, 동료를 아우르는 리더십의 모범이 되어주었다. 그에게서 교훈을 얻는 것은 보람 있을 뿐 아니라 즐겁기까지 했다.

성인이 되고 한참 지난 뒤에도 짐 베이커가 공직에 진출할 것이라고 그 누구도 상상하지 못했다. 그의 증조부, 조부 그리고 아버지는 휴스턴에서 크게 성공한 법인 변호사였고, 휴스턴이라는 도시를 거대한 메트로폴리스로 탈바꿈하는 데 주도적인 역할을 한 인물들이었다.[223] 짐 베이커는 사회 초년생 때부터 그들의 발자취를 따를 것이라 여겨졌다. "부지런히 일하고 공부해라. 정치에는 발을 들이지 마라."[224] 그의 조부는 이런 교훈을 그에게 주입했다. 그리고 몇십 년 뒤 그는 할아버지가 하지 말라고 했던 바로 그 일을 했다.

베이커의 젊은 시절은 남부의 특권층이라는 틀에 무척 잘 들어맞았다. 그의 가족은 최고의 기숙학교에 그를 보냈고, 이어 프린스턴 대학교에 입학시켰다.[225] 대학 럭비팀 소속으로 버뮤다 제도를 여행하던 중에 장차 그의 부인이 될 사람을 만났는데, 그녀는 핀치 대학교 학생 메리 스튜어트 맥헨리Mary Stuart McHenry였다. 1950년 여름 한국에서 전쟁이 발발했다. 당시 스무 살이었던 베이커는 해병대에 입대하면서 메리 스튜어트와 결혼했고 본격적으로 삶에 뛰어들기 시작했다.[226] 군 복무 2년을 마치고 돌아온 그는 텍사스 대학교에서 법학 학위를 받았고, 휴스턴에서 가장 명망 있는 법무법인 중 하나에 입사했다.[227] 이후 10년 동안 해당 분야에서 이런저런 성공을 거두면서 앞으로 법조계에 전념해 사회생활을 마칠 것으로 보였다.

그가 영위한 삶은 훌륭했다. 그는 텍사스주의 광활한 전원, 그리고 와이오밍주의 가족 소유 목장에서 자유 시간을 보냈다. 또, 휴스턴의 컨트리클럽에 가입해 그곳에서 조지 H. W. 부시George H.W. Bush를 만났다.[228] 당시 둘은 모두 20대였으며 테니스 파트너로 한 팀을 이뤄 여러 해 동안 맞붙은 팀들을 격파했다. 그렇게 평생 지속될 우정을 쌓아갔다.

그러다 비극이 닥쳤다. 1968년 짐의 부인 메리 스튜어트가 암에 걸려 시한부 선고를 받았다.[229] 베이커에게는 파멸적인 시련이었다. 그와 메리 스튜어트는 각자 최후까지 그 사실을 숨기며 다른 사람에게 알리지 않았다. 그녀는 네 명의 아들과 남편의 심금을 울리는 작별 편지를 남기고 떠났다. 그는 자신이 사별의 충격으로부터 온전히 회복할 수 있을지 확신이 없었다.

앞서 살펴본 것처럼, 시련의 도가니는 사람을 무너뜨리기도 하고 다시 만들어내기도 한다. 베이커는 회복력을 바탕으로 다시 일어설 수 있었고, 법조계를 떠나 다른 일을 해보고 싶다고 생각했다. 이때 그의 삶에 전환점이 되어주는 두 사람이 나타났다. 한 사람은 수전 윈스턴Susan Winston으로 가족의 친구였는데, 당시 이혼 문제로 힘들게 살아가고 있었다. 두 사람은 1973년 결혼했다.[230] 그녀는 그의 재기를 도왔고, 이후로도 그에게 지속적인 활력의 원천이 되었다. 다른 사람은 그의 친구 조지 H. W. 부시였다. 공화당원인 부시는 워싱턴에서 상원 의원 자리를 노렸는데 베이커에게 해리스 카운티 유세를 운영해달라고 요청했다. 베이커는 깜짝 놀라면서 이렇게 답변했다. "두 가지 문제가 있어, 조지. 첫째, 나는 정치라곤 하나도 몰라. 둘째, 난 민주당원이라고!" 부시는 두 사람이 힘을 합치면 그 두 가지 문제를 충분히 극복할 수 있다고 강력히 주장했다.[231]

하버드 리더십 수업

40대 중반에 베이커는 완전히 새로운 분야에서 삶의 후반기를 시작했다. 그는 더 고차원적인 사명을 받아들였다. 이후 25년간 이 정치 초년생은 백악관 역사에서 가장 성공한 최고 참모가 되었다. 그는 네 번의 대선 캠페인을 운영했고, 두 번은 승리하고 두 번은 패배했다. 재무장관 시절, 그는 최소한 두 번의 국제적 참사를 모면할 수 있었다. 친구 조지의 국무장관으로 일했을 때, 두 사람은 20세기 가장 효과적인 외교 정책팀이었다. 피터 베이커Peter Baker(짐의 친척은 아니다)와 수전 글래서Susan Glasser가 저술한 탁월한 베이커 전기『워싱턴을 운영한 남자The Man Who Ran Washington』에서 그들의 놀라운 협력 관계를 잘 서술하고 있다.

베이커는 어떻게 그토록 빠르게 워싱턴에서 유력 인사로 떠올랐는가? 무엇이 그를 레이건 백악관의 성공적인 비서실장으로 만들었는가? 간단히 말하자면 그는 타고난 재능이 엄청났고, 그런 재능을 아주 신중하게 발휘했다. 그런 면에서 그의 빠른 출세는 당연한 것처럼 보였다. 돌이켜 생각해보면, 그건 정말로 파격적이고 화려한 성공이었다.

그의 출세는 당시 공화당 의원이었던 조지 H. W. 부시가 워싱턴에서 또 다른 경력을 시작해보라고 권유했던 1976년부터 시작되었다. 그 후 베이커는 곧 포드 행정부에서 상무부 2인자 자리를 주겠다는 제안을 받아들였다.[232] 그 자리는 보통 거의 관심을 받지 못하는 한직이었고, 그 부서의 1인자는 공화당 중진인 로저스 모튼Rogers Morton이었다. 별로 건강하지 못했던 모튼은 자주 베이커에게 포드 백악관의 각료 회의에 대신 참석해달라고 요청했다.[233] 당시 비서실장 딕 체니Dick Cheney가 이끌던 백악관 참모진은 전 캘리포니아 주지사 로널드 레이건과 포드 현직 대통령 간의 경선으로 점점 더 피로를 느끼는 중이었다. 몇 달 만에 체니와 다른 참모들은 베이커가 레이건 세력과 정면으로 맞서는 데 '적임자'라는 걸 알게 되었다. 수석 대의원 사냥꾼으로서 베이커는 공화당 전당대회에서 미시시피 대의원에게 지지자를 바꾸도록 설득해 궁극적으로 포드가 승리하도록 이끌었다. 이렇게 베이커는 다른 사람들로부터 "기적을 행하는 사람"이라 불리게 되었다.[234] 친구 조지 H. W. 부시는 그의 진가를 제대로 알아보았고, 그것은 로널드 레이건도 마찬가지였다.

4년 뒤 1980년 경선 중에 조지 H. W. 부시가 이끄는 공화당원들은 레이건과의 엎치락뒤치락하는 팽팽한 싸움에 몰두하고 있었다. 이번에는 레이건이 완승을 거뒀다.[235] 비록 패배한 선거였지만 베이커는 선거 기간 동안에 부시 캠페인을 조직하고 발전시키는 놀라운 능력을 발휘했다. 선거가 끝나고 바로 다음 날 레이건은 자신에 맞서서 두 번의 캠페인을 운영한 사람을 백악관 비서실장으로 초청했다.[236] 당시 그 자리는 워싱턴에서 두 번째로 강력한 권한을 행사하는 자리였다.

레이건과 베이커가 함께 성공을 거둘 수 있었던 비결 하나는 그들이 깊은 유대 관계를 아주 빨리 형성한 것이었다. 레이건은 베이커가 재능이 있을 뿐 아니라 충성스럽다는 사실을 알았다. 그는 또한 워싱턴에서 어떻게 정치 게임을 풀어가야 하는지도 알고 있었다. 베이커는 동부 해안의 공화당원들이 레이건을 완전히 과소평가하고 있음을 알았다. 그러나 레이건 대통령은 놀라울 정도로 타고난 감각이 있었다. 두 사람은 상대의 판단을 신뢰했다. 그런 신임은 베이커가 레이건의 이너서클에서 강한 동맹을 구축하는 데 큰 도움이 되었다. 그 동맹에는 영부인 낸시, 그의 차석 마이크 디버, 레이건의 정치 고문 스튜어트 스펜서Stuart Spencer, 루이스 하우 등이 있었다.

물론 베이커를 비방하고 폄훼하는 사람들도 있었다. 특히 캘리포니아 주지사로 지낸 8년 동안 레이건을 위해 열심히 일했던 보수주의자들 사이에서 반감이 아주 심했다. 에드윈 미즈Edwin Meese와 빌 클라크Bill Clark 같은 고문은 베이커를 텍사스 보수주의자가 아니라 동부의 진보주의자로 여겼다. 그들은 베이커를 백악관에서 내쫓으려고 했지만, 레이건은 여러 차례 그를 옹호하며 지켜줬다.[237]

밤중에 자객의 칼이 번득일 것만 같은 살벌한 분위기의 백악관에서 베이커는 다양한 생존 기술을 배워야 했고, 특히 동료들을 잘 관리하는 것이 중요했다. 그는 신중하게, 하지만 끈질기게 세 개의 전선에서 진군했다. 가장 먼저 그는 자신의 적이 되려는 사람들에게 특권을 나누어주었다. 일례로, 그는 미즈가 내각의 일원이 되게 했고,[238] 베이커 자신은 참모로 남았으며, 미즈가 모든 핵심적인 정책 회의에 반드시 참여하도록 주선했다. 베이커는 자신이 권력을 확실히 잡은 순간조차 미즈에게 특혜를 주었다.

베이커, 미즈 그리고 디버는 레이건 정권 초기의 트로이카였다. 베이커는 의회와의 관계 유지, 소통, 접촉 및 대응 같은 일을 맡았다. 즉, 백악관의 작전 부문을 담당했다. 미즈는 서류상으로 더 큰 직무 범위, 즉 국내 및 국제 정책을 책임졌다. 디버는 베이커의 차석이었다. 미즈는 특유의 유쾌함이 있었고 나 또한 그 점을 좋아했지만, 조직적인 측면에서 베이커의 상대가 되지는 못했다.[239] 권력은 자연스럽게 베이커에게로 쏠렸다. 레이건 부부에게 거의 아들이나 마찬가지였고, 정권의 핵심 인물이기도 했던 디버 또한 점차 베이커 진영에 합류했다. 레이건 임기 첫해 말이 되자 베이커는 세 사람 중 1인자가 되었고, "벨벳 망치"라는 별명을 얻었다.[240]

베이커는 내가 기억하는 한 가장 훌륭한 백악관 팀을 조직했고, 그 팀에 적절히 권한도 위임했다. 리처드 대면Richard Darman은 아주 지적인 부하였고, 다양한 정책 제안들의 영향을 분류할 때 미래, 당면한 시점 그리고 과거의 함정을 살피는 뛰어난 능력을 지니고 있었다. 그는 오만하고 텃세가 심했지만, 실적을 올렸다. 마거릿 터트와일러Margaret Tutwiler는 베이커와는 물론이고 조지 H. W. 부시와도 친밀했는데, 베이커에게 냉엄한 현실을 알리길 두려워하지 않았고, 결국 국무부에서 베이커의 최고 대변인이 되었다.[241] 앞으로 다루겠지만, 존 F. W. 로저스John F. W. Rogers 역시 이너서클에 들어갔다.

베이커의 세 갈래 접근법, 즉 레이건 부부의 신임을 얻고, 비서실장의 영향력을 강화하고, 재능 있는 부하들을 포진시킨 것은 그가 일할 수 있는 견고한 토대가 되어주었다. 베이커는 자신을 최고 의사 결정권자로 여기지 않았다. 대통령이 큰 그림을 그리는 최종 결정권자라고 생각했고, 그런 큰 결정을 실행하는 것이 자신의 임무라고 생각했다.

대부분의 조직에서 어려워하는 문제는 아이디어를 제시하는 일이 아니라 아이디어를 실천하는 일이다. 이러한 문제를 해결하기 위해 베이커는 워싱턴에서 가장 유력한 두 세력인 의회와 언론과의 관계를 강화할 필요가 있다고 생각했다. 의회의 리더들은 백악관에서 먼저 찾아가야 할 사람이 베이커임을 깨닫자 여러 요청과 불평을 담은 전화를 빈번히 걸어왔다. 베이커는 자신이 받은 모든 전화에 답할 때까지 퇴근하지 않는 것을 습관으로 삼았다. 그는 밤 10시가 넘어서 전화할 일이 있으면 메시지를 남기기만 해도 된다는 것을 깨달았고, 긴 하루를 마친 이후였으므로 그건 그나마 다행이었다. 보수주의자들은 베이커가 레이건으로 하여금 국회와 너무 쉽게 타협하도록 조언한다고 불평했다. 하지만 베이커는 레이건이 먼저 빵 절반을 얻어내고 그다음 날 나머지 절반을 받아 오는 방식을 더 선호한다는 것을 알았다. 타협하지 않는다면 그런 방식은 불가능했다.

베이커는 언론과의 관계도 강화했다. 특히 주류 언론 기자들과는 더욱 친밀한 관계를 유지하려고 애썼다. 그는 대면과 내게 기자들과 비공개로 많은 이야기를 나누길 권유했다. 그래야 우리가 공적 담론을 형성하는 데 유리하고, 정부의 스캔들과 관련된 보도가 나가기 전에 낌새를 차리고 즉각 대응에 나설 수 있다는 것이었다. 백악관의 웨스트 윙에서 내부 갈등이 벌어지고 있을 때, 기자들이 내가 가진 정보 못지않게 갈등의 내막을 내게 들려주기도 했다.

얼마 전에 나는 베이커와 그의 부인 수전과 함께 옛이야기를 나누기 위해 휴스턴에서 만났다. 우리는 예전에 함께 일했던 시절의 교훈을 되새기면서 함께 많이 웃었다. 우리는 레이건 백악관 시절에 베이커가 도입했던 가장 중요한 운영상 변화는 바로 (다른 행정부에도 많은 도움을 줄) 입법전략그룹Legal Strategy Group, LSG의 설립이었다는 데 동의했다. 입법전략그룹은 매일 최소 한 번씩 베이커의 사무실에 모여 서로 의견을 나누고, 행동 계획에 합의했다. 언제나 의회를 어떻게 상대할 것인가가 첫 번째 의제였다. 베이커는 그 그룹의 장을 맡았다. 다먼은 의제를 준비했고(의제를 통제하는 사람이 보통 결과를 통제한다는 게 그의 이론이었다), 나는 소통과 행정 문제에 집중했다. 미즈와 그의 부하들도 그 그룹에 참석했고, 디버와 관련 정부 부처 고위 공무원, 의회·언론·소통·정무관계를 담당하는 고위직들도 그 그룹에 참여했다. 우리는 몇 시간 동안 의회에서 법안을 통과시키는 방법, 혹은 공적 담론의 변화에 대해 활발하게 토론하고 결론을 내렸다. 대통령에게 결재를 올린 결정 사항 대부분이 최종적인 것이었다. 우리는 모든 선택지를 검토해 최종안이 나왔을 때 비로소 레이건에게 결재를 올려 결정해달라고 요청했다. 우리가 실무자 차원에서 철저한 준비도 없이 대통령 집무실을 들락거리는 것은 대통령에게 실례임은 물론이고 결재 절차상으로도 문제가 있다(하지만 일부 행정 부처에서는 여전히 이런 식으로 산만하게 일 처리를 하고 있다). 베이커는 어린 시절 집안 어른들이 어떻게 5P를 가르쳤는지 여러 번 글을 남겼다. "사전 준비는 신통치 못한 업무 실적을 예방한다 Prior Preparation Prevents Poor Peformance."[242] 그는 백악관 시절에 이 원칙을 철저히 지켰다.

내가 볼 때, 베이커는 상사, 부하 그리고 동료를 관리하는 방법의 훌륭한 연구 사례다. 또 최고 상급자인 레이건 대통령과 일하는 방법에서도 최고의 모범 사례를 보여주었다. 베이커의 보좌를 받은 첫 임기 동안에 레이건은 탄탄한 장기 성장을 이끈 경제 법안을 취임 초기에 통과시켰다. 게다가 앨런 그린스펀이 이끄는 연방준비제도

하버드 리더십 수업

이사회와 함께, 베이커는 사회보장제도를 개혁하는 일에서 백악관과 의회를 선도했다.[243] 사회보장제도는 지난 40년 동안 이뤄낸 가장 중요한 초당적 법안 중 하나였다. 그 결과 레이건은 압도적 승리를 거두며 재선했을 뿐만 아니라 부통령 조지 H. W. 부시는 차차기 대선에서 승리를 거두기까지 했다(몇몇 사람은 그의 임기를 '레이건 3기'라고 불렀다). 짐 베이커는 조부의 가르침대로 평생 공부하고 부지런히 일했다. 그가 '정치에 발을 들이지 말라'는 조부의 가르침에 따르지 않은 것은 정말 잘한 일이었다.

8장

당신의 팀을 이끌어라

우리는 과거의 유능한 리더를 상상할 때, 임기 한창때의 존 F. 케네디가 보여준 이미지를 떠올린다. 가장 기억에 남는 케네디의 사진 중 하나는 대통령 집무실 그늘에 홀로 서서 세상의 무게를 혼자 감당하는 것처럼 등을 약간 앞으로 구부린 그의 모습이다. 이 사진에는 케네디 재임 시절의 매력적인 분위기가 배경에 살며시 담겨 있다. 지난 몇십 년 동안 미국인은 그를 리더의 완벽한 전형으로 생각해왔다.

리더십 연구는 역사적으로 어둠의 세력과 맞붙어 싸우는 외롭고 영웅적인 리더에 집중해왔다. 하지만 최근 수년간 많은 것이 변했다. 새로운 세기에 리더의 성공은 외로이 싸우는 것보다 팀과 함께하면서 다른 모든 관계자와 얼마나 잘 상호 협력하는지에 달려 있다. 그리하여 '창조적 협력creative collaboration'은 훌륭하게 운영되는 조직의 새로운 모델이 되었다. 예를 들어, 가장 기억에 남을 만한 오바

하버드 리더십 수업

마 대통령의 재임 중 사진은 홀로 대통령 집무실에 서 있는 모습이 아니라, 웨스트 윙의 상황실에 참모들과 함께 있는 모습이다. 그곳에서 그는 국가 안보팀 소속의 팀원 대여섯 명과 함께 옹기종기 모여앉아 지구 반대편에서 오사마 빈 라덴 제거 작전을 수행하는 해군 특수부대원들과 온라인으로 연락을 취했다. 백악관 팀은 유대가 강하고 유능한 팀으로 함께 긴밀하게 일하고 있었다.

　더욱 극적으로 과거와 대비되는 최근 사례를 알아보자. 앞에서 이미 알아봤듯이, 블랙 라이브스 매터는 2013년 경찰과 백인 우월주의자들의 손에 한 미국 흑인 청년이 비인간적인 대우를 받은 일에 분노한 세 흑인 여성이 만든 비영리 스타트업 조직이다.[244] 이 조직은 백인인 조지 지머먼이 무고한 흑인 청년 트레이번 마틴을 총으로 쏴 죽였는데도 무죄를 선고받으면서 시작되었다. 예상 밖의 무죄 선고는 여러 지역에서 블랙 라이브스 매터가 선두에 나선 대규모 거리 시위를 촉발했다. 이내 30여 개의 공동체가 블랙 라이브스 매터 지부를 조직했고, 다른 비슷한 생각을 지닌 집단들과 동맹을 형성했다. 하지만 블랙 라이브스 매터는 어떤 한 영웅적 인물에게 단체를 공적으로 대표하는 권한을 주는 기존의 리더십 개념을 거부했다. 그들은 권력이 분산되어야 마땅하다고 생각했다. 창립자들은 톱다운 방식이 아닌 보텀업 방식으로 권력이 아래에서 위로 치고 올라가기를 바랐다.

　블랙 라이브스 매터를 비롯해 보텀업을 지향하는 다른 조직들의 등장은 21세기에 우리 미래를 만들어가는 데 팀이 개인만큼이나 중요하다는 사실을 가르쳐줬다. 리더십이 어떻게 변했는지를 숙고하면서 나는 게이츠 재단의 첫 최고경영자인 패티 스톤사이퍼Patty Stonesifer가 젊은 사회적 기업가들에게 자주 해주는 조언을 떠올렸다. 그녀는 오랜 아프리카 격언을 인용했다. "빨리 가고자 한다면 홀로 가라. 하지만 멀리 가고자 한다면 함께 가라."[245] 패티도 잘 알고 있듯이, 그렇다고 해서 인격과 용기를 갖춘 리더가 더 이상 필요 없다는 뜻은 아니다. 리더는 조직의 힘을 모으고, 전략을 결정하고, 다른 사람들을 고무하는 데 필수적인 존재다. 하지만 오늘날의 세상에서 리더의 주된 직무는 훌륭한 팀을 꾸리고 권한을 부여하는 것이 되어야 한다. 큰일을 이루고자 한다면 함께 앞으로 나아가야 한다.

훌륭한 팀을 구축하는 기본 사항

전문적인 직장 생활을 시작한 이후로 나는 대여섯 팀—몇몇은 괜찮았고, 몇몇은 훌륭했다—을 이끌 수 있었고, 팀원들은 그 과정에서 내게 많은 것을 가르쳐줬다. 내 팀들은 그 구조와 목적이 다양했다. 1960년대 말 일본에 소속 항을 둔 해군 함정에서는 내 휘하에 50명의 선원이 있었고, 닉슨 백악관에서는 모병제 점검을 돕기 위한 예닐곱 명의 작은 팀도 있었다. 같은 백악관에 50명 정도 되는 또 다른 소통팀도 있었다. 레이건 백악관에는 100여 명의 소통팀도 있었으며, 언론계에 종사할 때는 『유에스뉴스앤드월드리포트』의 편집장으로 내 밑에 100명이 넘는 편집부와 행정부 직원을 데리고 있기도 했다. 하버드 대학교 케네디스쿨에서는 공공리더십센터를 설립하기 위해 수십 명으로 구성된 팀을 맡았다. 또 수십 개의 비영리 위원회에서 일하기도 했고, 그중 몇 곳에서는 위원장을 역임하기도 했다. 나는 젊고 포부가 큰 리더들과 긴밀히 협업하는 과정에서 그들의 전망에 관해 많은 걸 알게 되었다. 나의 자식들도 빠르게 성공 가도를 달렸고, 여러 재능 있는 대학 졸업생이 내가 담당한 핵심 팀을 구성했으며, 내 수업을 듣는 학생들은 세상을 변화시키려는 열망으로 가득했다. 그들 모두가 내게는 축복이었다.

그런 경험을 바탕으로, 또 공공정책대학원과 경영대학원 그리고 뛰어난 전기 작가와 역사학자들이 펴내는 문헌에 의지해 이 장의 나머지 부분에서 내일의 리더들을 위한 다음 세 가지 핵심 질문을 다루겠다.

- 훌륭한 팀을 구축하기 위해 리더가 알아야 할 필수 사항은 무엇인가?
- 좋은 팀에서 위대한 팀으로 발전하기 위해 리더는 어떻게 해야 하는가?
- 위계질서보다는 상호 긴밀한 협력이 팀에 가장 큰 혜택이 될 때는 언제인가?

경영학 교수도, 경영 전문가도 이런 질문들에는 아직 명확한 답을 내놓지 못했다. 하지만 그들은 비즈니스, 행정부, 사회적 부문에 모두 적용되는 좋은 방법을 알아내려고 노력하고 있다. 하버드 대학교 동료였던 고故 J. 리처드 해크먼J. Richard Hackman은 조직을 설립하고 운영하는 데 있어 개인의 역할에 너무 집중하지 말고, 팀이 번창할 수 있는 주변 환경에 더 신경 써야 한다는 주장을 펼쳐 크게 영향력을 떨친 사람이었다. 그의 선구적인 책 『성공적인 팀의 5가지 조건』에서 해크먼은 팀을 성공시키는 다섯 가지 조건을 제시했다.[246] 그것은 팀 내에서 잘 정립된 개인적 책임 사항, 견고한 지원 구조, 명확히 제시된 팀의 방향성, 지원을 아끼지 않는 주변 환경, 팀원들을 위한 전문가의 코칭이다. 해크먼이 꼽은 가장 중요한 조건 세 가지를 빠르게 살펴보자.

잘 규정되고, 서로 받아들일 수 있는 책임 사항

해크먼은 개인의 책임 사항들이 겹치면 팀원들이 자기 경로에서 벗어나거나 원칙을 무시해 팀이 고통에 시달린다고 여러 사례를 들며 지적한다. 예를 들어, 카터 행정부의 국무장관 사이러스 밴스Cyrus Vance는 온건한 비둘기파였지만 국가 안보 보좌관인 즈비그뉴 브레진스키Zbigniew Brzezinski는 맹렬한 매파였다. 그들은 정책과 권력을 두고 잦은 충돌을 벌였다. 카터 대통령이 해군사관학교에서 졸업 연설을 준비하던 중에 각 고문은 자신의 견해를 반영한 초안을 제출했다. 어떻게 해야 할지 묻자 카터는 이렇게 답했다. "두 개를 잘 절충해보세요." 그 결과 연설문은 뒤죽박죽이 되어버렸고, 그 안에서 제시된 정책도 혼란스럽기 그지없었다.

이런 부류의 충돌은 레이건 임기 초에도 발생해 백악관 조직을 괴롭혔다. 국무장관 알렉산더 헤이그Alexander Haig는 자신이 국가 안보에 관한 종합적인 리더십을 책임지고 있다고 믿은 반면, 국방장관 캐스퍼 와인버거Caspar Weinberger는 그런 생각에 격렬히 반대했다. 행정부 초기에 『타임』은 헤이그를 주제로 삼은 표지 기사를 내보냈고, 표제에서 그를 "대리자"라고 칭했다.[247] 이 일로 백악관 내부에서 대소동이 벌어졌다. 내부 충돌은 이내 엄청나게 커졌고, 결국 레이건은 헤이그를 물러나게 했다. 물론 트럼프도 똑같은 난관을 여러 번 직면했다. 트럼프 시대를 폭로하는 수많은 책을 통해 익히 알려진 것처럼 트럼프의 백악관은 그야말로 대혼란이었다.

일의 완수를 도와주는 강력한 조직

해크먼이 제시한 팀 구축의 또 다른 기본 사항은 결정을 내리고 이를 수행하는 효율적인 과정을 만들어야 한다는 것이다. 세계보건 기구WHO가 2014년 3월 에볼라 발병을 보고했을 때 오바마 대통령과 휘하 팀은 비록 이를 예측하지 못했지만, 즉시 대응에 나설 수 있는 능력을 갖추고 있었다. 『배니티페어Vanity Fair』가 보도한 것처럼, 오바마 행정부는 "이런 부류의 위협에 대응하는 명확한 절차와 지휘 계통을 갖추고 있었다".[248] 그들은 연방 정부의 대응을 끌어내는 방법을 알았고, 연방 정부의 임무와 조사를 지원할 리더십 팀도 갖추고 있었다. 후자는 전자만큼이나 중요하다. 에볼라 대응 책임자로 임명된 사람은 론 클레인Ron Klain이었다. 그는 무척 현명하고 조직적인 사람이었고, 연방 정부의 여러 다른 부문 사이에서 조화를 이뤄 협동하면서 효과적이고 빠르게 바이러스와 싸우는 일에 나섰다. 그 덕분에 미국은 에볼라에 거의 피해를 입지 않았다. 오바마의 대응팀이 빠르게 협조하고 막아낸 덕분이었다.

이후 그들은 전 세계적인 유행병에 대응해 성과를 거두려면 조직이 얼마나 필수적인지를 깨달았다. 미래에 발생할 유행병을 대비하기 위해 국가안전보장회의 내부에 항구적인 관련 부서를 설립했다. 그들은 또한 새로운 코로나바이러스를 포함해 미래의 전염병 위협에 대비하고자 69쪽에 이르는 지침서를 작성했다. 하지만 2020년 코로나바이러스 유행이 닥치자 당시 트럼프 행정부는 오바마의 계획을 따라 대응하지 않으려 했다. 실제로 그들은 그 계획을 완전히 내다버렸다. 지평선 위에 먹구름이 몰려오자 트럼프 대통령은 사태를 마주 보지 않고 오히려 외면했다. 결국 위기가 닥치자 트럼프는 한 가지 중대한 조치를 취했는데, 미국에 들어오는 중국인 숫자를 줄이라는 것이었다. 하지만 그의 접근법은 전체적으로 불안정하고 불확실했으며, 국가의 복지보다는 자신의 정치적 복지에 더 집중했다. 그의 팀은 그만큼이나 당황했다. 국가 안보 보좌관 존 볼턴John Bolton은 실제로 공중보건 위기에서 나라를 보호하도록 설계된 국가안전보장회의 내 관련 부서를 폐쇄했다.[249] 트럼프는 물론이고 그의 팀원 다수도 과학과 연방 기관들을 신뢰하지 않았다. 심지어 더 파멸적인 결과를 불러온 건 그들이 백신 접종을 거부하라고 온 국민을 상대로 설득한 것이었다. 그렇게 우리는 새로운 유행병 전파에 고스란히 노출되고 말았다. 2022년 겨울, 90만이 넘는 미국인이 유행병으로 사망했다.[250]

오바마의 팀은 궁극적으로 유능한 조직이었음이 밝혀졌다. 기존 조직과 명확한 지휘 계통을 잘 활용한 덕분이었다. 트럼프의 팀이 실패한 이유는 그와 유사한 조직이 없어서 한결같은 대응을 하지 못했기 때문이다. 해크먼이 지적한 것처럼, 조직 계통도 내의 최고위 인사가 훌륭하게 팀을 이끌었다고 말하기 쉽지만, 사실 팀의 성공을 이끈 원동력은 조직 내에 잘 구축된 단단한 지원 구조다. 주목할 만한 점은 조 바이든Joe Biden 대통령이 2021년 취임했을 때 론 클레인을 비서실장으로 임명했다는 것이다. 에볼라를 격퇴한 그의 경험, 즉 조직에 강력한 지원 구조를 확립한 경험은 코로나바이러스 퇴치에 필요한 소중한 자원이었다.

매력적인 사업 방향

홀륭한 팀을 구축하기 위한 마지막 사항은 사업 방향을 잘 정하는 것이다. 그 과정에서 리더의 역할이 무엇인지 생각해보자. 맥스 드 프리Max De Pree는 인기를 끈 자신의 책『성공한 리더는 자기 철학이 있다』에서 이런 말을 했다. "리더의 첫 번째 책임은 현실을 잘 규정하는 것이다. 마지막 책임은 '고맙다thank you'라고 말하는 것이다. 두 책임 사이에서 리더는 봉사자 겸 채무자가 되어야 한다."[251] 일하는 의미를 부여하고 매력적인 사업 방향을 제시하는 것, 바로 이것이 가장 성공한 팀의 본질이다. 미국의 역사 내내 미국인들은 모든 사람에게 동등한 권리가 부여되길 추구하며 비공식 단체나 팀을 구성해 협력해왔다. 엘리자베스 스탠턴Elizabeth Stanton이 명확한 목적을 공유하지 않았더라면 수전 앤서니Susan Anthony와 파트너 관계를 맺고 여성권리와 참정권 캠페인을 50년 넘게 이끌지 못했을 것이다. 서굿 마셜 또한 명확한 목적 공유가 없었다면 전미유색인지위향상협회에 합류해 협회를 인종 평등 확립을 위한 강력한 세력으로 끌어올리는 일을 하지 못했을 것이다. 중요한 팀들은 이처럼 더 높은 대의를 위해 일하는 데서 큰 의미를 찾았다.

나치 강제 수용소에서 살아남은 정신의학자 빅터 프랭클Viktor Frankl은 자신의 경험을 기록한 책을 쓰는 데 온 힘을 쏟았다. 그는 1946년 베스트셀러가 된 『죽음의 수용소에서』를 단 9일 만에 탈고했다.[252] 이 책에서 그는 강제 수용소에서 살아남은 사람과 그렇지 못한 사람의 차이는 단 하나라고 말했다. 그것은 바로 인생의 의미를 지니고 있는지 여부였다. 삶에서 의미를 찾은 사람들은 훨씬 더 희망적이고 회복력도 높았다. 그는 다른 재소자들에게 이렇게 조언했다.[253] 삶에서 기대할 수 있는 것이 무엇인지 묻지 말고, 대신 삶이 우리에게 무엇을 기대하는지를 물어라.

현명한 리더는 이런 사실을 알고 있다. 구성된 팀이 공공 분야든 민간 분야든 그 팀의 사기는 팀원들이 자신이 더 큰 대의에 봉사하고 있다는 마음가짐에 크게 영향을 받는다. 예를 들어 맨해튼 계획에서 미 육군은 원자폭탄을 만들고 있다는 사실이 알려지지 않도록 보안 유지에 대단히 신경 썼고, 그래서 그 계획의 실제 목적을 아는 사람을 일부러 아주 적게 유지했다.[254] 훗날 노벨상을 받게 될 물리학자 리처드 파인만Richard Feynman은 곧 담당 팀의 기술자들이 실망스럽게도 한심한 성과를 내고 있음을 파악했다. 파인만은 로버트 오펜하이머Robert Oppenheimer에게 철저히 비밀에 부친다는 전제 아래 맨해튼 계획의 사명을 팀원들에게 밝힐 수 없겠는지 물었다. 오펜하이머는 동의했고, 기술자들에게 원자폭탄 개발에서 그들이 핵심 역할을 맡고 있다고 알려주었다. 그러자 파인만은 그들의 작업에서 "온전한 변화"가 생기는 것을 목격했다.[255] 그들은 밤늦게까지 힘을 다해 일했으며, 생산성은 전보다 열 배로 늘었다. 그들은 연합군에 승리를 가져다주는 일에 참여한다는 생각에 크게 고무되었다.

좋은 팀을 위대한 팀으로 바꾸기

여태까지 우리는 좋은 팀을 구축하는 데 무엇이 필요한지 살펴보았다. 그렇다면 좋은 팀을 위대한 팀으로 바꾸는 데 필요한 것은 무엇일까? 극소수의 위대한 팀을 만들어낸 마법 같은 비결은 무엇일까? 해크먼의 분석이 보여줬듯이, 좋은 팀을 구축하기 위해서 팀을 조직하는 사람은 그 팀을 탁월하게 만들 관리 규칙과 구조를 구축해야 하고, 꾸준하고 탁월한 수준의 성과를 올리길 강조해야 한다. 그러나 좋은 팀은 탁월한 관리 구조를 갖추는 것만으로는 부족하다. 팀에는 더 높은 포부, 날카로운 상상력 그리고 훌륭한 협업 방식을 추구하는 최고 책임자가 있어야 한다. 그래야 실적을 최대한으로 올릴 수 있다. 그런 지도자는 말과 행동에서 비범해야 한다.

1990년대에 전직 스탠퍼드 대학교 교수인 짐 콜린스는 좋은 팀을 구축하는 데 있어 권위자가 되었다. 그는 왜 몇몇 회사는 살아남고 다른 회사들은 망했는지 그 이유를 탐구한 책을 써서 상당한 독자층을 확보했다. 그런 성공을 거둔 뒤 그는 20여 명의 연구자를 모아 팀을 구성했고, 28개의 주요 회사를 대상으로 5년에 걸쳐서 연구를 수행했다.[256] 그 연구에서는 좋거나 그저 평범한 회사가 어떻게 군계일

학의 경지에 올라 지속적으로 평판을 쌓을 수 있었는지를 조사했다. 콜린스는 첫 조사에서 연구자들에게 리더 개인에 관한 연구와는 거리를 두라고 당부했다. 그는 "이제 그런 연구는 잊으라고" 했다. 조직의 성과에 관해 리더가 맡은 비중을 지나치게 크게 평가하고 있다고 생각했기 때문이다. 그는 회사의 일반 업무에 더 집중해 조사하고 싶었다.

그는 가장 잘 일하는 팀에 초점을 맞췄다. 하지만 연구자들은 회사의 우수한 리더 개인, 특히 최고 경영진에 속한 리더 개인을 무시할 수 없음을 여러 번 확인했고, 콜린스는 그러한 발견에 놀랐다. 실제로 리더는 훌륭한 조직의 성공에 핵심 요인이었다.

또 하나 놀라웠던 점은 가장 뛰어난 리더에게 발견되는 공통적인 프로필이었다. "겸손함과 강렬한 직업적 의지가 조화를 이룬 개인"이 바로 그것이었다.[257] 강렬한 의지? 연구 결과에서는 그렇게 표현했다. 하지만 개인적 겸손함이라? 잭 웰치 같은 최고경영자가 유명했던 1990년대를 겪은 사람이라면 2000년대가 겸손한 최고경영자를 높이 평가하는 10년이 될 거라고 예상하지 못했을 것이다.

도저히 그럴 것 같지 않아 보였지만 콜린스는 성공 조건에 관한 논쟁에서 승리했다. 2001년 그와 그의 연구자들은 『좋은 기업을 넘어 위대한 기업으로』라는 책으로 연구 결과를 공표했다. 이 책은 400만 부가 넘게 팔렸고, 베스트셀러가 되었다.[258] 오늘날까지도 이 책은 야망 넘치는 기업인들의 '필독서'다. 나중에 콜린스는 사회적 기업도 위대해질 수 있는지를 묻는 책도 썼는데, 그 책 역시 베스트셀러가 되었다.

올바른 팀을 버스에 태우기

오늘날에도 여전히 유효한 콜린스의 『좋은 기업을 넘어 위대한 기업으로』에서 가장 큰 영향력을 미친 조언은 관리 구조에 관한 것이 아니라, 팀원들의 상호 연결성에 관한 것이다. 앞서 말했던 것처럼, "올바른 사람을 버스에 승차시키고, 올바른 사람을 알맞은 자리에 앉히고, 엉뚱한 사람은 하차시켜야 한다".[259] 이는 리더십 문헌에서 가장 많이 인용되는 문장 중 하나가 되었다. 그 증거로 콜린스 팀은 1980년대와 1990년대 웰스 파고Wells Fargo*의 15년에 걸친 성공을 인용했다.[260] 웰스 파고의 경영진은 은행업에 거대한 변화가 다가오고 있음을 깨달았지만, 무엇이 변화할지 확신하지 못했다. 따라서 그들은 초점을 바꿨다. 무엇을 해야 하는지 묻는 것이 아니라 누가 일을 해야 하는지를 물었다. 그들은 회사에 인재를 꾸준히 영입하는 경로를 구축했고, 1983년부터 시작해 15년 동안 눈부신 성장을 보였다. 그들이 채용한 신입 사원 중 다수가 다른 대기업의 최고경영자가 되었다. 콜린스가 확인한 것처럼, 모든 조직에는 일류 인재를 발견하고, 채용하고, 그들에게 권한을 부여하는 리더십 능력이 필수적이다.

1960년대와 1970년대 미국의 우주 계획에 선발된 사람들은 그들이 갖춘 자질로 높은 명성을 얻었다. 톰 울프Tom Wolfe는 우주비행사들과 그들의 가족을 몇 년에 걸쳐 인터뷰했고, 그들에게 요구된 신체·정신적 부담을 알고 매우 놀랐다. 1979년 펴낸 자신의 베스트

---

*   미국에서 네 번째로 큰 규모의 은행.

셀러에서 울프는 인상적이게도, 임무를 성취한 그들이 "필요한 자질Right Stuff"을 갖췄다고 썼다.[261] 아폴로 계획은 수년간 40만 명이라는 믿기 어려운 숫자의 인원을 채용했다.[262] 최근 우리는 그 계획에서 중대한 역할을 맡은 상당수가 여성과 유색인종이라는 사실을 알게 되었다. 인간 컴퓨터처럼 지칠 줄 모르고 일했던 수십여 명의 흑인 여성은 우주 비행의 경로 궤적을 치밀하게 계산했다. 그들의 계산 수치는 조직 내부에서 무척 존중받았다.[263] 우주비행사 존 글렌John Glenn은 비행경로를 계산하는 책임을 맡은 흑인 여성 캐서린 존슨Katherine Johnson이 이상 없음을 확인해줄 때까지 첫 궤도 임무에 나서지 않으려 할 정도였다.

엉뚱한 사람을 버스에서 하차시키기

짐 콜린스가 발견했던 것처럼, 훌륭한 조직은 버스의 알맞은 자리에 올바른 사람을 앉히는 데서 그치지 않고 그보다 더 많은 일을 해야 한다. 그 일 중 하나가 바로 잘못된 사람들을 하차시키는 것이다. 이 일은 보기보다 꽤 힘든 일인데, 나도 사회생활을 해나가면서 정말 그렇다는 것을 깨닫게 되었다. 주간 시사지 『유에스뉴스앤드월드리포트』의 새 소유주 모트 저커먼이 내게 1986년 그 잡지의 편집장이 되어달라고 요청했다. 그는 자신의 잡지가 갈수록 활력을 잃어 전면적인 점검이 필요하다고 내게 명확하게 말했다. 그러면서 수십 명에 이르는 기자를 해고하라고 지시했다. 그들은 버스에 잘못 탄 엉뚱한 사람들이니까 내보내고, 새로운 팀을 구성할 필요가 있다고 했다. 나는 이전에 전문직 종사자들을 이처럼 집단으로 해고한 적이 전혀 없었다. 나 역시 마찬가지로 그 조직의 신참이었고, 누가 훌륭하고 누가 그렇지 않은지 잘 알지 못했다. 하지만 지시가 내려왔으니 나는 최대한 공정하고자 했다. 떠나는 사람들의 평판을 보호함은 물론이고, 우리 잡지사가 일하기 좋은 곳이라는 기존 평판 역시 지키고자 했다. 요약하자면 나는 무척 세심하게 일을 진행해야 할 필요가 있었다.

이어진 몇 주 동안 누가 떠나야 할지 결정하면서 나는 대상자를 차례로 한 사람씩 불러 면담을 했다. 나는 이렇게 말했다. "무척 유감스럽게도 우리는 지금 당신과 맺은 관계를 끝내야만 합니다. 하지만 당신의 평판을 보호할 필요가 있어요. 해고되었다는 말이 나돌면 새로운 일자리를 찾는 데 별 도움이 되지 않을 테니까요. 그래서 제안을 하나 할까 합니다. 이건 우리 둘 사이의 비밀로 하죠. 오늘부터 90일 동안 조용히 다른 일자리를 찾아보세요. 당신이 자리를 찾으면 다른 회사에 새로 일자리를 얻었다고 알리겠습니다. 이직을 축하하는 송별회도 크게 열어줄 겁니다. 90일보다 더 시간이 필요하면 알려만 줘요. 그때까지 우리 둘만 알고 있자고요." 나는 그 후 대상자 거의 모두가 다른 일자리를 찾고, 당당하게 새로운 삶을 살았다는 데 자부심을 느꼈다. 잡지사로서는 모트가 열정적으로 자금을 투자하면서 판매 부수와 광고 측면에서 기록적인 수익을 낼 수 있도록 확실하게 도움을 줬다. 오늘날 『유에스뉴스앤드월드리포트』는 온라인 출판으로 상당한 이익을 내고 있다.

위대한 팀 리스트

25년 전 『조직의 천재Organizing Genius』라는 책에서 워런 베니스와 패트리샤 워드 비더먼Patricia Ward Biederman은 위대한 집단과 그런 집단이 협력하는 방법에 관한 생생한 이야기를 공동으로 써냈다.[264] 그들의 지적에 따르면 미국인은 영웅을 사랑하는 민족이며, 다른 개인이나 집단보다 영웅에게 더 높은 지위를 부여한다. 하지만 거의 사전계획이 없는 상태로도, 위대한 팀들은 개인과 집단의 노력을 성공적으로 조화시켜 새롭고 경이로운 것을 만들어냈다.

맨해튼 계획과 아폴로 계획에 더해 베니스와 비더먼이 거명한 위대한 팀 리스트에 포함된 사례들을 알아보자.

- ◆ 매킨토시 컴퓨터를 창조한 애플의 스티브 잡스는 "우주에 흔적a dent in the universe"을 남기겠다는 꿈을 추구했다.[265]
- ◆ 제록스Xerox의 팰로앨토 연구 센터는 현대의 개인 컴퓨터, 이더넷, 레이저 인쇄 같은 기술 혁신에서 핵심 역할을 했다.[266]
- ◆ 록히드마틴Lockheed Martin의 스컹크웍스Skunk Works는 사내에서 고도로 자율권이 부여된 팀으로 과도한 요식 행위로부터 자유로웠다. 그들은 냉전이 한창 중일 때 비밀리에 미국 항공기를 설계해냈다.[267]
- ◆ 바우하우스 운동은 나치 독일에서 도망친 선구적인 건축가와 예술가들을 잉글랜드와 미국으로 끌어들였다.[268]
- ◆ 노스캐롤라이나주의 블랙 마운틴 대학교는 1930~1940년대에 선도적인 예술가·작곡가·시인·건축가·디자이너를 대규모로

영입한 실험적 시도로 유명하다. 이곳은 상원 의원 조 매카시 Joe McCarthy의 공격을 받던 현대 예술가들에게 인큐베이터 겸 피난처 역할을 했다.[269]

베니스와 비더먼이 책을 펴낸 이후 20년 넘게 흐른 지금까지 당연하게도 여러 혁신으로 인한 엄청난 변화가 있었고, 특히 과학·기술에서는 더욱 비약적인 발전이 이뤄졌다. 하지만 당시 그들이 쓴 내용은 오늘날 상황에도 여전히 잘 맞아떨어진다. 20세기와 21세기 초는 모든 흠결에도 불구하고 "미국의 협력적 성취에 있어 황금기"였다.[270] 실제로 거의 200년 전 토크빌이 주장했듯이, 미국인은 집단행동 측면에서 천재적인 것으로 보인다. 특히 우리가 팀으로 뭉쳤을 때 말이다!

위대한 집단은 무엇이 다른가

대부분의 위대한 집단은 평균적인 조직과 변별되는 특징이 있다. 그들은 내부적으로 동기를 부여받고 문제 해결사가 되기를 즐긴다. 월트 디즈니Walt Disney는 "꿈꿀 수 있다면 그것을 이룰 수 있다"라고 믿었다.[271] 그는 위대한 집단을 만들어낸 독창적 리더였으며, 오늘날에도 할리우드에서 존경받고 있다. 위대한 집단에 소속된 사람들은 직업을 사명처럼 여기고 도전적인 환경에서 살거나 일하길 마다하지 않는다. 블랙 마운틴 대학교에서 학생들은 망치, 못, 목재를 가져와서 자기 숙소를 직접 지어야 했다.

위대한 집단의 인력 채용 담당자는 지원자가 탁월하게 뛰어나고

자 하는 열정이 있는지, 문제를 해결하는 재능이 있는지, 다른 사람과 일하고 즐길 능력이 있는지 알고자 한다. 토머스 에디슨Thomas Edison 시절부터 각종 집단은 그들 나름의 인재 측정법을 고안해 사용했다. 에디슨은 150개의 까다로운 질문으로 구직자의 능력을 시험했고, 스톱워치로 답을 내는 시간을 측정했다. 에디슨이 낸 퀴즈는 이런 것들이 있다. "가죽은 어떻게 무두질하는가?" "황금 12그레인*에 얼마를 지불해야 하는가?"[272] 오늘날 구직자에게 까다로운 질문을 하는 것으로 유명한 회사는 구글이다. 예컨대, "맨홀 뚜껑은 왜 둥근가?"[273] 같은 질문을 던진다. 나는 학생들을 데리고 맨해튼 중간 지역에 새로 자리 잡은 구글 캠퍼스에서 하루를 보냈는데, 구글의 사무실들은 여러 활동으로 시끌벅적했고, 직원들은 스케이트를 타고 사무실들을 오갔다. 다른 기술 회사들과 마찬가지로 구글은 최근 들어 힘겨운 시기를 지나고 있었지만, 그래도 이처럼 장난기 많고 활력 넘치는 근무 환경을 찾기는 어려웠다. 그들은 무척 즐거운 시간을 보내고 있었다.

위대한 팀들에 관한 한 가지 주의사항. 그들을 훌륭한 스타로 구성된 올스타팀과 같은 것으로 혼동하지 말자. 올스타팀은 자신만을 생각하는 개인으로 구성된다. 그러나 위대한 팀에 소속된 사람들은 서로를 생각한다. 안타깝게도 많은 경쟁적인 조직에서 여전히 스타를 모으기만 하면 자연스럽게 승리하는 조합이 될 것이라 믿는다. 『포춘』의 존경받는 칼럼니스트 제프리 콜빈Geoffrey Colvin은 잘나가는

---

*   1그레인은 약 64.8밀리그램.

사람들을 모은다고 해서 그들이 한 팀으로 잘나갈 것이라고 기대할 수는 없다고 주장한다. 2004년 미국 올림픽 농구팀은 서로에게 거의 도움이 되지 않는 NBA 스타들로 구성되었다. 그런 팀 구성은 효과적이지 않았고, 그들은 준결승에서 아르헨티나 팀에 패배하며 결국 동메달을 들고 귀국했다.[274] 대조적으로 1980년 미국 올림픽 하키팀은 반反 드림팀 원칙을 분명하게 내세우며 구성되었다. 팀 코치는 이렇게 말했다. "저는 최고의 선수를 찾지 않습니다. 올바르게 플레이할 선수를 찾는 거죠."[275] 그가 선발한 선수들은 평균 나이 21세의 대학생들이었고, 소련은 오랜 세월 함께한 스타들로 구성된 팀을 냈다. 미국 팀은 그 올림픽에서 심각한 약체로 여겨졌다. 하지만 두 팀의 대결은 그야말로 극적이었고, 일부는 그것을 '빙상의 기적'이라고까지 말하며 20세기의 가장 큰 스포츠 이벤트라고 말했다. 미국 팀은 준결승에서 예상을 뒤엎고 소련 팀을 물리쳤고, 결승에 올라가 금메달을 획득했다.[276]

집단 중심 리더십의 유산

미국인은 시민권 운동이라고 하면 이 사람의 이미지를 먼저 떠올린다. 그는 링컨 기념관에서 인산인해의 지지자들을 상대로 연설했던 마틴 루서 킹 주니어다. 혹은 앨라배마주 몽고메리에서 일부러 흑인이 앉는 것이 금지된 버스 앞좌석에 앉은 로자 파크스Rosa Parks를 떠올린다. 존 루이스, 서굿 마셜, 말콤 엑스Malcom X 같은 리더들이 변화의 대변인으로 앞날의 길을 닦았다. 하지만 배경에 머무르면서 그들을 도와주었던 다른 사람들도 있었다.

엘라 베이커Ella Baker라는 여성을 역사는 거의 기억해주지 않는다. 베이커는 화려한 미사여구를 사용하지 않았고, 마틴 루서 킹 같은 영웅들처럼 전국적인 관심을 끌지도 않았다. 하지만 다른 형태의 리더십에 대한 헌신, 그리고 끈덕진 활동으로 미국 전역의 여러 공동체에 활기를 불어넣었다. 대다수 미국인의 눈에 시민권 운동은 '빅식스Big Six'*에 의해 주로 전개된 것으로 보인다. 그것은 운동을 톱다운 방식으로 보는 관점이다. 엘라 베이커는 시민권 운동을 보텀업 방식, 즉 대중 운동으로 확산시키고자 한 장본인이었다. 오늘날 리더십에 관한 그녀의 이론이 평가를 받으면서 여러 운동에서 그런 접근 방식의 영향력이 증명되고 있다.

대중 수준에서 운동을 전개한다는 베이커의 철학은 미국 전역의 여러 공동체에 실제로 변화를 불러일으켰다. 그녀는 젊은 시절부터 자신만의 활동을 시작했으며, 대공황 시기의 할렘 구역에서 노동문제에 헌신하면서 흑인청년협동연맹Young Negroe's Cooperative League에서 전국 담당 이사로 일을 시작했다. 그녀는 강력한 관계 네트워크를 구축하면서 이어 전미유색인지위향상협회의 현장 담당 연락관으로 일했다.[277] 이 일로 그녀는 고향인 남부로 향했고, 그곳에서 회원을 모집해 새로운 지부를 세웠다. 조직 내에서 점점 더 높은 지위에 오르

---

* 유명한 운동가였던 마틴 루서 킹, 존 루이스, 제임스 파머James Farmer, 필립 랜돌프Philip Randolph, 로이 윌킨스Roy Wilkins, 휘트니 영Whitney Young을 이르는 말.

하버드 리더십 수업

면서 그녀는 회원들을 프로그램에 적극적으로 참여시키는 것이 아니라, 회원 수의 확장에만 집중하는 조직을 점점 더 비판적으로 보게 되었다. 전미유색인지위향상협회는 법적 투쟁에만 집중하는 바람에 수십만에 이르는 회원의 잠재력을 거의 활용하지 못했다. 결국 베이커는 조직에서 떠났고, 다른 시민권 운동 집단들에서 일했다.[278] 그녀는 남부기독교리더십회의의Southern Christian Leadership Conference, SCLC의 전무로 2년 반 동안 일하기도 했는데, 그곳에서 흑인 여성과 젊은이로 구성된 대규모 집단이 무시당하는 모습을 보고, 대중 수준의 운동 철학이 인정받지 못하고 있음을 다시 한번 느꼈다.

베이커는 남부기독교리더십회의와 전미유색인지위향상협회에서 열심히 일했지만, 보텀업 방식의 시민권 운동을 해야 한다는 그녀의 목적을 달성하지 못했다. 하지만 1960년대에 학생들이 연좌 농성을 벌이기 시작할 때, 베이커는 이 기회를 활용해 자신이 지난 세월 구축해온 지역 연고를 통해 대중에게 영향을 미쳐 미국 전역으로 시위 관련 소식을 퍼뜨릴 수 있었다. 그녀는 어디에서나 학생들이 기꺼이 행동에 나서려 한다는 것을 확인했고, 그들을 초청해 자신의 모교인 쇼 대학교에 집결하게 했다. 이때 열린 회의에서 비폭력학생협력위원회Student Nonviolent Coordinating Committee, SNCC를 발족했다. 마침내 그녀는 자신이 예전부터 꿈꿔온 조직을 만들 수 있었다.[279] 여기서는 여성과 청년이 적극적인 참가자였고, 지방 공동체들이 관여했으며, 대중적 리더십은 지역 단계에서 권장되고 발전했다. 당시 내슈빌 연좌 농성에 참여 중인 존 루이스는 해당 회의에 참석할 수 없었지만, 곧 비폭력학생협력위원회에 깊이 관여했고 회장도 맡았다. 시민운동이 일반 구성원의 변화에 더욱 집중해야 한다는 베이커의 신념에 루이스는 크게 동조했다. 그는 학생운동이 "인종 분리와 차별에 저항하는 것 못지않게 미국의 전통적인 흑인 리더십 구조에도 저항해야 한다"라고 생각했기 때문이다.[280]

위원회의 운동가들은 첫 회의 이후 연좌 농성 캠페인을 이어갔고, 이어 다른 캠페인들을 통해 활동 범위를 확장했다. 여기에는 특별한 의미가 있는 프리덤 라이드Freedom Rides에 참여한 것도 포함된다. 프리덤 라이드 이후 비폭력학생협력위원회의 운동가들은 남부로 퍼져 나갔고, 여러 공동체와 관계를 맺었으며, 집집마다 방문해 유권자 등록을 권유하는 등의 노력을 계속했다. 그들의 일이 늘 화려했던 것은 아니지만 일관되게 대화를 나눴고, 이를 바탕으로 시민운동을 벌이는 공동체 내에서 신뢰를 구축할 수 있었다. 이를 통해 흑인이 유권자 등록을 하도록 격려하는 일에 더욱 큰 영향력을 발휘할 수 있었다.

베이커는 많은 측면에서 비폭력학생협력위원회의 리더였지만, 학생들에게 먼저 권한을 위임해 학생 스스로 조직을 이끄는 일을 터득하게 했다. 즉, 베이커는 '리더 중심 리더십'보다는 '집단 중심 리더십'을 발전시켰다.[281] 그녀는 이렇게 말했다. "리더십에 관심이 있는 사람들 못지않게 리더십에 관심이 없는 사람들을 발전시키는 것도 중요합니다. 이게 늘 제가 하는 생각이에요." 그녀는 "카리스마 넘치는 리더에 의존하는 것보다 사람들이 자급자족할 수 있게 조직하는 것"의 중요성을 강력히 주장했다.[282] 베이커는 당대 사람들이 쉬이 깨닫지 못했던 진실을 알고 있었다. 때로는 몇 주, 몇 달, 심지어 몇 년을 함께 일하는 많은 사람의 노력에서 비로소 완만하고 단단한 개혁의 성과가 나온다는 것을. 그런 사람들에게는 지시를 내릴 최고위직이 필요가 없었다. 비폭력학생협력위원회 구성원들은 조직의 활동을 발전시키고자 각자 맡은 바를 열심히 해야 한다는 것을 절실히 깨닫았다.

오늘날 우리는 '미스 베이커Miss Baker'의 집단 중심 리더십 모델을 따르는 조직이 점점 많아지는 것을 목격하고 있다. '미스 베이커'는 그녀의 제자들이 애정을 담아 그녀를 부르는 호칭이었다. 민주주의를 지지하는 시위는 중동부터 홍콩에까지 걸쳐 SNS와 유기적인 조직 전술을 통해 동력과 지지자를 얻고 있다. 이러한 운동은 모두 대중적 형태를 취하고 있다. 여러 측면에서 기후 조치와 성 평등을 위한 세계적인 운동들도 똑같은 양상을 보인다. SNS의 등장 그리고 의견을 교환하는 민주화를 통해 지역 문제는 한순간에 국가적인 관심사가 된다. 일부는 이런 새로운 리더십 모델을 '비위계적nonhierarchical'이라고 평가하고, 다른 몇몇은 그것을 '리더 부재leaderless'라면서 폄훼하기도 한다. 이런 리더십 방식의 가장 유명한 현대적 사례는 블랙 라이브스 매터 운동이다. 이 조직의 공동 설립자 패트리스 컬러스는 '리더 충만leader-full'이라는 용어를 선호하며, '리더 부재'라는 명칭이 시민운동에서 일을 진행하는 많은 리더를 무시하고 있음을 지적한다.[283] 명칭이 무엇이든, 특정인을 대표자로 두지 않는 조직들이 늘어나고 있는 것은 분명하다. 그 조직들은 국가적 풍경에 강한 영향을 미치는 중이다.

많은 측면에서 이런 모델은 우리가 위대한 팀들에서 발견한 적극적 협력에서 비롯된다. 리더십 책임을 조직 내의 여러 개인에게 맡기고, 일련의 목표를 향해 진전하도록 그들에게 권한을 부여함으로써 리더 충만의 조직은 더 높은 수준의 집단 신뢰와 협력을 지향할 수 있다. 이런 모델을 효율적으로 사용하면 소외된 집단들, 즉 베이커가 경험한 것처럼 여성과 유색인종 집단 또는 다른 소외된 개인들의 집단이 중요한 목소리를 내고 회의 테이블에 앉을 수 있다. 누구든 블랙 라이브스 매터나 민주주의를 지지하는 시위운동에 참여할 수 있는 것이다. 집회에 나가고, 가까운 지부에서 자원봉사를 하며, 행동에 나서달라는 요청에 응하기만 하면 된다. 평범한 사람들이 운동을 구축하면서 카리스마 넘치는 최고위직과 해결사를 임명하는 기존의 방식을 의도적으로 피했다. 마틴 루서 킹이 비극적으로 암살당한 일로 리더의 사망이 운동의 동력을 얼마나 떨어트리는가를 잘 알게 되었기 때문이다.

하버드 대학교 케네디스쿨에서 비폭력 저항을 연구하는 에리카 체노웨스Erica Chenoweth는 분권화한 조직들이 리더와 관심사의 보호를 넘어서서 역동적으로 변화하는 관계에 더 빠르게 대응할 수 있고, 리더의 명령이라는 번잡한 절차를 건너뛸 수 있다고 말했다.[284] 게다가 폭넓은 범위의 목적을 추구하는 것은 리더가 충만한 형태의 운동에서 더 잘 이뤄질 수 있다. 특정한 정책이 오로지 한 가지에만 초점을 맞출 필요는 없다. 여러 초점을 지향하면 고도의 지부 간 협력을 이룰 수 있다.

이러한 혜택들도 있지만 물론 여러 단점과 소통에서 생기는 문제점도 있다. 예를 들어, 위기 상황에서 리더가 충만한 형태의 조직은 명령을 내릴 특정인이 없다. 게다가 중앙 통제가 없으면 이데올로기적 균열로 이어질 수 있고, 집단의 여러 목적에서 벗어날 수 있다. 예를 들어 2020년 블랙 라이브스 매터 시위 중에 소수의 백인 시위자들이 상점들을 약탈하자, 보수 우익은 이런 극단주의자들의 행동을 빌미 삼아 그들의 보수적 견해를 더욱 강화했고, 그런 극단적인 행동이 블랙 라이브스 매터 운동의 전형적 사례라고 비난했다. 시위에 참가한 대다수 사람이 평화적이었음에도 블랙 라이브스 매터는 편견이 무척 심한 보수층에서 폭력적이고 급진주의적인 조직이라는 평판을 얻었다. 블랙 라이브스 매터는 불운하게도 인종차별적 중상모략의 희생양이 되었고, 이 때문에 일부 사람은 흑인 시위운동이 내부적으로는 분노가 가득하고 폭력적인 조직이라는 믿음을 갖게 되었다. 마지막으로 가장 중요한 점인데, 조직에서 지나치게 리더가 충만해지면 조직의 목적을 상황에 맞게 변화시키려 할 때, 필연적으로 의견 충돌이 일어난다.

선라이즈 운동Sunrise Movement, 우리 생명을 위한 행진, 블랙 라이브스 매터 같은 집단들의 요구가 정부의 구체적인 조치로 이어져 결실을 거둘 수 있을지는 아직 확실하지 않다. 그러나 한 가지는 확실하다. 리더가 되고자 하는 다양한 개인들(청년과 노년, 흑인과 백인 등)에게 권한을 부여함으로써 이런 운동들은 세상의 주목을 받았다. 일반 대중의 담론은 분명 이러한 조직들의 운동에 영향을 받았고, 정치 지도자들은 그들의 발언과 행동에 신경 쓰고 있다. 인종 평등부터 기후변화, 성소수자 권리 그리고 총기 규제에 이르는 다양한 문제에서 운동가들은 이미 그들이 원하는 방향으로 여론을 움직이기 시작했고, 정치 지도자들은 이를 예의 주시하고 있다. 이렇게 운동가 집단이 새로운 세대에게 영감을 줄 수 있다면, 나라의 모습을 완전히 바꿀 수 있을 것이다.

하버드 리더십 수업

◆ 9장 ◆

대중 설득의 기술

1830년 어느 날 볼티모어의 한 조선소. 13세 노예 소년은 백인 소년 무리가 학교에서 지정해준 독본의 문장들을 서로에게 읽어주며 외우는 소리에 열심히 귀를 기울였다. 그 문장들이 무척 흥미로웠던 소년은 구두를 닦아 모은 돈 50센트로 동네 서점에서 『미국의 웅변가The Columbian Orator』라는 책을 샀다.

최근 이 책을 재판한 편집자 데이비드 블라이트David Blight의 회상에 따르면, 이 소년은 성경만큼이나 이 책으로부터 많은 인도와 영감을 받았다고 한다. 그 소년은 두 책을 모두 필사했고, 연구했으며, 문장들을 암송했다.[285] 그러면서 두 책의 도덕적 교훈을 열렬하게 받아들였다. 그는 훗날 이렇게 말했다. "기회가 될 때마다 나는 이 책을 읽었습니다."[286]

한 해 뒤 일리노이주 대평원에서 농사짓는 22세 농부도 『미국의 웅변가』를 발견했고, 곧 빨아들일 듯이 그 글을 읽었다. 그 역시 다

합쳐 1년 정도밖에 되지 않는, 단편적인 정규 교육을 받았을 뿐이었고, 그래서 독학에 굶주려 있었다. 그는 『미국의 웅변가』에 실린 도덕적인 이야기에 매혹되었을 뿐만 아니라, 그 속에 있는 민주주의와 자유의 중요성을 강조하는 영국 의회 지도자들의 명연설들도 모두 자기 것으로 만들었다.[287]

신기하게도 두 사람은 33년 뒤 가장 그럴 법하지 않은 장소인 백악관에서 처음 만나게 된다.[288] 프레더릭 베일리Frederick Bailey는 나중에 자신의 이름을 프레더릭 더글러스로 바꿨고,[289] 더 나아가 당대의 가장 뛰어난 흑인 리더이자 연설가가 되었다. 백악관으로 그를 초청한 사람은 에이브러햄 링컨으로 미국 역사상 가장 위대한 리더이자 연설가였다.

놀랍게도 두 사람의 인생은 서로 비슷했다. 데이비드 블라이트의 말을 바꿔 표현하면 그들은 모두 밑바닥에서 올라왔고, 영어에 통달했으며, 다른 사람들은 생각지도 못한 미국의 재창조에 대해 이야기했다. 그들의 삶은 리더십에 관한 여러 교훈을 제공한다. 19세기에 그랬던 것처럼 지금도 여전히 유의미한 교훈이다. 그 당시와 마찬가지로 오늘날에도 나만의 고유한 목소리를 찾고, 다른 사람들을 동원할 수 있는 설득력의 기술은 가장 강력한 무기다. 그 기술을 갖추기 위해 반드시 금수저로 태어나야 하는 것은 아니다. 평등정의계획Equal Justice Initiative, EJI의 설립자이자 인권 변호사 브라이언 스티븐슨Bryan Stevenson이 말하는 것처럼, 공동체와 가장 밀접하게 일하는 사람들이야말로 사람들의 욕구를 더 잘 판단한다. 가장 중요한 것은 더글러스와 링컨이 그러했듯이 꾸준한 노력과 많은 연습을 통해 대중 설득력의 기술을 익히는 것이다. 뛰어난 연설은 타고난 재능이 아니라 노력을 들여 익혀야 하는 것이다.

대중 담론은 최근 몇 년 들어 좋은 쪽이든 나쁜 쪽이든 변화해왔다. 장황하게 생각을 표현하는 글은 트위터(현 X)에 밀려나고, 편지는 이메일에게 자리를 내주었다. 현재의 기술은 많은 측면에서 소통 방식을 민주화했다. 우리는 어디에 있든 사람들과 실시간으로 연락할 수 있고, 한때 소규모 집단만 이용하던 도구에 온 세상 사람이 접근할 수 있다. 하지만 이러한 기술의 진보와 함께 우리의 대중 담론에 질적 수준의 저하가 일어났다. 우리는 오늘날 진부한 정치 담론과 정치적 수사법을 예전보다 더 많이 사용한다. 링컨과 스티븐 A. 더글러스Stephen A. Douglas는 1858년 상원 의원 경선에서 일곱 차례 토론을 벌였는데, 노예제 확대라는 단일 주제에만 각자 90분을 들여 자기 생각을 토로했다.[290] 무슨 말을 하는지 궁금했던 사람들은 그 토론을 듣고자 아홉 시간을 걸어오기도 했고, 토론장에서는 세 시간 내내 선 채로 후보자들의 생각을 들었다.[291] 그래도 다리 아픈 줄 몰랐다. 이와는 대조적으로, 2020년 대선에서 도널드 트럼프와 조 바이든 간의 첫 토론은 열다섯 가지 주제를 다루는 동안 각자 39분, 38분만 말했을 뿐이었다.[292] 논리적이기보다는 일방적인 주장만 있었다. 1985년 교육학자 닐 포스트먼Neil Postman은 자신의 베스트셀러 『죽도록 즐기기』에서 당대의 정서를 담았다.[293] 그러나 이 책이 나온 것은 트럼프보다 30년 전 시절이다. 우리는 더 이상 즐길 수 없다.

대중 담론의 기원은 2,500여 년 전 고대 그리스로 거슬러 올라간다. 고대 그리스인은 좀 더 민주적인 통치 형태를 실험했다. 숙련된 연설가들은 여러 공동체를 돌아다니며 정치와 통치 방식을 연구하는 사람들에게 가르침을 주고 사례금을 받아 생계를 이어갔다. 연설가들은 웅변 학교를 설립했고, 아리스토텔레스와 플라톤은 그곳에서 제자들을 가르쳤다. 키케로가 볼 때, 이소크라테스는 웅변술의 아버지였다.[294] 키케로는 연설문 작성자로 사회에 첫걸음을 내딛었으나 시간이 흘러가면서 그 자신의 멋진 연설로 명성을 다져나갔다.[295] 어떤 사람들은 데모스테네스를 고대 그리스에서 가장 영향력이 큰 수사학자로 여겼다. 그는 목소리가 작고 말을 더듬어 초기에는 훌륭한 연설가가 아니었지만, 고된 연습을 통해 능숙해졌고, 이후 연설을 통해 아테네인을 단결시켜 인근 마케도니아의 침공에 저항하도록 설득해냈다.[296] 아테네식 민주주의가 미국에서 무척 인기 높던 1830년대부터 1860년대까지의 '그리스 부흥기Greek Revival'*에 성장한 링컨은 페리클레스를 인용하길 즐겼다. 특히 아테네가 스파르타와 전쟁을 하던 첫해 말에 페리클레스가 했던 전몰자 추도 연설을 자주 인용했다.[297]

　수 세기에 걸쳐 설득력 높은 웅변은 민주주의의 실천과 불가분의 관계를 맺었고 이제 그 둘은 앞으로도 함께 나아갈 것으로 보인다. 역사학자들에 따르면, 사회 내부에서 엄청난 스트레스와 분열이 나타나는 시기에 각종 연설과 저술이 쏟아진다고 한다. 이때가 대중 지식인들이 당대의 현실을 이해하려고 애쓰면서 그런 현실에 새로

---

*　18세기 말과 19세기 초, 주로 북유럽과 미국에서 일어난 고대 그리스 건축 양식의 부흥을 말한다. 미국에서는 이 시기 고대 그리스에 대한 관심과 함께 민주주의에 대한 수용도도 높아졌다.

운 의미를 부여하려는 때다. 수준 높은 기술로 행해진 대중 설득은 그렇게 통합의 원천이 된다. 하지만 우리는 그것에만 의존하고 있을 수는 없다. 우리는 더 건전한 시민 환경을 구축하고, 우리를 방해하는 세력이 있다면 그들을 설득해야 한다. 테드 터너가 즐겨 말했던 것처럼, "뭐라도 해. 이끌거나, 따라오거나, 아니면 빠져".

분명 미국인들의 경험은 웅변적 리더십에 의해 규정되어왔다. 남녀 리더들은 중대한 시기에 앞으로 나서서 보다 고상한 길로 나아가야 한다고 사람들을 고무했다. 건국 과정 중에 패트릭 헨리Patrick Henry, 토머스 제퍼슨 그리고 알렉산더 해밀턴이 그러했고, 19세기 초에 헨리 클레이Henry Clay와 대니얼 웹스터Daniel Webster가 그랬으며, 남북전쟁 당시의 링컨, 더글러스, 소저너 트루스, 그리고 도로시아 딕스Dorothea Dix가 그랬다. 개혁 시대Progressive Era에 시어도어 루스벨트가 그러했고, 애나 하워드 쇼Anna Howard Shaw는 여성의 참정권 획득을 위해 분투했다. 대공황과 제2차 세계대전 중에 프랭클린 델러노 루스벨트와 엘리너, 최근엔 킹, 케네디, 레이건, 바버라 조던Barbara Jordan, 앤 리처즈, 그리고 힐러리 클린턴Hillary Clinton이 그 선두에 나선 사람들이었다. 미국의 과거를 이해하고자 한다면 그들의 삶과 대중 설득법을 필히 연구해야 한다. 놀랍게도 가장 뛰어난 글재주를 타고났던 제퍼슨은 대중 연설을 혐오했다. 대통령 시절에 그는 두 번 밖에 대중 연설을 하지 않았는데, 그것도 첫 번째와 두 번째 대통령 취임식 때뿐이었다. 그는 다른 사람들을 설득할 때도 펜에 의존했다.

다행스럽게도 여전히 미국과 해외에 웅변술의 불꽃을 유지하는 사람들이 있다. 그들은 말과 생각이 여전히 지지자들을 동원할 수 있다는 사실을 상기시킨다. 2004년 갑작스럽게 한 흑인 남성이 단 한 번의 연설로 전국 무대에 돌연 나타났다. 그는 붉은 미국이나 푸른 미국 같은 건 없으며, 단 하나의 미국만 있다고 선언했다.[298] 그보다 더 가까운 일로는, '우리 생명을 위한 행진'이 있다. 그 행진에서 엑스 곤살레스의 외침은 미국인의 심금을 울렸고, 온 나라가 총기 폭력의 확산에 경각심을 갖도록 했다. 세련된 언변을 지닌 37세 여성이 뉴질랜드 총리가 된 이후 그녀의 리더십은 곧 백악관의 트럼프 대통령이 보여준 리더십의 안티테제가 되었다. 이런 심각한 격차에도 불구하고 리더들은 여전히 설득력을 발휘해야 하는 입장에 있다.

문제는 방법론이다. 어떻게 해야 대중 설득에 통달할 수 있는가? 어떻게 시작하고, 어떻게 연습해야 하는가? 어떻게 해야 대중의 평판을 얻어서 내가 하는 말을 듣거나 읽고 싶어하게 만들 수 있는가? 이제 이에 대한 아주 현실적인 문제들을 다뤄보기로 하자.

대중에 호소하는 목소리 찾아내기

케네디 대통령이 낭독하길 즐겼던 많은 인용구 중에 특히 좋아했던 것은 셰익스피어의 『헨리 4세』 1부에 나오는 두 인물의 대화다.

> **글렌다워**: 나는 저 광대한 바다에서 혼령을 불러낼 수 있어.
> **핫스퍼**: 이봐, 그건 나도, 아니, 누구나 할 수 있다고. 그런데 네가 혼령을 부른다고 그들이 올 것 같나?[299]

케네디는 처칠의 광팬이었다.[300] 그는 처칠로부터 포부가 큰 연설가에게 가장 중요한 것이 무엇인지 배웠다. 그것은 바로 자기 나름의 대중적 목소리를 발전시키는 것, 즉, 광막한 심해에서 혼령을 끌어낼 수 있을 만한 목소리를 만드는 것이었다. 처칠은 뛰어난 학생이 아니었다.[301] 중학교에서 그는 한 과목을 낙제해 유급했고, 그 결과 라틴어를 전혀 배우지 못했다. 하지만 훗날 되돌아보면 그것은 오히려 다행스러운 기회였다. 그는 영어 과목의 재시험을 보면서 맹렬히 공부해 숙달했고, 그렇게 익힌 언어 능력을 이후 탁월하게 활용했다. 그는 명연설들을 암기하는 데서 그치지 않았다.[302] 졸업 전에 그는 토머스 매콜리Thomas Macaulay의 『고대 로마의 담시Lays of Ancient Rome』 1,200행을 완전히 암기했다. 그는 옥스퍼드나 케임브리지에 입학할 수 있는 성적에는 미치지 못했고, 그래서 샌드허스트 육군사관학교에 갔는데 그것도 삼수를 해서 간신히 입학했다.[303] 그곳에서 또다시 행운의 기회가 찾아왔다. 그는 하급 육군 장교이자 야심찬 저널리스트로 해외에 배치됐다.[304] 쿠바, 인도, 수단 그리고 남아프리카에서 자신이 이룬 공적에 관한 다채로운 이야기를 워낙 멋지게 글로 풀어내 영국 전역에 처칠의 팬들이 생겨났다.

근무 외 시간에 처칠은 책을 탐독했고, 어머니에게 부탁해 무더기로 책을 배송받았다.[305] 그중에는 영국 의회에서 벌어진 논쟁을 토씨 하나 틀리지 않게 옮겨놓은 책들도 있었다. 처칠은 그 논쟁 회의록들을 읽었고, 자신이 양당 중 어느 한쪽 편이라면 무슨 말을 했을지 깊이 생각했다.[306] 그는 또한 셰익스피어와 킹 제임스 성경 같은 영국 고전을 폭넓게 읽기 시작했고, 더불어 역사학자와 시인들의 작품도 읽었다.[307] 그는 정치에 입문해도 손색없는 대중적 웅변 기술을 터득한 채 영국으로 돌아왔다. 만반의 준비를 마친 그는 26세에 처음으로 의회에 자리를 얻었다.[308] 이후 그는 거의 60년 동안 대중의 관심 속에 계속 머무르며 인기를 누렸다.[309]

몇십 년에 걸쳐 처칠은 연설, 저술 그리고 의회에서의 논쟁을 통해 둘도 없는 대중적 목소리를 발전시켰다. 저널리스트 에드워드 R. 머로Edward R. Murrow는 이렇게 말했다. "처칠은 영어라는 언어를 병사로 동원해 전장에 내보냈다."[310] 앞서 언급했듯, 그는 의회 의원석에서 발언하기 위해 연설 시간 1분당 한 시간을 써서 사전 준비를 했다. 10분을 연설한다면 열 시간을 미리 준비한 것이다. 처칠은 연설에 관해 유명한 말을 남겼다. "사람에게 부여되는 모든 재능 중에 연설 재능만큼 귀한 건 없다. 그런 재능을 누리는 자는 위대한 왕의 권력보다 더 오래 지속되는 권력을 행사한다. 그는 이 세상에서 독자적인 목소리로 말하는 사람이다."[311]

자기만의 고유한 목소리를 발전시키는 것은 곧 고유한 스타일이나 독특한 철학적 견해를 발전시키는 것이다. 좋든 싫든 도널드 트럼프는 자기만의 스타일과 관점을 가지고 있다. 버락 오바마는 전혀 다른 스타일과 관점을 보여주었다. 우리는 그 차이점을 발견할 수 있다. 마찬가지로 누군가 당신의 눈을 가리고 『뉴욕타임스』나 『월스트리트저널』의 사설을 크게 읽어주면 즉시 어느 신문인지 구분할 수 있을 것이다.

하지만 목소리는 그보다 더 중요한 의미를 지닌다. 삶에서 당신의 열정을 대변하며, 내면 깊은 곳에서 당신에게 의미를 부여하는 소중한 것이다. 목소리로 말하고자 하면 그것은 자연스럽게 당신 내부에서 흘러나온다. 랠프 월도 에머슨은 자신의 유명한 에세이 『자기 신뢰』에서 내면의 목소리에 귀를 기울이고 그것을 따르라고 말했다. "당신 자신을 고집하고 절대 모방하지 마라."[312]

미국 의회에서 남부 사람들이 새로 생기는 서쪽 주들에 노예제도를 수출하겠다고 위협하던 당시, 링컨은 일리노이주 출신의 일개 무명 정치인에 지나지 않았다. 하지만 그러한 사태가 링컨에게 깊은 열정을 불러일으켰고, 이후 국가의 나아갈 방향을 바꾸는 일에 헌신하게 되었다.[313] 마틴 루서 킹 주니어는 처음에는 자신을 그저 설교자로만 생각했다. 하지만 개리 윌스에 따르면, 그는 몽고메리에서 신자들에게 인종 분리의 해악을 설교하던 중에 신자들과 함께 거리로 나가야겠다는 생각이 들었다.[314] 그는 이때 비로소 자기 목소리를 찾기 시작했다. 이들의 이야기에서 나는 다시 한번, 가장 효과적인 의사소통은 내면의 목소리로 청중에게 말하는 것임을 깨달았다.

윌리엄 제임스는 이런 글을 남겼다. "나는 종종 이런 생각을 한다. 우연히 나타나 깊이 그리고 강렬하게 활력과 살아 있음을 느끼게 하는 특별한 정신적 혹은 도덕적 태도를 찾는 것, 그게 사람의 특징을 정의하는 최고의 방법이다. 그런 순간에는 내면의 목소리가 이렇게 말한다. '이게 바로 진짜 나야.'"[315]

당신의 목소리는 언제 가장 효과적인가? 당신의 열정이 사람들에게 목소리를 내도록 하는 때는 언제인가? 당신이 믿고 말하는 것이 사람들 내면에 공감의 심금을 울리는 때는 언제인가? 간디가 식민주의에 저항하는 싸움을 이끌어야겠다는 소명의식에 따라 남아프리카에서 인도로 돌아왔을 때, 처음에는 공개적으로 싸움에 가담하길 거부했다. 대신 그는 1년 동안 기차 3등석을 타고 조국을 여행하며 사람들의 목소리에 열심히 귀를 기울였다.[316] 마침내 발언에 나섰을 때, 그는 확실하게 사람들의 목소리를 이끌어낼 수 있었다.

당신의 목소리를 찾는 일은 쉽거나 빠른 과정이 아니다. 어느 정도 삶을 살고, 경험을 통해 꼼꼼히 선별하고, 자기 자신을 잘 이해해야만 비로소 당신의 목소리는 생겨난다. 앞서 살핀 것처럼, 때로는 개인적인 위기나 세상의 위기 때문에 인생 초반에 자기이해에 이르기도 한다. 1960년대와 1970년대에 많은 미국 청년이 시민권, 여성의 권리, 베트남전쟁, 환경운동 등의 다양한 논란 속에서 그들 나름의 목소리를 찾았다. 오늘날에는 많은 청년이 우리 사회 내의 조직적인 불평등에 관해 그들의 목소리를 찾아가고 있다. 하지만 대부분은 목소리를 찾는 데 시간이 걸린다. 내적인 삶을 발전시키고 그것을 되새겨야만 달성할 수 있다. 우리는 20대와 30대에 직업적인 혹은 외적인 삶에 열중하게 되므로, 자기 목소리를 찾기까지는 그보다 더 오랜 세월이 걸리기도 한다. 우리가 자기반성을 하고자 해도 시간이 없는 것은 이 때문이다. 하지만 세월이 흐르면서 우리는 윌리엄 제임스와 에머슨이 말한 '내면의 목소리inner voice'에 주의를 기울이기 시작한다. 당신을 감동시키는 주변 사건과 문제를 의식하는 것으로부터 시작하라. 뭔가를 굳건히 믿었을 때, 혹은 세상이 돌아가는 사정에 반대하고 싶을 때 거리낌 없이 당신의 의견을 말하라. 무엇이 진실이고 무엇이 소중한 가치인지 늘 의식하라. 그러면 진정한 내면의 목소리를 발견할 것이다.

대중 연설의 기초 사항

몇 년 전 한 여론 조사원이 미국인이 느끼는 가장 큰 공포 세 가지를 보고했다. 3위가 곤충이나 뱀을 비롯한 다른 동물들이었다. 2위는 높은 곳이었고, 가장 큰 공포는 청중 앞에서 연설하는 것이었다.[317] 가장 뛰어난 사람조차 대중 연설에서 어려움을 느낀다. 윈스턴 처칠은 의회에서 처음 연설을 했을 때 훌륭하게 해냈지만, 두 번째 연설에서는 준비가 부족한 상태로 지나치게 많이 말하려고 하다가 연설 도중에 실신했다. 여배우 로절린드 러셀Rosalind Russell의 적절한 비유를 빌리자면, 대중 연설은 낯선 청중 앞에서 발가벗은 채 천천히 몸을 돌리는 것과 같다.[318] 따라서 처음 몇 번의 연설에서 겁먹는다고 해서 세상에 이런 사람은 나뿐일 거라는 생각은 하지 않길 바란다. 약간의 불안감을 느끼는 것이 실제로는 더 나아지고 있다는 증거다. 불안이 당신의 심신에 활력을 주기 때문이다.

실제로 연설이 더 노련해질수록 그 흥분감은 더욱 커진다. 지난 40년 동안 나는 어림잡아도 1,000번이 넘는 연설을 해왔다. 그중 많은 연설이 주로 대학이나 비영리 단체에서 한 것이었다. 나머지는 강연 에이전시인 '워싱턴 스피커스 뷰로Washington Speakers Bureau, WSB'를 통해 했다. 후자에서 한 연설들의 사례금으로 두 아이의 학비를 댈 수 있었고, 공적 분야에서 더 많은 시간을 보낼 수 있었다. 나는 또한 여러 다른 부류의 청중 앞에서 연설함으로써 미국에 관한 내 이해와 공감을 크게 넓힐 수 있었다. 그 과정에서 크나큰 재미를 느꼈음은 물론이다.

먼저 대중 연설에 관한 기초 사항을 알아야 한다. 여기서 그 몇 가지를 설명하기로 하자.

첫째, 목적을 알아야 한다

청중 앞에 서기 전에 그 연설로 이루고자 하는 당신의 목적이 무엇인지 알아야 한다. 정보를 알려주려고 하는 것인가, 어떤 대의를 옹호하려고 하는 것인가, 청중을 자극해 행동에 나서게 하려는 것인가, 어떤 사건을 기념하려고 하는 것인가, 아니면 청중을 즐겁게 하려는 것인가? 이러한 목적은 그에 걸맞은 특유의 접근법을 요구한다. 연설 시점도 중요하다. 오전 연설은 보통 정보를 제공하려는 것이다. 그때는 진지한 이야기를 해줘야 청중이 잘 반응해줄 것이다. 점심시간이 넘어도 정보 제공이 가능하지만, 그에 앞서 몇 가지 재밌는 이야기로 연설의 탄력을 받아야 한다. 몇 년 전 중규모 오찬에서 연설할 기회가 있었는데, 내 소개를 시작하자 청중 사이에서 한 나이 든 신사가 크게 코를 골기 시작했다! 저녁 연설은 식사를 하기 전에 해야 한다. 식사를 마친 뒤 밤 9시 반쯤에 마이크를 잡으면 청중 절반은 어떻게든 집에 가려고 할 것이다. 플로리다주에서 나를 저녁에 초청한 호스트가 한번은 이렇게 말했다. "늦게까지 연설하지 마세요. 여기서 우리는 HBT 규칙을 지킨다는 걸 기억하시길." 내가 물었다. "HBT? 그게 뭐죠?" 그러자 그는 이렇게 대답했다. "Horizontal By Ten의 약자인데, 10시까지 취침이라는 뜻이랍니다!"

둘째, 분명한 메시지가 있어야 한다

청중이 당신에게 원하는 것은 무엇이며 당신은 그것을 어떻게 전달할 수 있는가? 연설은 당신의 생각을 말하는 기회가 아니다. 청중의 마음에 어떤 것이 있는지 말해주는 것이다. 워싱턴 스피커스 뷰로에서 알게 된 친구들은 내게 다가오는 행사가 열리기 한두 주 전에 후원자와 30분 정도 시간을 보내야 한다는 사실을 알려주었다. 그래야 청중의 관심사를 들을 수 있기 때문이었다. 현장에 도착했을 때 나는 신참 기자처럼 집단의 리더들을 찾아다니며 그날 그들이 관심을 보이는 사항이 무엇인지 물었다. 다시 말하지만 호스트에 관해 배우는 일은 당신에게 굉장히 유익한 경험이 된다. 하나 더 지적하자면, 연설할 때는 당신이라는 사람 자체가 하나의 메시지라는 것을 기억해야 한다. 사람들은 당신의 외양과 풍채를 보고 당신의 연설을 평가한다.

셋째, 연설의 3대 핵심 요소를 갖춰야 한다

아리스토텔레스와 다른 고대 그리스인들은 수사학을 중시했고, 서양사에서 수사학은 7대 교양 과목(문법·수사학·논리학의 3학과와 기하학·산술·천문학·음악의 4학과) 중 하나가 되었다.[319] 수사학은 연설뿐만 아니라 윤리를 연구하는 학문으로도 폭넓게 관심을 끌었다. 이 7대 교양 과목은 20세기가 될 때까지 대학 교육의 핵심이었다. 이 교과 과목들에서 벗어나기 시작한 것은 20세기 이후의 일이다.

그렇기는 해도 고대인의 가르침 대부분은 오늘날 연설을 가르치는 곳에 유효하게 살아남아 있다. 대중 연설을 탁월하게 하고 싶다면 나는 여러 인문학 학문을 익힐 것을 강력히 권한다. 모티머 애들러Mortimer Adler는 20세기 중반 강력한 영향력을 발휘했던 여러 저서에서 연설은 설득의 기술이며, 고대인들이 믿었던 것처럼 연설에는 주된 요소가 세 가지 있다고 주장했다.[320] 아리스토텔레스 시절부터 내려오는 이 3대 요소는 바로 로고스logos, 파토스pathos, 에토스ethos다. 각 요소에 관해 잠깐 살펴보고, 이것들이 어떻게 서로 호응하는지 살펴보자.

- 에토스는 사람의 인격을 뜻한다. 사람들은 당신의 확실성, 신뢰성, 호감도를 믿어야만 당신의 말에 주의 깊게 귀를 기울인다. 그리스인의 관점에서 에토스는 연설하는 사람의 정체성을 나타냈다. 때로 유머를 통해 사람들의 마음을 열 수 있다. 유명한 경제학자 조지프 슘페터Joseph Schumpeter는 80세 생일에 하버드 대학교를 방문했다. 그 대학 연설에서 그는 늘 살면서 세 가지 포부가 있었다고 말했다. 그것은 세계 최고 경제학자가 되는 것, 세계 최고 기수騎手가 되는 것, 그리고 세계 최고 연인이 되는 것이었다. 그는 이제 자신은 나이가 들었으니 세 가지 중 하나는 포기해야겠다는 생각이 든다고 말했다. 그는 세계 최고 기수가 되길 포기했다.[321]
- 로고스는 연설을 하는 과정에서 연사가 해내는 추론을 말한다. 연사가 로고스에 의존하는 것은 자신의 확신을 내보이려는 것이 아니라 청중이 여러 길 중에서 하나를 선호하도록 설득하려는 것이다. 로고스는 일반적으로 알고 있는 것보다 훨

씬 더 중요한 요소다.

- 파토스는 이성적 호소와는 대조되는, 감정에 대한 호소다. 우리는 머리 못지않게 가슴에 의해서도 마음이 흔들린다. 철학자 조지 캠벨George Campbell이 주장한 것처럼 "설득이 목적일 때는 열정 역시 개입해야 한다".[321] 일방적으로 이성에 의존하는 연설은 청중의 상상력은 물론이고 정신도 자극하지 못한다. 시는 산문이 들어가지 못하는 곳에 들어간다.

훌륭하게 작성된 연설은 보통 이런 패턴을 따른다. 당신을 소개하는 사람은 청중에게 당신이 주목할 만한 가치가 있는 사람임을 전한다(에토스). 당신은 핵심 주장으로 들어가기(로고스) 전에 재미있는 이야기로 운을 뗄 수 있다(파토스). 이어 당신은 아주 감동적인 결말로 연설을 끝낸다. 그러면 청중은 행동에 나서고 싶은 감정(파토스)을 느끼며 연설장을 떠난다.

넷째, 생생한 이야기로 마음의 문을 열 수 있다

마크 트웨인Mark Twain의 말을 달리 표현하자면, 모든 훌륭한 연사는 기독교인의 차분한 확신을 지니되 비장의 무기 네 개쯤은 갖춰야 한다.[323] 너무 무미건조하게 연설이 진행되면 재미있는 이야기를 느닷없이 꺼내 청중을 설득시키는 동시에 즐겁게 만들어줘야 한다. 전자기술 시대의 의사소통 전문가 캐슬린 홀 제이미슨Kathleen Hall Jamieson은 로널드 레이건이 프랭클린 루스벨트의 첫 취임식 연설이나 케네디의 베를린 연설, 혹은 린든 B. 존슨Lyndon B. Johnson의 시민권 연설과 견줄 만한 멋진 연설을 한 적은 없지만, 무척 효과적인 의사소통을 했다고 말했다. 그는 이야기를 들려주길 즐겼고, 제이미슨이 말한 것처럼, 그의 말들은 인상적인 텔레비전 영상을 보는 듯이 생생했다.[324] 시간이 나면 그의 첫 취임식 연설을 한번 살펴보라. 미국 민주주의를 보호하고자 최후의 순간까지 혼신의 힘을 기울였던 영웅들을 생생하게 회고하고 있다.[325]

다섯째, 웅변적 표현에 능숙해져야 한다

1500년대 중반 셰익스피어 시대 이후의 시인, 극작가 그리고 대중 지도자들은 웅변적 표현을 얻기 위해 영어를 많이 참고했다. 특히 비유적 표현은 역사에 남은 여러 명연설의 원천이 되었다. 몇 가지 예를 들면, 킹의 "내게는 꿈이 있습니다", 프랭클린 루스벨트의 "우리는 두려움 그 자체 말고는 두려워할 것이 없습니다", 처칠의 "우리는 해안에서 싸울 것입니다", 링컨의 "분열된 집" 등이 있다. 옥스퍼드 사전은 비유적 표현을 이렇게 정의한다. 수사적 효과 혹은 생생한 효과를 얻기 위해 표면적 뜻 이외에 다른 뜻으로 사용되는 단어나 어구.[326] 대표적으로 은유, 두운, 직유가 있다.

얼마나 많은 비유적 표현이 있는지는 의견이 분분하다. 누군가는 100가지가 넘는다고 하고, 다른 누군가는 스무 가지에 불과하다고 한다. 포부와 야망을 품은 작가라면 우선 흔히 사용되는 여섯 가지 정도의 비유적 표현에 통달해야 한다.

디지털 세상에서의 설득

미국의 가장 뛰어난 연설가인 링컨은 성공적인 통치를 위해 새로운 문명의 도구를 잘 이용한 대통령이었다. 그는 전보 기술이 확산될 것을 예상했고, 그것이 군 최고 통수권자인 자신에게 강력한 도구가 될 수 있음을 깨달았다. 더는 전장에서 보내는 편지를 기다리며 며칠씩이나 고민할 필요가 없었다. 몇 시간 만에 전투 결과를 들을 수 있었고, 이를 통해 빠르게 다음 절차를 결정할 뿐만 아니라 말 안 듣는 장군들을 적절히 제어할 수 있었다. 전신국은 그의 두 번째 집이 되었다. 시어도어 루스벨트의 시대에는 일간 신문이 대량으로 발행되었다. 루스벨트는 백악관 기자들에게 소식을 꾸준히 제공해 그들이 가장 좋아하는 사람이 되었다. 누구도 이전에 그런 홍보 활동을 펼친 적이 없었다.

프랭클린 루스벨트 시절, 라디오 기술은 미국 사회에 커다란 변화를 몰고 왔다. 횟수는 그리 많지 않았어도 벽난로 옆에서 그가 전하는 이야기fireside chat는 대공황과 제2차 세계대전 시기에 미국인을 하나로 단결시켰다. 전해 내려오는 이야기로, 어느 여름날 저녁 어떤 남자가 볼티모어 거리를 걸었는데, 열린 창문들을 통해 루스벨트의 노변정담을 처음부터 끝까지 들을 수 있었다고 한다. 존 F. 케네디에게는 텔레비전이 있었다. 그는 한때 언론 담당관인 피에르 샐린저Pierre Salinger에게 말했다. "우리는 텔레비전 없이 일을 할 수가 없어."[327] 로널드 레이건은 대중매체를 더욱 잘 활용했고, 정치의 활동 방식을 바꿔나갔다.

이전의 기술적 약진들과 마찬가지로, 인터넷과 SNS는 젊고 포부가 큰 리더들에게 우리 정치의 활동 방식을 재규정할 엄청난 가능성을 제시한다. 트럼프가 당선되기 고작 10년 전쯤에 하버드 대학교 기숙사 방에서 개시한 페이스북은 얼마 지나지 않아 일반 대중이 널리 이용하는 도구가 되었다. 같은 해 잭 도시Jack Dorsey는 트위터를 시작했다. 링크드인과 마이스페이스 같은 SNS는 그 전에 나와 이미 급속한 인기를 얻은 뒤였다. 하지만 온라인에서의 삶이 현실의 우리 삶과 정치에 어떤 영향을 미칠지 예측한 사람은 거의 없었다.

페이스북과 트위터가 공개 출시되고 몇 달 지나지 않아, 버락 오바마라는 떠오르는 정치 스타가 대선 입후보를 선언했다. 그는 명백히 약체로 보였지만, 그의 지원팀은 장점이 하나 있었다. 오바마의 2008년 대선 경선은 SNS의 정치적 잠재력을 개척하는 첫 현실적인 시도였다. 전통적인 가르침에 따르면, 정치란 모름지기 유권자가 있는 곳으로 가서 그들을 만나야 한다. 오바마는 그의 유권자, 특히 젊은이들을 온라인으로 대면했고, 그곳이 그들을 만나는 장소였다. 오바마의 경선 캠프는 모든 주요 SNS에 그의 페이지를 개설했고, 그의 개인적 매력을 널리 홍보했다.

페이스북 설립자 마크 저커버그Mark Zuckerberg의 누나이자 페이스북 전前 마케팅 이사였던 랜디 저커버그Randi Zuckerberg는 SNS를 향한 오바마의 진정성이 그의 성공 비법이었다고 진단했다. 그녀는 이렇게 말했다. "사람들은 자신이 정말 그의 캠프와 연결되어 있다는 기분을 느꼈습니다. 오바마 팀은 홍보 내용을 계속 새롭게 갱신하면서 사람들에게 지금 선거 유세 중이다, 피자를 먹고 있다, 꽉 막힌 도로에 있다 같은 상황을 전했죠. 이런 목소리는 모든 사람에게 그들이 함께 대화를 나누고 있다는 생각이 들게 했습니다."[328]

SNS와 디지털 체제는 유권자에게 연결되어 있다는 느낌을 주면서 후보자의 존재감을 심어주는 것 이상의 역할을 했다. 이전에는 전혀 보지 못했던 방식으로 메시지를 퍼뜨리고, 자원봉사자들을 모집하고, 선거 자금을 모금했다. 오바마 홍보팀은 지지자들을 위한 고유의 SNS 마이보MyBO를 활용해 평범한 사람들로 구성된 지지자 네트워크를 구축했다.[329] 마이보는 선거 캠페인이 끝날 때까지 200만 사용자를 끌어들였다. 그들은 디지털로 자원봉사자들을 설득해 행사를 주최하게 하고, 캠페인에 별로 관심 없을 법한 사람들에게 권한을 부여해 유세 활동에 나서게 했다. 결정적으로 오바마는 유권자를 온라인으로 만나며 디지털 방식으로 650만 달러의 기부금을 모았다.[330] 오바마의 디지털 도구 활용은 기존의 정치 활동 각본을 무너뜨렸다. 그는 디지털 도구로 유권자들과 연결되었을 뿐만 아니라 다양한 배경을 가진 전국 각지의 사람들에게 영감을 불어넣었다.

오바마 캠페인은 소셜 미디어를 잘 활용한 덕분에 당시 미국 상원의원이었고 곧 민주당 대통령 후보자가 될 오바마의 영향력을 크게 확장했다. 오늘날 SNS는 전통적으로 소외된 지역에 있던 사람을 전국적인 스타로 등극시킬 수 있다. 브롱크스에서 파트타임 바텐더 일을 하던 28세 라틴계 여성의 사례를 살펴보자. 그녀는 아주 조용한 방식으로 자신이 속한 공동체에서 사회운동가가 되었다. 2016년 그녀는 버니 샌더스Bernie Sanders를 위해 집집마다 돌아다니면서 선거운동을 했다. 하지만 그녀는 자기가 정치적 스포트라이트를 받을 것이

하버드 리더십 수업

라고는 전혀 생각하지 않았다. 그녀는 2017년 국회의원 선거에 나서달라는 요청을 받았을 때 매우 놀랐지만 결단을 내렸다. 퀸스에 있는 작은 선거 사무실에 모인 오합지졸 같은 자원봉사자들과 함께 그녀는 공식적으로 국회 서열 4위 민주당원 조 크롤리Joe Crowley에게 도전하기 시작했다.[331] 이는 자살 특공이나 다를 바 없어 보였다. 하지만 그녀의 개성, 지적 능력, 이념적인 힘을 SNS의 영향력과 연결함으로써 그녀는 이제 좌파에서 가장 사랑받는 사람이자 우파의 악당이 되었다. 수사학과 목소리라는 영원불변의 도구에 의지해 그녀는 강력한 메시지를 공들여 만들었다. 그것은 파토스, 에토스, 로고스를 활용해 많은 사람과 연결되는 메시지였고, 그녀가 더 많은 인기를 누릴 수 있게 해주었다. 그녀는 SNS를 통해 자신의 비전을 세상에 제시했다. 대부분의 정치인이 자신의 이니셜 세 글자를 사람들이 금방 알아볼 정도로 인지도를 쌓기 위해서는 공적 분야에서 몇십 년을 보내야 할 것이다. 그런데 'AOC'(알렉산드리아 오카시오코르테스)는 순식간에 사람들에게 자신의 이니셜을 각인시켰다.

알렉산드리아 오카시오코르테스는 SNS의 영향력을 증명하는 구체적인 사례이자, 디지털 채널을 통해 자신의 이름을 알리려는 신진 리더들의 모범이다. 이 사실을 인정하기 위해 그녀의 정치관에 동의할 필요는 없다. 그녀는 디지털 원주민이며, 각 SNS 플랫폼에서 유권자에게 어떻게 다가가야 매력적인지 잘 알고 있다. 그녀는 진정성 있고, 열정적이고, 간단명료하며, 종종 무척 재미있기도 하다. 흥미롭게도 그녀의 직원 중 다수는 새로운 삶을 살기로 한 전직 배우였고, 수사학적이고 극적으로 훈련된 그들은 코르테스의 이야기를 전달하는 데 소중한 자원이 되었다.

코르테스 개인의 이야기는 그녀의 주된 장점 중 하나였다. 그녀는 온라인에서 자신의 진짜 모습을 있는 그대로 보여주었고, 자신이 벌이는 홍보 캠페인의 신선함을 톡톡히 어필했다. 대조적으로 그녀의 상대는 10선을 한 현역 민주당 의원이었고, SNS를 사용하기는 했으나 진부한 정치적 전문 용어들만 늘어놓았다. 코르테스가 온라인에서 보여주는 존재감은 신선하면서도 그녀가 입후보한 지역구를 진정으로 대표했다. 이 글을 쓰고 있는 중에도 그녀는 새로 맡게 된 정치적 의무가 자신의 온라인 페르소나를 변화시키지 않도록 부단히 노력하고 있다. 그녀는 브롱크스에서 태어난 밀레니얼 세대로 삶을 살아가면서 자신과 자신의 신념에 진정성 있는 모습을 보여주었다. 그녀는 여러 차례 인스타그램 라이브 방송을 했는데, 거기서 경기 부양책의 숨겨진 의미에서부터 지역구 위원회의 청문회를 준비하는 법에 이르기까지 다양한 정치적 질문에 활발하게 답한다. 그러면서 그날 저녁 만찬을 위해 맥앤치즈*를 만드는 모습도 보여준다. 트위터에서는 재치 있게 응수하고, 트위치에서는 청년에게 투표를 독려하며 온라인 게임을 즐긴다.[332] 의원에 선출되고 고작 몇 주 지났을 때 그녀는 SNS 교육 시간에 민주당 동료들에게 이렇게 말했다. "우리가 당의 존재감을 높이는 길은 그곳에 가 있는 것입니다."[333]

디지털 시대에서 진정성 있는 리더십을 구현하는 것은 그 파급 효과가 길고 크다. 이를 실현한 리더는 잘난 체하지 않고도 지지자들

---

* 마카로니에 녹인 치즈를 버무린 요리.

에게 자신의 이야기를 전하고 그들을 격려할 수 있다. 또, 지속적인 추진력을 만들어낼 수 있고, 대화를 발전적으로 유지해나갈 수 있다. 가장 중요한 건 디지털 플랫폼들이 훌륭한 평형 장치a great equalizer가 되었다는 점이다. 코르테스, 선라이즈 운동 설립자들, 타라나 버크, 가 공동체에서 블랙 라이브스 매터 운동의 최전선에 있는 고등학생과 대학생들, 파크랜드 학생들, 리틀 미스 플린트Little Miss Flint* 같은 청년들이 직접 창조해낸 것을 살펴보자. 이들 각각은 10년 전이라면 아무 힘도 없고 목소리도 내지 못하는 사람들이었을 것이다. SNS는 그들에게 자신들의 아이디어를 널리 전파할 수 있는 새로운 마이크를 제공했다. 이런 도구들을 능숙하게 활용해 그들은 엄청난 수의 지지자를 끌어들였다. 그들의 진정한 목소리는 앞으로 다가올 몇십 년 동안 수백만에 이르는 지지자를 동원할 힘이 있다.

하지만 현실을 똑바로 보자. 우리 사회에 준동하는 어둠과 악의 세력도 SNS를 이용할 수 있다. SNS는 다른 많은 기술과 마찬가지로 도덕적으로 중립적이고, 그래서 긍정적인 목적 못지않게 부정적인 목적을 달성하기 위해서도 활용될 수 있다. 최근 우리는 SNS가 어떻게 좌익과 우익, 흑인과 백인, 부자와 빈자, 도시와 시골, 희망적인 사람과 절망적인 사람 사이의 편 가르기를 점점 더 악화시키는 데 동원되는지 자주 봐왔다. 좌익에게 문제는 도널드 트럼프와 터커 칼

---

*   2016년 3월, 8살에 버락 오바마 대통령에게 편지를 써서 미시간주 플린트의 수도 오염 문제를 전국에 알린 마리 코페니Mari Copeny를 말한다. 이후 그녀는 전 세계에 수도 오염의 심각성을 알리고, 환경문제와 인종차별을 해소하기 위한 활동을 지속하고 있다.

슨Tucker Carlson이 사람들에게 분노를 부추기는 것뿐만 아니라 그들이 민주적 전통을 깡그리 무시한다는 점이다. 그들은 SNS를 통해 앞으로 제거하는 데 몇 년은 걸릴 법한 해악을 미국의 정치제도 속에 주입하고 있다. 그러나 미안한 일이지만, 좌익에게도 잘못이 티끌 하나도 없지는 않다. 그들 역시 때로 상대방을 오해하는 데서 오는 사악한 힘에 휘둘렸다. 보수주의자는 자신이 2등 시민 대우를 받고 있으며, 주류 언론에 의해 2부 리그로 묘사된다고 느끼는데,* 이것은 어느 정도 타당한 생각이다. 국가의 리더들과 제도를 향한 신뢰는 추락하는 중이며, 따라서 미래를 향한 확신도 함께 사라져가고 있다.

사람들 사이에서 새로운 기술을 이용하는 수많은 선동가가 나타나는 것은 놀랄 일이 아니다. 우리는 과거에도 이와 비슷한 패턴을 봤다. 라디오가 최고의 매체로 떠올랐을 때, 프랭클린 루스벨트만이 그 힘을 장악한 사람은 아니었다. 중서부의 가톨릭 사제 코글린 신부는 반유대주의와 파시즘을 마구 퍼트리는 라디오 쇼를 토요일 오후에 진행했다. 이는 미국인 대다수가 꼭 챙겨 듣는 쇼가 되었고, 『뉴욕타임스』는 코글린 신부의 인기가 절정일 때 그의 격렬한 설교가 "화려한 언변을 기대하는 9,000만 명의 청취자를 매주 라디오로 끌어들였다"라고 추정했다.[334] 증오는 사람들 사이에서 잘 팔린다. 《의지의 승리Triumph of the Will》라는 레니 리펜슈탈Leni Riefenstahl이 만든 유명한 나치 선전 영화를 보라. 이 영화의 절묘한 호소력은 히틀러가 독일인의 상상력을 완전히 사로잡는 데 극적인 영향을 미쳤다.

---

* 　미국 주류 언론은 대체로 좌파 성향을 띤다.

이러한 대중 선동에 어떻게 대응해야 할까? 과거에도 그렇고 오늘날에도 마찬가지다. 마냥 슬퍼하기만 해서는 안 된다. 그보다 우리는 과거의 수사적 전통을 계속 살려나가야 한다. 두 방법(디지털과 수사법) 사이의 명백한 차이에도 불구하고 디지털 세상은 저 오래된 수사학의 힘을 적극 활용한다. 예를 들어, 트위터나 라디오 방송의 목적과 메시지를 잘 이해하는 것은 대중 연설에서 분명한 목적과 메시지를 갖는 일만큼 중요하다. 오늘날 미디어의 제약 사항들을 고려하면, 이런 요소(수사법상의 요소)들을 명백하게 규정하는 일은 더욱 중요하다. 로고스, 파토스, 에토스는 트위터나 페이스북의 글에서 활용하기는 힘들지만, 공개 발표나 실황 방송에 그런 요소를 뒤섞을 수 있는 방법을 생각해야 한다. 오늘날 대중은 과거처럼 텔레비전 연설 하나만 보고 간단히 설득되지 않는다. 이제 리더들은 훌륭하게 작성된 온라인 견해, SNS 포스트, 간결하고 함축적인 텔레비전 히트 television hit*를 통해 이념이나 정책에 관한 자기 입장을 표현하는 법을 배워야 한다.

내 친구 제이미 흄즈Jamie Humes는 몇 년 전 현명한 말을 남겼다. "의사소통의 기술은 곧 리더십의 언어다."[335] 그가 맞다면—나는 그렇게 생각한다—이런 교훈은 떠오르는 젊은 리더 누구에게나 필수적으로 해당하는 사항이다. 대중 설득은 단숨에 배울 수 있는 기술은 아니다. 하지만 이 책의 조언을 자주 실천하면 다른 사람들을 격려해 당신을 따르게 만드는 것도 그리 먼 미래의 일은 아니다.

---

* 촌철살인의 말.

3부

행동하는 리더십

10장

두 여정의 합일

1부와 2부에서 우리는 리더십 자질을 함양하기 위해 많은 사람이 떠나는 내적 여정과 외적 여정을 탐구했다. 이미 살펴본 바와 같이, 리더는 마음이 약한 사람은 수행할 수 없는 역할이다. 그 역할은 때로는 짜증 나고 또 위험하기까지 하다. 하지만 때로는 활력을 찾아주고 또 고상한 인품을 만들어주기도 한다.

3부는 내적인 여정과 외적인 여정을 하나로 통합하면서 시작한다. 그리고 이런 통합이 오늘날 리더들의 궁극적 목표, 그러니까 위대한 사업의 성취에 어떻게 기여하는지도 살펴본다. 서로 다른 분야의 세 리더를 살펴보는 것으로 이야기를 시작하자. 한 사람은 형이 암살되고 난 이후 어려운 시절을 살아간 상원 의원 로버트 케네디이고, 두 번째는 포드 재단의 이사장이 되어 많은 실적을 올린 수전 버리스퍼드Susan Berresford다. 마지막은 활발한 공동체 조직 활동으로 전국의 정치 지형을 완전히 뒤바꾼 스테이시 에이브럼스Stacey Abrams다.

하버드 리더십 수업

이 세 사람은 각자 다른 길을 걸어가면서 때로는 힘들고 좌절하는 순간도 있었지만, 자신의 내적 용기와 외적 사교 능력을 발휘해 훌륭한 리더로 우뚝 섰으며, 그리하여 오늘날 신진 리더들의 롤 모델이 되었다.

이 장의 마지막에서 우리는 최근 백악관 내부에서 어떤 일이 벌어졌는지 살펴볼 것이다. 나는 백악관에서 근무하면서 정권의 초창기 활동이 어떻게 이뤄졌는지 바로 옆에서 지켜봤으므로 사실적인 정보를 제공할 수 있다. 신임 대통령은 임기 초반이 아주 중요하고 또 핵심적이다. 이때가 대통령과 참모들이 그들의 비전을 구체적 행동으로 실현하는 때이기 때문이다. 어떤 일이 성공했는가? 어떤 일이 실패했는가? 이런 사례들은 다른 분야에서 리더로 떠오르는 사람들에게 어떤 교훈을 주는가? 우리는 리더십의 인간적 측면을 좀 더 분명하게 봐야 할 필요가 있으므로 유쾌한 이야기 두 가지를 소개하려 한다.

내적 여정과 외적 여정의 합일

소아신경과 의사이며 55권 이상의 저서를 펴낸 로버트 콜스Robert Coles는 미국 전역, 특히 남부에서 배를 곯고 있는 아이들에 대한 국민적 관심을 불러일으키려고 애쓴 자신의 경험을 글로 남겼다. 콜스와 그의 팀은 연구·조사를 하고, 글을 써내고, 극빈 지역에 개별적으로 방문하고, 워싱턴에 지원을 호소했지만, 국민적 관심을 끄는

데 실패했다.[336]

연방 의사당을 여러 번 찾아갔으나 번번이 실패를 겪은 그들은 어느 날 로버트 케네디 상원 의원으로부터 차나 한잔하러 오라는 초대를 받았다. 그들의 예상과는 다르게, 케네디는 몇 시간 동안 대화를 나누면서 메모를 했고, 그들에게 의사당을 움직이는 요령에 대해서 조언해주었다. 케네디는 처음에는 미온적인 태도를 보였으나 곧 열성적으로 바뀌더니 곧 그들 활동의 열광적인 지지자가 되었다. 그는 연방 의사당에서 일을 해낼 수 있는 사교적 능력이 있었다.[337]

케네디는 콜스 팀의 이야기를 다 듣고 나서 그들이 연방 의회에서 증언할 수 있도록 주선해주었다.[338] 또 그 팀 소속의 한 의사가 당시 미국 내에서 가장 신임받는 언론인인 월터 크롱카이트Walter Cronkite와 인터뷰할 수 있도록 해주었다. 그러나 워싱턴의 관료들이 여전히 뜨뜻미지근하게 나오자 케네디는 직접 미시시피주와 웨스트버지니아주의 가장 가난한 동네들을 찾아가 가난한 아이들과 그들의 부모를 만났다.[339] 뉴스캐스터들이 자신의 출장을 취재하도록 유도한 것이다. 마침내 가난한 아이들의 이야기는 대중적 관심을 얻었고, 입법적 승리도 거두었다. 예전에는 상상도 못 했을 성과였다.

콜스와 그의 팀은 처음부터 그들의 사업이 중요한 것이기는 했지만, 결정적 차이를 만들어낸 건 케네디의 리더십이었다고 결론 내렸다. 케네디의 탁월한 리더십 덕분에 그들의 생각과 체험이 구체적 행동으로 결실을 거둘 수 있다. 그들의 이야기는 리더의 내적 여정과 외적 여정이 합해지면 국민 생활에 유의미한 변화를 만들어낼 수 있음을 보여주는 완벽한 사례다.

정치 입문 초창기에 로버트 케네디는 무자비하고 인정사정 봐주지 않는 정치가였다. 그가 한때 조 매카시 상원 의원실에서 일했다는 사실은 그런 평판을 더욱 굳혔다. 그렇지만 형의 암살과 집안의 다른 불행한 사건들은 그에게 엄청난 타격이었고, 우리가 다른 많은 리더에게서 봤던 것처럼 그도 시련의 도가니에 빠졌다. 그는 자기 자신 속으로 침잠했고 엄청난 심적 변화를 겪었다. 고통스러운 내적 여정이 외적 여정과 합쳐지면서 그는 비극적인 인물 혹은 거의 성자 같은 인물이 되었다. 그는 도덕적 지도자가 되어 조금이라도 세상을 더 낫게 만들기 위한 일에 몰두했다. 케네디 상원 의원은 콜스 팀과 마지막 작별 인사를 할 때 이런 말을 했다. "직접 살아봐야 앞날에 뭐가 있는지 알 수 있습니다. 무슨 일을 할지 알아내는 것도 마찬가지입니다."[340] 두 여정을 적절히 합치시킴으로써 남들에게 더 잘 봉사할 수 있었던 리더들의 사례는 많다. 몇 명만 예를 든다면, 콜린 파월Colin Powell, 로버트 게이츠Robert Gates, 오프라 윈프리가 있다. 이들은 자신들의 앞날에 무엇이 있는지 알지 못했으나, 인생을 어떻게 하든 더 좋게 만들겠다는 비전이 있었다. 로버트 케네디는 그 비전을 실천하는 방법을 보여줬다.

내가 목격한 가장 특기할 만한 내적 여정과 외적 여정의 합일은 또한 가장 예기치 않은 것이기도 했다. 1980년대 후반에 나는 그해 미국 행정부 내에서 실시된 가장 좋은 혁신에 연례 상장을 수영하는 비당파적 심사 위원회의 위원장을 맡았다. 그 프로그램은 미국 내에서 두 번째로 큰 포드 재단이 주관하는 것이었다. 나는 거기서 재단의 고위 인사인 수전 버리스퍼드를 처음 만났다.

몇 년 뒤 그 재단의 CEO는 은퇴를 선언했다. 재단이사회의 이사들은 과거와 마찬가지로 인력 소개 회사를 통해 후임자를 물색해야 한다고 생각했다. 그러나 아주 존경받는 이사인 헨리 샤흐트Henry Schacht는 그런 방침에 반대했다. 그는 그럴 필요 없다면서 이미 재단의 임원 중에 그 자리를 맡을 좋은 사람이 있다고 말했다. 그렇게 재단은 최초의 여성 CEO 겸 대표인 수전 버리스퍼드를 지명했다.

샤흐트는 다른 회사들에서 여성 CEO를 임명하는 데 성공했던 것처럼 포드 재단에서도 자신의 의사를 관철했다. 그렇지만 추천한 그 자신도 버리스퍼드가 이만큼 뛰어난 지도자가 되리라고는 예상하지 못했다. 임명 당시 이사회는 관대하게도 재단을 위해 20년 이상 근속한 공로를 감안해 그녀에게 3개월의 안식 휴가를 주었다.[341] 그 90일 동안 그녀는 재단의 지도부와는 일체 연락을 끊었다. 대신 그녀는 전 세계를 여행하면서 고객과 동료를 상대로 향후 포드 재단이 어떤 역할을 해야 할지 심도 있게 논의했다. 그녀는 뉴욕에 작은 아파트를 하나 빌려 그곳에서 혼자 일하면서 전 세계 고객들에게 들은 말들을 깊이 되새겼다. 벽에다 커다란 전지를 붙여놓고 여러 의견과 조언을 상호 비교하기도 했다. 바깥세상으로 나오면 시간을 들여 자신의 체험에 관해 깊이 생각했고, 또 별로 영감을 주지 않는다고 느껴 그동안 무시해왔던 여러 사람과 만났다.

그렇게 휴가를 끝내고 출근한 첫날, 수전은 즉각 행동에 들어갈 수 있는 계획들로 단단히 무장했고, 또 장기적인 재단 운영 전략을 수립하기 위해 여러 사람과 협업할 준비가 되어 있었다. 그녀는 바깥 세계에서 했던 생각들을 재단의 대표실에서 행동으로 옮겼고, 곧 효과를 발휘했다. 버리스퍼드가 대표로 재직했던 시절을 포드 재단 사람들은 아주 좋게 기억하고 있다. 안식 휴가 동안에 그녀는 과거의 경험을 미래의 기회에 통합시켰고, 재단의 미래를 더욱 단단하게 구축하기 위해 부하 직원들과 긴밀하게 협력했다.

우리 모두가 버리스퍼드처럼 새로운 자리에 취임하기 전에 안식 휴가를 얻을 수 있는 건 아니다. 우리는 키워야 할 가족이 있고, 지불해야 할 고지서가 있으며, 숙고해야 할 경력이 있기 때문이다. 리더십을 향상할 기회는 미래의 불안정한 길 위에 놓여 있는 것처럼 보일지도 모른다. 리더십의 기회는 대부분 예기치 않게 찾아오지만, 어떤 사람들은 그 기회를 금방 알아보고 그 순간을 단단히 붙잡는다.

2010년 11월 중간 선거에서 민주당이 참패를 당했을 때, 그 기회를 단단히 붙잡은 사람이 있었다. 조지아주에서 공화당은 주내 각 선거구에서 압승을 거뒀고 그리하여 향후 10년 이상 주 정부를 마음대로 좌지우지할 수 있다고 생각했다. 그러나 주 의회의 민주당 의원인 스테이시 에이브럼스는 당을 위해서 역경 속에서도 좋은 기회를 잡아보겠다고 단단히 결심했다. 동료 민주당원들이 힘겹게 헤쳐나가는 동안, 이 젊은 의원은 동료들에 의해 소수당 원내대표로 선출되었다. 그녀는 당의 미래를 내다보고 있었기에 최근의 선거 실패를 우울하게 생각하지 않기로 했다. 그 대신 에이브럼스는 당시 상황에서 커다란 잠재력을 보았다. 주 내의 인구 동향은 좀 더 다양한―혹은 보다 진보적인―인구 분포 쪽으로 변하기 시작했다. 그러니 이 새로운 유권자들의 마음을 사로잡아 투표장에 나오게 하는 일이 무엇보다도 필요했다.

에이브럼스는 그렇게만 된다면 조지아주를 민주당 성향의 주로 뒤바꿀 수 있다고 확신했고, 조지아주와 미국 전역을 누비는 10개년 십자군 운동에 돌입했다. 그녀는 21쪽 분량의 파워포인트 보고서를 작성해 민주당이 조지아주를 회복하고 2020년 선거에서 승리를 거두는 노선을 수립했다.[342] 그녀는 그 보고서를 전당대회와 후원자들 앞에서 내보이며, 조지아주를 방치해 공화당에게 완전히 제압당하는 일이 없게 해달라고 호소했다.

에이브럼스는 사람들을 만나면서 자신의 궁극적인 목표를 위해 뛰어줄 그룹들이 존재한다는 것을 발견했다. 그들은 조지아주의 유권자들과 공동체를 잘 조직해 진보적인 정책을 지원하게 한다는 에이브럼스의 목표를 공유했다. 기존의 소규모 조직들은 사명감을 품고 있었으나 그 목표를 주 내의 모든 지역에 확산시키는 데 필요한 자금, 규모, 하부 시설이 부족했다.

에이브럼스는 자신의 문제점과 잠재적 해결안을 발견해 곧 작업에 착수했다. 그녀와 동료들은 수백 명의 청년을 훈련시켜 조지아주의 정책과 정치에 관여하도록 유도했고, 인재 공급 라인을 확보해 당에 젊은 피를 계속 제공했다. 이어 2013년에 그녀는 남부 조지아인들을 조직해 건강 관리를 더욱 강화하는 '뉴 조지아 프로젝트'를 발진했다. 그다음 해에는 10년 안에 80만 명의 미등록 유색인종 유권자를 등록시킨다는 목표로 유권자 등록 운동을 실시했다.[343] 그 후 여러 해 동안 에이브럼스와 조직원 네트워크는 주 전역에서 민주당 승리의 토대를 쌓았다. 즉각적인 효과를 보지는 못했으나 진전은 천천히 이루어졌다. 소득은 적었고, 조지아주 의회의 의석수도 겨우 몇 석이 늘었을 뿐이었다. 좌절감을 안겨주는 사건들도 많았다.

2018년 에이브럼스는 근 10년 동안 지지 기반을 닦아온 노력에 힘입어 주지사 선거에 도전했으나 상대 당인 공화당 후보에게 간발의 차이로 패배했다. 그렇지만 그녀의 노력은 요 몇 년 사이에 민주당이 주 전역을 대상으로 행한 가장 성공적인 캠페인이었다. 에이브럼스는 낙선에 절망하지 않았고, 오히려 자신의 '파워포인트' 계획이 주지사 선거에서 효과를 발휘한 구체적 증거라고 생각했다. 선거 후 그녀는 당원 운동을 전보다 두 배나 더 강화했다. 주지사 선거 기간에 전국적 스타덤에 올랐기 때문에 그녀는 이제 조지아주뿐만 아니라 전국적으로 주목을 받는 정치인이 되었다. 일찍이 흑인 여성이 이 정도의 정치적 성취를 이룬 적은 없었다.

마침내 2020년에 에이브럼스의 꾸준한 당원 운동은 큰 효과를 거두었다. 조 바이든이 조지아주를 민주당 주로 바꿔놓았고, 2021년의 미 상원 결선 투표에서 존 오소프Jon Ossoff와 래피얼 워녹Raphael Warnock이 공화당 후보를 물리쳐 조지아주에서 민주당을 다수당으로 만들었다. 오늘날 스테이시 에이브럼스는 전국적으로 이름이 널리 알려진 인사가 되었다. 비록 아직 리더십과 명성의 지위를 확보하지는 못했으나 그 영향력만큼은 대단하다. 그녀는 많은 사람이 실현 불가능하다고 보는 확고한 장기적 비전을 갖고 있으며, 그 실현을 위해 헌신적으로 뛰고 있다. 풀뿌리 조직 다지기와 정치 자금 모금 활동은 느리게 진행되는 힘든 일이다. 특히 조지아처럼 공화당 색채가 강한 지역에서 민주당원이 그런 활동을 벌이기는 정말 쉽지 않다. 그래도 에이브럼스는 좌절하지 않는다. 그녀는 『롤링스톤스The Rolling

Stones』의 테사 스튜어트Tessa Stuart에게 이렇게 말했다. "나는 특별한 사람이 아닙니다. 그저 끈덕지게 내 일을 해나갈 뿐이에요."[344]

나는 그녀가 특별하면서도 끈질긴 사람이라고 말하고 싶다. 에이브럼스가 하고 있는 것처럼 개혁을 이루어내려면 인내, 끈질김, 대의를 향한 치열한 헌신이 필요하다. 그녀는 커다란 꿈을 꾸는 것을 두려워하지 않고, 또 그런 꿈을 현실로 바꾸려면 엄청난 헌신이 필요하다는 것을 잘 알고 있다. 그녀는 리더십 자질의 향상이라는 주제를 잘 보여주는 구체적 사례다. 먼저 그녀는 치열하게 자기반성을 하고 내적 평온을 얻었다. 그다음에는 정치적 기술을 함양하고 풀뿌리 조직 운동에 나섰다. 이 두 가지가 합해져서 조지아주와 미국에서 그녀의 영향력은 급속하게 커졌다.

펜실베이니아가 1600번지에서 일어나는 일들

이러한 사례들은 리더십을 발휘하는 형태가 다양함을 보여준다. 내적 여정과 외적 여정을 통합시키는 방식은 리더마다 다르다. 하지만 권력을 잡으려는 사람들에게는 시간을 들여 그 두 여정을 통합시키는 것이 필수적이다. 이 이야기들은 또한 개인이 권력을 잡았을 때, 일관된 비전을 유지하고 주변 환경을 잘 파악하는 것이 효과적인 리더십의 전제 조건임을 보여준다. 맥락을 잘 이해하고 지배하는 사람이 되려면 먼저 맥락을 꼼꼼하게 연구하는 사람이 되어야 한다.

로버트 케네디, 버리스퍼드, 에이브럼스의 리더십은 우리가 백악관에서 자주 볼 수 있는 권력 행사와는 상당히 거리가 있다. 그렇지만 펜실베이니아가街 1600번지(백악관)에서 벌어지는 일들도 여러 분야에 걸친 리더십을 들여다보는 정밀한 렌즈가 될 수 있다. 내가 미 행정부에서 네 명의 대통령을 모시면서 얻었던 중요한 교훈들을 알아보기로 하자. 백악관에서 보낸 시간은 내가 리더십을 이해하고 명확한 리더십 철학을 수립할 수 있었던 획기적인 세월이었다. 나는 이런 이야기들이 당신에게 세상을 들여다보는 계기가 되고 또 교훈을 얻을 수 있는 기회가 되길 바란다.

첫 발걸음이 중요하다

1933년 프랭클린 루스벨트가 처음 대통령에 취임한 이래, 신임 대통령은 첫 100일간의 실적으로 평가받는다는 속설이 하나의 금과옥조로 전해져왔다. 그래서 나는 레이건 대통령 인사팀으로부터 리처드 워스린Richard Wirthlin 팀에 합류하라는 요청을 받았을 때 조금 떨렸다. 워스린은 레이건의 여론조사 담당자 겸 최측근이었는데, 레이건 대통령 취임 첫 100일의 정책 로드맵을 작성하는 임무를 맡고 있었다. 우리는 그것을 '초기 행동 계획'이라고 불렀다. 리처드는 정치 현안 전반에 관한 개요를 작성했고, 나는 소규모 하위 팀을 구성해 프랭클린 루스벨트까지 거슬러 올라가 신임 대통령 다섯 명이 취임 100일 내에 했던 일들을 살펴보았다. 입법 제안, 행정부 시행령, 상징적 제스처, 의회와의 만남, 대법원과의 저녁 행사 같은 조치나 행사들이 있었다.

나는 이를 통해 다음 세 가지 교훈을 이끌어냈다.

첫째, 첫 100일 동안에 일반 대중은 새로운 지도자를 새롭게 평가한다. 그 전에는 그를 후보로만 판단했으나, 이제는 세상에서 가장 힘센 자리에 취임했으니 꼼꼼히 따져보는 것이다. 이 사람은 누구인가? 얼마나 강력한가? 얼마나 단단한가? 얼마나 정직한가?

둘째, 첫 100일 동안에 대통령은 전 행정부를 상대로 아주 확고한 의지와 주제가 담긴 이야기를 내놓아야 한다. 가령 프랭클린 루스벨트는 '닥터 뉴딜'을 선언했고, 아이젠하워는 평화를 추구하는 대통령, 케네디와 재키는 이 세상에서 가장 화려한 대통령 부부가 되었다.

셋째, 첫 100일은 대통령으로서는 아주 위험한 시기이기도 하다. 그와 그의 팀은 정보가 가장 적은 상태에서 가장 커다란 결정을 해야 할 수도 있다. 케네디에게는 피그스만 침공 사건*이 있었고, 포드는 닉슨을 사면했고, 카터와 클린턴은 각각 실수를 했다. 그러므로 일을 추진하는 것도 중요하지만, 대권을 행사하는 데는 아주 신중해야 한다. 이러한 교훈들은 비단 정치 지도자들뿐만 아니라 기업의 임직원들에게도 해당한다.

젊은 인재를 주목하라

권력의 중심부에서 근무하는 축복 중 하나는 세상을 더 좋은 곳으로 만들 잠재력이 충분한 재주 많은 젊은 인재들을 만날 수 있다는 것이다. 나는 아주 총명한 대학생 인턴을 만난 경험이 있다. 1975년 당시 재무부에서 일하고 있던 나는 백악관으로 긴급히 돌아와달라

---

* 1961년 미국이 쿠바 혁명정부를 전복하기 위해 시행한 작전. 작전은 실패로 끝났다.

는 포드 대통령의 요청을 받았다. 그런데 문제가 있었다. 구舊 대통령 집무실이 있던 웨스트 윙으로부터 길 하나 사이에 있는 내 텅 빈 사무실에 어떻게 사무용품들을 채워 넣을 것인가?

동료 직원들은 내게 말했다. "총무부에 신청하면 되지. 그러면 아마도 석 달 안에는 지급받을 수 있을 걸세. 하지만 존 로저스John Rogers에게 전화를 걸면 내일 당장 가져올걸."

"존 로저스가 누군데?" 내가 물었다.

"오후에 여기 와서 일하는 대학생 인턴이야."

내가 요청하자 존 로저스는 그다음 날 나를 만나러 왔다. 그는 내게 24시간 이내에 사무 집기를 제공하겠다고 말했다. 그와 한동안 대화해보고 나서 나는 존이 상당한 재주꾼임을 알게 되었다. 나는 그에게 함께 일하자고 제안했고, 그는 동의했다. 그렇게 근 50년에 걸친 놀라운 파트너십과 우정이 시작되었다.

내가 그에게서 알아낸 바는 이러했다. 존은 워터게이트 스캔들 이후에 포드 행정부에서 참모 자리에 있던 사람들이 많이 들어오고 나가는 것을 목격했다. 그래서 누군가가 이직을 하려 하면 존은 그 사람을 찾아가 쓰던 가구를 가져가도 되냐고 물었다. 그는 옛 집무실 5층 다락방이 비어 있다는 것을 알아냈고, 직원들이 버리고 간 가구들을 은밀히 그곳에 보관하기 시작했다.

존은 진취적이면서도 아주 흥미로운 청년이었다. 그 당시 대통령들은 집무실 책상에 대통령 전용 커프 링크스*를 놔두고 다녔다. 그

---

*   와이셔츠의 소매에 다는 장식 단추.

런데 어느 날 나는 존이 전에 본 적이 없는 커프 링크스를 착용하고 있는 것을 발견했다. 나는 아무 말도 하지 않고 있다가 며칠 후 또 그가 전과 다른 커프 링크스를 차고 있는 것을 보고 물었다. "존, 그 커프 링크스 어디서 난 거지?"

그는 처음에는 말하지 않으려 했으나 내가 억지로 털어놓게 했다. 그는 백악관 특별 문구를 사용해 전국의 유명 보석상들에게 그의 이름으로 편지를 보냈다. 편지 내용은 이러했다. 대통령은 새로운 모양의 커프 링크스를 착용하고 싶으니 사전 검토할 수 있도록 여러 벌의 커프 링크스를 새로 디자인해 보내달라. 두둥! 그랬더니 전국에서 새로 디자인된 커프 링크스들이 밀려들었다. 나는 그 물건들이 그 후 어떻게 되었는지 모르지만, 존의 장난질은 여러 해 동안 비밀로 유지되었다.

존이 굉장한 재주꾼이라는 소문은 널리 퍼져 나갔다. 전 연방준비은행 위원장 아서 번스Arthur Burns는 그를 최측근으로 고용했다. 이어 짐 베이커가 그의 재주를 알아보고 베이커의 최측근 서클 중 하나인 마거릿 터트와일러와 리처드 대면 팀에 합류시켰다. 레이건 대통령의 첫 취임일이 다가오자 베이커는 대통령의 승인을 받아서 백악관 사무실로 이사하는 계획과 실행을 모두 존에게 맡겼다. 레이건이 공식적으로 대통령 집무를 시작하는 1월 20일 12시 정오에 백악관의 출입문들이 활짝 열렸고 가구를 가득 실은 트럭들이 백악관 경내로 밀고 들어왔다. 밤이 되었을 무렵, 웨스트 윙은 완전히 개비되어 신임 대통령과 영부인의 사진들이 진열되었고 그다음 날부터 사무를 볼 수 있는 만반의 준비를 마쳤다.

존은 계속 바쁘게 일하며 승진을 거듭했다. 재무장관을 거쳐서 국무장관이 된 베이커는 존을 여러 고위 행정직에 임명했다. 그중에는 국무부의 총무 부서를 담당하는 차관보 자리도 있었다. 그는 정부에서의 일이 마무리되자 골드만삭스Goldman Sachs에 고용되어 그 회사의 사무실들을 관리하는 총무 임원 일을 맡았다. 그는 또한 훌륭한 리더이기도 했는데, 후원자들을 설득해 구 대통령 집무실의 설비를 개비하는 데 필요한 자금을 기증하게 했다. 그는 여전히 대통령실에 충성을 바치고 있다. 존은 보석 같은 사람이다. 이런 사람은 인생에서 빨리 만나면 만날수록 좋다. 앞으로 더욱 훌륭한 시민으로 성장할 사람이니까.

역할에 충실하라

오늘날의 G20은 반세기 전에 G7으로 시작되었다. 그 목표는 서방 세계의 정치 지도자들 사이에 강력한 유대 관계를 형성하자는 것이었다. 나는 영광스럽게도 레이건 대통령을 모시고 그 정상회담에 두 차례 참석할 기회가 있었다. 흥미롭게도, 그 당시 마거릿 대처Margaret Thatcher는 레이건을 거의 아들 다루듯 하면서 아주 잘 보호해주었다. 정상회담을 개최하는 책임은 해마다 다른 정상에게 넘어갔다. 1983년에는 레이건이 주최자가 되었는데, 회담 장소로 식민지 시대의 분위기가 많이 남아 있는 윌리엄스버그를 선택했다. 그 행사는 미국 대표단이 예상했던 방식대로 굴러가지 않았다.

솔직히 말해서 미국 대표단 일행은 걱정이 많았다. 전통에 따라 개최국 정상은 전체 회의를 운영해야 하는 책임을 맡았는데, 그것만으로도 만만치 않은 일이었다. 하지만 세계 최강국의 대통령으로서 레이건은 다른 나라 정상들과 일대일 개별 회의도 가져야 했다. 공식 명칭은 쌍무 회담이었다. 즉, 레이건은 각국 정상과 오랜 시간 회담을 해야 했고, 동시에 전체 회의도 주관해야 했다. 당시 레이건 나이의 절반도 안 되는 지도자라도 감당해내기 힘든 책무였다. 게다가 국제 기자단은 매처럼 눈빛을 번득이며 취재에 열을 올리고 있었다. 레이건이 그런 힘든 일을 다 해낼 체력과 지력이 있는지 알아보기 위함이었다.

그 외에 아주 힘든 일이 또 버티고 있었다. 일대일 회담이나 전체 회의가 열릴 때마다 미국 안보팀은 10~15쪽에 달하는 상황 보고서를 작성해서 올려야 했다. 레이건은 그 보고서들을 꼼꼼히 읽었다. 하지만 할리우드 시절부터 그는 단어와 주제가 머릿속에 들어와 단단히 새겨지도록 천천히 읽는 버릇이 있었다. 만약 읽어야 할 보고서가 많다면 그는 늦게 잠자리에 들 것이고 그다음 날은 더욱 피곤해질 터였다. 그러면 참모들은 최악의 시련을 각오해야 했다. 영부인이 폭발해 남편에게 이런 심각한 부담을 안긴 참모가 대체 누구냐고 화내며 따질 것이 분명했다. 목숨이 아깝다면(혹은 신체 일부라도 다치지 않으려면) 낸시 레이건과는 싸우지 않는 것이 최선이었다.

백악관의 비서실장인 짐 베이커는 가정 내 평화를 지켜야 할 책임이 있었다. 그래서 그는 윌리엄스버그에서 두툼한 상황 보고서가 올라올 때마다 아주 조심스럽게 레이건에게 건넸다. 그는 레이건이 보고서를 대충 훑어보고 잠자리에 빨리 들었으면 하는 생각뿐이었다. 그래서 짐은 이렇게 말했다. "대통령 각하, 이 보고서를 다 읽으실 필요는 없습니다. 그냥 대충 훑어보시고 곧바로 주무시지요." 레이건은 그렇게 하겠다고 답하며 보고서를 들고 침실로 들어갔다.

그다음 날 레이건이 우리 팀에 합류했을 때, 그는 트럭에 부딪힌 사람 같은 표정이었다. 얼굴이 창백했고 눈은 충혈되어 있었다. 참모들은 속으로 중얼거렸다. '야, 이거 큰일 났는데. 안 좋아. 아주 힘든 하루가 되겠어. 낸시는 어디 있는 거지? 독사 같은 기자단은 어떻게 하지?'

레이건은 식사하기 위해 자리에 앉았고 20분 동안 햄을 곁들인 계란 프라이를 먹고 나서 이렇게 말했다. "이봐, 참모들. 솔직히 고백할 게 있어. 어젯밤 9시경에 자네들이 준 보고서를 들고서 의자에 앉았지. 부지런히 서류를 작성해준 건 정말 고마워. 하지만 지난밤 텔레비전에서 영화《사운드 오브 뮤직The Sound of Music》이 방영된 거 알고 있나? 그거 내가 굉장히 좋아하는 영화거든. 그걸 끝까지 보느라고 밤늦게 앉아 있었네. 그래서 자네들 보고서는 단 한 줄도 못 읽었어."

하지만 그날 상상도 못 할 놀라운 일이 벌어졌다. 레이건은 일대일 회담에서 그 어느 때보다도 멋지게 대화를 이끌어나갔다. 어떻게 그럴 수 있었을까? 그는 우리 참모들이 꼭 읽어서 알아둬야 한다고 생각한 각종 사실과 세부사항에 치여서 압도되지 않았다. 사실을 말해보자면 대부분의 대통령은 우리 참모들이 인정하는 것보다 훨씬 더 똑똑하다. 그날 레이건은 모든 세부 사항을 다 제쳐두고 각국 정상과 큰 그림만 논했다. 우리 두 정상은 무엇을 성취하려고 하는가? 전략은 무엇인가? 두 국가의 비전을 실현하기 위해 우리가 함께할 수 있는 것은 무엇인가?

나는 그날 아주 중요한 교훈을 얻었다. 항해술로 비유해보자면, 리더의 자리는 배의 엔진실이 아니다. 엔진을 열심히 돌리는 일은 나 같은 하급 장교들이 맡아도 충분히 해낼 수 있다. 내가 이미 말한 것처럼, 리더의 역할은 언제나 위쪽, 조타실에 들어가 우리가 나아갈 방향을 결정하고 그 항로를 계속 유지하는 것이다.

플랜 B를 준비하라

클린턴 대통령 시절에 백악관으로 되돌아왔을 때 나는 얼굴들은 많이 바뀌었지만 어떤 문제들은 예전 그대로라는 것을 발견했다. 중동 지역은 여전히 골칫거리의 용광로였다. 1990년대 초 이라크가 쿠웨이트를 침공한 후에 조지 H. W. 부시 대통령은 유럽 전역의 국가들을 규합해 사담 후세인의 군대를 쿠웨이트에서 몰아내는 데 성공했다. 획기적인 승리였으나 부시는 승리의 후유증을 앓았다. 이라크 군대—아마도 사담 후세인의 군대—가 당시 민간인 신분이던 부시를 암살하려 했다는 사실을 알고 미국 정부는 크게 분노했다.

부시의 뒤를 이어 빌 클린턴 행정부가 들어섰다. 클린턴은 그 암살 시도에 강력하게 대응해야 한다고 결정했다. 그래서 그는 만약 미국이 부시 암살범에 대한 확실한 증거를 잡는다면 군사적으로 보복할 것이라고 공개 선언했다. 우연하게도 나는 미국 정보부가 관련 사실을 파악하기 며칠 전에 클린턴 정부의 참모로 합류했다. 미 정보 당국은 사담의 이라크 정보부가 그 암살 시도의 배후라는 확실한 증거를 수집했다.

클린턴은 재빨리 반격해야 한다고 생각했고, 대응 방안을 논의하기 위해 소규모 측근들을 소집했다. 나도 그중 한 사람이었다. 클린턴 대통령은 이전에 군사행동을 명령한 적이 없었고, 따라서 그의 손에 죽은 사람도 아무도 없었다. 그는 아주 신중하게 움직이고 싶어했다. 그는 바그다드 남쪽에 있는 이라크 정보부 본부를 미사일로 파괴하기로 결정했다. 그곳이 사담의 공격이 전개된 출발점이었으므로 적절한 결정이었다. 하지만 클린턴은 인명 손실, 특히 이라크 민간인의 인명 손실을 최소화해야 한다고 강조했다.

그가 군사·민간 고문관들의 도움을 받아가며 수립한 기본 계획은 이러했다. 워싱턴 기준으로 토요일 오후 시간에 해상에 나가 있는 미군 함정들이 이라크 정보부 본부를 미사일로 공격한다. 미사일이 발사되는 시점은 오후 6시 직전이었다. 그것은 미국 동부 시간이었고 이라크 현지는 한밤중이었다. 클린턴은 그 시간이면 일하고 있는 이라크 민간인이 극히 적을 거라고 판단했다.

무슨 이유인지 알 수 없었지만, 미국 인공위성은 현지 사진을 곧바로 보내줄 형편이 되지 못했다. 그래서 우리는—이건 농담이 아니다—오후 6시 직전에 일부 인원이 웨스트 윙에 남아서 정각 6시가 되면 CNN이 어떤 보도를 하는지 살펴보기로 했다. 예상대로 CNN이 미군 미사일이 목표물을 타격했다는 보도를 하면, 내가 미국 텔레비전 방송국들에 전화를 걸어 동부 시간 오후 7시에 대통령이 전 국민을 상대로 간단한 성명을 발표할 거라고 알릴 예정이었다. 대통령은 자신이 한 일과 그 이유를 국민에게 알려주고 싶어했다.

계획한 대로 해상에 나가 있던 미 함정들은 성공적으로 미사일을 발사했다. 우리는 자신감을 가지고 텔레비전을 틀었다. 그러나 6시가 됐는데도 바그다드발 뉴스가 나오지 않았다. CNN은 물론이고 다른 방송국에서도 전혀 보도가 없었다. 6시 15분이 지났다. 6시 30분이 되자 답답한 대통령은 내게 전화해 해명을 요구했다. 6시 45분이 되자 그는 화를 내며 관저에서 나와 우리 팀에게 직접 찾아와 답변을 재촉했다. "난 자네들이 이 일을 다 제대로 통제하고 있다고 생각했는데." 그게 대통령이 하고 싶은 말이었다.

해결안을 찾던 중에 나는 이렇게 대답했다. "대통령 각하, 요사이 톰 존슨Tom Johnson이 CNN을 경영하고 있는데, 그는 존슨 대통령 시절에 백악관에서 근무했던 사람입니다. 제 개인적인 친구이기도 하죠. 제가 애틀랜타의 그 친구 집으로 전화를 걸어보겠습니다."

승낙을 받고 나서 그의 소재지를 알아보니 외부 레스토랑에서 식사를 하는 중이었다. "톰, 바그다드의 특파원으로부터 뭐 들은 거 좀 없어요?" 내가 물었다.

"뭐, 없는데요," 그가 대답했다. "현재는 거기에 특파원을 두고 있지 않아요. 하지만 레바논에 주재 중인 특파원 두 명을 그곳에 보낸 참이에요. 거기서 뭔가 벌어지고 있다는 이야기를 들었거든요."

"톰, 당신의 특파원들이 이라크까지 가는 데 시간이 얼마나 걸리나요?"

"내일 오전에 들어갈 겁니다." 그가 말했다.

나는 죽을 지경이었다. "톰, 바그다드로부터 아무 소식도 듣지 못했나요? 특히 그 도시 남부 쪽에?"

"아, 그 말을 하니까 생각나는데, 거기에 우리를 위해 일하는 이라크 민간인 둘이 있어요. 한 사람이 전화를 해왔는데, 그곳에 사는 친척이 그 도시 남부에서 커다란 폭발이 있었다고 했다는 거예요."

빙고! 나는 속으로 쾌재를 불렀다.

그때 국가 안보 보좌관인 토니 레이크Tony Lake가 합류했고, 우리 둘은 대통령에게 방송 시간을 잡아서 선언 내용을 야간 수정한 후, 국민을 상대로 성명을 발표하라고 조언했다.

"예, 그렇게 하시지요."톰이 윙크를 하며 말했다. "목표물을 정확히 맞혔다고 확신한다고 말해도 되겠습니다."

클린턴이 막 방송을 타려고 하는데, 인공위성으로부터 그 타격을 확인했다는 정보가 들어왔다. 모든 것이 계획대로 되었다. 대통령은 안도했다. 우리 또한 해고당하지 않고 계속 근무할 수 있게 되었다. 하지만 나는 속으로 계속 되뇌었다. 앞으로는 충분한 시간을 두고 미리미리 플랜 B를 준비해둬야겠다고.

펜실베이니아가 1600번지에서 보낸 시절에 나는 행동하는 리더십에 관해 많은 것을 배웠다. 내 친구 워런 베니스가 말한 것처럼, 그것은 하나의 예술이면서 동시에 모험이었다. 백악관에서 함께 일한 사람들은 내게 권력을 휘두른다는 것이 어려우면서도 흥분되고 때로는 엄청나게 재미있는 일이라는 것을 가르쳐주었다. 네 번의 행정부에서 봉사할 수 있었던 것은 내게 행운이었지만, 그만큼 우여곡절도 많았다.

어려운 결정과 중대한 책임에 직면했을 때 큰 성공을 거둔 대통령은 목표 의식이 확고하고, 지원하는 팀이 탄탄할 뿐만 아니라, 결정을 힘껏 밀어붙이는 추진력도 갖췄다. 아이젠하워는 과거에 이런 말을 했다. "나는 전투를 준비하면서 계획이 비록 쓸모없을지라도 계획을 세운다는 것 자체는 아주 중요하다는 사실을 깨달았습니다." 평화로울 때도 이 교훈은 그대로 적용된다. 장애물은 어디에나 있기 마련이다. 뛰어난 리더는 그런 장애물을 우회하며 항해한다. 그러나 어떤 사람들은 그렇게 운이 좋지 못하다. 우리는 궤도에서 탈선한 사람들로부터도 배울 것이 많으며, 그 삶들을 검토하면서 그들의 실수를 반복하지 않도록 노력해야 한다.

하버드 리더십 수업

◆ 11장 ◆

길을 잃은 리더들

지금은 다소 낡은 책이 되었지만, 20세기 가장 뛰어난 정치 소설은 로버트 펜 워런Robert Penn Warren이 쓴 『모두가 왕의 사람들All the King's Men』이라는 작품이다. 1946년에 출간된 이 소설은 영화로 두 번 만들어졌다. 대공황 시절을 다룬 소설로, 윌리 스타크라는 카리스마 넘치는 포퓰리스트이자 루이지애나주 주지사가 주인공이다(실제 주지사였던 휴이 롱Huey Long이 모델이다).

권력에 굶주린 스타크는 오른팔 측근인 잭 버든에게 현지 판사의 약점을 들춰내라고 요구한다. 버든은 그 지시를 거부하면서 그 판사는 평생 오점 없는 삶을 살아온 분이라고 대답한다. 스타크는 이렇게 반박한다. "뒤져보면 언제나 뭔가 있어." 버든이 대답한다. "이 판사는 다릅니다." 그러자 스타크는 이제 명언이 되어버린 저 유명한 말을 한다. "인간은 죄악 속에서 수태되고 부패 속에서 태어나. 냄새나는 기저귀에서 시작해 악취 풍기는 수의로 옮겨가지. 뒤져보면 언

하버드 리더십 수업

제나 뭔가 있어."[345] 그로부터 얼마 지나지 않아 잭 버든은 그 판사의 오점을 발견한다. 그는 과거에 뇌물을 받았고 다른 금전 문제도 있었던 것이다. 저기 세상 어딘가에는 정말로 뭔가 있는 것이다. 리더를 위태로운 지경으로 빠트리는 무언가가.

대중 영역에서의 리더십은 인간이 체험할 수 있는 가장 고상하고 가장 성취도 높은 체험이다. 하지만 그 리더십에는 유혹이 따르고, 그것 때문에 남녀 지도자는 길을 잃고 인생을 망친다. 이 장에서는 지도자들이 어떻게 궤도에서 탈선해 진북을 포기하고 자기파괴의 길로 나아가는지를 살펴본다. 이어 해밀턴이 말한바, 리더십의 '저급한 기술'과 미국 정치의 역설을 검토한다. 미국 국민은 지도자들이 배려하고 동정적이기를 바라면서 동시에 필요에 따라서 강인하고, 기만적이고, 교활해지기를 바란다. 원칙을 중시하는 지도자들은 언제 저급한 기술을 사용해야 하며 또 남들이 그들을 끌어내리려 할 때 어떻게 자기 자신을 방어해야 할까?

어둠 속으로 추락할 위험

10년 전, 극적인 추락의 서사를 보여주면서 라자트 굽타Rajat Gupta는 우리 시대의 가장 의아한 리더십 실종 사건의 주인공이 되었다. 인도에서 나고 자란 굽타는 지구에서 가장 경쟁력 높은 교육 기관 중 하나인 인도 공과 대학을 수석으로 졸업했다. 졸업과 동시에 그는 또 다른 권위 있는 기관인 컨설팅 회사 매킨지McKinsey & Company에 취

직했다.[346]

굽타는 매킨지에서 뛰어난 활약을 보였고 그의 재주와 추진력, 세련된 매너 등으로 재계에서 많은 친구를 사귀고 또 그들의 존경을 받았다. 1994년 회사는 그를 CEO로 선임했고 1997년과 2000년에 재선임했다. 미국 밖에서 태어난 사람이 매킨지 CEO가 된 것은 그가 최초였다.[347] 굽타가 재임할 당시 정기적으로 내부에서 논쟁이 일어나기는 했지만, 매킨지는 거대 국제 회사로 성장해 20개국에 지점을 세웠고, 파트너 숫자를 두 배로 늘렸으며, 매출도 230퍼센트 신장했다.[348]

2008년 CEO에서 사임하고 파트너가 되었을 때, 굽타는 온갖 칭송과 초대를 받았다. 그는 회사의 이사회에 마음대로 골라 갈 수 있었고, 일련의 자선 사업들에 합류했고, 여러 경영대학원에서 고문관 자격으로 활동했다.[349] 그의 은행 계좌에 든 액수는 계속 늘어났고 전 세계적으로 부동산을 사들였다. 나는 그를 하버드 대학교 경영대학원에서 처음 알게 되었다. 그는 그 학교의 졸업생으로 외부 자문 위원회의 위원장을 맡고 있었고, 캠퍼스에서 회사 리더십의 롤 모델로 숭상받고 있었다. 나는 그와 대화를 나눈 지 얼마 되지 않아 그가 존경받는 이유를 명확히 알 수 있었다. 그는 글로벌한 전망을 지녔고, 생각이 깊었으며, 매력적이었다.

그런데 그의 세계가 붕괴했다.

2010년 맨해튼의 검찰청은 그를 범죄 혐의로 기소했고, FBI는 그를 뉴욕에서 체포했다. 그는 자신이 죄가 없다고 주장했지만, 임시 보석금은 1,000만 달러로 결정되었다. 기소의 요점은 이러했다. 굽격한 불경기가 닥쳐온 2008년에 굽타는 심각한 내부자 거래에 가담했다.[350] 그는 이 사실을 강하게 부인했으나 명확한 증거가 나왔다.

굽타는 그 당시 골드만 삭스 이사회의 이사로 근무 중이었고, 라지 라자라트남Raj Rajaratnam이라는 금융가와 연계를 맺고 있었다. 극비 최고위 미팅에서 골드만 삭스의 이사회는 워런 버핏이 그 회사에다 50억 달러를 투자해 회사의 재무 구조를 크게 개선할 계획이라는 것을 알았다. 이사회가 산회하자마자 굽타는 회사 밖으로 나가서 라자라트남에게 은밀하게 전화를 걸어 그 사실을 알려주었다. 그리하여 라자라트남는 뉴욕 증권거래소의 당일 폐회 시간 5분 전에 대규모 금액을 투자해 골드만의 주식을 매입했다. 그 투자로 라자라트남은 2,300만 달러의 수익을 올렸다고 한다.[351]

재판에서 굽타는 세 가지 중죄를 저지른 것으로 확인되었는데, 모두 내부자 거래와 관련된 것이었다. 굽타 재판은 중요한 스캔들로 전국에 널리 알려졌다. 그는 19개월의 감옥 형을 받았고 그중 8개월은 단독 수감이었다.[352] 그곳에서 보내는 하루 중 유일한 운동은 세로 9미터, 가로 3미터 정도 되는 옥사를 왔다 갔다 하는 것이었다.

당시 굽타는 엄청난 부자였기 때문에 왜 굳이 그런 짓을 저질렀을까 하는 의문이 생겨났다. 그의 순자산은 1억 달러가 넘었다.[353] 그런 부자가 왜 내부자 거래에 연루되었을까? 설사 그가 제한선 안에서 주식 투자 플레이를 펼치는 것이라고 믿었다 하더라도, 왜 그런 리스크에 자신을 노출시킨 걸까?

내가 하버드 대학교를 다닐 때 동기생 중 여럿이 매킨지 출신 임원들이었는데, 그들 중 일부는 굽타의 동기를 나름대로 추론해 이런 주장을 폈다. 맥킨지는 윤리 강령이 아주 엄격한 회사이므로, 굽타가 그 회사의 CEO였을 때는 그 강령을 지킬 수밖에 없었다. 그러나 매킨지를 퇴사하면서 그는 궤도에서 벗어나기 시작했을 것이다. 이런 추론은 사실인 것 같다. 그러나 내가 알고 있는 골드만 친구들과 동창생들의 더 그럴듯한 이론에 따르면, 그는 회사 생활 내내 쟁쟁한 회사들의 CEO와 동급으로 긴밀하게 일을 했다. 그런데 그들이 모두 은퇴했을 때, 다른 이들은 수십억 달러 부자인 데 반해 굽타는 1억 달러라는 초라한 재산밖에 없었다. 그는 그게 무척 불공평하다고 생각했고, 그래서 라자라트남 같은 사람과 어울리기 시작했다. 물론 라자라트남 또한 감옥에 갔다.

굽타의 이야기는 오늘날 성공을 거두고 높은 연봉을 받는 지도자들에게 중요한 질문을 던진다. 얼마나 벌어야 충분하다고 생각하는가? 자기가 즐길 수 있는 장난감과 부동산을 충분히 가지고 있음에도 왜 더 많은 돈과 권위를 추구하는가? 이런 과도한 자부심, 나르시시즘, 탐욕은 어디에서 오는가? 왜 당신이 가진 돈을 다음 세대를 위한 기회를 제공하는 일에 기꺼이 투자하면서 은퇴 시기를 보내지 않는가? 무대를 떠나기 전에 그리고 당신의 내적 여정이 진행되는 어떤 시기에 당신은 명확한 가치관을 정립할 필요가 있다. 그 시기에 진정한 진북을 발견하고 아주 도덕적인 인생의 목표를 설정하지 않는다면, 당신은 쉽게 어둠 속으로 추락할 수 있다.

하버드 리더십 수업

흔한 실패와 그 치유책

기독교 초창기 시절부터 가톨릭 교황과 그 추종자들은 어떤 죄악이 가장 나쁜지에 대한 문제를 깊이 생각했다. 시간이 흘러가면서 그들은 7대 죄악을 알아냈고, 신자들에게 그 죄악을 물리치는 덕성스러운 삶을 살아가라고 가르쳤다. 7대 죄악은 오만·탐욕·욕정·분노·탐식·질투·해태(게으름)다.

7대 죄악 가운데 자만이 가장 심각한 죄악이며, 사람을 멸망의 문으로 이끄는 원천이다. 불멸의 작가 단테는 자만이 지나친 자기사랑에서 나오며 그 사랑이 이웃에 대한 경멸과 증오로 변질된 것이라고 정의 내렸다. 이러한 정의는 오늘날에도 익숙한 이야기처럼 들리지 않는가? 『신곡』에서 단테는 겸손을 함양하기 위해 무거운 석판을 등에 메고 오는 참회자들에 관해 썼다.[355] 이러한 모습의 참회자들은 『캔터베리 이야기』와 『선녀여왕』에서도 나온다. 리더십의 주제를 깊이 생각해보면, 우리는 이 7대 죄악과 정상에 오른 리더의 추락 사이에 밀접한 관계가 있음을 발견할 수 있다.

가톨릭 신자들이 이미 알고 있는 것처럼, 이런 죄악들에 맞서는 가장 좋은 방법은 그 죄악을 증오하는 것이 아니라 미덕을 더 사랑하는 것이다. 평소 미덕을 실천하면 개인적 일탈의 가능성이 그만큼 줄어든다. 이런 정신에 입각해 나는 리더십의 7대 죄악과 각각의 죄악을 상쇄시키는 미덕에 대해 언급하고자 한다.

오만 대 겸손

리더십에서 가장 위험한 것은 큰 성공을 거둔 나머지 그런 결과에 도취해버리는 것이다. 큰 성공을 거뒀으니 자신이 남들과는 다른 존재라고 생각하는 것이다. 자신이 보통 사람들과는 비교가 되지 않는 우월한 존재이고 그래서 일반적 규칙이 자신에게는 적용되지 않는다고 믿는다. 야망은 자신감을 끌어내고 자신감은 오만함을 만들어내는데, 오만함은 결국은 리더를 자기파멸로 이끈다. 라자트 굽타를 보라.

이런 사례들은 아주 많다. 엘리자베스 홈스Elizabeth Holmes는 17세에 스탠퍼드 대학교를 중퇴해 약물검사 회사를 창업했고, 그 기업의 자산 가치는 90억 달러까지 치솟았다. 이 글을 쓰고 있는 현재, 그녀는 사기죄로 유죄 판결을 받아 20년 형을 받을지도 모른다.[356]* 윌리엄 애러모니William Aramony는 20여 년 동안 CEO로 근무하면서 유나이티드웨이United Way를 미국 최고의 자선 기관으로 만들어놓았다. 이어 그는 사기죄로 기소되어 감옥에 갔다.[357] 존경받은 복음 지도자의 아들인 제리 폴웰 주니어Jerry Falwell Jr.는 리버티 대학교 총장으로 근무했는데, 이 대학은 엄격한 성 윤리로 명성이 높았다. 그러나 그는 성 스캔들의 중심인물로 비난을 받아 사임했다.[358]

오만에 대한 치료제는 단 하나뿐이다. 바로 겸손이다. 고대 로마에서 개선장군은 로마시로 돌아오면 개선식의 영예를 얻었다. 그가 수레를 타고 가면 그 옆에는 한 노예 소년이 서서 끊임없이 개선장

---

*   2022년 1월, 유죄 판결로 11년 형을 선고받았다.

군의 귀에다 대고 이런 말을 속삭였다. "당신은 언젠가 죽는 사람임을 기억하십시오memento mori." 우리도 이런 방식의 축하 개선식이 필요하다.

나르시시즘 대 공감

오만과 밀접한 관계가 있는 것이 나르시시스트에게서 발견되는 과도한 자기사랑이다. 어떤 사람들은 그런 나르시시즘에도 불구하고 성공한다. 테디 루스벨트는 세례식에 가면 자신이 그 아이가 되고 싶고, 결혼식에 가면 자신이 신랑이 되고 싶고, 장례식에 가면 자신이 망자가 되고 싶다는 등 모든 일에서 주인공이 되고 싶어했다고 한다. 그럼에도 그가 뛰어난 대통령이 될 수 있었던 것은 남들을 사랑하고, 특히나 주변부에서 살아가는 사람들에게 엄청난 공감을 느꼈기 때문이다. 그는 이런 유명한 말을 남겼다. "정당·지역·종교·인종이 다른 사람들끼리 상대방을 시민으로 인정하지 않고 '타자'라고 생각한다면 민주주의의 근본은 흔들릴 것입니다."[359] 그는 자신의 강력한 자기애를 남들에 대한 깊은 이해심으로 보충했다.

이와는 대조적으로 레이건 대통령은 두 번째 임기를 시작할 때 메릴린치Merrill Lynch의 CEO를 지낸 돈 리건Don Regan을 비서실장으로 임명했다. 리건이 심각한 나르시시스트였다는 것을 모른 채로. 곧 낸시 레이건은 리건이 집무실에서 대통령이 사진을 찍을 때마다 끼어들고, 빈번히 레이건 행정부의 공로를 자신의 것으로 낚아채가는 것을 알아챘다. 그는 그런 결점을 보충할 만한 다른 특징은 지니지 못했다. 낸시가 볼 때, 리건은 CEO 기질을 갖고 있었고 그래서 그를 해고시키게 했다.[360] 리건은 대통령의 책상 위에 놓여 있던 문구를 좀 더 신경 썼어야 했다. "누가 공로를 차지할 것인가는 신경 쓰지 말고, 당신이 할 수 있는 일을 최대한 하라."[361] 리더는 자신의 자아를 통제할 수 있어야 한다. 리더십은 자기 자아를 내세우기 위한 수단이 아니다.

탐욕 대 검소

넉넉하지 못한 집안에서 성장해 권력을 잡은 리더들은 좀 더 안정된 재정적 기반을 원하는 경향이 있다. 그들 중 많은 사람이 라자트 굽타와 마찬가지로 탐욕스러워지지만, 또 일부는 그들의 검소한 삶 덕분에 세상을 좀 더 살 만한 곳으로 만들기 위해 열심히 노력한다. 이 글을 쓰고 있는 현재, 24개국 이상의 나라에서 200명이 넘는 사람들이 워런 버핏과 빌 게이츠가 설립한 '기부 맹세Giving Pledge'에 서명해, 그들의 재산 중 절반을 자선사업에 내놓겠다고 약속했다. 사실 많은 억만장자가 그들의 가난한 어린 시절로부터 영감을 얻는다. 예를 들어 스타벅스의 전직 CEO 하워드 슐츠Howard Schultz는 배달부 아버지 밑에서 성장했다. 아버지는 일하던 중 사고를 당해 발목을 다쳤고, 곧 실직해 건강보험과 위신을 모두 잃었다. 이런 쓰라린 경험이 있었기 때문에 슐츠는 스타벅스에서 일하는 바리스타가 심지어 임시직이라 할지라도 건강보험과 기타 복지 혜택을 누릴 수 있게 조치했다.[362] 우리 미국의 경제 제도가 빈부 격차라는 불공정을 만들어냈고, 그런 현상은 시정되어야 마땅하다. 하지만 억만장자들은 그 문제를 해소하기 위해 적극 나서고 있기도 하다.

고집 대 결단

우리는 강력하면서도 결단력 있는 지도자를 찬양한다. 1880년 이래 모든(세 명은 제외한) 미국 대통령은 백악관 집무실에 있는 '결단의 책상Resolute desk'에 앉기를 선택했다. 이 의자는 빅토리아 여왕이 선물한 것인데, 영국 전함 HMS 레졸루트호에서 나온 목재로 만든 것이다. 오바마 대통령도 이 의자에 앉았고, 후임 트럼프도 역시 이의자에 앉았다.[363]

하지만 우리는 지도자가 강력한 힘을 너무 밀고 나가면 그것이 약점이 된다는 것도 알고 있다. 반대 의견이 팽배한 데도 너무 오래 결단을 밀어부치면 그것이 고집이 되어 지도자를 망쳐버린다. 역사가 바바라 터크먼은 『바보들의 행진』에서 고대 트로이전쟁부터 베트남전쟁에 이르기까지 지도자들이 길을 잃어버리는 방식을 탐구했다. 그녀는 고집 센 지도자들을 가리켜 "나무로 만든 머리"라고 비난했다. 이 책이 처음 나온 이후로 지금까지 그런 바보짓을 한 지도자들을 추가한다면 여러 장을 더 써야할 것이다.

무모함 대 현명한 판단

우리 문화는 대담하고, 결단성 있고, 모험을 마다하지 않는 지도자들을 숭배한다. 서부 개척을 처음 주장한 사람들은 바로 그런 유형의 지도자들이었다. 실리콘밸리를 건설한 사람들도 마찬가지였다. 하지만 총명 대 충동, 신중 대 무모 사이에는 은밀한 경계선이 있다. 공공기관의 지도자일수록 이 경계선을 잘 구분하는 것이 중요하다.

1972년에 『뉴욕타임스』 특파원 데이비드 핼버스탬David Halberstam
은 베트남전의 근원에 관한 아주 훌륭한 책을 펴냈다. 이 책은 바버
라 터크먼이 12년 후에 펴낸 『바보들의 행진』의 밑바탕이 되었는데,
제목은 『최고의 인재들』이었다. 오늘날 학생들은 아마도 이 책의 제
목이 누군가를 칭찬하는 뜻이리라 추측할 것이다. 하지만 실제로는
케네디 행정부가 베트남에 개입하도록 부추긴 학자와 지식인, 이른
바 미국 6대 명문 대학인 아이비리그의 '위즈 키즈whiz kids'(신동)들을
비판하는 내용이다. 핼버스탬이 볼 때, 그들은 "상식에 도전하는 멋
진 정책들"을 고집했고, 종종 국무부 분석관들의 보고를 무시했다.
간단히 말해서 그는 그들이 충동적이고 무모한 자들이라고 비판했
다.[364] 그 결과 5만 6,000여 미국인이 베트남전쟁에서 죽었다.[365]

고대인들은 그들의 잘못이 무엇이었는지를 금방 알아봤을 것이
다. 그리스 신화에서 다이달로스와 그의 아들 이카로스는 크레타섬
을 탈출하기 위해 궁리한다. 다이달로스는 새의 깃털과 밀랍으로 만
든 날개를 아들에게 달아주면서 태양열에 녹을 염려가 있으니 너무
높이 날지 말라고 주의를 준다. 오만해져서는 안 된다고 가르친 것
이다. 그러나 이카로스는 아버지의 조언을 무시하고 태양 가까이 날
다가 날개가 녹아서 바다로 추락해 익사한다. 오만한 판단이 그를
망쳐버린 것이다.

이미 강조한 바와 같이, 좋은 판단은 좋은 리더십에 필수 불가결
한 것이다. 신중한 판단은 경험·실수·연구·반성 등이 종합되어 나
온다. 그런 판단력을 타고날 때부터 지닌 사람은 없다. 인생의 다른
많은 것이 그러하듯이 힘들게 얻어야 하는 것이다.

하버드 리더십 수업

거짓말 대 정직함

트럼프 시대는 정직이 여전히 공공 생활에서 중요한지에 대한 의문을 불식시켰다. 고질적으로 거짓말을 하는 것이 트럼프가 처음은 아니지만, 그는 예전에 백악관에서 볼 수 없었던 수준으로 거짓말을 밥 먹듯이 했다. 『워싱턴포스트』는 트럼프 대통령이 한 속임수와 거짓말의 횟수를 기록했다. 그는 4년 동안 3만 573번 거짓말을 하거나 속였다.

이와는 대조적으로, 드와이트 아이젠하워 대통령 시절에 성장한 나는 아이젠하워가 아주 인기 높은 대통령이었다는 것을 기억한다. 백악관에서 보낸 8년 동안 그의 평균 지지율은 64퍼센트였다. 최근 대통령들을 살펴보면, 부시는 43퍼센트, 바이든은 40퍼센트대에서 턱걸이를 하고 있다. 아이젠하워는 전쟁 영웅일 뿐만 아니라 솔직하게 말하는 사람이었다. 그는 일반 대중에게 신임을 얻고 또 좋은 인간관계를 유지하기 위해서는 정직함과 투명성이 최고의 방법이라는 것을 잘 알았다. 아이젠하워가 대통령으로 재직한 8년 동안 거짓말한 횟수는 한 손으로 꼽을 정도라는 것이 역사적 기록이다. 그가 한 가장 큰 거짓말은 국가 안보와 관련된 것이었다. 그는 미국 국민을 상대로 러시아가 격추한 U-2 정찰기가 기상 관측을 위한 민간 항공기였다고 말했다. 러시아는 그 비행기 잔해와 조종사 프랜시스 개리 파워스Francis Gary Powers를 발견했다. 그들은 아이젠하워가 거짓말을 할 때까지 그 발견 사실을 감췄다. 아이젠하워가 국가 보안을 위해 할 수 없이 거짓말을 하자 그들은 기다렸다는 듯이 달려들었고, 아이젠하워는 크게 분노했다. 그에게는 단 한 번의 거짓말도 굴욕이었던 것이다. 이에 비해 트럼프는 하루에 열아홉 번 이상 거짓말을 했고, 그 거짓말에는 아무런 정당한 이유도 없었다.

지도자가 국가 안보를 위해 거짓말을 해야 할 때가 있다. 디데이 전야에 우리가 군대의 배치에 관해 나치에게 거짓말을 했던 사례를 생각해보라. 그러나 닉슨이나 트럼프처럼 거짓말을 습관적으로 해 버리면 지도자가 하는 말이 액면 그대로 받아들여지지 않게 된다. 모든 것이 두 번 확인되어야 하고, 특히 악성 가짜뉴스가 횡행하는 시대에는 더욱 그러하다. 트럼프는 자신의 지지 기반의 충성심을 그대로 붙들어둘 정도로 영리했다. 하지만 그는 자기 스스로 궤도에서 이탈했으므로 남들을 설득할 힘이 없었다. 다행스럽게도 우리의 민주주의는 어떤 한 명의 지도자보다는 훨씬 강력한 제도다. 특히 그 지도자가 윌리 스타크*를 연상시킬 때는 더욱 그러하다.

불신 대 열린 마음

민주주의에서 신뢰는 양방향으로 움직인다. 추종자들은 지도자가 그들에게 객관적 진실을 말해줄 것이라고 믿어야 하고, 마찬가지로 지도자도 그들이 자신을 믿어줄 거라고 확신할 수 있어야 한다. 20세기에 아이젠하워나 케네디 같은 지도자가 이런 상호 믿음의 관계를 유지하던 때가 있었다. 1950년대에 아이젠하워가 국가 안보 문제에 관해 방송하면 절반 이상의 국민이 동의했다. 방송을 한 사람이 아이젠하워였기 때문이다. 케네디 행정부 초창기에 쿠바의 피

---

*   앞에서 나온 로버트 펜 워런의 소설 『모두가 왕의 사람들』의 주인공.

그스만 침공 작전의 실패 책임이 케네디 대통령 자신에게 있다고 일반 대중을 상대로 솔직하면서도 용감하게 고백하자, 갤럽 여론조사의 지지율이 10퍼센트 이상 상승했다. 그러나 오늘날 국가 지도자와 국가기관에 대한 일반 대중의 신임은 위험한 수준으로까지 내려가 있다.

공공 리더십의 저급한 기술

이미 눈치챘겠지만 나는 프랭클린, 엘리너, 테디 등 루스벨트 가문 사람들의 광팬이다. 한 세기 전에 리더십의 높은 이상을 가장 잘 표현했던 사람은 테디였다. 우리는 그가 말한 이상을 여기서 칭송하고자 한다. 자신이 졸업한 예비학교 그로턴 고등학교를 대통령 자격으로 방문한 테디는 학생들에게 "줄기차고 일관된 삶"을 추구하라고 촉구했다.

그는 학생들에게 이런 말을 했다. "우리는 영감 넘치는 이상주의를 추구하는 지도자들이 필요합니다. 커다란 비전을 지닌 지도자, 위대한 꿈을 품은 지도자, 그 꿈을 실현하기 위해 줄기차게 노력하는 지도자, 자신의 불타는 영혼에서 나오는 불길로 사람들에게 영감을 줄 수 있는 지도자, 이런 지도자들이 필요한 것입니다."[366] 엘리너는 이런 말에 100퍼센트 동의했을 것이다.

그러나 프랭클린은 이에 비해 좀 더 냉정하고 현실적인 관점을 갖고 있었다. 그는 마키아벨리의 지도자상, 즉 사람들은 덕성 높고 순수한 지도자를 사랑하지만 지도자 주위에 포진한 사람들의 마음은 그보다 훨씬 어두우니 늘 주변 사람을 경계해야 한다는 이야기에 동의했다. 마키아벨리는 이런 유명한 말을 했다. "군주는 반드시 여우와 사자를 동시에 닮아야 한다. 사자는 함정으로부터 자신을 보호하지 못하고, 여우는 늑대들로부터 자신을 방어하지 못하기 때문이다. 따라서 함정을 꿰뚫어 보기 위해서는 여우가 되어야 하고, 늑대들을 겁주어 물리치기 위해서는 사자가 되어야 한다. … 만약 모든 사람이 선량하다면 이런 가르침은 좋은 가르침이 아닐 것이다. 하지만 때때로 사람들은 성격이 나쁘고 당신에 대한 신의를 지키지 않기 때문에, 당신도 그들에 대해서 반드시 신의를 지켜야 할 필요는 없는 것이다."[367] 그러면서 마키아벨리는 군주가 공포의 대상이거나 사랑의 대상이 되어야 하는데, 둘 중 하나만 골라야 한다면 전자(공포의 대상)가 더 낫다고 말했다. 아주 강력한 충고다! 20세기의 유명한 정치학자인 제임스 맥그레거 번스James MacGregor Burns는 프랭클린 루스벨트를 호평한 전기의 부제목으로 "사자와 여우The Lion and the Fox"를 채택했다.[368]

좀 더 최근의 분석에서, 정치학자 토머스 크로닌Thomas Cronin과 마이클 제노비스Michael Genovese는 일반 대중이 그들의 지도자, 더 나아가 그들의 대통령이 사자이면서 여우이기를 바란다고 주장했다. "우리는 예의 바르고, 공정하고, 배려하며, 공감하는 대통령을 원합니다. 그렇지만 동시에 영리하고, 술수가 많으며, 필요할 때는 무자비하게 배후를 조종하는 대통령을 바랍니다. … 일반 대중은 강력한 성품을 원하는 것입니다."[369]

하버드 리더십 수업

미국 국민은 대통령을 평가하는 데 있어서 음흉하면서도 성실하고, 교활하면서도 공감적이고, 클린트 이스트우드Clint Eastwood이면서 미스터 로저스Mister Rogers인 그런 사람을 원한다. 카터, 포드, 클린턴, 오바마는 모두 때때로 우유부단하고 소심한 결점을 갖고 있다는 평가를 받았다. 그러나 아이젠하워, 케네디, 레이건, 조지 H. W. 부시는 소비에트 지도자들에게 강하게 맞서고, 북한에 대해 강경 노선을 취하고, 사담 후세인과 오사마 빈 라덴을 추적해 응징한 것으로 명성이 높다.

핵심적인 문제는 당신 주위의 사람들이 그들의 뜻을 관철하기 위해 '저급한 기술'을 사용할 것이냐 여부가 아니다. 그들은 반드시 그런 기술을 쓰게 되어 있다. 그들 중 어떤 사람들은 필요하다면 당신을 깔아뭉개기도 할 것이다. 그러지 않으리라고 생각하는 건 너무 순진한 사고방식이다. 여기서 중요한 질문은 이런 것이다. 원칙 있는 지도자인 당신이 저급한 기술을 사용해야 하는 순간은 언제인가? 또 반드시 그렇게 해야 하는가? 지도자인 당신은 적들이 당신을 굴복시키려 할 때 어떻게 자신을 가장 잘 보호할 것인가?

위험한 풍랑을 만났을 때 지도자인 당신이 믿을 수 있는 것은 가치와 원칙밖에 없다. 내가 클린턴 행정부에서 일할 때, 대통령이 힘든 결정을 내려야 하는 순간마다 부통령 고어가 무척 인상적인 질문을 던졌다. "이 상황에서 우리가 해야 할 올바른 일은 무엇인가?" 우리는 이런 질문을 리더십 관련 도서에서는 자주 만나지만 실제 상황에서는 별로 들어보지 못했다. 실제 상황에서는 언제나 이런 질문이 먼저 나온다. 이것이 내 권력에 어떤 영향을 미칠 것인가? 나는 고어가 실제 상황에서 한 질문을 듣고 무척 감명을 받았다.

그렇지만 세상은 험한 곳이다. 그러니 우리의 이웃들 그러니까 다른 나라와 국민들은 우리가 조금만 약점을 보여도 그것을 이용하려 든다는 사실을 인식하는 것도 중요하다. 그들은 미국 정부가 혼란에 빠져 있거나 허약한 입장에 있음을 알면, 그 틈을 이용해 자신들의 이해관계를 증진시키려 하고 또 그 과정에서 미국에 손해가 가는 것도 개의치 않는다. 제임스 매디슨이 『연방 문서들Federalist Papers』에서 말한 것처럼, 사람들이 모두 천사라면 우리는 정부 따위는 필요치 않을 것이다. 정부는 반드시 있어야 하고 이왕 존속하면서 효과를 발휘하려 한다면 강력해야 한다. 백악관에서 근무하면서 내가 알게 된, 민주·공화 양당이 공유하는 명확한 교훈은 이런 것이었다. 미국은 적대 국가들과 협상하는 것을 두려워하지 말아야 하며 동시에 손에 몽둥이를 들고 있어야 한다. 몽둥이를 사용하는 것은 최후의 수단이 되어야겠지만, 그걸 아예 다른 곳에다 내버려두고 있으면 안 된다. 오바마 행정부 최악의 실수는 시리아 문제와 관련해 모래밭에다 붉은 선red line을 아예 그어버렸다는 것이다. 시리아가 그 선을 넘어버리자, 미국은 창피하게도 뒤로 물러서야 했다.

마찬가지로 국민이 그들의 지도자가 허약하고 우유부단하다고 생각한다면, 그 지도자는 세력을 규합해 큰일을 해내는 데 어려움을 겪을 것이다. 아들라이 스티븐슨Adlai Stevenson은 내가 평생 봐온 지도자 중에서 아주 정직하면서도 분명하게 의견을 표명하는 사람이었다. 하지만 그는 내적 자신감이 부족하고 우유부단하다는 인상을 줬기 때문에 유권자들의 표를 얻지 못했다. 제럴드 포드와 조지 맥거

하버드 리더십 수업

번George McGovern도 훌륭한 정치가였으나 유권자들은 둘 다 다소 유약하다는 인상을 받았다.

백악관 근무 시절 내가 지나치게 순진하다는 사실을 알게 된 일이 있었다. 알렉산더 버터필드Alexander Butterfield가 닉슨 대통령이 비밀리에 녹음 장치를 설치했다는 사실을 폭로했을 때, 나는 명문 학교 출신들과 같이 마침내 닉슨의 무고함을 증명할 수단을 확보했다고 생각하며 축하했다. 반면에 어려운 환경에서 힘들게 성장해온 사람들은 그 소식을 듣고 이제 만사가 끝장이라고 생각했는데, 결국 그들의 생각이 옳았다. 그들은 현실주의자였다.

표면으로 드러난 것이 현실의 전부라고 추정하는 것을 극히 경계해야 한다. 워터게이트 사건 때 나는 존 딘John Dean으로부터 옆으로 세 칸 떨어진 사무실에서 근무하고 있었다. 하지만 그가 증언을 하고 회고록을 써낼 때까지 나는 그가 대통령의 명령을 받아서 마피아 같은 조직을 운영하고 있었다는 사실을 눈치채지 못했다. 레이건 대통령 시절에 나는 백악관의 웨스트 윙에서 마이크 디버 바로 옆 방에서 근무했으나 그가 극심한 스트레스 때문에 알코올중독이었다는 사실을 알지 못했다. 주변 사람들에게 배려하는 동안에도, 높은 자리에 있는 실력자들을 향해 안테나를 높이 세우고, 누구를 신임할 수 있는지, 이 여우 굴에서 누가 믿을 만한 동료인지 알아내려고 세심하게 관찰해야 한다. 그리고 당신이 지도자가 된 다음에는 사람들이 서로 믿고 정직하게 대하는 조직과 문화를 구축해야 한다. 그러나 레이건이 말한 것처럼, 신뢰함과 동시에 검증해야 한다.

지도자들은 공개적이고 투명한 조직을 운영하겠다고 맹세해야 하지만, 약간의 비밀 유지를 위해 투명성을 포기해야 하는 순간들도 있음을 깨닫는 것이 중요하다. 미국의 건국도 은밀한 상황에서 이루어졌다. 1787년 각 주의 대표단이 제헌 회의에 참석했을 때, 공개적으로는 그 모임의 목적이 연맹 조약을 수정하기 위함이라고 말했다. 하지만 실제로는 그 조약을 폐기하고 새로운 성문 헌법을 제정하기 위한 모임이었다. 그리하여 건국의 아버지들은 기자들과 감시단의 눈길을 피해 밀실에서 몰래 만나서 헌법의 초안을 작성했다. 만약 그들이 공개적인 장소에서 만났더라면 새 헌법의 초안은 작성되지 못했을 것이다.

링컨 대통령은 북군이 주요 전투에서 승리할 때까지 노예 해방령의 선언 날짜를 감추기로 했다. 그리하여 앤티텀 전투에서 북군이 승리하자 그때서야 해방령을 선언했다. 1937년 프랭클린 루스벨트 대통령은 시카고의 한 연설에서 미국이 유럽에서 벌어지는 두 번째 전쟁에 개입하게 될 것 같다고 말했다. 분노하는 일반 대중의 반응이 너무나 격렬해 대통령은 재빨리 뒤로 물러섰으나 몰래 전쟁 준비를 계속했다. 추후 그것은 결국 현명한 결정이었음이 드러났다.

샤를 드골Charles de Gaulle은 자신의 회고록 『칼의 가장자리Edge of the Sword』에서 이렇게 썼다. "지도자는 언제 감추고 언제 솔직할지를 잘 알아야 한다. 대중의 지배자가 되기 위해서는 대중의 하인인 양 행세해야 한다. … 천 번의 음모를 거치고 천 번의 엄숙한 이해를 거친 후에야 비로소 그는 전권을 가진 지도자가 된다."[370] 내게 드골의 회고록을 소개해준 사람은 리처드 닉슨이었다.

어떤 경우에 거짓말이나 속임수를 쓰는 것이 정당한가? 이 질문에는 손쉽게 대답할 수 없고 모든 것이 상황과 맥락에 달려 있다. 그러나 경험 법칙으로 미뤄볼 때, 저급한 기술은 아주 드물게 사용해야 하고, 그것도 지도자 개인의 권력 증대가 아니라 조직의 합법적 필요에 봉사할 때만 사용해야 한다.

앞에서 이미 말한 것처럼, 조종사 프랜시스 개리 파위스가 소련 상공으로 정찰기를 몰고 가다가 격추되었을 때, 아이젠하워 대통령은 파워스가 민간 기상 관측 비행기를 몰고 갔다고 거짓말했다. 이 것은 정당한가? 나는 그렇다고 생각한다. 아이젠하워는 민감한 무기 군축 협상이 파탄 나는 것을 막기 위해 그런 말을 한 것이었다. 게다가 그는 평소 일반 대중을 기만하는 것을 아주 싫어했다. 파워스에 대한 거짓말이 폭로되고 군축 회담이 파탄 나자 아이젠하워는 너무 창피해 사직을 생각할 정도였다. 그는 한 친구에게 이런 말도 했다. 대통령이 신뢰를 잃어버리면 "가장 큰 힘을 잃어버린 것이다".[371] 아이젠하워는 오늘날 우리와는 아주 다른 도덕적 세계에서 살았던 모양이다. 요사이 우리는 정치적 거짓말과 과장 그리고 허장성세 속에 빠져 허우적거리는 데 말이다. 리더십은 어떤 가치 있는 목적이 있지 못하면 조종 혹은 기만이 된다. 반면에 훌륭한 대의에 봉사하는 리더십은 언제든 정당화가 가능하다.

그러나 우리는 오늘날 리더십이 부드러운 가슴에 견고한 머리를 필요로 한다는 것을 깨달아야 한다. 내가 이런저런 계기로 만나보았던 지도자들은 대개 강인한 사람들이었다. 듀크 대학교와 웰즐리 대학교에서 총장을 지낸 낸 커헤인Nan Keohane은 케네디스쿨의 수강생들에게 자신이 때때로 '무자비하게' 행동해야 했다고 말했다. 젊은 지도자들은 현실과 이상을 잘 종합하는 낸시 펠로시Nancy Pelosi에게서 많은 것을 배울 수 있다. 그녀는 아버지가 해준 말을 언제나 기억했다. "아무도 네게 권력을 건네주지 않아. 스스로 움켜잡아야 하는 거야."[372] 리처드 닉슨은 세 번이나 영국 총리를 지낸 윌리엄 글래드스톤William Gladstone의 말을 인용하기를 좋아했다. 총리는 자기 주변의 팀을 조직하면서 이렇게 말했다. "총리라면 마땅히 좋은 푸주한이 되어야 해."[373]

우리는 절망의 외침과 무절제한 권력욕에 둘러싸인 불협화음의 시대에 살고 있다. 우리에게 가장 잘 봉사하는 지도자는 자신의 정북을 끈질기게 추구하는 지도자다. 동시에 그는 벽장 속에 몽둥이를 준비해두고 있어야 한다.

12장

위기를 통과하는 리더십

1962년 남아프리카 공화국의 아파르트헤이트(인종 분리 정책) 정부
는 선동죄라는 날조된 죄목으로 넬슨 만델라를 감옥에 집어넣었다.
그는 옥중에서 2년을 보냈고, 그다음에는 케이프타운에서 좀 떨어
진 곳에 있는 로벤섬에 종신 감금 형을 받았다. 그는 이 섬에서 18년
을 갇혀 있었고, 감옥에서 보낸 총 햇수는 28년이었다. 그의 옥사는
작은 창문이 하나 달린, 세로 2.5미터, 가로 2미터 정도 되는 작은 방
이었고 지급품은 담요 석 장뿐이었다. 로벤섬을 방문해봐야만 그에
게 내려진 조치가 얼마나 가혹했는지 알 수 있다. 생활 조건은 너무
나 척박했다.[374] 그는 낮에는 뙤약볕 아래의 돌산에서 고통을 받았
고, 독방에 갇혀 있었으며, 6개월마다 딱 한 통의 검열된 편지를 쓰
거나 받을 수 있었고, 또 면회는 가족만 할 수 있었다. 만델라는 나
중에 이렇게 말했다. "당신은 인간이 인간에게 얼마나 잔인해질 수
있는지 모를 겁니다. 백인 간수와 흑인 죄수가 있는 남아프리카 감

옥에 와보기 전에는."[375] 만델라에게, 그리고 함께 투옥된 서른여 명의 아프리카국민회의African National Congress, ANC 동료들에게는 감옥 생활이 끝없는 위기의 연속이었다.

그러나 만델라는 자신의 내면 깊숙한 곳에 도달했고 그리하여 놀랍게도 감옥에 들어올 때보다 더 강인해진 채로 감옥 문을 나섰다. 그의 전기 작가인 앤서니 샘프슨Anthony Sampson은 이렇게 썼다. 만델라는 모든 정치적 장치—신문, 일반 대중, 몸에 맞는 신사복—를 벗어버리자 "그 자신의 원칙과 이상에 대해 더 깊이 생각하게 되었다". 그는 한 걸음 뒤로 물러서서 남들이 그를 생각하는 것처럼 그 자신을 바라보았다. 그는 자신의 격정을 통제하는 법을 배웠고 감옥의 간수들에게 영향력과 위신을 세우는 강한 의지를 보여주었다. 그는 아프리카국민회의 의장으로 활동할 때는 지하 생활을 했으나, 감옥에서 나왔을 때는 다시 전국적인 지도자로 등장했다. 감옥 생활을 마친 후 만델라와 그의 팀은 아파르트헤이트를 종식시켰고, 자유선거의 권리를 획득했다. 1994년 그는 최초의 민선 대통령으로 선출되어 아프리카 최초의 흑인 대통령이 되었다.

로벤섬의 다른 죄수들이 절망에 빠지면 만델라는 그들을 위로하고 영감을 주었다. 그는 그들을 격려하기 위해 빅토리아시대의 인기 작가인 윌리엄 E. 헨리William E. Henley가 쓴 「인빅투스Invictus」라는 시의 마지막 연을 읽어주었다.

문이 아무리 비좁아도 문제되지 않는다,
심판 장부에 어떤 죄목이 들어 있어도 상관없다,

나는 내 운명의 주인이고

나는 내 영혼의 선장이므로.[376]

'인빅투스'는 라틴어로 정복당하지 않는 사람이라는 뜻이다. 인생을 살다 보면 많은 위험과 고통을 만나게 된다. 그러나 천국의 문으로 들어가기가 아무리 어렵다 해도, 최후의 심판 날에 심판 장부에 뭐라고 쓰여 있어도, 남들이 내 운명을 결정하지 못하고 내 영혼을 훔쳐 가지는 못한다. 당신이라는 사람을 만드는 주체는 결국 당신이다. 이것이 이 시가 말하는 바다. 여러 해 동안 영국의 학생들은 이 시를 암송했고, 특히 마지막 연은 오늘날 영국 민간 사회의 불문율이 되었다. 처칠은 제2차 세계대전 중에 의회에서 행한 연설에서 이 마지막 연의 마지막 두 행을 적절히 인용해 전 국민을 고무시켰다.[377] 1995년 임시 탄핵을 당한 후에 울적하고 화나 있던 클린턴 대통령에게 만델라가 이 시의 메시지를 전하며 위로했다고 한다.[378] 오바마 대통령도 2013년 남아프리카 공화국에서 추모 행사를 할 때 이 시를 인용했다.[379] 존 루이스는 10대 소년 시절부터 나중에 의회 의원이 되어서까지도 이 시를 즐겨 암송했다.[380]

우리는 앞에서 리더들이 개인적 생활 속에서 어떻게 자주 위기를 만나 힘들게 싸웠는지를 살펴봤고, 그런 위기를 '시련의 도가니'라고 불렀다. 만델라 이야기는 우리를 아주 다른 수준으로 이끌어간다. 지도자와 그 우군들이 어떻게 사회 전체를 위협하는 위기를 극복할 것인가 하는 문제를 제기하는 것이다. 만델라의 리더십, 대주교 데즈먼드 투투Desmond Tutu, 월터 시술루Walter Sisulu, 올리버 탬보Oliver

Tambo, 위니 만델라Winnie Mandela, 그리고 솔직히 말해서 F. W. 데클레르크F. W. de Klerk 등의 협력이 없었더라면 남아프리카 공화국은 유혈 내전으로 추락했을 것이다. 이 나라는 대참사를 가까스로 모면했다. 만델라는 이렇게 경고했다. "그 어디에도 자유로 가는 쉬운 길은 없습니다. 우리 중 상당수는 그 전에 수많은 죽음의 그림자의 계곡을 지나가야만 우리가 바라는 산꼭대기에 도달할 수 있습니다."[381] 그는 어린 시절에 부족장들이 협상과 설득의 기술을 발휘하는 것을 보면서 리더십의 방법을 배웠다. 그는 리더를 양치기에 비유했다. "그는 무리의 뒤에 서서 재빠른 놈이 앞서가고 그다음에 느린 놈이 따라가도록 하는 사람이다. 하지만 양들은 뒤에서 누군가가 그들을 이끌고 있다는 것을 알지 못한다."[382] 만델라는 생애 대부분을 양치기 역할을 하면서 뒤에서 이끌었다. 그러나 남아프리카 공화국이 평화 협상을 원하자 그는 즉시 맨 앞에 나서서 문제를 해결했다.

새로운 세상에 적응하기

위기는 세월이 흐르면서 왔다가 간다. 그러나 우리는 지금 전에는 겪어보지 못한 강도와 빈도와 의도로 위기가 세상을 강타하는 시대에 살고 있다. 바이러스에 의한 대규모 사망, 추락하는 경제, 총기 난사 위협, 인종·계급·젠더 간 불평등, 되돌릴 수 없는 기후변화, 위협받는 민주주의, 지도자와 국가기관에 대한 신뢰 결여. 이런 부정적인 사항들은 너무 빈번하게 반복되어 이제 낯익은 것이 되었다. 만약 과거가 다가올 미래의 전주곡이라면 우리 앞에는 전보다 훨씬 더 고약한 위기가 놓여 있다고 봐야 한다.

1990년대에 미국 육군사관학교인 웨스트포인트는 생도들이 졸업 후 맞이할 세상에 집중하게 만드는 아주 인상적인 방법을 고안해냈다. 미래의 세상은 어떤 특징을 갖고 있을까? 사관학교는 부카VUCA라는 결론을 내렸다.[383] 부카는 다음 네 단어의 머리글자를 따온 것이다.

- 휘발성Volatility
- 불확실성Uncertainty
- 복잡성Complexity
- 애매모호Ambiguity

이 신조어는 오늘날 하나의 보통명사로 자리 잡았고, 그리하여 사관학교의 젊은 생도뿐만 아니라 무수한 기업의 임직원에게도 가르치는 용어가 되었다. 우리는 지금 부카 세상에서 살고 있다.

그리하여 우리가 당면한 질문은 이런 것이다. 우리는 어떻게 다음 세대의 지도자들을 지평선 위에 뭉게뭉게 피어오르는 도전들에 대비시킬 것인가? 그들의 리더십에서 가장 핵심 가치는 무엇인가? 차세대 지도자들은 그들의 소속 기관에서 어떤 조치를 취해야 하는가? 점증하는 도전들에 대응하기 위해 아주 긴급하게 대책에 나서야 한다는 것만은 분명하다. 이어지는 페이지들에서 우리는 오늘날 들이닥치는 위기에 대응하는 리더의 개인적 자질에 대해 살펴볼 것

하버드 리더십 수업

이다. 그리고 위기 상황에서 국가기관이나 개인 단체가 취할 수 있
는 네 단계 접근 방법도 살펴본다.

오늘날 리더가 갖춰야 할 자질

우리는 앞에서 특정 상황이나 소속 분야와 무관하게 리더가 갖춰야
할 자질, 즉 성품·용기·성실성·도덕적 목적·비전·적응력·용기·설
득력 등을 살펴보았다. 위기의 시대에는 이런 덕목들이 여전히 위력
을 발휘한다. 그러나 위기 상황은 지도자들에게 다른 자질도 요구한
다. 리더는 자기 안에 과연 그런 게 있었나 싶었던 자질들 또한 발견
해내야 한다.

 구체적인 예로, 역사가 데이비드 매컬러프가 들려주는 제1차 세
계대전 당시의 젊은 해리 트루먼 이야기를 보자. 트루먼은 당시 고
향인 미주리주 인디펜던스에서 자그마한 잡화점을 운영하고 있었
다. 미국이 전쟁에 뛰어들자 그는 사병으로 참전하려 했으나 시력이
너무 안 좋아서 거부당했다. 그래서 그는 시력 검사표를 모두 외워
서 두 번째 신체검사에서 합격했다. 그가 소속된 포병 부대는 프랑
스로 파견되었고, 곧 저 무시무시한 아르곤 전투에 투입되었다. 트
루먼이 속한 부대는 밤중에 비가 오는 가운데 산속에서 야영하고 있
었는데, 독일이 무시무시한 포격을 가해 왔다. 경험이 없는 그의 부
대원들은 가스탄인 줄로 오해하고 재빨리 방독면을 쓰고 말들에게
도 방독면을 씌운 후에 산지사방으로 달아났다. 트루먼이 탄 말은

그를 땅바닥에 세게 내팽개쳤다. 하지만 트루먼은 재빨리 일어나서 병사들에게 진지로 돌아오라고 소리쳤다. "그는 자신이 생각해낼 수 있는 온갖 욕설로 그들을 불렀고, 그들은 마침내 돌아왔다."[384]

그는 결국 부하 병사들을 무사히 귀국시켰고, 그들은 그 후 여러 해 동안 그의 충실한 추종자가 되었다. 매컬러프는 이런 결론을 내렸다. "트루먼은 참전 경험에서 자기 자신에 관해 중요한 사실 두 가지를 알게 됐다. 첫째, 그는 용기가 있었고, 특히 신체적 용기가 뛰어났다. 그 전에 그는 평생 싸워본 적이 없었다. … 둘째, 그는 자신이 사람들을 지도하는 일을 잘한다는 것을 깨달았다. 그는 그런 능력이 마음에 들었고, 용기는 남들에게 전염된다는 사실을 알았다. 만약 지도자가 용기를 보여준다면 남들은 그 용기를 따라가게 된다."[385] 전쟁은 그의 리더십을 단련시키는 훈련장이었다.

내 과거 경험에 비춰볼 때, 위기에 직면한 리더에게 필요한 본질적인 자질은 다음 네 가지다.

자기 자신의 안위에 대한 무관심

2007년에 펴낸 감동적인 회고록 『이 시대, 이 장소: 전쟁, 백악관, 할리우드에서 보낸 내 한평생This Time, This Place: My Life in War, the White House, and Hollywood』에서 고故 잭 발렌티Jack Valenti는 노르망디 전투에서 실종된 병사들의 무덤을 방문했던 일을 적었다. 당시 도빌 시장이었던 프랑스 여성이 그에게 어떤 특별한 비석을 방문하길 청했다. 그러면 전투 중에 죽어간 병사들의 용기가 어떤 것인지 잘 알게 될 것이라고 했다. 그리하여 찾아간 비석의 밑동에서 그는 이런 글씨를 발견했다. "리더십은 지혜와 용기이며 자기 자신의 안위에 대한 무관심이다."[386]

우리가 가장 존경하는 지도자 중에는 자기 자신의 안위에 무관심한 사람이 많다. 9·11 사태 때의 소방수와 경찰관들을 생각해보라. 민간인들이 목숨을 구하기 위해 황급히 계단을 달려 내려올 때, 그들은 죽을지도 모른다는 것을 알면서도 세계무역센터의 계단을 황급히 걸어 올라갔다. 암에 걸려 언제 죽을지도 모르는 상태에서 시간과 싸워가며 환경 위험과 보호에 관한 선구적인 저서 『침묵의 봄』을 써낸 레이철 카슨을 보라. 몽둥이에 맞아 죽을지 모른다는 것을 알면서도 에드먼드 피터스 다리를 건너간 존 루이스를 떠올려보라. 상업용 비행기가 추락해 물에 빠진 젊은 여성을 구하기 위해 포토맥 강으로 뛰어든 연방 정부 직원 레니 스커트닉Lenny Skutnick을 보라. 히틀러가 자신을 틀림없이 죽일 거라는 것을 알면서도 조국을 구하기 위해 나치 독일로 되돌아간 디트리히 본회퍼 목사를 보라. 이들은 모두 자기 자신의 안위는 뒤로하고 남들의 목숨을 먼저 구하기 위해 혼신을 기울인 사람들이다.

신중한 판단

앞서 살펴본 바와 같이, 지도자가 위기 상황에서 특히 갖춰야 할 중요한 덕목은 신중한 판단이다. 하지만 신중한 판단이라는 아주 애매모호한 덕목을 어떻게 획득할 수 있는가? 존 케네디 대통령의 측근이었던 테드 소런슨은 뉴욕 법률 회사에서 하급 직원이 상급 파트너에게 질문한 이야기를 사람들에게 즐겨 들려주었다. "당신은 어떻게 신중한 판단을 내린다는 평판을 얻게 되었습니까?" "내가 여러 차례 올바른 판단을 내렸기 때문이지." "당신이 올바른 판단을 내리게 된 근거는 무엇이었습니까?" "아, 그건 경험에서 오는 거지." "그럼 마지막으로 한 가지만 더 묻겠습니다. 그런 경험은 무엇을 기반으로 합니까?" "잘못된 결정 사항들이지."

의사 결정을 연구하는 사람 대부분은 신중한 판단을 내리기 위해서는 다음과 같은 주요 자질들이 있어야 한다는 데 동의한다. 그것들은 바로 경험으로부터 배우고, 세상에 호기심이 많고, 관련 자료와 정보를 잘 파악하고, 자기 팀에 책임감이 있고, 위기를 버텨내는 인내와 끈기를 갖춘 성품이다.

그런데 아주 중요하다는 것이 이미 역사적으로 증명됐으나 잘 거론되지는 않는 다른 자질이 한 가지 더 있다. 그것은 황야에서 수년간을 보내면서 다져지는 지구력이다. 우리는 위대한 정치가들에게서 이 자질을 거듭 발견한다. 샤를 드골에서 콘라트 아데나워Konrad Adenauer, 만델라에서 처칠에 이르기까지 이런 지도자들은 정계에서 따돌림당하거나 투옥된 세월로부터 엄청난 내공을 쌓았다. 위기의 세월에 그들은 자기 자신에 대해서 깊이 명상하면서 글을 썼다. 심지어 닉슨도 1960년대에 대통령 선거에서 케네디에게 지고 난 후에 맞이한 황량한 재야 시절을 견뎌냈다.

손가락 끝의 감각

독일어에 'Fingerspitzengefühl'이라는 단어가 있는데, 문자 그대로 '손가락 끝의 감각'이라는 뜻이다. 어떤 상황에 대해 사람들이 갖게 되는 본능적인 감각 혹은 직관적인 파악을 가리키는 아주 애매 모호한 개념이다. 영어로 굳이 번역한다면, 상황에 대한 인식situational awareness 정도가 될 것이다. 이런 감각을 지닌 사람들은 사태가 어떻게 전개될지 예상하면서 그에 맞춰 일찍 대비할 수가 있다. 어떤 지도자들은 이런 감각을 타고 나지만, 더 많은 사람은 공공 분야에서 광범위한 경험을 쌓으면서 사회역학에 대한 감각을 벼리고 또 예측하는 능력을 키움으로써 감각을 갖추게 된다. 여러 해 동안 백악관에서 근무하면서 나는 지평선 너머 미래를 바라볼 수 있는 사람들이 장차 다가올 결과를 미리 자신에게 유리하게 만들어나갈 수 있다는 사실을 알게 되었다. 그들은 예측하면서 벌어질 가능한 시나리오들을 상상하고, 발밑의 지형이 바뀔 때 어떻게 반응해야 할지 알아낸다. 전투를 하기 전에 나폴레옹은 앞으로 전투가 전개될 법한 시나리오를 여섯 가지 정도 마련해두었다고 한다.[387] 그래서 전투의 방향이 바뀌어도 이미 예측한 대로 움직이면서 적보다 앞서 상황을 통제할 수 있었다. 리더는 언제나 재빨리 반응할 수 있는 능력을 갖춰야 한다.

마찬가지로, 총명한 지도자는 자신의 목적을 달성하는 최선의 길이 반드시 직선이어야 할 필요는 없다는 것을 안다. 예를 들어 젊은 에이브러햄 링컨은 물품을 거래하기 위해 뉴올리언스로 가는 미시시피강의 뱃길을 이용해 두 번 여행을 했다. 우리는 그가 뗏목을 강의 정중앙에다 놓고 직선으로 하류로 내려갔을 거라고 상상하기 쉽다. 그러나 그는 그런 식으로 운항하면 뗏목이 전복될 가능성이 있다는 것을 경험으로 알았다. 그래서 링컨은 먼저 뗏목을 오른쪽의 농가를 향해 운항하다가 그다음에는 다시 방향을 바꿔 왼쪽에 있는 커다란 나무를 향해 운항하는 식으로 나아갔고, 무사히 목적지에 도달할 수 있었다.[388] 이렇게 운항하면 시간이 더 걸리지만, 궁극적으로는 뗏목이 전복되어 익사하는 일 없이 목적을 달성할 수 있다. 나는 이것을 '포인트별 리더십point-to-point leadership'이라고 부른다. 리더십을 공부하려는 사람들에게 인생 계획을 수립하는 데 있어서 이 비유를 꼭 명심하라고 말해주고 싶다.

역경 속에서의 침착함

해군에서 근무할 때, 나는 첫 근무지를 위한 보직 신청서를 제출하면서 요청 사항을 두 가지 적어냈다. 아시아에서 근무하고 싶고, 엔지니어로 근무하는 것은 피하고 싶다는 것이었다. 하지만 나는 일본 사세보항에 기항하는 대규모 함선의 보조 엔지니어 겸 피해 대책 장교로 보직을 받았다. 해군 당국은 그에 앞서 먼저 트레저섬에 있는 피해 대책 학교에 입교해 화재 예방과 홍수 통제 등에 관한 훈련을 받으라고 지시를 내렸다.

나는 내 자신이 맡은 임무에 잘 준비되어 있었다고 생각했다. 그러나 문제가 발생하면서 내 생각은 달라졌다. 일본에 있는 미 해군 수리소는 네 척의 구축함을 수리 중이었는데, 어느 날 제독이 그 배에 점검을 나왔다. 그가 도착하자마자 넉 대의 엔진 중에 한 대가 고장이 났다. 엔진을 가동되게 하는 것이 내 임무였으므로 나는 즉시 현장으로 달려갔다. 첫 번째 엔진을 막 고쳐서 가동하려는데 두 번째 엔진이 나가버렸다. 그렇게 한 시간 만에 넉 대의 엔진이 모두 나가버렸고, 몇몇 항해사는 나를 죽일 듯이 노려보았다. 엔진을 다 살려내 전력을 얻기까지는 이틀이 넘게 걸렸다. 그러니 내가 설사 연장 근무를 신청한다 해도 해군 당국은 허락해줄 것 같지 않았다. 하지만 나는 한 가지 사항에 대해서는 칭찬을 받았다. 수병들은 내가 침착한 태도를 유지한 데 감사해했다. 침착하고 차분한 자세, 이것이야말로 리더십의 필수 조건이다. 그 후에 나는 허먼 멜빌Herman Melville이 1850년에 남긴 격언을 알게 되었다.

> 위기의 때가 되면 지남철에 끌리는 바늘처럼
> 계급과는 무관하게 사람들의 복종심은
> 최적의 명령을 내리는 사람에게 이끌린다.[389]

그 후 어느 한때, 지도자가 위기 상황에서 냉정함을 유지하는 것이 얼마나 중요한지 절실하게 깨닫게 한 좀 더 큰 사건이 일어났다. 로널드 레이건 대통령이 취임한 지 딱 8주가 되었을 때, 존 힝클리 주니어John Hinckley Jr.가 지근거리에서 대통령에게 총을 쐈고, 총알은 레이건의 심장에서 2.5센티미터 떨어진 지점까지 파고들었다.

그 소식이 워싱턴 일대에 전해지자 정부 지도자들은 백악관의 웨스트 윙으로 몰려들었고, 이어 상황실로 내려왔다. 당시 핵심 지도자들은 여러 곳에 흩어져 있었다. 부통령 조지 부시는 비행기를 타고 텍사스로 내려가는 중이었고, 비서실장 짐 베이커는 에드윈 미즈와 마이크 디버와 함께 병원으로 달려갔다. 그리하여 국무장관 알렉산더 헤이그, 국방장관 캐스퍼 와인버거, 국가비상위원회 의장 리처드 앨런Richard Allen, 백악관의 중량급 인사 리처드 대면, 그리고 내가 상황실에 모였다(당시 나는 백악관 총무 이사였다).

누가 우리 정부를 대표하는지 불분명했다. 전前 닉슨 대통령의 비서실장이고 현現 국무장관인 알 헤이그가 자신이 임시 대표라고 선언했다. 그는 말했다. "국정의 키는 바로 이 의자에 있습니다." 아무도 항의할 기분이 아니었다. 그러나 언제나 팽팽한 긴장 관계에 있던 헤이그와 와인버거 사이의 불화가 밖으로 터져 나왔다. 와인버거는 일방적으로 국가의 방어를 위한 경계령을 최고 수준으로 올렸고, 헤이그는 우리가 혼란에 빠진 취약한 상태임을 적들에게 내비치는 꼴이 될지도 모른다고 우려하며 와인버거에게 화를 냈다.

예기치 않게도 백악관의 부대변인 래리 스피크스Larry Speakes가 병원에서 돌아와 옆문으로 들어오더니, 상황실 내에 벌어진 열띤 논쟁은 알지 못한 채로 공보실 연단으로 가서 질문을 받았다. 세 번째 질문에서 기자들은 래리에게 데프콘(군사 경계령)에 관해 물었다. 래리는 아는 것이 없었고 대답이 엉키기 시작했다.

"그를 연단에서 끌어내려야 해요!" 헤이그가 상황실에서 나와 공보실로 올라가는 계단을 황급히 달려가며 소리쳤다. 딕 앨런Dick Allen과 나도 그의 뒤를 따라갔다. 헤이그는 계단 꼭대기에 도착하자 숨이 막혀서 얼굴이 붉어졌고 심하게 땀을 흘렸다. 하지만 그는 진정하려 걸음을 멈추고 호흡을 돌릴 생각을 미처 하지 못했다. 침착하지 못했고 흥분된 표정이었다.

그는 그 상태로 공보실 안으로 불쑥 들어가더니 연단으로 가서 소리치는 기자들과 윙윙 돌아가는 텔레비전 카메라 앞에 섰다. 한두

하버드 리더십 수업

가지 부드러운 질문을 던진 후, 어떤 기자가 물었다. "누가 여기 책임자인가요?" 헤이그는 참지 못하고 그만 이렇게 내질렀다. "헌법에 따르면 대통령이 책임자, 그다음이 부통령, 그리고 국무장관 순입니다. 대통령이 국정의 키를 임시 이양할 생각이라면 그렇게 할 것입니다. 대통령은 그렇게 하지 않았습니다. 그래서 현재는 제가 여기 백악관을 통제합니다. 부통령이 돌아오실 때까지."[390]

그렇게 주장하자 일대 혼란이 벌어졌다. 알은 사태를 진정시킬 의도였다. 그러나 그의 생각과는 다르게 그 발언은 미국 전역과 더 나아가 온 세상을 향해 경계의 종을 울린 꼴이 되었다. 그는 백악관 자체가 혼란에 빠졌다는 바람직하지 못한 인상을 주었다. 그가 법적인 승계 순위를 틀리게 말했다는 점도 별 도움이 되지 않았다.

나중에 알은 대통령 후보로 나섰으나 그의 입후보는 곧 물거품이 되고 말았다. 유권자들은 심각한 스트레스 상황에서 그가 침착함을 잃고 얼굴이 붉어진 채 땀을 흠뻑 흘리는 장면을 기억했다. 그는 그 실점을 결코 회복하지 못했다. 위기 상황에서 침착함을 잃은 지도자는 오랫동안 지도자 역할을 맡지 못하게 된다는 귀중한 교훈이었다. 위기는 국가기관과 함께 그 지도자가 사느냐 죽느냐를 결정하는 순간이다.

내가 즐겨 들려주는 레이건 대통령에 관한 이야기는 취임 후 15개월 차에 벌어진 사건이다. 당시 대통령은 예산안의 통과를 촉구하는 대국민 연설을 텔레비전의 황금 시간대에 하기로 했다. 예산에 관한 이야기는 자칫 잘못하면 따분해지기 쉽다. 당시 의사소통 담당 이사였던 나는 그 연설을 좀 더 재미있게 만들어야 할 임무가 있었다.

당시 백악관의 기술 수준은 원시적이었고, 그래서 나는 레이건에게 이젤과 차트를 사용하길 건의했다. 연설 도중 책상에서 일어나 이젤로 걸어가서 붉은색 펠트 펜으로 차트에 붉은 선을 하나 긋고는, 의회가 예산안을 통과시키지 않으면 재정 적자가 얼마나 더 높아질지 강조하는 방식이었다. 대통령은 그 작전에 동의했고, 우리는 연설 시간을 동부 시간 오후 9시로 잡았다.

레이건처럼 숙련된 연사도 예행연습을 좋아했다. 그래서 나는 그가 집무실에 예정 시간보다 좀 일찍 나와서 예행연습을 할 시간을 마련했다. 레이건이 프롬프터의 글을 읽으면서 동시에 붉은 펜으로 줄을 긋고 다시 책상으로 돌아오기. 연습은 물 흐르듯이 부드럽게 진행되었다. 우리는 완벽하게 준비되었다고 판단했다. 적어도 그때는 그렇게 생각했다.

실제 연설이 시작되었고 레이건은 책상에서 일어나 이젤로 걸어 갔다. 그런데 우리는 그 붉은색 펜의 뚜껑을 도로 닫아놓는 것을 잊어버렸다. 텔레비전 카메라의 뜨거운 조명등 아래 그 펜은 잉크가 모두 말라버리고 말았다. 대통령이 줄을 그으니 막상 거기서 나오는 것이라고는 '끼익' 하는 소리뿐이었다. 줄이 그어지지 않았다. 그리고 끔찍한 정적.

나는 집무실의 반대쪽, 즉 카메라 뒤쪽에 서 있었다…. 한 줄 더 늘어나버린 내 이력서(백악관 사임)가 내 눈앞에 보이는 듯했다.

그러나 다행스럽게도 우리 백악관의 텔레비전 프로듀서인 마크 구드Mark Goode는 나보다 더 선견지명이 있었다. 그가 두 번째 펜을 준비해놓았던 것이다. 마크는 즉시 낮게 포복한 채로 레이건 쪽을 향해 갔다. 대통령 경호원들은 당황했다. 그들의 업무 수칙에는 백악관 직원이 대통령을 향해 포복해 갈 때 어떻게 대처해야 하는지까지 정해두진 않았다. 레이건 자신은 침착했지만 다소 의아한 듯했다. 저 친구는 왜 내게 저렇게 다가오는 거지?

마크는 재빨리 레이건 책상의 뒤쪽으로 기어가서 대통령 발 앞까지 다다른 뒤 카메라에 찍히지 않는 상태로 두 번째 펜을 대통령 손쪽으로 올렸다. 레이건의 눈동자가 반짝 빛났다. 그는 새 펜을 받아들고 제때 박자를 맞춰 말했다. "펜을 다시 한번 그어봐야겠군요." 마법처럼 붉은 줄이 차트에 나타났고 그날 밤은―아마도 내 일자리와 함께―그렇게 구제되었다.

나는 이 이야기를 사람들에게 여러 번 말해줬는데, 그때마다 이런 상상을 했다. 만약 닉슨에게 이런 일이 일어났다면 그는 우리를 모두 로즈 가든에 집합시켰을 것이고, 연설은 연기해버리고 다음 날 아침 하노이에 폭격을 지시했을 것이다. 그러나 레이건은 타고난 연기자였고, 방송은 그의 친구였다. 외줄타기의 대가인 왈렌다 형제 서커스단은 공중에 걸린 줄이 가장 중요하고 나머지 것들은 얼마든지 기다려도 된다고 말한 바 있다. 이 형제와 마찬가지로, 레이건은 자신이 엄청나게 많은 군중을 감동시킬 수 있는 한순간에 집중했다.

타조 국가?

미국은 국가·국제적 위기를 잘 대응한 자랑스러운 역사가 있다. 우리는 우리 생활 방식에 대한 위협과 투쟁해야 할 때는 특히 단결을 잘했다. 이러한 국가적 대응에 관해 많은 것을 말해주는 한 이야기가 있다. 제2차 세계대전이 다가올 무렵, 미국은 연간 5,000대의 비행기를 생산했다. 프랭클린 루스벨트 대통령은 전문가들에게 우리가 전면 동원령을 내릴 경우 비행기를 연간 몇 대나 더 만들 수 있는지 물었다. 그들은 대답했다. "2만 5,000대 정도 더 생산할 수 있습니다." 그러자 대통령이 말했다. "좋아요. 그렇지만 충분할 정도는 아니군요." 이어 그는 의회에 나가서 전쟁이 끝나갈 무렵에는 적어도 연간 5만 대의 비행기를 생산하겠다고 보고했다. 비판적인 사람들은 절대로 해낼 수 없는 일이라며 코웃음을 쳤다. "당신은 내가 바라보는 방식으로 미국을 바라보지 않는군요. 하지만 두고 보십시오."[391] 대통령이 대답했다.

실은 전쟁이 끝나갈 무렵에 우리는 5만 대의 비행기를 제작하지 않았다.[392] 대신 7만 5,000대를 생산해냈다! 바로 이것이 우리가 국민에게 총동원령을 내렸을 때 해낼 수 있는 일이다. 시어도어 루스벨트는 과거에 이런 말을 했다. "미국 국민은 천천히 화를 내지만, 일단 분노가 폭발하면 가연성 불꽃처럼 활활 불타오른다."[393]

우리의 문제점은 최근 들어 위기가 막 생겨나기 시작하는데도 그것을 무시해버리는 나쁜 습관이 들었다는 것이다. 우리는 어떤 위협이 그리 치명적이거나 심각하지 않다고 쉽게 치부해버린다. 오늘날 우리의 정치 지도자들은 깡통을 길 아래쪽으로 걷어차서 안 보이게 하고, 미래로부터 시간을 빌려서 다음 세대에게 청구서를 떠넘기길 더 좋아한다. 우리는 문제의 경고 신호를 계속 무시하면서 머리를 모래 더미 속에 파묻고 있다. 우리는 타조 국가가 되어버렸다.

우리는 더 이상 그런 사치를 부릴 수가 없다. 우리는 이제 끊임없이 새로운 위기들을 맞이하고 있다. 위기로 인한 사태들은 급속히 우리의 뉴노멀new normal이 되어가고 있다.

과거 20년의 대혼란보다 더 나쁜 점이 딱 한 가지 있다. 우리가 겪은 죽음과 파괴의 상당 부분이 만약 주의를 기울이고 조기 경보에 신경을 썼더라면 피할 수도 있는 것이었다는 점이다. 9·11 사태를 조사한 초당적 조사 위원회는 이런 결론을 내렸다. 여러 경고 신호가 들어왔음에도 불구하고 연방 정보기관들은 위협의 크기를 제대로 파악하지 못했고, 그 결과 그것을 막지 못했다.[394] 루이지애나 주립 대학교의 전문가들은 뉴올리언스가 태풍 카타리나에 무방비한 상태였고, 정부 관리들에게 태풍의 위험을 경고해도 아무 소용이 없었다는 사실을 알아냈다.[395] 또 다른 연방 조사는 2008~2009년의 금융 위기가 예측 가능한 것이었다고 결론 내렸다. "우리 금융 시스템의 수장과 고위 관리들은 경고를 무시했고, 그에 따르는 위험을 질문하고, 이해하고, 관리하는 일을 하지 못했다. 그것이 일반 대중의 복지에 필수적인 일임에도 말이다."[396]

여러 해 동안 전 세계의 기상학자들은 지구의 기온이 상승하고 있다는 끔찍한 경고를 해왔다. 지구 기온이 섭씨 1.5도 상승하면, 다음 20년 동안 지구환경에 돌이킬 수 없는 영향을 미친다는 것이었다. 그러나 국제 공동체는 아직도 그 어떤 결정적 조치도 취하지 않고 있다. 공공 정책 및 보건에 관한 랜싯 위원회의 전문가들은 트럼프 시대에 근 20만 명의 미국인이 코로나로 목숨을 잃었는데, 그것이 미국 보건당국의 "무능하고 불충분한" 대응과 신통치 못한 질병 관리 때문이라고 진단했다.[397] 미국에서 흑인이 불공정한 대우를 받고 있다는 것은 더 이상 비밀이 아니다. 미국의 평균 백인 가정은 평균 흑인 가정에 비해 재산이 여덟 배나 많고,[398] 흑인과 백인의 기대 수명 차이는 2020년에 5년으로 늘어났다.[399] 게다가 미국 흑인은 경찰의 잔인한 처사, 불공정한 투옥, 일상적 차별 대우를 겪고 있다. 우리는 조직적인 억압의 심각함을 인정하기 시작했지만, 여전히 진정한 변화를 이뤄낼 의지가 부족하다. 정반대의 여러 조짐에도 불구하고, 경찰이나 의회의원들은 의사당을 향한 군중의 대규모 공격이 얼마나 치명적일지를 예측하지 못했다. 우리가 대참사에 아주 가까이 와 있다는 것도 인정하지 않고 있다.

우리는 다른 소규모 위기들, 가령 보스턴 마라톤 폭발 사고, 샌디훅과 파크랜드의 총기 난사 사건 등도 생각해볼 수 있을 것이다. 그러면 한 가지 사실만이 분명해진다. 코비드를 포함해 이런저런 위기로 우리 생활 속에 내려온 어둠은 우리가 즉시 진로를 바꾸지 않는다면 생활 방식으로 고착돼버릴 것이다.

많은 학자, 언론인, 사상가가 앞으로 어떤 조치를 취해야 할지 깊이 생각하기 시작했다. 연방 정부는 환경보호를 위한 투자를 늘리고 있다. 산업계의 주인들은 주주 자본주의에서 이해당사자 자본주의로 옮겨가고 있다. 그리고 젊은 사회사업가들은 사회에 영향을 미치기 위해 그들의 노력을 두 배, 세 배로 경주하고 있다. 그들의 노력으로 미뤄볼 때, 위기가 닥쳐오는 상황에서는 네 단계의 접근 방식이 필요하다.

예측 가능한 위기에 대처하라

하버드 대학교 경영대학원 교수 맥스 베이저면Max Bazerman과 공저자 마이클 왓킨스Michael Watkins는 중요한 저서인 『예측 가능한 돌발 사고: 미리 예측할 수 있는 참사와 그 사고를 예방하는 방법Predictable Surprises: The Disasters You Should Have Seen Coming and How to Prevent Them』을 2004년에 펴냈다. 두 저자는 9·11 사태와 금융 사고인 엔론 스캔들이 위기를 예측하지 못해서 벌어진 전형적인 실패 사례라고 지적했다. 대형 조직의 기관장들은 종종 현상 유지를 더 선호하는 경향이 있다. 그들은 닥쳐오는 재앙의 조짐을 무시하거나 대응하지 않았을 때 치를 커다란 대가를 과소평가한다. 베이저면과 왓킨스는 이런 결론을 내렸다. "리더십의 주요 책무 중 하나는 예측 가능한 돌발 사고를 미리 파악해 미연에 방지하는 것이다. 대부분의 지도자는 그들의 조직 내 시스템이 점점 약해지고 있고 그것이 장차 중요한 위기로 점화할지도 모른다는 느낌을 받는다. 문제는 그 느낌에 대응하는 것이다."[400] 이 말은 아무리 강조해도 지나치지 않는다. 미리 경고를 받으면 미리 대비를 해야 한다.

최악의 사태에 대비하라

위기가 곧 닥친다는 증거에 직면하면, 조직은 휘하 팀들을 잘 단결시켜서 그 위기에 대비하고 반복해서 대응 훈련을 실시해야 한다. 뉴욕시는 9·11 사태에 훨씬 잘 대비되어 있었다. 왜냐하면 1993년에 세계무역센터에 대한 공격이 실패로 끝나면서 도시의 지도자들이 취약성을 충분히 인식했기 때문이다.[401] 테러리스트가 탈취한 비행기들이 건물을 강타하자, 루디 줄리아니Rudy Giuliani 시장은 무엇을 할지 논의하기 위해 소방관과 경찰관을 불러 모을 필요가 없었다. 그들은 이미 대응 요령을 알고 있었고, 그래서 많은 사람의 목숨을 구할 수 있었다. 그 과정에서 오히려 뉴욕시의 소방관과 경찰관들이 희생되었다. 마찬가지로 보스턴의 의료팀과 치안 유지팀은 비상사태에 대비하기 위해 사전에 미리 반복적으로 대비 훈련을 해왔다. 테러리스트들이 2013년 보스턴 마라톤 대회에서 공격을 해오자, 앰뷸런스들이 최초 폭발 사고 발생 후 9분 이내에 피해자들을 현지 병원에 후송하기 시작했다. 병원에 실려 간 피해자들은 모두 목숨을 건졌다.[402]

9·11 사태 이후에 질병통제센터는 하버드 대학교의 챈 공공보건대학원과 케네디스쿨과 협업해 전국의 응급 구조자들을 위한 위험 대비 교육 프로그램을 개발했다. 레너드 마커스Leonard Marcus 박사와 챈 공공보건대학원의 동료들은 그 프로그램을 앞장서서 이끌었고, 나는 초창기에 부위원장으로 그 프로그램에 참여했다. 그들은 전국의 응급 구조자들을 교육하고 훈련하는 제1급 플랫폼인 '전국준비리더십이니셔티브National Preparedness Leadership Initiative, NPLI'를 수립했다. 설립한 지 18년이 된 이 프로그램은 정부, 인권기관, 대기업과 중소기업의 리더 수천 명을 훈련해왔다. 그들은 또한 다양한 조직을 관통하는 리더십을 조직하는 이론도 개발했다. 그들은 그런 리더십을 가리켜 '메타 리더십meta-leadership'이라고 명명했다. 이 개념은 복잡한 시스템 속에서 자신의 직속 기관을 넘어서는 다양한 조직과 잘 협력할 수 있도록 상호 연결성과 협력 관계를 창조하는 리더십 능력을

가리킨다. 반복해 말하자면, 다른 많은 분야에서도 그러하듯이, 협력은 성공적인 리더십의 요체다.

대중을 안심시킨 후에 문제를 해결하라

문제는 오만가지 방식으로 나타난다. 문제를 해결하는 핵심 요령은 강력하고 사전 준비가 되어 있는 위기 대응팀을 마련하는 것이다. 만약 단단히 준비되어 있다면 리더는 그 위기 대응팀을 즉각 투입해 조치하면서 간섭하지 말아야 하며, 동시에 리더 자신은 위기 대응을 대표하는 얼굴이 되어야 한다. 여러 해 동안, 리더십 연구자들은 뉴욕 시장 루디 줄리아니가 9·11 사태에 침착하게 의미를 부여하면서 겁먹은 일반 대중을 안심시켰던 과정을 단계별로 연구해 왔다. 그는 사건 전날 저녁에 처칠의 전기를 읽었는데, 그게 큰 도움이 되었다. 이와는 대조적으로, 미래의 리더십 연구자는 대통령이 이끄는 백악관 행정부가 어떻게 코로나바이러스 대응에 실패해 한 세대의 인명과 일자리, 심리적 안정감 등을 상실케 했는지 밝혀내는 데 집중해야 할 것이다.

위기가 물러가면 사후 보고서를 작성하라

실제로 무슨 일이 벌어졌는가? 왜 사건이 그런 식으로 전개되었는가? 우리는 어떤 교훈을 얻었는가? 어떻게 해야 다음번에는 더 잘 대비할 것인가? 9·11 위원회가 작성한 보고서는 다른 위원회들의 모범이 될 만하다. 9·11 위원회는 초당적 조직이었고, 우수한 직원들을 확보했으며, 문제를 깊이 파고들었고, 폭넓은 제안들을 내놓았다. 이런 제안에 힘입어 국가의 보안과 정보를 강화하는 포괄적 노력이 이루어졌다. 그 길은 때때로 울퉁불퉁했지만, 그래도 우리는 전에 비해 훨씬 더 테러리스트들을 잘 대비했다.

아메리칸 대학교의 조던 태마Jordan Tama는 『워싱턴포스트』에 쓴 글에서 이렇게 지적했다. "미국 위원회들의 그동안의 업무 실적에 대해서는 평가가 엇갈리지만, 그래도 몇몇 뛰어난 업적을 올렸다."[403] 테디 루스벨트가 임명한 위원회는 나중에 연방준비은행으로 발전했다. 이 은행은 20세기에 이뤄진 최선의 개혁 사례 중 하나다. 해리 트루먼이 설립한 한 위원회는 마셜 플랜을 확정하는 데 큰 영향력을 행사했다. 닉슨이 임명한 위원회로부터 전군 모병제라는 제도가 생겨났다.[404] 이러한 위원회들이 성공을 거둘 수 있었던 핵심 요인은 공익을 무엇보다 최고의 목표로 설정했고, 자질이 우수한 위원들을 선임했으며, 직원들의 능력이 아주 뛰어났고, 백악관 혹은 의회가 위원회의 조치를 적극 지지했다는 점이었다.

누구나 알고 있듯이 위기의 시대를 극복하는 리더십을 다룬 문헌은 아주 많고 또 점점 늘어나고 있다. 만약 이 주제에 더 깊은 관심이 있다면 뛰어난 이야기꾼인 두 역사가가 최근에 펴낸 책 두 권을 읽어보길 권한다. 하나는 도리스 컨스 굿윈이 쓴 『혼돈의 시대 리더의 탄생』이고, 다른 하나는 낸시 코엔이 쓴 『위기에서 만들어지다』다. 두 책은 아주 유익하고 또 흥미진진하다.

자 이제 위기의 시대에 발휘해야 하는 리더십의 본질에 관한 문제로 돌아가보자. 리더십은 저항하는 힘에 맞서, 매우 어려운 상황에

하버드 리더십 수업

도 불구하고 그 위기를 견뎌내 마침내 승리에 이르는 능력을 말한다. 그런 리더들의 용기와 높은 친화력은 우리에게 끊임없이 경외감을 불러일으킨다. 앞에서도 말했지만, 전쟁 포로 시절을 다룬 회고록에서 짐 스톡데일은 날마다 정기적으로 가해지는 고문과 독방 투옥에 관해 서술했다. 한번은 여러 달 동안 고문을 당한 후에 독방으로 끌려가던 짐은 동료 포로인 데이브 해처Dave Hatcher의 감방에 난 작은 창문 옆을 지나가게 되었다. 해처는 밖을 내다볼 수는 없었지만, 절뚝거리는 발걸음으로 스톡데일임을 알 수 있었다. 곧 스톡데일은 세면실의 녹슨 철사가 북쪽을 가리키는 것을 발견했다. 그것은 전쟁 포로들 간의 암호로, 그 밑의 싱크대에서 쪽지가 든 병을 찾아보라는 지시였다. 스톡테일은 그 쪽지를 찾아내 감방으로 돌아와 펴보았다. 거기에다 해처는 쥐똥을 사용해 동료 포로를 위한 시 한 편을 옮겨놓았다.

> 문이 아무리 비좁아도 문제되지 않는다,
> 심판 장부에 어떤 죄목이 들어 있어도 상관없다,
> 나는 내 운명의 주인이고,
> 나는 내 영혼의 선장이므로.[405]

13장

리더십에 부스터 로켓을
다는 법

우리는 지금껏 리더에게 중요한 자질과 능력이라고 널리 인정되는 것들, 가령 성품, 용기, 도덕적 목적, 자기통제 등을 탐구해왔다. 그러나 리더십 관련 문헌에서 별로 주목받지 못하는 다른 자질들도 있다. 이것들은 좋은 리더와 일급 리더를 구분해주는 그런 자질임에도 별로 다뤄지지 않았다.

내 경험에 비춰볼 때, 강한 호기심을 갖고 또 역사를 좋아하는 사람일수록 더 좋은 판단을 내린다. 쿠바 미사일 위기 당시의 존 F. 케네디 대통령을 보라. 유머 감각이 뛰어난 리더, 종종 자기 자신도 농담의 대상으로 삼을 줄 아는 지도자가 다른 사람들과 좋은 관계를 맺는 친화력을 발휘한다. 총에 맞던 날의 로널드 레이건을 보라. 또, 통합된 삶을 영위하는 지도자, 그러니까 자신의 가치와 열망을 중시하되 일과 가정도 그에 못지않게 소중하게 여기는 지도자가 내면의 평정심을 성취해 위기에도 더 잘 대처한다. 버락 오바마, 일명 '노

하버드 리더십 수업

드라마 오바마No Drama Obama '*를 보라.

이 장에서 우리는 이 세 가지 조건, 즉 역사 읽기와 유머 감각 그리고 통합된 삶을 살펴볼 것이다. 나는 이런 자질들이 리더에게 추진력을 높이는 부스터가 된다고 생각한다.

역사로부터 배우기

과거를 연구하는 역사가들이 미래로 가는 길을 닦는 일은 그리 흔한 경우는 아니지만 60여 년 전에 바버라 터크먼은 그 일을 해냈다.

1962년 봄, 터크먼은 『8월의 포성』이라는 책을 발간했다. 이 책에서는 유럽과 미국이 인류 역사상 가장 피를 많이 흘리고, 가장 길었던 전쟁인 제1차 세계대전에 휘말리게 된 이유가 일련의 계산 착오와 판단 미숙이었다는 점을 파헤친다.

바버라 터크먼의 애독자인 존 F. 케네디 대통령은 그 책을 탐독하고 나서 내각의 모든 각료와 휘하 군사령관에게 그 책을 읽으라고 권했다. 미 육군 참모총장은 그 책들을 휘하 모든 군부대에 보내 현지의 모든 장교에게 읽을 것을 권했다. 그 책은 곧 베스트셀러 순위에 들어 42주 동안 머물렀다.

그러던 사이, 1962년 10월에 CIA는 소련이 쿠바에 미사일 기지를 설치하는 중이라는 사실을 탐지했다. 쿠바는 미국 해안으로부터 불

---

*   대통령 재임 당시 늘 냉정하고 차분한 모습을 보여 언론에서 붙여준 별명.

과 145킬로미터 정도 떨어져 있었고, 워싱턴 D.C.를 타격할 수 있는 거리 내에 있었다. 그 후 13일은 미국 역사상 가장 위험한 시기였다.

위기 초반에 존 F. 케네디는 당시 법무장관이며 최측근인 동생 로버트(보비)를 불러들였다. 보비에 의하면 형은 이런 경고를 했다고 한다. "나는 향후 이 시기에 대해 '10월의 미사일' 같은 책이 나오게 되는 그런 전개를 원하지 않아. 만약 어떤 사람이 이 사태 이후에 책을 쓰려고 한다면, 이걸 반드시 알아야 할 거야. 우리는 평화를 지키려고 모든 노력을 다했고, 또 우리 적에게 행동 반경을 주기 위해 최선을 다했다고 말이야."[406] 소련 지도자 니키타 흐루쇼프Nikita Khrushchev는 충동적이고 돌발적인 사람이었다. 케네디는 미국이 아주 침착하면서도 노련한 대응을 해야 한다고 결심했다.

진실의 순간은 케네디의 고문관 팀이 합치된 의사결정에 도달했을 때 찾아왔다. 소련이 몰래 미사일을 설치하고 있으므로, 미국은 그 미사일 기지를 은밀하게 폭격해 완전히 제거해야 한다는 것이었다. 사전 경고 같은 것은 일절 없어야 했다. 따라서 동맹국에게 사전에 귀띔하거나 의회에 사전에 통지하는 것도 하지 말자고 주장했다.

그러나 보비와 다른 고문관 두 명은 생각을 달리하기 시작했다. 고문관들이 서서히 최초의 합의안에서 물러서면서 그보다 덜 공격적인 아이디어, 즉 격리를 받아들였다. 흐루쇼프를 잘 아는 전직 주소대사 루엘린 톰프슨Llewellyn Thompson의 조언에 설득된 케네디 대통령은 소련 지도자를 코너로 밀어붙이고 싶지 않았다. 만약 코너에 몰린 뱀 같은 처지가 된다면 그는 반격하는 것 외에는 달리 선택지가 없을 것이었다. 그러니 이번에는 절대로 계산 착오가 있어서는 안 됐다.

다행히도 소련은 협상하려는 미국의 유연한 태도를 알아보고 한 걸음 뒤로 물러섰다. 그로부터 여러 해 뒤에 미국은 처음으로 소련이 그 미사일 탄두에 핵무기를 탑재했다는 사실을 알아냈다. 만약에 고문단이 처음 조언했던 것처럼 쿠바의 미사일 기지를 난데없이 폭격했더라면, 대부분의 미사일을 파괴했겠지만 그중 일부는 온전했을 것이고, 그러면 흐루쇼프는 그 미사일을 워싱턴 D.C.로 날려 보냈을 것이 거의 확실하다. 미국의 수도는 핵폭발로 불바다가 됐을지도 모른다. 당시 국무장관인 딘 러스크Dean Rusk는 말했다. "우리는 상대방을 서로 노려봤습니다. 상대방이 먼저 눈을 깜박거렸지요."[407] 협상하겠다는 의지를 표명하지 않았더라면 세상은 아마도 잿더미가 됐을 것이다(이런 벼랑 끝 대치가 지속되는 상황이 앞으로 온다면, 중국과 미국은 쿠바 미사일 때처럼 협상할 의지가 있을까 하는 생각이 든다).

그 후 여러 해 동안 쿠바 미사일 위기 당시 연방 정부의 의사결정은 학계에 굉장한 관심을 불러일으켰다. 테드 소런슨은 위기 상황에서 케네디가 내렸던 판단을 분석하는 연설을 했다. 그레이엄 앨리슨Graham Allison 교수는 케네디스쿨에서 일련의 연구 그룹을 조직하고 논문들을 펴내 6년 뒤 의사결정의 여러 모델에 관한 아주 영향력 높은 연구서를 썼다.[408] 케네디스쿨의 리처드 뉴스타트Richard Neustadt 교수와 어니스트 R. 메이Ernest R. May 교수는 호평을 받은 『시간의 흐름을 의식하는 사고방식: 의사 결정권자들의 역사 활용Thinking in Time: The Uses of History for Decision Makers』을 펴냈고, 이 책은 케네디스쿨에서 인기 높은 강좌의 교재로 채택되었다. 두 교수는 이런 주장을 폈다. 심사숙고하는 과정에서 케네디는 "지금 무엇을 할 것인가 하는 간단한 질문에서 더 중요한 질문으로 넘어갔다. 오늘의 선택이 향후 역사가 되었을 때 어떤 평가를 받을 것인가? 10년 혹은 100년 뒤에 사람들이 이 선택을 곰곰 생각한다면?"[409] 케네디는 자신의 결정 사항을 시간의 흐름이라는 렌즈를 통해 봤고, 역사책을 깊이 읽고 정보를 얻은 것이 그러한 판단을 내리는 데 큰 도움이 되었다.

오늘날 리더십을 연구하다 보면 종종 리더들이 역사의 중요성을 간과한다는 것을 발견한다. 리더는 마땅히 과거에 강한 호기심을 느껴야 하고 또 역사에서 얻은 교훈이 미래의 문제에 어떻게 적용될 수 있는지 열심히 배우려는 의욕이 있어야 한다. 앞날은 불확실성으로 가득하지만 우리는 과거에 여러 도전과 위기를 극복한 방식을 이해함으로써 위안을 얻을 수 있다. 마크 트웨인은 이렇게 말했다. "역사는 반복되지 않지만, 종종 비슷한 패턴을 보이며 발생한다." 고대인들도 이런 사실을 알고 있었다. 마케도니아의 필리포스 2세는 철학자 아리스토텔레스를 고용해 아들 알렉산드로스를 가르치도록 했다.[410] 훗날 알렉산드로스가 세계 정복에 나서 동방을 공략할 때, 그의 침실 베개 밑에는 언제나 호메로스의 『일리아스』와 단검이 놓여 있었다고 한다. 알렉산드로스는 대담했을 뿐만 아니라 강인한 마음을 가지고 있었다.

미국 건국의 아버지들, 가령 제퍼슨, 애덤스, 해밀턴, 매디슨, 프랭클린 등은 모두 총명하면서도 책 읽기를 좋아하는 독서광이었다. 제퍼슨은 버지니아주 앨버말 카운티에 있는 자신의 집에 최초의 도서 컬렉션을 갖춰두고 있었다.[411] 하지만 그 집이 불타서 모두 잿더미가 되자 그는 집 자체보다는 책들이 없어진 것을 더 아쉬워했다고 한

하버드 리더십 수업

다. 그 후 1814년에 영국군이 미 의회 도서관의 최초 컬렉션을 불태워버리자, 제퍼슨은 자신이 그때까지 모아둔 책 6,487권을 내놓으면서 책값은 의회가 산정하도록 했다.[412] 이 책들은 오늘날 세상에서 가장 훌륭한 도서관인 미 의회 도서관의 초석이 되었다. 존 애덤스도 3,000여 권에 달하는 자신의 도서 컬렉션을 매사추세츠주 퀸시의 공동체에 기증했는데, 이 책들은 마침내 보스턴 공립 도서관으로 이관되었다.[413] 애덤스는 종종 저자들과 치열한 논쟁을 벌였고, 책의 여백에다 메모를 적어넣기도 했다. 내가 애덤스 컬렉션을 처음 방문했을 때, 도서관 사서는 애덤스의 책 한 권을 꺼내 내게 보여줬는데, 여백에다 책의 본문보다 더 많은 글자를 써넣은 걸 볼 수 있었다!

미국은 19세기에 국민의 문자 해독률이 가장 높은 나라로 자부심이 높았다. 우리가 알고 있는 바와 같이, 링컨은 학교 교육을 많이 받지 못했으나, 스스로 독학해 읽는 법을 배웠다.[414] 그는 일단 책을 손에 잡으면 몇 시간이고 계속 읽으면서 그 내용을 완전히 숙지했다. 20세기 초에 테디 루스벨트는 광적으로 탐독하는 독서가였고, 백악관 시절에는 하루에 한 권을 읽었다고 한다.[415] 웨스턴(서부 개척) 소설의 아버지라고 하는 소설가 오언 위스터Owen Wister는 백악관에 방문해 대학 동창인 테디 루스벨트에게 신간 소설을 한 권 건네주었다. 루스벨트는 그다음 날 아침 식사 테이블에서 그 소설에 관해 아주 활기찬 토론을 벌였다.[416] 밤새 친구가 건네준 소설을 다 읽었던 것이다. 그와 비슷한 시기에 대서양 건너편에서는 윈스턴 처칠이 맹렬한 속도로 글을 읽었을 뿐만 아니라 쓰기까지 했다.

몇 해 전에 나는 미주리주 인디펜던스에 있는 트루먼 대통령 도서관에서 연설할 기회가 있었다. 나는 그 도서관이 아주 마음에 들었다. 그 도서관은 마치 트루먼처럼 수수했다. 사서들은 내가 트루먼의 편지와 연설문을 직접 손에 들고 볼 수 있게 해주었다. 나는 거기서 트루먼이 그 도서관을 방문한 학생들에게 해주었다는 말을 발견했다. "모든 독서가가 리더는 아니지만 모든 리더는 독서가다."[417]

트루먼 자신이 바로 그 말에 대한 구체적 증거였다. 그가 10대 소년이었을 때 어머니는 그에게 『위대한 남자와 유명한 여자Great Men and Famous Women』라는 여러 권 짜리 책을 건네주었다.[418] 트루먼 도서관에 보관되어 있는 그 책을 보면 트루먼이 얼마나 여러 번 그 책을 펴봤는지 여실히 알 수 있다. 20세기 대통령 가운데 유일하게 대학에 다니지 않은 트루먼은 그 책을 읽고 또 읽었다. 그의 부모는 고등학교를 졸업한 트루먼을 대학에 보낼 여유가 없었다. 그래서 그는 집안의 자그마한 농장에서 동물들을 돌보면서 7년을 보냈다.[419]

하지만 그는 시간이 날 때마다 읽고, 읽고, 또 읽었다. 그 과정에서 그는 독학자의 표본이 되었다. 1948년 트루먼 대통령은 이스라엘의 독립을 하나의 국가로 인정해줄 것인가 하는 아주 어려운 선택에 직면했다. 국무장관 조지 마셜은 국가 인정을 반대했다(인정하면 끔찍한 전쟁이 벌어질 것을 우려했다). 트루먼이 이스라엘을 인정하면 마셜이 국무장관직을 사임할 위험이 있었다.[420] 그렇게 되면 트루먼은 1948년 대통령 선거에서 승리를 보장받기 어려웠다. 매우 어려운 상황이었다.

그러나 트루먼은 피해 가지 않았다. 그는 아무런 사전 준비 없이 측근 고문관들을 상대로 중동의 역사, 이스라엘인 대 아랍인의 역할, 이해 당사자들 사이의 형평성 등에 관해 설명해주었다. 그는 두 시간 가까이 머릿속 지식만을 바탕으로 이야기했다고 한다. 결국 그는 리스크를 받아들이며 이스라엘을 인정했다. 마셜 또한 대통령 옆을 지키면서 각료로서 의무를 다했다.[421] 지난 세월 오랫동안 역사를 사랑해온 트루먼의 독서가 효과를 발휘한 순간이었다.

우리 시대에 짐 매티스Jim Mattis 장군은 트럼프 대통령으로부터 국방장관직을 맡아달라는 제안을 수락함으로써 일반 대중의 상상력을 사로잡았다. 매티스는 지식인이었고 강직했으며 전장에서는 치열하게 싸우는 사람이었다. 그래서 그를 가리켜 싸우는 수도승이라고들 불렀다. 그의 회고록에 따르면, 소년 시절 그는 교실에 가만히 앉아 있는 것을 그리 좋아하지 않았다. 집에는 텔레비전이 없었고 그래서 헤밍웨이, 포크너, 피츠제럴드 등과 같은 소설가들의 작품을 탐독했다.[422] 4성 장군으로 승진한 그는 미 육군 창군 이래 가장 책을 많이 읽는 장군 중 한 사람이 되었다.

미 해병대는 해병이 진급할 때마다 새로운 보직에 관련된 새로운 책자 리스트를 선물받는 전통이 있었다.[423] 매티스는 그 리스트에 올라온 책들을 다 읽었을 뿐만 아니라 그 밖의 것들도 읽었다. 그는 마르쿠스 아우렐리우스에서 타키투스에 이르는 고대 로마 저술가들의 책을 특히 좋아했다. 회고록 『호출 부호의 혼란: 남을 지도하는 법 배우기Call Sign Chaos: Learning to Lead』에서도 썼듯이, 그는 카이사르를 따라 갈리아 전역을 여행했고, 그랜트와 셔먼의 읽기 쉬운 산문에 감탄하면서 강철 같은 결단력에서 그런 문장이 나온다고 평가했으며, 중국의 손자孫子에서 콜린 그레이Colin Gray에 이르는 군사 전략을 연구했다. 그는 새로운 전투에 돌입하기 전에, 휘하 해병 대원들이 싸워야 하는 지역 국가들의 문화와 역사에 깊이 천착했다.[424] 그리하여 은퇴할 무렵에 매티스는 7,000권에 달하는 개인 서고를 갖췄다.[425]

매티스는 군대 내에서 성장하는 차세대 지도자들을 향해 준엄한 조언을 해주는 것을 아끼지 않았다. "제군들이 수백 권의 책을 읽지 않았다면 사실상 문맹이나 마찬가지다. 자신의 개인적 경험만으로는 스스로를 충분히 뒷받침해주지 못하므로, 결국 제군은 무능력자가 되고 만다. 너무 바빠서 책 읽을 시간이 없다고 말하는 지휘관은 부하들의 시체를 담는 자루의 숫자가 늘어나면서 아주 힘들게 이 교훈을 깨우치게 될 것이다."[426]

놀랍게도 나는 큰 성공을 거둔 미국 CEO 중 다수가 탐서가라는 사실을 알게 되었다. 구체적 면면을 들어보면 데이비드 루벤스타인 David Rubenstein, 빌 게이츠, 워런 버핏, 모트 저커먼, 오프라 윈프리, 셰릴 샌드버그 등이 있다. 이들은 손에서 책을 내려놓는 법이 거의 없이 줄기차게 읽는 습관이 있다. 내가 만나본 여러 분야의 많은 사람 중에서 역사의 교훈을 잘 깨우친 이들은 훌륭한 지도자로 성장했다. 그들은 좀 더 사려 깊고, 인생의 변화에 대해 더욱 잘 알고 있고, 미국의 유연한 위기 대응에 더 희망적인 사람들이었다.

어린이방어기금의 이사장 마리안 라이트 에덜면Marian Wright Edelman은 과거 브레통의 어부들이 올린 기도문을 내게 알려주면서 남들에게 봉사하는 문제를 심사숙고할 때 이 기도문이 유익할 것이라고 말했다. "오 하느님, 당신의 바다는 너무나 크고 저의 배는 너무나 작습니다." 나는 책들에 대해서도 같은 느낌이 든다. 근년에는 좋은 책들이 홍수처럼 쏟아져 나오지만 나는 그중에서 극소수만 읽어볼 수 있을 뿐이다.

대학 시절 이래에 내가 선호한 책들은 한결같았다. 나는 정치학과에 입학했으나 중간에 사학과로 전과했고 그 이후로 역사책에 관심이 많았다. 정치학은 우리의 현주소를 알려주는 스냅사진이라면, 역사학은 우리가 현주소에 어떻게 오게 되었는지를 말해준다. 처칠이 말한 것처럼, 과거를 멀리 바라볼 수 있는 능력은 곧 미래를 멀리 내다볼 수 있도록 도와준다.

그래서 나는 대체로 전기와 역사에 관심이 많다. 내가 좋아하는 역사가들은 훌륭한 이야기꾼이기도 하다. 가령 도리스 컨스 굿윈, 존 미첨, 데이비드 매컬러프, 낸시 코엔, 프레드 로지볼Fred Logevall 등이 그런 역사가들이다. 데이비드 루벤스타인이 역사가들과 나눈 대화는 즐거우면서도 멋진 행사였다. 나는 지금도 바버라 터크먼과 스티븐 앰브로즈Stephen Ambrose의 역사책들을 두 번, 세 번 읽는다.

나는 리더십에 깊은 관심이 있기 때문에 워싱턴, 제퍼슨, 링컨, 세 명의 루스벨트 등 미국의 아이콘 정치가뿐만 아니라 국제적 인물들에 관해서도 집중적으로 파고든다. 처칠과 만델라는 내가 좋아하는 정치가들이다. 『플루타르코스 영웅전』은 나머지 빈틈을 채워준다. 워런 베니스는 내게 리더십의 문제에 눈뜨게 해주었다. 그리고 이 책에서 이미 언급한 바와 같이, 존 가드너, 빌 조지 그리고 그들과 같은 세대의 여러 사람은 내 리더십 사상에 크나큰 영향을 미쳤다.

지난 수십 년간 나는 날마다 『뉴욕타임스』『월스트리트저널』『파이낸셜타임스』『워싱턴포스트』『보스턴글로브The Boston Globe』를 정독하려고 애써왔다. 그 외에도 내 친구가 있는 CNN을 위시한 여러 방송국의 뉴스도 면밀히 청취한다.

책을 집어드는 것이 습관이 안 된 사람이라면 과거를 공부하는 다른 방법들도 있다. 비디오 시대에 걸맞게 비디오 학습 코스도 폭넓게 찾아서 볼 수 있으며, 팟캐스트나 오디오북도 활용할 수 있다. 오늘날 많은 학교와 대학이 교실 밖에서 가르치는 방법, 이른바 '체험 학습'을 실험하고 있고, 학생들도 이를 환영한다. 예를 들어, 프린스턴 대학교에서는 저명한 남북전쟁 역사가인 제임스 맥퍼슨James McPherson 교수가 오래전부터 가르쳐온 남북전쟁 강좌에 학생들이 몰려들고 있다. 그 강좌의 꽃은 매해 게티즈버그로 수학여행을 떠나는 것이다. 그곳에서 학생들은 전쟁터였던 곳을 직접 걸으면서 조슈아 체임벌린Joshua Chamberlain과 그 부대원들이 리틀 라운드 톱 고지에서 남군을 물리친 곳을 둘러보고, 또 남군의 피케트 장군의 공격이 실패해 사실상 리 장군의 공세를 꺾은 곳도 살펴본다. 이 수학여행에서 얻은 교훈은 평생 잊히지 않을 것이다.

여기서 한 가지 사항을 더 주문하고 싶다. 글 쓰는 습관은 책 읽는 습관 못지않게 중요하다. 백지에다 당신의 생각을 표현하는 행위는 먼저 당신의 생각을 잘 정렬하기를 요구한다. 기회만 된다면 당신의 처음 생각을 종이 위에 적음으로써 구체적으로 표현해보라. 머릿속에 떠오르는 어구나 질문을 생각나는 대로 적어보라. 날마다 일기를 쓰는 것도 좋을 것이다. 스스로 독학해 크게 성공한 CEO 시드니 하먼Sidney Harman(하먼카던Harman Kardon의 공동 창립자)는 회고록 『너의 일에 힘써라Mind Your Own Business』에서 글쓰기의 핵심을 잘 표현해놓았

하버드 리더십 수업

다. "글쓰기는 잘 정리된 생각을 두뇌에서 종이로 간단히 옮겨놓는 것이 아니다. 그것은 딜런 토머스Dylan Thomas가 말한 것처럼, '내 마음을 읽는 백지'다."427

처칠은 제1차 세계대전 때 영국 정부의 실책 중 하나가 군부 지도자들과의 만남에서 합의된 사항을 정확하게 문서로 기록해두지 않은 것이라고 생각했다. 지시 사항을 구두로 내려보내면 전달 도중에 그 명료성이 사라져버리고 실수를 반복하게 된다. 그래서 제2차 세계대전 중에 처칠은 서면으로 된 명령에만 복종하라고 지시했다.

유머 감각과 리더십

몇 년 전에 나는 케네디 대통령의 공보 비서관이었던 피에르 샐린저와 함께 강연 여행을 다닌 적이 있었다. 그때 피에르는 백악관의 웨스트 윙에 있는 그의 사무실에서 있었던 일을 즐겨 이야기해주었다. 어느 날 오전 케네디가 백악관 집무실로 그를 불러서 개인적인 대화를 나누었다.

"피에르, 자네가 나처럼 훌륭한 시가를 즐긴다는 사실을 알고 있네." 케네디가 말했다.

"그렇습니다, 대통령 각하!"

"그런데 말이야, 피에르, 자네에게 부탁이 있어. 내일 오전 11시까지 최고급 아바나 시가를 좀 구해주게나."

"알겠습니다, 대통령 각하. 몇 개나 필요하신가요?"

"천 개."

"천 개? 각하, 그건 좀 어려울 것 같은데요."

"피에르, 자네가 일을 잘한다는 걸 알고 있네. 나중에 보세."

그다음 날 오전 11시에 케네디가 다시 불렀다. "피에르, 어서 건너 오게."

피에르가 대통령 집무실에 들어가자 케네디가 다시 물었다. "그 시가, 구했나?"

"구했습니다, 각하. 아바나산 최고급으로 천 개."

"피에르, 자네가 일을 잘한다는 걸 알고 있네. 나중에 보세."

한 시간 뒤 정확히 12시에 미국 대통령은 온 세상을 향해 방금 쿠바 물품에 대한 무역 금지 명령을 선언했다!

그야말로 유머 감각이 풍부한 사람이었다.

나는 유머 감각이 효율적인 공공 리더십에 얼마나 중요한지를 강조하기 위해 이 에피소드를 꺼냈다. 제2차 세계대전을 겪은 세대는 정말 유머 감각이 풍부했다. 그러나 사람들은 그보다 훨씬 전부터 위트(재치)와 유머를 좋아해왔고, 우리가 서로 단결한다면 새로운 리더 세대가 권력을 잡을 때도 여전히 위트와 유머는 위력을 발휘할 것이다.

미국 역사상 가장 유명한 이야기꾼은 에이브러햄 링컨이었다. 북군이 계속 패배해 남북전쟁이 북부에게 불리하게 돌아가던 1862년, 링컨은 고위 각료들을 소집해 비상 회의를 개최했다. 그는 유머 책자에서 우스갯소리를 읽어주는 것으로 그 회의를 시작했다. 그러나 각료들은 전혀 재미있다고 생각하지 않았다. 대통령은 두 번째 이야

하버드 리더십 수업

기를 읽어주었다. 여전히 아무도 웃지 않았다. 그러자 그는 이렇게 말했다고 한다. "여러분, 왜 웃지 않습니까? 요즈음 이렇게 스트레스가 엄청난데… 웃지라도 않는다면 죽어버릴 것 같은 기분입니다. 여러분도 나만큼이나 이 치료제가 필요해요."[428] 그렇게 말하고 나서 대통령은 회의의 본건으로 들어갔다. 그는 미국 역사상 가장 중요한 문서 중 하나인 노예 해방령의 초안을 각료들에게 읽어주었다.

링컨은 인생의 가장 엄숙하고 어려운 순간에서도 유머가 고통을 완화하고 사기를 높여준다는 것을 알았고, 그래서 종종 자기 자신을 비웃는 듯한 발언을 했다. 한번은 그 자신의 용모가 "여자들이 잘생겼다고 할 만한 그런 용모"는 아니라고 말했다. 그러면서 숲속을 걸어가다가 말을 탄 어떤 여자를 만난 에피소드를 들려주었다. 그는 그녀가 지나갈 수 있도록 옆으로 비켜섰다. 그 여자는 그를 위아래로 훑어보더니 이렇게 말했다. "당신은 내가 만난 사람 중에서 가장 못생긴 남자로군요."[429] 그가 대답했다. "맞습니다, 부인… 하지만 이건 내가 어떻게 해볼 수 없는 겁니다." 그러자 여자가 총알처럼 대답했다. "아니, 나는 그렇게 생각하지 않아요. 당신은 집에 죽치고 있을 수도 있잖아요."

영국에서는 위트가 스토리텔링보다 더 높이 평가되는 듯하다. 윈스턴 처칠은 멋진 이야기꾼이면서 탁월한 극작가였지만, 재치 있는 답변으로 더 잘 기억되고 있다. 처칠의 날카로운 혀에 대해서는 많은 책들이 나와 있다. 현대의 영국 지도자들 중에서는 마가렛 대처가 처칠 다음으로 위트가 뛰어나다고 생각한다. 그녀는 과거에 이렇게 말한 적이 있다. "연설을 하려는 사람을 찾는다면 남자들 중에서 알아보세요. 그러나 일을 해치울 사람을 찾는다면 여자에게 물어보세요."[430] 정말 위트 넘치는 말이다!

미국에서는 위트 있는 답변보다는 유머 넘치는 한마디나 이야기가 더 평가받는다. 그 방면에서 로널드 레이건 대통령을 능가하는 대통령은 없을 것이다. 그의 임기 중에 극적인 순간은 취임 후 두 달 만에 찾아왔다. 자객이 그에게 총을 쏴 총알이 심장에서 2.5센티미터 떨어진 곳에 박힌 것이다. 들것 위에 실려 수술실로 급히 이송되면서 레이건은 주위를 둘러싼 의사들을 올려다보며 말했다. "여러분이 모두 공화당원이기를 바랍니다." 그날 밤 격리된 병실에서 그는 낸시에게 쪽지를 써서 보냈다. "여보, 내가 그만 재빨리 피하는 걸 잊어버렸지 뭐야." 그는 권투선수 잭 뎀프시를 흉내 내며 말했다. 이런 말도 덧붙였다. "모든 걸 감안하면 필라델피아로 가는 게 좋을 듯해."[431] 이것은 필라델피아 출신 미국 코미디언 W. C. 필즈의 말을 흉내 낸 것이었다. 총격 사건이 벌어지기 전에 미국 국민은 레이건의 따뜻한 마음씨를 좋아했으나 그가 얼마나 강인한지 잘 알지 못했다. 사건 직후 그들은 대통령이 심지어 총알을 맞았어도 미소를 지으면서 버텨낼 수 있는 사람이라는 것을 알게 되었다.

레이건은 또한 때때로 자기를 우습게 보이는 태도가 중요하다는 것을 알았다. 당시 미국 역사상 최고령 대통령이었던 그는 종종 자신의 나이를 두고 농담을 했다. 그가 대통령 재선 유세전에서 촌철살인의 한마디로 전세를 역전시킨 에피소드는 유명하다. 월터 먼데일Walter Mondale과의 첫 후보 간 토론에서 레이건은 동작이 느리고 방향감각을 제대로 잡지 못하는 것처럼 보였다. 그다음 날 그가 너무

노쇠한 것이 아니냐는 말들이 나돌았다. 그의 캠페인은 갑자기 위험에 빠졌다. 두 번째 토론에서 한 언론인이 그의 나이에 관해 직접적으로 묻자 레이건은 이렇게 대답했다. "나 또한 이 캠페인에서 나이를 문제 삼지 않으려 한다는 걸 알아주었으면 좋겠습니다. 나는 정치적 목적 때문에 상대방의 젊음과 무경험을 착취하고 싶지 않습니다."[432] 먼데일은 그 순간 레이건이 토론에서 이겼고 나아가 재선도 확보했다는 것을 알았다.

현대 생활의 불안과 부조리에 웃음을 터트릴 수 있는 능력은 문제를 해결해주지는 못하더라도, 그 문제를 견뎌낼 힘을 준다. 훌륭한 지도자들은 이 점을 알고 있었다. 당신 자신을 향해, 특히 자신의 약점으로 농담할 수 있다면, 당신은 남들과 더 좋은 인간관계를 유지할 수 있을 뿐만 아니라 겸손한 태도를 유지할 수 있다. 다만 유머를 구사하려 할 때는 조심하면서 다른 견해를 가진 사람들을 의식하고 존중해야 한다. 하지만 오늘날 공식적인 사회에서 더 많은 유머가 필요하다는 것은 사실이다. 유머러스한 정치 평론가 겸 배우 윌 로저스Will Rogers가 대공황 시기를 견딜 수 있도록 도와준 것처럼, 우리가 오늘날의 위기를 견뎌내기 위해서는 케이트 매키넌Kate McKinnon과 스티븐 콜버트Stephen Colbert 같은 유머리스트가 필요하다.

CEO들은 가벼운 터치와 유쾌한 유머가 직장을 한결 재미난 곳으로 만든다는 것을 알아야 한다. 레이건 백악관은 확실히 그런 곳이었다. 우리는 그곳에서 일하면서 가끔 유쾌한 장난을 쳤다. 백악관 복무 규칙 중에는 선물을 받았을 경우 즉시 구舊 집무실이 위치한 동에 있는 특별 사무실에 선물을 제출해야 한다는 조항이 있었다. 비서실장 짐 베이커는 선물을 받는 즉시 당일에 그것을 제출했는데 거의 결벽증에 가까웠다.

어느 날 베이커를 그린 대형 유화가 그의 사무실에 도착했다. 베이커가 살펴보기도 전에 마이크 디버와 나는 그것을 그의 사무실에서 가지고 나와 벽장에다 숨겨놓고 좋은 기회를 엿보았다. 얼마 지나지 않아 적절한 때가 왔다. 레이건의 생일이었다. 그와 낸시가 캠프 데이비드에서 주말을 보내기 위해 백악관을 막 나서려고 하는데, 베이커와 디버 그리고 내가 가끔 그렇게 하듯이 대통령 부부와 대화하기 위해 외교 접견실에 모였다. 그때 디버와 나는 화려한 포장지에 싸인 베이커의 초상화를 가져왔다. 베이커는 대체 무슨 일인가 하고 어리둥절한 표정이었다.

"대통령 각하." 우리가 말했다. "짐이 각하를 위해 특별한 선물을 준비했는데, 우리더러 포장해서 여기 가져오라고 했습니다." 베이커는 정말 궁금해했다. "오 고맙네, 짐" 대통령이 말했다. "여기서 뜯어봐도 되겠나?" "예, 예, 물론이지요." 우리가 대답했다. 미국 대통령은 포장지를 뜯었고, 거기서 놀랍게도 자기 비서실장의 초상화를 발견했다. 베이커는 화를 벌컥 냈다. 그러나 대통령은 폭소를 터트렸다. 디버와 나에게는 매우 특별한 순간이었다.

잘 통합된 삶

1994년의 어느 늦은 밤, 클린턴 대통령과 나는 공군 1호기(대통령 전

하버드 리더십 수업

용기)를 타고 모로코에서 돌아오는 길에 장시간 대화를 나누었다. 나는 그 상황에서 오래전 모로코를 다녀왔던 또 다른 대통령 이야기를 클린턴에게 해주지 않을 수 없었다. 1943년 1월, 프랭클린 루스벨트는 비행기를 타고 카사블랑카로 날아갔다. 당시 영국 총리인 윈스턴 처칠을 만나 정상회담을 하고 또 연합군 최고 사령관들을 만나서 나치에 대응하는 군사전략을 수립하기 위해서였다. 샤를 드골 또한 그곳을 찾아왔다. 루스벨트와 처칠은 전에 한 번 만난 적이 있었으나 정상회담은 전쟁이 시작된 뒤로는 처음이었다. 그런 만큼 중요한 현안들이 많았다.

프랭클린 루스벨트는 전쟁을 수행하는 일상의 리더십에 몰두한 나머지 이틀간의 정상회담을 화급히 마치고 빨리 귀국하고 싶어했다. 그러나 처칠은 생각이 달랐다. "멀리 북아프리카까지 오셨는데 마라케시를 보지 않고 그냥 귀국하려고 하십니까?" 처칠이 대통령에게 말했으나 루스벨트는 여전히 회의적이었다. 그러나 처칠은 고집했다. "거기 가서 함께 이틀을 보냅시다. 각하가 아틀라스산맥 위에 해가 지는 광경을 보실 때 그 옆에 함께 있고 싶습니다."[433]

그래서 두 사람은 카사블랑카에서 마라케시까지 다섯 시간 걸리는 드라이브에 나섰고 중간에 휴식을 위해 피크닉을 하며 잠시 쉬었다. 도착하자 처칠은 루스벨트에게 전망대 꼭대기까지 올라가야 한다고 고집했다. 참모 둘이 루스벨트의 휠체어를 밀면서 구불구불한 계단을 올라갔다. 전망대 꼭대기에서 처칠과 루스벨트는 저녁 기도 소리가 울려 퍼지는 가운데, 태양이 아틀라스산맥의 눈 덮인 봉우리에 가까워지더니 마침내 그 아래로 내려가는 것을 지켜보았다. 루스벨트는 소파에 기댄 채 한껏 기분이 고조되어 처칠에게 말했다. "술탄이 된 느낌입니다. 친구여, 내 손에 키스해도 좋습니다."[434]

프랭클린 루스벨트는 그곳에서 이틀을 묵었고 정신이 한결 충만해졌다. 처칠은 수채화 그림을 그리기 위해 하루 더 머물렀다. 그는 그 그림을 루스벨트에게 선물로 보냈는데, 전쟁 중에 처칠이 주었던 유일한 선물이었다. 처칠은 소기의 목적을 달성해 쾌재를 불렀다. 그 방문으로 프랭클린 루스벨트와 긴밀한 유대 관계를 맺을 수 있었던 것이다.

그날 밤 클린턴 대통령과 대화를 나누면서 이번 모로코 여행이 달라질 수도 있었다고 말했다. 그는 현지 지도자들과 일련의 대화를 나누기 위해 중동을 여행한 것이었다. 귀국하는 길에 그는 라바트를 잠시 방문해 하산 왕과 대화하는 일정이 있었는데, 너무 짧게 방문한 터라 해외여행이라고 할 수 있을지도 의문이었다. 내 기억에 우리는 새벽 두 시에 라바트에 도착했고 모터케이드로 시내에 들어간 후 왕과 커피를 마시고 두 시간 후 다시 공군 1호기로 돌아왔다.

"좀 이상하게 보이지 않습니까?" 내가 클린턴에게 물었다. "대규모 전쟁이 벌어지고 있는 때인데도 프랭클린 루스벨트는 처칠의 설득을 받아서 모로코의 석양을 보기 위해 이틀 휴가를 냈습니다. 지금은 평화로운 시기인데, 각하는 단 하루도 시간을 내실 수 없습니까? 오늘날 우리에게 시간의 압박이 너무나 큰 걸까요?" 대통령은 동의했으나 어느 정도까지만 동의했을 뿐이었다. "지금 미국으로 돌아가면 중요한 선거가 기다리고 있습니다. 나는 빨리 귀국해야 해요."

나는 그 대화를 나눈 순간을 종종 회상한다. 오늘날 사람들에게 닥치는 시간의 압박이 얼마나 강한지를 잘 말해준다. 당신이 병원에서 코로나와 싸우는 간호사든, 막 개업 간판을 내건 젊은 변호사든, 밭을 가는 농부든, 오늘날 사람들은 한 세대 전의 사람들보다 더 많은 시간 동안 일을 해야 한다. 지도자 대부분은 이러한 시간의 압박을 훨씬 더 심하게 받는다. 만약 당신이 성공의 사다리를 올라간 사람이라면—가령 의회의 여성 의원이나 IT 회사의 고위직이라면—당신은 일주일 내내 하루 24시간 접촉할 수 있는 사람이어야 한다. 로널드 하이페츠가 말한 것처럼, 성공의 사다리에서 더 높이 올라갈수록 스트레스는 더 커진다. 최근의 팬데믹 때문에 사람들은 여행을 줄이고, 줌으로 회의를 더 많이 하게 되었다. 그러나 한 가지 사실은 변하지 않는다. 시간은 리더의 삶에서 가장 소중한 자산이다. 공직 생활에서 성공하려면 당신의 시간을 잘 계획하고, 에너지를 우선순위에 따라 집중할 줄 알아야 한다.

글로리아 스타이넘Gloria Steinem과 베티 프리던Betty Friedan의 지도 아래 여성운동이 발진한 초창기에는 여성과 남성이 그들의 생활 속에서 어떻게 균형을 잡을 것인가 하는 문제가 널리 토의되었다. 만약 당신이 직장에 출근해 9시에서 5시까지 일하고 그다음에 하루 일곱 시간 잠을 잔다면, 어떻게 당신의 결혼 생활을 원만하게 유지하고, 아이들을 행복하게 하고, 당신 자신의 신체와 영혼의 건강을 지킬 수 있겠는가? 어떻게 학교 사친회에 참석하고, 교회나 예배당에서 적극적인 활동을 하고, 딸아이를 수영 대회에 데려갈 수 있겠는가?

세월이 흐르면서 이렇게 많은 일을 하면서 균형을 잡는다는 것은 성공적인 전략이 될 수 없음이 점점 더 분명해졌다. 워런 베니스가 주장했듯이, 균형의 추구는 일종의 엔지니어링 개념이다.[435] 대다수 직업인의 생활에서 이러한 균형은 실현하기가 불가능하다. 특히 팬데믹이 들이닥친 이후에 삶은 너무나 예측 불가능한 것이 되어버려서 이번 달에서 다음 달 혹은 이번 주에서 다음 주 사이에 어떻게 균형을 유지할 것인지 장담하기가 더욱 어려워졌다. 직장은 더 이상 9시 출근 5시 퇴근이 아니다. 순간적으로 계획을 바꿀 준비를 해야 하고 일찍 출근해 늦게 퇴근할 각오를 해야 한다. 지난 여러 세기 동안 미국인들은 침대 맡에 성경을 놓아두었으나 이제는 아이폰을 두고 있다.

시간이 흘러가면서 일과 생활 사이의 균형(워라밸)에 대한 국가 담론은 '잘 통합된 삶'에 대한 논의로 점점 더 이동했다. 이러한 삶을 지지하는 사람들은 시간을 보내는 데 원칙이 있어야 하지만 동시에 시간을 배분하는 데 신축성이 있어야 한다고 주장한다. 아내에게 어떤 큰일이 닥치면 남편은 아내를 돕기 위해 자신의 일정을 조정해야 한다. 어린아이가 아프면 부모는 그에 따라 시간을 재조정해야 한다. 경력은 이제 더 이상 사전에 확실하게 계획할 수 있는 것이 아니다. 브래드 스털버그Brad Stulberg는 『마스터리 태도』라는 책에서 워라밸을 아예 '계절 단위'로 짜보라고 권한다. 한 계절에는 직장의 프로젝트에 집중적으로 시간을 투자하고 다른 계절에는 가정생활이나 개인 생활을 향상시키는 데 집중하라는 것이다.[436] 오늘날 젊은 사람들은 워라밸을 이분법이 아니라 하나의 연속체로 인식할 때의 혜택을 잘 인식하고 있다. 일과 생활은 때때로 하나로 융합된다. 유연한 선택 방안과 여러 다른 장소에서 접속할 수 있는 온라인 덕분에 일

　　　　　　　　　하버드 리더십 수업

과 생활은 함께 갈 수 있게 되었다. '일'이 사무실에 출근해 규정된 시간 동안 일하는 것을 의미하던 시절은 완전히 지나갔다. 물론 균형을 유지한다는 것은 지속적인 어려움을 야기한다. 많은 경우에 팬데믹은 직업 생활과 개인 생활 사이의 경계를 허물어버렸다. 직장인들은 탈진과 만성피로에 시달린다. 그러나 우리가 일과 생활 사이의 균형에 뚜렷한 주관을 지닐수록 만족할 수 있는 잘 통합된 삶을 살아갈 수 있을 것이다.

통합을 다루는 문헌의 저자들은 대체로 시간을 크게 네 부분으로 나눈다.

- 일(직장)
- 가족과 그 외 사랑하는 사람들
- 공동체와 친구들
- 개인적 성장

핵심은 이 네 분야 중 어떤 것에 우선순위를 두고 당신의 생활 속에 편입시켜서 일상적 선택들 속으로 통합시키는가다. 대부분의 조사에서 사람들은 일을 제1순위로 꼽았다. 이것은 아주 오래전부터 내려온 사회에서 출세하기 위한 처방이다. 링컨은 젊은 사람들에게 이렇게 조언했다. "성공하겠다는 당신의 결단이 그 무엇보다 중요하다는 것을 명심하라. 일, 일, 일. 그것이 주요 일과가 되어야 한다."[437] 그러나 우리 모두가 그러하듯이, 가족과 그 외 사랑하는 사람들 또한 소중하기 때문에 한꺼번에 몇 달씩이나 일에만 매달릴 수는 없다.

그러니 한 달 정도 일에 집중하다가 그다음에는 집안일로 돌아와야 한다. '계절 단위'로 말이다. 내가 인생에서 저지른 가장 큰 실수 중 하나는 백악관 시절에 매달 일만 제일 중시했다는 것이다. 그 결과 나는 아이들이 어릴 때 그들 옆에 있어주지 못했다. 다행스럽게도 나의 아내 앤은 훌륭한 어머니였고, 아이들이 잘 큰 것은 모두 그녀의 공이다. 나는 통합이 얼마나 중요한지 아주 힘들게 깨우쳤다.

잘 통합된 삶을 위해서는 가치와 열망을 잘 배열해야 한다. 당신은 왜 여기에 있는가? 당신은 어떤 사람이 되고 싶은가? 남들에게 어떻게 봉사하고 싶은가? 인간관계에서 당신이 원하는 것은 무엇인가? 당신은 어떤 족적을 남기고 싶은가? 앤은 가정 치료사인데, 수백 명의 환자를 대상으로 가정 내 인간관계에 관해 조언한다. 그녀는 인간관계 치료를 받아야 하는 가장 좋은 시기는 결혼 '이전'이라는 결론을 내렸다. 관계에서 당신은 무엇을 추구하는가? 당신의 가치와 열망은 잘 배열되어 있는가? 당신은 어떤 종류의 가정을 꾸리기를 바라는가? 같은 페이지에 있는 글을 읽는(지향하는 목표가 같은) 사람들이 서로 좋은 파트너가 될 가능성이 높다. 이와 같은 근거에서 볼 때, 어떤 직업이 당신의 가치와 부합하는지 알기 전에는 직업을 갖지 말아야 한다는 것이 내 생각이다.

내가 조지 H. W. 부시의 광팬이 된 것은 1980년 그가 대통령 선거에 나섰을 때였다. 그의 팀은 내가 선거 캠페인에 참여할 의사가 있는지 알기 위해 일차 면접을 보았다. 그 후 부시는 내게 메인주 케네벙크포트에 있는 여름 별장에 와서 주말을 함께 보내자고 제안했다. 공항에 도착해서 나는 무척 놀랐다. 부시 부부가 나를 데려가기 위해 32킬로미터 정도 거리를 차를 몰고 와서 기다리고 있었던 것이다. 그 주에 그들은 오랜 친구인 민주당 의원 한 사람을 접대했다. 우리는 대화를 나누고, 보트 놀이를 하면서 주위의 아름다운 풍경을 마음껏 즐겼다. 나는 월요일 아침 일찍 출발하는 비행기를 타고 돌아갈 예정이었다. 다음 날 아침 5시 반에, 장차 미국 대통령이 될 사람이 커피잔을 들고 와 내 방문을 두드렸다. 이어 그는 나를 공항까지 차로 데려다주며 이렇게 말했다. "나는 사람들과 함께 일하기 전에 그 사람들에 대해 알아보는 걸 좋아합니다. 그들이 누구인지 또 어떻게 생겼는지 알고 싶은 거지요." 나는 그 전에도 그리고 그 후에도 부시처럼 정중한 정치 지도자를 만나본 적이 없다. 그는 잘 통합된 삶을 영위하고 있었고, 우리는 아주 호흡이 잘 맞았다. 그래서 나는 그의 팀에 승선했다!

당신은 리더로서 정기적으로 활력을 재충전하고 또 당신 자신을 새롭게 해야 할 필요가 있다. 앞서 여러 번 언급했듯, 추종자들은 지도자로부터 힌트를 얻는 법이다. 당신은 먼저 정기적으로 운동을 하고, 명상을 하면서 내적 평온함을 달성하는 방법을 발견해야 한다. 물질적 풍족함 못지않게 정신적 만족감과 정체감을 존중해야 하고 마지막으로 검소한 습관을 유지해야 한다. 이렇게 하면 당신의 팀에 소속된 사람들은 당신에게서 영감을 얻으면서 당신의 지시를 적극적으로 따르게 될 것이다. 직장 이외의 곳에서 의미와 목적을 발견하는 것도 위안과 만족감을 준다. 이러한 것들을 직접 실천하는 시간을 내도록 하라. 빌 조지가 진북을 발견하는 권위자가 된 것은 그 자신이 진정한 의미와 목적을 추구하는 사람이었기 때문이다. 라마 알렉산더Lamar Alexander는 잘 통합된 삶을 보여주는 또 다른 공공 분야의 리더다.[438] 테네시 주지사로 8년을 보낸 뒤에 그와 아내는 네 자녀(8세에서 17세)를 데리고 오스트레일리아로 6개월 휴가를 떠났다. 도시 바깥의 다른 지역에서 살아가는 삶을 아이들에게 가르쳐주기 위해서였다. 나는 백악관을 떠난 후에 케네디스쿨에서 한 학기를 보냈다(그때 처음 이 학교를 알게 되었다). 그 학교 사람들은 내가 피트니스 장학금을 받아서 온 게 아닐까 생각했을 것이다. 나는 그곳에서 열심히 운동해서 살을 9킬로그램가량 뺐다. 당신도 할 수 있다면 안식 휴가를 가지길 바란다. 활력을 충전시키고, 새로운 사람으로 거듭나는 기회가 될 것이다.

하버드 리더십 수업

리더를 위한 20가지 교훈

20년 전에 책을 쓸 때 나는 사이먼앤슈스터 출판사의 뛰어난 편집인 고 앨리스 메이휴와 함께 일하는 특전을 누렸다. 내 책이 인쇄에 들어가기 직전에 앤은 내게 전화를 걸어서 그 책에서 이끌어낼 수 있는 리더십의 요체, 즉 교훈을 몇 가지로 요약했으면 좋겠다고 말했다. 나는 열 개의 교훈을 작성해 앨리스에게 보냈지만, 그 교훈을 그리 대단하게 생각하지 않았다. 그러나 나중에 알고 보니, 독자들은 그 교훈으로부터 많은 자양분을 얻었다고 했다. 여러 해가 흘렀는데도 내 강연에 참석한 청중은 그 교훈에 관한 이야기를 한다.

　그러므로 나는 이 책에서도 이끌어낼 수 있는 스무 개의 핵심 교훈을 여러분께 제공하려 한다. 이 교훈들을 깊이 생각해보기를 권하며, 관련 분야를 더 자세히 살펴보길 바란다.

하버드 리더십 수업

1. 우리에겐 진지한 진로 수정이 필요하다

30여 년 전, 제2차 세계대전 세대는 고대 로마 이래로 정치·경제·군사·문화 분야에서 가장 강력한 미국을 후대에 남겨주었다. 그러나 오늘날 미국은 국가 안보의 관점에서 세계 10위 혹은 12위에 불과하다. 우리는 전조등의 도움이 전혀 없는 상태로 한밤중에 벼랑의 가장자리를 따라 달리는, 지속 불가능한 길을 나아가고 있다. 바이든 행정부는 우리를 안전한 곳으로 데려가려고 애쓰지만, 우리의 길은 아주 위험하고, 안전을 확보하려면 여러 해가 걸릴 것이다. 미국의 민주주의 제도 자체가 위협을 받고 있다.

2. 새로운 세대에게 횃불을 건네야 한다

다행히도 수백만에 달하는 재주 많은 젊은이가 더 좋은 국가를 만들기 위해 무대 뒤에서 대기하고 있다. 앞날에 대한 우리의 가장 큰 희망은 이 젊은 세대를 알아보고, 발굴하고, 도와서 국가에 봉사하는 리더십을 발휘하게 돕는 것이다. 그들은 비록 다른 배경·인종·젠더를 지녔으나, 기성세대의 도움을 받아 현재의 경계선을 뛰어넘어 기본 가치와 공통된 꿈을 공유하는 사람들에게 손을 내밀어야 한다. 여러분이 그들의 정치적 태도를 어떻게 생각하든 간에 미투 운동, 블랙 라이브스 매터, 선라이즈 운동, LGBTQ+ 권리 운동, 파크랜드 학생운동 등은 그런 목적을 달성하기 위해 손을 내밀고 있다.

3. 리더의 자리는 앞으로 더 힘들어질 것이다

장기간에 걸친 대중의 신임 상실과 현안들의 복잡성 때문에 오늘날 리더십은 과거에 비해 점점 더 수행하기 어려운 영역이 되고 있다. 물론 소셜미디어를 타고 재빨리 위로 올라갈 수는 있지만, 그 올라가는 기둥은 너무나 미끄럽다. 빨리 위로 올라간 사람은 그보다 더 빠르게 밑으로 추락한다. 그러나 오늘날의 젊은 세대는 성장 과정에서 지옥을 통과했고, 그 과정에서 더 강인해졌다. 그들은 충분히 해낼 수 있다. 이런 속담도 있지 않은가. 가장 단단한 쇠는 가장 뜨거운 불에서 벼려진다.

4. 리더십은 내면에서 시작한다

다른 사람을 지도하는 사람은 먼저 자기 자신을 지도하는 방법을 알아야 한다. 역사가 낸시 코엔은 오늘날 리더십이 "내면에서 바깥으로" 발휘되어야 한다고 썼다.[439] 당신의 길 앞에는 환희의 순간도 있을 것이고 실의의 순간도 있을 것이다. 두 순간을 모두 기대하라. 그렇지만 싸움을 절대 포기하지 말라. 당신이 가는 길에 친구, 멘토, 후원자 등의 도움을 받는 한편, 결국에는 그 여정을 당신 자신의 힘으로 걸어가야 한다.

5. 세 가지 목표를 조기에 설정하라

첫째, 20대 중반이 되었을 때 당신이 어떤 내면을 지닌 사람인지 알아내라. 자기에 관한 지식은 하나의 터전이 된다. 아리스토텔레스는 "반성하지 않는 삶은 살 가치가 없다"라고 말했다. 둘째, 당신 자신에 대한 내적 자신감을 길러야 한다. 통찰력 넘치는 책『외부로부터 지도하라Lead from the Outside』에서 스테이시 에이브럼스는 사회 주변부에 있는 여성과 유색인종은 남들보다 높은 내적 공포를 극복해야 한다고 지적했다. 에이브럼스는 어린 시절에 불안을 극복하면서 여정 초창기의 많은 시간을 보냈다. 셋째, 당신 자신의 정서를 제어하라. 리처드 닉슨 정권이 붕괴했을 때, 나는 백악관에서 근무하고 있었다. 닉슨은 내면에 악마를 품고 있었는데, 그 악마를 제대로 다스리지 못한 것이 분명했다. 결국 미국 국민은 그를 대통령 자리에서 끌어내렸다.

6. 당신의 진북을 발견하라

오늘날 발간되는 많은 리더십 책에서는 신입 지도자들이 평생의 버팀목이 되어줄 가치와 신념을 확고하게 갖춰야 한다고 주장한다. 지난 여러 세기에 걸쳐 지도자는 성품, 용기, 능력으로 평가되어왔다. 이 세 가지가 핵심 가치가 되어야 하고, 오늘날 거친 바다를 항해하는 데 있어 당신의 진북이 되어야 한다. 헨리 애덤스Henry Adams는 미국의 대통령직에 관해 이런 멋진 말을 했다. "그는 단단히 잡아야 할 키가 있어야 하고, 나아가야 할 방향이 있어야 하며, 추구하는 항구가 있어야 한다."

7. 당신의 장점에 집중하라

궁극적으로 당신은 당신 삶의 저자가 되어야 한다. 상식에 반하는 말처럼 들릴지 모르겠지만, 평범함에서 시작해 평균으로 나아가는 것은 시간 낭비일 뿐이다. 피터 드러커와 짐 콜린스가 주장한 바와 같이, 우수함에서 위대함으로 나아갈 수 있는 당신 생활의 어떤 분야에 집중하라. 물론 어려움을 안겨주는 당신의 약점을 극복해야겠지만, 리더십의 모든 분야에서 1인자가 되지 못한다고 해서 자신을 질책해서는 안 된다. 회사나 사회에서 팀을 구성하는 것이 아주 중요한 사안인 이유가 있다. 당신은 자신의 약점을 보완해줄 서로 다른 장점을 지닌 사람들을 조합해 더 큰 힘을 발휘할 수 있다.

8. 바깥으로 리더십 여정을 확장하라

당신 인생에서 정말 하고 싶은 일을 결정하는 것보다 하고 싶지 않은 일을 결정하는 것이 훨씬 더 쉽다. 나는 청년 시절에 여섯 개 정도의 취업 노선을 거부한 적이 있는데, 그건 잘한 일이었다. 조이스 캐롤 토머스Joyce Carol Thomas는 『나이팅게일이 노래할 때When the Nightingale Sings』라는 책에서, 나이팅게일은 다른 나이팅게일이 노래할 때 비로소 노래한다고 말했다. 남들을 따라 하는 것은 우리 인간도 마찬가지다. 우리는 어떤 감동적인 목소리를 들을 때 비로소 삶이 생생하게 살아난다. 리더십 분야의 두 거인인 워런 베니스와 빌 조지는 각각 회사와 학교에서 높은 지위에 있었으나, 그 일자리는 그들에게 노래를 불러주지 않았다. 그래서 두 사람은 사직한 뒤, 더 마음에 들지만 위신은 떨어지는 일자리로 옮겨갔고 곧 활짝 피어났다. 두 사람은 자신 내면의 목소리에 귀를 기울인 것이다.

9. 열심히 일하고, 실패하고, 계속 나아가라

케네디 대통령은 사람들에게 행복의 그리스식 정의를 자주 상기시켰다. "행복은 인생의 어떤 보람 있는 분야에서 당신의 능력을 최대한 발휘해 탁월함의 명성을 얻는 것이다." 이 격언은 케네디 때도 그렇고 지금도 유효하다. 특히 더 많은 행복을 얻기 위해 적극적으로 행동하고 있는 오늘날 사람들에게 더욱 유효한 조언이다. 고대 그리스 사람들은 아무리 사소한 일이라도 자신이 하는 일에서 탁월함의 명성을 얻어야 한다고 생각했다. 탁월함의 명성은 직장에서든 학교에서든 당신 자신을 평소의 한계 너머로 조금이라도 더 나아가게 노력하는 데서 온다. 『누가 내 치즈를 옮겼을까?』의 저자 스펜서 존슨Spencer Johnson은 내게 제목에 리더십이라는 단어를 넣지 말라고 조언해주었다. 그 이유는 사람들 대부분이 리더십이라는 책임을 원치 않기 때문이라는 것이다. 스펜서는 책의 판매에 일가견이 있는 사람이었다. 『누가 내 치즈를 옮겼을까?』는 2,900만 부가 넘게 팔렸다. 하지만 행복의 진정한 원천에 대해서는 존슨이 틀렸고, 고대 그리스인들이 옳다고 나는 생각한다.

10. 리더를 하기에 너무 어린 나이는 없다

남들에게 봉사하기에 너무 늙은 나이라는 것은 없듯이, 리더를 하기에 너무 어려서 안 된다고 말할 수도 없다. 이 책에서 일관되게 말하고자 하는 것 중 하나는 오늘날 젊은이들이 자기 자신을 강력하게 주장해 많은 지지자를 얻어내고 있다는 사실이다. 시인 어맨다 고먼Amanda Gorman은 바이든 대통령의 취임식에서 자신의 시를 낭독함으로써 전 국민에게 그녀의 목소리를 전달했다. 나오미 오사카 Naomi Osaka나 시몬 바일스Simone Biles 같은 젊은 운동선수는 그들의 공동체와 국가를 괴롭히는 사회문제로 전 국민의 관심을 이끌었다. 2018년과 2020년에는 다양한 젊은 목소리들의 파도가 온 나라를 뒤엎었다. 그리하여 전에는 전통적으로 기존 권력자들이 차지했던 자리에 젊은 사람들이 취임했고, 그들이 우리 민주주의를 위해 적극적으로 나서는 광경을 목도할 수 있었다. 그들은 톨스토이가 말한 '준비의 함정', 그러니까 교실에서 수년간을 보내지만 정작 자신의 삶을 살아나가지는 못하는 함정을 잘 피했다. 그러므로 20대 중반이나

30대 초반에 이르면 사회에 봉사하기 위한 당신의 여정을 시작할 수 있어야 한다.

11. 봉사하는 데 1년을 바쳐라

지금 당신이 여정의 어떤 지점에 있든 간에, 남들을 위해 봉사할 수 있는 시간을 마련하라. '시티이어' 같은 조직에서 일하겠다고 자원해보라. 다양한 배경을 지닌 젊은 사람들의 그룹에 합류해 학생들이 중고등학교를 졸업할 수 있도록 도와라. 시티이어는 엄청난 성공을 거두었고, 클린턴 대통령은 그것을 모델로 '아메리코'를 조직했다. '티치포아메리카'에 가입해 교실에 들어가거나 미 육군에 입대해 2년을 보내도 좋다. 리더십 훈련장으로 이보다 더 좋은 곳은 없을 것이다. 크리스 홀러핸Chrissy Houlahan은 미 공군에 들어가 3년을 복무했고 그다음에는 티치포아메리카에 가입해 과학 과목을 가르쳤다. 오늘날 그녀는 미 의회의 의원이다. 프랭클린 루스벨트는 '민간자연보호단Civilian Conservation Corps, CCC'을 창설했는데, 이 조직은 긴 시간에 걸쳐 전국의 실업자를 초청해 국립공원과 숲을 가꾸었다. 이 단체는 프랭클린 루스벨트의 뛰어난 업적 중 하나다. 이제 튼튼한 아메리코를 창설할 때가 되었다. 그렇게 수백만에 달하는 우리 젊은이의 에너지를 한군데로 집결시켜야 한다.

12. 금융 자산을 확보하라

이제 막 떠오르는 젊은 지도자들에게는 개인 자산을 확보하는 것이 급선무다. 우리는 생애 일찍부터 고유한 열정을 추구하는 것이 중요하다고 말하면서 정작 금융 자산의 문제는 소홀히 한다. 청년 시절부터 돈을 저축할 기회가 있다면 그 기회를 잘 활용하라. 그것은 앞날의 행동에 자유와 독립을 제공해준다. 여성과 유색인종의 경우, 제도 내의 태생적 불공평을 극복하려면 자산을 확보하는 것이 특히 중요하다. 현재『포춘』500대 기업 중 여성 CEO는 총 41명인데, 전체로 보면 8퍼센트에 불과하다. 한 세대가 자신의 재산을 형성하기 위해서는 젊은 나이에서부터 저축을 시작해야 한다. 우리 사회는 세대 간 빈부 격차를 메워야 할 책임이 있다. 하지만 그 전까지는 비교적 젊은 나이에 자신의 금융 자산을 확보하는 것이 장차 기회의 문을 열 계기가 되어줄 것이다.

13. 고통스러운 결정적 순간을 받아들여라

운명은 인생에서 예기치 못한 치명타를 날린다. 긍정심리학의 아버지인 마틴 셀리그먼Martin Seligman은 자신의 연구서에서, 비록 소수이기는 하지만 어떤 희생자는 자신이 당한 고통으로부터 온전하게 회복하지 못한다는 것을 발견했다. 그렇지만 많은 사람이 강인한 내적 유연성을 발휘해 그들의 발판을 다시 회복했다. 좋은 소식은 어떤 사람들은 그런 고통을 통해 내면이 전보다 더 강해지고, 인생의 도덕적 목적을 힘껏 수용하게 된다는 것이다.

1881년 19세 소녀 헬렌 켈러는 병을 앓은 후에 시력과 청력을 잃었다. 하지만 그녀는 그런 장애에도 굴하지 않고 나중에 정치 운동에 참여해 적극적인 운동가가 되었다. 그로부터 수십 년이 흐른 뒤, 프랭클린 루스벨트는 생애 중반에 소아마비에 걸렸다. 그는 여러 해 동안 재활 운동을 했지만 다시는 걸을 수 없었다. 그러나 그런 시련을 통과하면서 그는 더 깊이 있고 더 헌신적이고 더 공감하는 지도자가 되었다. 나는 조 바이든이 아주 고통스러운 경험을 했기 때문에 더 훌륭하고 강인한 대통령이 되었다고 생각한다. 그는 끔찍한 교통사고로 아내와 아이를 잃었고, 그다음에는 아들이 암으로 사망했다.

14. 상급자를 잘 대하는 방법을 배워라

많은 사람이 리더십이라고 하면 부하들을 질서정연하게 잘 동원해 부리는 기술이라고 생각한다. 그러나 사실을 말해보자면, 우리는 사회생활에서 우리보다 높은 사람에게 보고하는 데 더 많은 시간을 쓴다. 만약 더 많은 책임을 맡고 또 더 많은 돈을 받기를 원한다면 상급자의 최선을 이끌어내는 방법을 알고 있어야 한다. 과거 유명인사들의 사례를 한번 살펴보자. 프랜시스 퍼킨스는 프랭클린 루스벨트로 하여금 가난에 눈뜨게 해주었다. 조지 마셜은 커다란 위험을 무룝쓰고 상급자들에게 진실을 말했다. 제임스 A. 베이커 3세는 레이건 대통령을 상대로 능숙하게 업무 보고를 했다.

15. 설득의 기술로 남들을 동원하라

입에다 잔돌을 넣고 웅변을 연습했다는 고대 그리스의 명연설가 데모스테네스부터 출연자들을 상대로 마법의 순간을 만들어내는 오프라 윈프리에 이르기까지, 리더들은 설득 능력을 십분 발휘했다. 처칠은 이렇게 말했다. "인간에게 부여된 여러 재능 중에서 웅변의 재능처럼 소중한 것은 없다." 리더십의 다른 많은 분야가 그러하듯이, 웅변술을 터득할 수 있는 길은 하나밖에 없다. 연습, 연습, 연습. 연설할 기회를 모두 받아들여라. (1분의 의회 연설 시간당 한 시간의 준비 시간을 가진 처칠처럼) 면밀하게 준비하면서 다른 사람들에게 조언을 구하고 또 받아들여라.

16. 당신의 최대 적수는 당신이다

일반 대중이 정치인을 불신하는 이유 중 하나는, 그들이 처음에는 아주 멋지게 보이지만 나중에 가면 그들의 진흙 묻은 발(위선과 부정직한 태도)을 발견하기 때문이다. 정계에서는 논쟁이 자주 벌어지고, 적들은 서로 칼을 꺼내고, 곧 물 위에는 핏빛이 낭자하다. 나는 리처드 닉슨을 위해서 일하게 되었을 때, 처음에는 그가 총명하고, 지식이 많고, 남들에게 오해를 받는다고 생각했다. 사실 그는 동시대의 국제 전략가 중에서 가장 뛰어난 축에 속했다. 그러나 그의 최측근을 좀 더 자세히 알게 되면서 그에게 어두운 측면이 많이 있다는 걸 깨달았다. 나중에 데이비드 프로스트David Frost로부터 워터게이트 사건 때 무슨 일이 벌어졌느냐는 질문을 받고 닉슨은 이렇게 대답했다. "나는 적들에게 칼을 건네주었고 그들이 내 몸을 깊숙이 찔렀습니다." 여기서 우리는 이런 결론을 내릴 수 있다. 대부분의 지도자가 겪게 되는 단 하나의 가장 큰 위험은 자기탈선이다. 권력은 그들의 머리를 돌게 만든다. 그들은 자기 자신에게는 원칙이 적용되지 않는다고 생각하고, 무리한 플레이를 펼친다. 액턴 경Lord Acton은 19세기 말에 이런 유명한 말을 했다. "권력은 부패한다. 절대 권력은 절대적으로 부패한다." 이런 이유로 어릴 적부터 지도자가 되려는 자신의 동기를 잘 기억하고 자신을 지도자로 만들어준 가치를 한시도 잊어버리지 않는 것이 아주 중요하다. 자신의 야망뿐만 아니라 최대한의 공동선에 봉사하겠다는 헌신의 정신을 일찍부터 함양해야 한다. 헌신의 정신을 가져야만 봉사하는 리더가 될 수 있다.

17. 리더십의 새로운 모델을 배워라

밀레니얼 세대를 다룬 연구서에서 샬럿 올터Charlotte Alter는 사회적 시위자들의 전략·전술에 상당한 변화가 있었음을 지적했다. 먼저 월스트리트에 저항하는 점거 운동이 있었고 그다음에는 블랙 라이브스 매터가 있었다. 이어 밀레니얼은 지도자의 톱다운 방식이 아니라 밑에서 위로 올라가는 대규모 집단 운동을 통해 변화를 추구했다. 그들은 마틴 루서 킹 같은 카리스마 넘치는 개인 지도자에게 의존하는 이전 세대의 규칙 같은 것은 창밖으로 내던졌다. 대신에 '조직원 전원이 리더'라는 접근 방식을 취했다. 블랙 라이브스 매터 창립자인 얼리샤 가자는 샬럿 올터에게 이렇게 말했다. "많은 리더가 있다면 남들이 그 운동을 위태롭게 하거나 죽이지 못해요. 그러나 리더가 단 한 명뿐이라면 무기력하게 만들기가 아주 쉽죠."[440] 시위자들은 활동가들이 테이블에서 상석을 차지해야 한다는 오래된 생각을 거부한다. 그들은 테이블이 반드시 있어야 한다고 생각하지도 않는다. 아직 결정적 판단이 내려진 것은 아니지만, 이런 새로운 접근 방식이 효과를 발휘하고 있음을 보이는 여러 조짐이 나타나고 있다. 미국 흑인들을 살해한 사건들은 미국 역사상 대규모 가두 시위를 촉발했고 수백만 명의 젊은이가 거리로 나와 강력하게 발언하는 계기가 되었다. 블랙 라이브스 매터는 또한 미국에 뿌리 깊이 박혀 있는 인종차별주의를 전국적으로 심판하도록 유도했다. 그들의 창의적인 리더십 모델은 여론 변화를 이끌어낸 주역일 뿐만 아니라 제도적 불공정에 맞서 싸우는 방식까지도 제시했다.

하버드 리더십 수업

18. 과거와 현재를 공부하라

경기장에서 때를 기다리는 젊은 지도자들에게는 자신을 잘 알고 또 자신의 정서를 제어할 줄 아는 것이 아주 중요하다. 다만, 그렇다고 해서 오로지 자신의 내면만 들여다봐야 한다는 뜻은 아니다. 지난 여러 세기 동안 우리의 위대한 지도자들은 주위 세상을 연구함으로써 얻을 수 있는 가치와 지혜를 잘 알았다. 해리 트루먼은 20세기 미국 대통령 중 유일하게 대학에 가지 않은 지도자였다. 그러나 그는 뜨거운 탐구심으로 가장 교양이 높고 또 가장 현명한 대통령 중 한 사람이 되었다. 내일의 가장 유능한 지도자는 보통 오늘의 근면한 학생이다. 지속적인 호기심을 유지하고, 시대의 뜨거운 관심사에 참여하고, 역사와 전기에 몰입하라. 그리고 당신의 정북을 따라 항해하면서도 지식을 추구하라.

19. 친구와 네트워크는 여전히 중요하다

밀레니얼 세대와 Z세대는 사회 변화를 일으키는 새로운 방법을 창조하면서도 친구들에 대해서는 옛 방식을 고수하고 있다. 그들은 많은 친구를 원하고 그 친구들이 평생 지속되는 네트워크에 가입하기를 원한다. 상위 경영대학원에 다니는 사람들 중 절반은 그 대학원에 진학한 이유가 직업상의 네트워크를 구축하기 위해서라고 한다. 2021년 중반, 소셜미디어 링크드인은 200여 국가의 7억 4,000만 명에 달하는 등록 회원을 보유하고 있다고 보고했다. 게다가 구직자의 64퍼센트가 링크드인의 알선을 통해 취업했다고 한다. 혼란스러운 세상이지만, 젊은 사람들은 안정적으로 닻을 내리고 의미 있는 삶을 추구하는 방식들을 활발하게 찾아내고 있다.

20. 천상의 불꽃을 유지하라

남들에게 봉사하면서 평생을 보내려는 사람에게는 그 노선을 계속 유지하기 위해 아주 진지한 이상주의가 필요하다. 조지 워싱턴은 어린 시절 연습장에 자기 자신을 위한 최종 지침을 적어넣었다. "너의 가슴 속에 양심이라는 천상의 불꽃이 계속 살아 있도록 열심히 노력하라." 참으로 좋은 조언이다!

하버드 리더십 수업

◆ 에필로그 ◆

부름에 응답하기

1961년 취임식 날, 존 F. 케네디 대통령은 자신 있게 마이크 앞으로 나와서 운집한 군중을 바라보며 미국 이야기의 새로운 장을 열었다.

지금 이 시간과 이 장소에서 친구든 적이든 이런 말이 널리 퍼져 나가게 합시다. 이제 횃불은 미국인의 새로운 세대에게로 건네졌다고 말입니다. 이 세대는 금세기에 태어나 전쟁에 의해 달궈지고, 고되고 쓰라린 평화에 의해 단련되었으며, 우리의 오래된 유산들을 자랑스럽게 여깁니다. ··· 세계의 오래된 역사 속에서 오직 소수의 세대만이 가장 큰 위험에 직면한 시기에 자유를 옹호하는 역할을 부여받았습니다. ··· 그러니, 나의 동료 미국 국민 여러분. 당신의 나라가 당신을 위해 무엇을 해줄 것인가를 묻지 마십시오. 당신이 나라를 위해 무엇을 해줄 수 있는지 물으십시오.[441]

하버드 리더십 수업

그렇게 제2차 세계대전 세대의 이야기가 시작되었다. 그 후 30년 동안 미국은 케네디에서 조지 H. W. 부시에 이르기까지 일곱 명의 대통령을 배출했다. 각각의 대통령은 봉사하라는 부름에 응답했고, 행동하길 자원했으며, 그리하여 영원히 바뀌었다. 일곱 명의 대통령은 모두 군 복무를 했다. 그중 여섯 명은 세계대전에 참전했고, 지미 카터는 해군사관학교 학생일 때 종전을 맞았다.[442] 종전 후에 그는 잠수함에 배속되어 일선 장교로 성실하게 근무했다.

　그 세대는 오늘날의 우리에게 막대한 영향을 미쳤다. 세계대전에 참가했던 사람들은 젊고 경험이 없었으나 그중 많은 사람이 영웅이 되어 돌아왔다. 귀국한 그들은 전쟁 경험을 이야기하길 별로 좋아하지 않았으나 자기 자신을 아주 자랑스럽게 생각했다. 케네디는 대통령 취임식 행진에서 자신이 정장艇長으로 있었던 해군 PT보트의 모형을 전시했다. 한밤중에 일본 구축함의 공격으로 그 배가 두 쪽이 났을 때, 케네디의 부하 한 명이 물에 빠졌다. 케네디는 그 병사의 구명조끼에서 나온 줄을 이빨 사이에 단단히 문 채로 세 시간 반을 헤엄쳤고, 그 병사와 함께 무사히 해안에 도착할 수 있었다.[443] 그렇게 병사는 목숨을 건졌다.

　여러 해 뒤, 조지 H. W. 부시는 대통령 취임식 행진에서 자신이 몰았던 미 공군 어벤저 항공기의 모형을 전시했다.[444] 당시 스무 살이었던 그는 일본군의 공습을 받아 그 비행기에서 탈출해야 했고, 남태평양 위로 추락한 가장 어린 미 공군 조종사가 되었다.[445] 케네디와 마찬가지로 그는 운이 좋아서 살아남았다. 이 두 사람은 같은 세대의 다른 많은 사람과 마찬가지로 죽음을 정면에서 마주한 청년이었다. 그들은 국가와 이상을 위해 자신이 가진 모든 것을 희생할 각오가 되어 있었다.

전쟁은 그 세대의 정체성을 결정짓는 획기적인 경험이었다. 1,600만여 미국인이 군에 복무했고, 그중 40퍼센트가량이 지원병이었다.[446] 여성들 또한 전쟁을 위한 노력에 많이 가담했다. 그들은 공장이나 조선소에서 일하면서 미국을 '민주주의의 무기고'로 만들었다. 당시 여성들은 종종 '로지'라고 불렸는데, 당시 미국 페미니즘의 인기 높은 상징적 인물인 '로지 더 리베터Rosie the Riveter'의 이름을 딴 것이었다. 그러는 사이 미국 흑인과 라틴계 사람 들도 위험한 임무에 자원해 최전선에서 용감하게 싸웠다. 전쟁은 우리 생애의 그 어떤 경험보다도 전 국민을 하나로 강력하게 결속시켰다. 그들은 동료 국민에 대한 의무감으로 단결했고, 자기 자신보다 더 큰 이상에 헌신했으며, 전쟁에서 이기겠다고 단단히 결심했다.

1990년대에 텔레비전 앵커인 톰 브로코Tom Brokaw는 전쟁 베테랑들이 종전 후에 어떤 삶을 살았는지 그 경과를 추적했다. 하나 발견한 것은 그들이 아주 큰 성공을 거두었다는 점이다. 전쟁 경험으로 단단해지고 또 삶에 더 겸허해진 그들은 대부분 기업, 비영리 단체, 공공 서비스 등의 분야에서 뛰어난 지도자가 되었다. 많은 이가 기업의 CEO가 되었거나 공직에 선출되어 더 나은 미국을 만드는 일에 종사했다. 이 세대는 또한 여성과 유색인종의 권리를 비약적으로 신장시킨 세대이기도 했다. 해외에서 같은 깃발 아래 치열하게 싸운 후, 이제 고국에 돌아와 더 좋은 미국을 만들기 위해 함께 열심히 일한 것이다. 브로코는 이 세대를 가리켜 "가장 위대한 세대"라고 명명

하버드 리더십 수업

했고, 그 후에도 그 세대를 이르는 별칭으로 자리 잡았다.[447]

나보다 나이가 많은 이 세대 사람들은 말과 행동을 통해 내게 리더십의 기술과 모험을 가르쳐주었다. 리더십을 발휘하기 위해서는 성품, 용기, 도덕적 목적이 필요하다는 것도 알려주었다. 유감스럽게도 대부분 백인 남성인 이들은 내게 리더십과 봉사를 향한 나 자신만의 여정을 일찍 떠나라고 영감을 불어넣었다.

나는 그들의 이야기를 좋아했다. 상원 의원 밥 돌Bob Dole과 대니얼 이노우에Daniel Inouye는 이탈리아 전선에서 부상을 당했는데, 같은 병원으로 후송되었다. 두 사람은 평생 다른 당에 소속되어 있었지만, 상원에서 함께 다정하게 일했다. 제2차 세계대전 당시 공수부대원이었던 상원 의원 테리 샌퍼드는 벌지 전투에 투입되어 싸웠다. 그는 10대 소년 시절에 노스캐롤라이나에서 보이스카웃을 했던 경험이 군 복무에 큰 도움이 되었다고 생전에 내게 말해주었다. 샌퍼드 의원은 그 경험 덕분에 숲속에서 독일군을 전략적으로 따돌릴 수 있었다고 한다. 리처드 닉슨 또한 별세하기 직전에 내게 자신의 인생에서 가장 감동적인 순간을 말해주었다. 제2차 세계대전이 끝난 직후에 당시 논쟁이 심했던 민주당 주도의 마셜 플랜이 공화당이 지배하던 하원에 상정되었다. 공화당원인 닉슨이 마셜 플랜을 지지하기 위해 열심히 옹호 연설을 하는데, 통로 반대편에서 존 F. 케네디가 벌떡 일어나 옹호를 하더라는 것이다. 닉슨은 내게 말했다. "미국에 중대한 위기가 발생하면 우리는 함께 뭉쳐서 일어섰지요." 그 흠결 많은 닉슨조차도 이런 단결의 힘을 알고 있었다.

또 생각나는 인물은 마이크 맨스필드Mike Mansfield다. 그는 제1차 세계대전에 참전하고 싶어서 자신의 나이를 속여 1920년대에 해병으로 입대했다. 제대한 후에 그는 미 상원 역사상 가장 오래 다수당 대표를 지냈고, 심성 또한 일류인 인물이었다. 그의 묘소는 알링턴 국립묘지에 있지만, 장교들이 묻힌 구역인 케네디 힐에 있지 않다. 그의 요청에 따라 그의 유해는 사병들의 구역에 있는 작은 비석 아래에 묻혔다.

나는 제2차 세계대전의 모든 지도자가 완벽한 인물이었다고 주장하지는 않겠다. 그들은 완벽하지 않았다. 어쨌든 그들은 우리에게 베트남전쟁을 안겨주었고 워터게이트에도 책임이 있다. 이 두 치명적 실수는 이전 세대의 리더들이 쌓아 올린 신뢰를 상당히 훼손시켰다. 그들은 여러 면에서 기준 점수에 미달하고, 제도적 장애를 철폐하기 위해 최선의 노력을 기울이지 않았다. 불행하게도 많은 사람이 이런 불공정을 알면서도 강화하거나, 지탱하거나, 영속시켰다. 그러나 전반적인 관점에서 볼 때, 제2차 세계대전 세대는 민간 문화가 튼튼하고 우리 지도자들이 경계를 뛰어넘어 함께 일할 때 어떤 일을 해낼 수 있는지를 분명하게 보여주었다. 그들의 지도 아래 미국은 달에 착륙했고, 피스코Peace Corps(평화봉사단)를 창설했고, 여성과 유색인종의 대의를 증진하는 여러 주요 법안을 통과시켰고, 사회보장 제도를 개혁했고, 세계 수준의 대학들을 창건했으며, 과학과 기술에 엄청나게 투자했다. 그리하여 그 세대는 러시아인을 향해 총알 한 발 쏘지 않고 냉전에서 승리했다. 이러한 업적들은 나쁘지 않다. 아니, 정말로 대단한 것이다.

우리는 리더들이 남긴 유업으로 그들을 평가한다. 제2차 세계대전 세대가 물려준 미국은 경제·군사·과학·문화에서 세계 최강대국이었다. 고대 로마 이래로 그 어떤 나라도 이런 부러운 위치에 있어본 적이 없다. 인종차별주의, 성차별주의, 기타 유해 세력이 미국의 기반을 잠식하는 동안에도, 대다수 미국인은 우리의 민주주의 제도를 자랑스럽게 여기며 지지했다. 단결되고 좋은 지도를 받은 제2차 세계대전 세대는 우리 국민이 영감을 받으면 무엇이든 해낼 수 있다는 것을 입증했다.

다른 세대로부터 받은 이러한 교훈들은 오늘날 점점 더 중요한 의미를 지닌다. 우리는 지금 또다시 공화국에 대한 실존적 위협에 직면하고 있다. 다시 한번 단결과 행동을 부르는 기상나팔 소리를 듣고 있다. 우리는 다시 한번 이런 질문을 마주해야 한다. 우리는 시민으로서 그 부름에 응답할 것인가? 우리는 그 부름의 긴급함을 알고 있다. 하지만 우리는 국가의 단합을 유지할 만한 힘을 갖추고 있는가? 또 다른 위대한 세대가 등장해 우리를 더 밝은 미래로 이끌어나갈 것인가?

정직하게 대답하자면 우리는 이제 공화국이 과연 과거와 같이 부활할 수 있을지 확신하지 못한다. 대중 지식인들 사이에서는 염세주의가 만연하고 있다. 미국 민주주의의 사망, 독재국가의 부상, 그리고 심지어 연방의 분할 등을 예언하는 책들이 봇물 터지듯 나와 하나의 가내수공업을 이루고 있다. 지구 온도가 상승하고 또 정신이상이 만연하며, 수백만의 미국인이 백신 주사를 거부해 그들의 자녀를 위험에 빠트리고 있다. 작금의 상황은 정말로 우울하다.

사정이 이렇기는 하지만, 오늘날의 새로운 세대는 커다란 잠재력을 지녔고 또 제2차 세계대전 세대가 그랬듯 약속을 이행할 능력이 있다. 정치인들은 늘 대중의 움직임에 신경 쓴다. 그들 또한 최근 몇 년간 젊은이들이 환경, 여성 권리, 총포류 통제 등의 분야에서 역사상 대규모 군중을 동원하며 저항운동을 이끌었다는 사실을 모르지 않는다.[448] 도널드 트럼프는 지도자 위치에 있었으면서도 백악관, 하원, 상원을 모두 잃었다. 이 글을 쓰고 있는 현재, 과연 그가 소속 정당(공화당)을 예전처럼 장악할 수 있을 것인지도 공공연한 의문이다. 그러므로 우리의 민주주의를 포기하기에는 아직 시기상조다. 지금은 젊은이들과 그들의 선배들을 격려해 봉사와 리더십의 삶을 적극 수용하라고 조언해줄 때다. 우리는 그 일을 아주 긴급하게 수행해야 한다. 이 에필로그는 지금 등장하는 신진 세대를 위해 특별히 쓰였다. 그들에게 제2차 세계대전을 겪은 '가장 위대한 세대'의 모범을 따르길 권유하는 것이다.

겉으로만 볼 때, 밀레니얼 세대와 Z세대는 우리의 민간 분야를 활성화시키는 투쟁을 그리 탐탁지 않게 여기는 것처럼 보인다. 그들은 지금껏 살아오는 동안에 외부 사건과 위기들로부터 거듭 충격을 받았다. 그러나 다행스럽게도 많은 MZ 세대가 겉보기와는 전혀 다른 행동을 하기 시작했다는 여러 조짐이 있다. 그레타 툰베리나 파크랜드 학생들 등에서 볼 수 있듯이, 그들은 국가의 부름에 철저하게 호응하고 있다. 그들은 어려운 시대를 희망의 시대로 바꿔놓고 있으며, 우리 미국을 더 좋은 시대로 이끌어갈 수 있는 이상주의에 충만해 있다.

미래로 나아가는 다섯 가지 길

오늘날 많은 젊은이가 비탄의 삶이 아니라 봉사의 삶을 추구하는 현상을 어떻게 설명할 수 있을까? 그처럼 많은 어려움을 겪었으면서도 왜 그들은 오늘날의 세상을 행동에 나설 기회라고 보는 것일까? 왜 그들은 여전히 열정적이고 이상적일까? 지금 이 순간 그 누구도 그 대답을 명확하게 알고 있는 것 같지는 않다. 그러나 하나의 세대로서 그들은 여러 좌절에 적극적으로 반응하고 있는데, 그것은 우리가 앞에서 봤듯이 각 개인이 자기 시련에 반응하는 방식과 비슷하다. 먼저 바닥까지 추락하고, 자신의 유연성을 발휘해 다시 튀어 오르는 것이다. 가장 좋은 경우에, 그들은 전보다 더 강한 모습으로 돌아와서 새로운 도덕적 목적에 맞춘 생활을 힘껏 받아들인다. 분명이 대륙과 저 대륙에서, 내일의 신진 리더들은 현재 상태에 갑갑함을 느끼면서 세상을 바꿔보겠다는 의욕이 넘치고 있다.

그들이 사회에 미칠 영향력은 아직 확실히 드러나지 않았다. 그러나 근년에 새롭게 등장한 여러 스타를 보면서, 나는 그들이 사회 여러 분야의 핵심에 자리 잡은 문제들에 도전해 사회 각계각층에 영향을 미치고 있음을 발견한다. 그들은 단지 기존 전통에 도전하는 데 그치지 않고 세상의 모습을 다시 상상하려 든다. 내가 볼 때, 그들은 개인적 여정을 선택할 때 다섯 가지 형태의 봉사하는 리더십을 지향하는 듯하다. 그들은 각 형태에서, 스티브 잡스의 말을 빌리자면, "우주에 구멍을 내기" 시작하고 있다.

1. 사회운동

여러 세기에 걸쳐, 시위와 단체 행동은 민주주의의 핵심 양상이었다. 불만이 있는 사람들은 스스로 단체를 조직해 거리에 나와서 그들의 지도자에게 지금보다 더 잘하라고 요구했다. 보스턴 차 사건(1763), 여성 참정권 요구 행진(1913), 일자리와 자유를 위한 워싱턴으로의 행진(1963), 기후를 위한 시위(2019), 트레이번 마틴, 조지 플로이드, 마이클 브라운, 타미르 라이스 같은 흑인 청년들의 피살이 일으킨 각종 행진 등이 모두 그런 사례다. 오늘날까지도 마셜 간츠Marshall Ganz 같은 대중 지식인은 세자르 차베스Cesar Chavez*에 대해 가르치고 있다. 과거의 많은 지도자가 사회 정의를 찾아서 활동했던 위대한 지도자로 우리 기억 속에 여전히 남아 있다.

많은 결점에도 불구하고 도널드 트럼프는 역설적이게도 현재 사회운동에 하나의 변화를 가져왔다. 그는 저항을 일으켰다. 그의 취임식은 역사적인 시위의 날을 만들었는데, 전국의 여러 공동체에서 300만에서 500만에 달하는 시위자가 '여성 행진'에 참가했다.[449] 그 후에 젊은 사람들이 계속 저항운동에 참여했다. 베트남전쟁과 소란스러운 1960년대 이후에 그처럼 많은 젊은이가 광장에 모여서 자신들의 주장을 외친 때가 없었다. 이미 살펴본 바와 같이, 다양한 배경을 가진 밀레니얼과 Z세대는 이런 시위에서 앞장서왔다.

최근의 이런 시위 행사들은 뚜렷한 특징이 몇 가지 있다. 첫 번째 특징이 가장 중요한데, 그들을 좋아하든 싫어하든 분명한 건 이 운

---

*   미국의 농장 노동운동가.

동과 그 지도자들이 국가가 나아갈 방향을 점점 바꿔놓고 있다는 것이다. 시위운동의 발전은 아주 느리고 자주 실망스럽지만 그래도 점차 힘을 얻고 있다. 인종 간 정의와 소득 평등은 이제 국가 어젠다의 상위 순번에 올라 있다. 우파의 반발이 이러한 진행 방향을 역진시킬 수도 있지만, 현재로서는 100년 전의 개혁 시대 이래로 사회운동이 아주 두드러지게 나타나고 있다. 둘째, 시위자들, 특히 활동가들은 인터넷이 예전의 거리 시위 못지않게 사람들을 격분시켜서 추종자를 만들어내고 있다는 것을 발견했다. 저항운동을 하는 사람들은 인터넷으로 더 많은 영향력을 얻을 수 있다. 셋째, 저항운동은 사회 각계각층의 다양한 사람들을 행동에 나서도록 촉구한다. 1960년대의 민권운동은 백인들보다 흑인들로부터 더 많은 힘을 받았는데,[450] 이제는 더 이상 그렇지만도 않다.

마지막으로, 오늘날의 사회운동은 다른 형태의 리더십을 권장한다. 그것은 엘라 베이커 같은 지도자들의 풀뿌리 작업으로부터 영감을 받은 리더십이다. 이 리더십은 오늘날 사회 풍경을 바꿔놓고 있다. 블랙 라이브스 매터 같은 '전 조직원이 리더'인 운동은 단 한 명의 리더가 그들을 대변하지 않고, 또 대표로 협상에 나서지도 않는다. 그들은 집단적인 목소리로 말하면서 청년과 노인의 리더십을 한껏 증진하고 있다.

2. 선출직 공직자

오늘날 젊은이들은 시청, 주 입법부, 연방 의회를 활성화하고 있다. 예전 같으면 이런 기관들은 잠들어 있거나 진부한 사람들로 가득했을 것이다. 젊은 공직자 중 가장 잘 알려진 인물은 피터 부티지지Peter Buttigieg다. 하버드 대학교 학부생으로 로즈 장학생이었고, 29세에 사우스벤드의 시장으로 선출된 그는 뛰어난 재능으로 민중을 대변하면서 장차 대통령감으로 지목받던 인물이었다. 그러던 그가 이제 서른아홉에 미국 대통령실 내각에서 근무하면서 공개적으로 자신이 게이라는 사실을 밝혔다. 마이클 터브스Michael Tubbs는 미국의 가장 잘 지켜진 비밀 중 하나다. 10대 어머니와 감옥에 간 아버지 사이에서 태어난 그는 스물여섯에 캘리포니아주의 스톡턴 시장으로 선출되었다. 인구 30만의 도시에서 최연소이자 최초의 흑인 시장이 된 것이다. 에이자 브라운Aja Brown은 서른한 살에 캘리포니아주 콤프턴의 시장으로 선출되었다. 스물네 살에 이타카의 시장으로 뽑힌 스반테 마이릭Svante Myrick은 흑인으로, 도시의 중심부를 재건축했다. 서른여섯의 미셸 우Michelle Wu는 흑인 여성으로는 최초로 보스턴 시장에 선출되었다. 이런 사람들은 소수로 보이겠지만, 도시의 미래를 20대 청년에게 맡기도록 시민들을 설득해냈다는 점을 감안하면 결코 작은 업적이 아니다.

2020년 의원 선거 결과, 밀레니얼 세대는 하원 31석, 상원 1석을 차지했다.[451] 새로운 젊은 얼굴들이 주축이 된 한 흐름은 민주당 좌파 그룹에서 나왔다. 그중에서도 가장 눈에 띄는 것이 알렉산드리아 오카시오코르테스가 속한 스쿼드The Squad인데, 이들은 하원 의원 중에서도 가장 진보적인 집단으로 국가 의제에서 점점 더 강한 목소리를 내고 있다. 두 번째 흐름은 군대에서 제대한 베테랑과 정보기관 출신들인데, 이들은 제2차 세계대전 당시 지도자들과 마찬가지로

하버드 리더십 수업

양당 연합을 구축하려고 애쓰고 있다. 이들은 공화당과 민주당 양당의 신출 의원 중에서 온건파의 중추를 이루고 있다. 하원에 진출한 25여 명의 베테랑은 '포컨트리코커스For Country Caucus'에 소속되어 아프가니스탄에서 미국의 동맹국들을 철수시키는 문제 등에 초당적으로 협력하고 있다(참고로 나는 '위드오너With Honor'의 공동 창업자다. 위드오너는 신규 단체로 전국의 베테랑들을 파악하고 동원해 의회에 진출할 수 있도록 돕는다. 우리는 미국 정계의 중심부를 재구축함으로써 민간 생활을 회복시키길 희망한다).

그들의 정치관에 동의하든 아니든, 나는 이런 새로운 진보적인 본류의 온건파들이 국가를 위해 잘 봉사할 것이라고 굳건히 믿는다. 알렉산드리아 오카시오코르테스, 세스 몰턴, 일한 오마Ilhan Omar, 코너 램Conor Lamb, 조 네구스Joe Neguse 등은 좌파의 스타가 되었고, 애덤 킨징어, 마이크 갤러거Mike Gallagher, 피터 메이저Peter Meijer 등은 약간 결이 다른 보수파인 중도우파에서 가장 눈에 띄는 존재들이다. 이들은 떠오르는 과정에서 새로운 기술과 접근법을 활용해 젊은 유권자와 지역 주민을 결속시켜 사회운동에 뛰어들게 하고 있다. 이들은 모두 밀레니얼과 Z세대다.

3. 사회사업가

몇십 년 전 이 세상을 바로잡고자 하는 많은 젊은이가 사회사업가가 되었다. 대부분 이상주의자였고 열정적이었으며 백인이었고 상위 대학 졸업생이었다. 그들은 정부가 국내외에서 사회적 필요에 제대로 부응하지 못하고 있다고 생각했다. 그들은 기업의 운영 원칙을 적용함으로써 그들의 조직이 새로운 해결안을 발견할 수 있다고 믿었다. 그 이후로 그들의 생각은 진화했고, 지금은 이런 생각을 하게 되었다. 체계적 변화를 달성하려면 정부와 파트너 관계를 수립하고, 정치에 더욱 적극적으로 관여하고, 조직 내에서 더욱 심화된 다양성을 추구해야 한다는 것이다. 그들의 이런 생각은 모든 면에서 옳다고 할 수 있다.

초창기 개척자들은 이 분야에서 전설이 되었다. 빌 드레이턴Bill Drayton은 사회사업의 대부가 되었다. 그는 하버드 대학교와 예일대학교 로스쿨을 졸업하고 영국 베일리얼 대학교에서 석사를 딴 후에 매킨지에서 근무하다가 40년 전에 '아쇼카Ashoka'라는 단체를 세웠다. '모든 사람이 변화의 주체가 되어야 한다'는 그의 핵심 비전은 그 후 꾸준하게 유지되었다. 오늘날 아쇼카는 전 세계 300여 개의 비영리 단체와 제휴하고 있다.[452] 웬디 코프Wendy Kopp는 프린스턴 대학교 시절에 '티치 포 아메리카'를 제안하는 졸업 논문을 썼다. 이 단체는 오늘날 전국 50개 지역에서 봉사하는 졸업생 6만 4,000명을 두고 있으며, 해외로도 뻗어나가고 있다.[453] 그녀는 면접 시험을 보러 온 리처드 바스Richard Barth를 만나 그와 결혼했다. 바스는 현재 키프파운데이션KIPP Foundation의 CEO인데, 이 조직은 270여 개의 제휴 학교와 16만 명의 학교 졸업생을 두고 있다(바스 부부는 또한 네 자녀를 두었다).[454]

하버드 대학교 대학원에서 복수 전공을 한 후에 셰릴 도시Cheryl Dorsey는 에코잉그린Echoing Green에 입사해 CEO까지 올라갔다. 그녀의 지도하에 에코잉그린은 거의 1,000명에 달하는 사회 개혁가들에게 자금을 제공했는데, 그들 중 상당수가 성공을 거두었다.[455] 마이클 브라운과 앨런 카제이Alan Khazei는 대학 시절 룸메이트였는데, 로스쿨에 들어간 후에 함께 '시티이어'를 시작했다. 시티이어는 도시에서 1~2년 봉사 활동을 하도록 주선하는 단체인데, 아주 큰 성공을 거두었다. 클린턴 대통령은 이 단체를 모델로 '아메리코'를 설립했다. 카제이의 아내 버네사 커시Vanessa Kirsch는 시카고에서 '퍼블릭얼라이스Public Allies'를 창업했는데, 이 조직에서 젊은 미셸 오바마Michelle Obama가 그녀의 밑에서 일했다. 이어 버네사는 '뉴프로핏New Profit'을 창업했고, 이 조직은 수십 명의 유망한 신규 벤처 사업가에게 소액의 자본을 대주었다. 좀 더 최근에는 에밀리 처니액Emily Cherniack이라는 젊은 여성이 '뉴폴리틱스New Politics'라는 조직을 만들어 대성공을 거두었다. 이 조직은 봉사하는 리더—군대의 베테랑과 사회사업가—들을 공직에 입후보하도록 돕는 단체다. 에밀리는 2018년에 위드오너를 창립한 라이 바코트Rye Barcott와 비공식적인 제휴 관계를 맺었다. 그렇게 에밀리와 라이는 가장 성공적인 신진 리더로 급부상했다. 전반적으로 볼 때, 이 조직에 합류한 젊은 리더들의 힘은 계속해서 커질 것이다.

더욱 자랑스러운 점은 이 모든 조직이 이제 적극적으로 더 심화된 다양성을 추구하고 있다는 것이다. CEO에서 말단 직원에 이르기까지, 더 많은 여성, 더 많은 유색인종, 더 다양한 대학의 졸업생들이 리더의 자리에서 봉사해주기를 권하고 있다. 나는 이 젊은 사회사업가들의 노력에 깊이 감명을 받아서 그들 조직의 자문단의 일원으로 열심히 뛰고 있다.

4. 국가에 대한 봉사

사회사업가들이 남긴 가장 큰 업적은 국가에 봉사하는 운동을 일으켰다는 것이다. 최근 들어 점점 더 많은 지도자가 국가에 일이 년간 봉사하는 젊은 지원자들의 모임을 조직하기 위해 열심히 뛰고 있다. 이 운동의 지지자들은 보수파인 윌리엄 버클리William Buckley에서 시작해 클린턴, 조지 W. 부시, 오바마, 바이든 같은 대통령들, 존 매케인, 힐러리 클린턴, 피터 부티지지, 엘리자베스 워런Elizabeth Warren, 밥 게이츠Bob Gates, 상원 의원 크리스 쿤스Chris Coons(바이든 대통령의 측근), 장군 스탠리 매크리스털Stanley McChrystal 같은 사람들로 아주 다양하다. 매케인은 처음에는 회의적인 태도를 보였으나 곧 돌아서서 젊은이들에게 "자기 자신의 이익보다 더 큰" 인생을 추구하라고 촉구하는 운동에 많은 지지자를 끌어들였다.[456] 오늘날 국가에 대한 봉사는 젊은이들에게 공직 생활과 봉사하는 리더십을 배울 기회를 열어주고 있다.

지난 몇 년 동안 젊은이들은 지역 공동체에 봉사함으로써 리더십 생활에 적극적으로 뛰어들었다. 그들은 지역 공동체의 일에 적극적으로 관여하거나 도움을 절실히 필요로 하는 저개발 지역을 찾아가 봉사 활동을 벌였다. 팬데믹 동안에 아메리코—국가에 대한 봉사의 기회를 제공하는 조직—는 다수의 자원봉사자를 동원해 전국의 지역 공동체를 도왔다. 자원봉사자들이 한 일은 관련 연락처 알아보기, 식품 배달 서비스, 열악한 환경으로 인한 교육의 결손 메워주기 등으로 다양했다. 전체적으로, 아메리코 봉사자들은 코로나 위기 사태에 소속 공동체들이 잘 대응할 수 있도록 수백만 시간을 봉사 활

동에 투입했다.[457]

팬데믹이 어떻게 끝나든 간에, 우리 공동체들은 소매를 걷어붙이고 한두 해 동안 국가를 위해 봉사하는 젊은 자원봉사자들로부터 큰 혜택을 봤다. 환경보호, 참사 대응 노력, 시설 미비 학교에서의 봉사 등 다양한 프로젝트가 이런 프로그램의 범위 안에 있다. 그리고 젊은 봉사자들은 그 체험으로부터 소중한 기량을 얻었다. 그들은 다른 자원봉사자들과 함께 공동의 목적을 위해 일하는 방법을 배우고, 봉사의 가치를 깨우치고, 공동체·국가·대의에 철저히 헌신하는 정신을 익혔다. 이런 조직의 간부들은 봉사 활동에 참여한 젊은이들이 나중에 차세대 지도자로 등장하는 것을 지켜봐왔다.

이제 사회에 첫발을 내딛으려 하는 사람들은 이것이 하나의 출발점에 불과하다는 사실을 알아야 한다. 칼럼니스트 E. J. 디온E. J. Dionne이 말한 것처럼, 국가에 대한 봉사는 "값싼 우아함"의 한 형태가 되어서는 안 된다. 그러니까 사람들에게 서로 친절하고 다정하게 대하라고 말하는 것으로 그쳐서는 안 된다는 것이다. 봉사는 자원봉사자와 공동체를 잇는 가교가 되어야 한다.[458] 인종, 젠더, 계급을 뛰어넘어 도덕적 유대관계를 수립하려는 의무가 되어야 하고, 그리하여 국가의 민간 생활을 향상할 수 있어야 한다.

5. 변화의 목소리

다섯 번째 그룹은 범주를 설정하기가 좀 까다롭지만 그래도 국가 담론을 형성하는 데 있어서 다른 그룹들 못지않게 영향력이 크다. 우리는 그들을 가리켜 '변화의 목소리들'이라고 부르면 좋을 것 같다. 그들은 언론, 문학, 스포츠, 비영리 단체 출신으로, 텔레비전, 팟캐스트, 유튜브, 뉴스레터, 소셜미디어, 온라인 등에서 전국적인 플랫폼을 장악한다. 가령 바이든 대통령의 취임식장에서 자신의 시를 낭송해 전 국민을 울린 어맨다 고먼이 있다. 또 CNN 앵커인 애비 필립Abby Phillip과 백악관 담당 기자인 케이틀런 콜린스Kaitlan Collins가 있다. 또 CNN의 나타샤 버트런드Natasha Bertrand와 『뉴욕타임스』의 아스테드 헌던Astead Herndon이 있다. 이들은 모두 밀레니얼 세대로 갓 서른을 넘겼다.

우리가 전혀 예상하지 않았던 사람들도 사회의 공동선을 위해 공적 발언에 나서는 경우가 있다. 메건 러피노Megan Rapinoe는 월드컵에서 미국 팀을 승리로 이끌었고, 자신의 플랫폼을 이용해 평등한 보수를 요구하고 나섰다. 콜린 캐퍼닉Colin Kaepernick은 자신의 경력이 위험해지는 것을 마다하지 않고 인종 간 정의를 위해 용감하게 무릎을 꿇었다. 수백 명의 프로 운동선수가 그를 뒤따라 무릎을 꿇음으로써 블랙 라이브스 매터 운동을 지원했다. 그해에 체조 선수 시몬 바일스와 테니스 스타 나오미 오사카는 자신의 종목에서 뛰어난 실적을 올렸을 뿐만 아니라 사회운동을 위해 스스럼없이 고백하고 나섰다. 두 선수는 용감하게 고백함으로써 정신건강 문제에 국제적인 관심을 불러일으켰다. 이 문제는 체육계와 그 외 분야에서 오랫동안 방치되어왔다. 지금까지 이야기한 것은 변화의 목소리를 모두 다 거론한 것이 아니고, 단지 당신에게 영감을 전하기 위해 몇몇 사례를 제시한 것일 뿐이다. 과거에 충격을 받아 쓰러졌던 젊은이들이 다시 오뚝이처럼 일어섰고, 이제 그들의 목소리가 전국에 울려 퍼지고 있다.

하버드 리더십 수업

지금 시작하라

워런 크리스토퍼Warren Christopher가 은퇴했을 때, 나는 그를 방문한 적이 있었다. 그는 전국 무대에서 활약한 주요 인물이었고, 나의 친구이기도 했다. 크리스는 인생에서 믿기 어려울 정도의 여정을 소화해냈다. 캘리포니아에서 태어나 스탠퍼드 대학교를 다녔고, 윌리엄 O. 더글러스 판사의 서기를 지냈으며, 세계 수준의 법률 회사 파트너였고, 로스앤젤레스의 민간 생활에 깊숙이 관여했다가 캘리포니아주 정부에서 일했고, 더 나아가 워싱턴에서 국무장관을 역임했다. 나는 그에게 물었다. "크리스, 당신처럼 사회적으로 출세하기 위한 출발점에 선 야심 찬 젊은이들을 위해 어떤 조언을 해주고 싶습니까?" 그가 대답했다. "글쎄요, 어디까지 가고 싶은지 마음먹기에 달렸지요. 만약 법률 회사를 시작해 최고위 파트너가 되고 싶다면 자기 시간의 150퍼센트를 투자해야 할 테죠. 그러나 공공 분야에 진출하고 싶다면 법률 회사에는 시간의 100퍼센트를 바치고, 나머지 50퍼센트는 공직 생활에 필요한 자질을 계발하는 데 바쳐야 할 거예요."

아주 건전한 조언이다. 이 세상을 좋은 쪽으로 바꾸고 싶다는 야망이 있다면 당신의 리더십 여정을 일찍 시작해야 한다. 당신의 직장과 가정에 많은 시간을 투자해야겠지만, 그래도 남는 시간을 여튀서 소규모 공공 생활에 자원봉사를 하는 데 써야 한다. 먼저 관심을 보이고, 네트워크 구축을 시작하고, 회비를 납부하고, 마지막으로 지역 공동체에 나가서 봉사하라. 일찍이 테디 루스벨트는 이런 말을 했다. "당신이 얼마나 배려하는지 알기 전까지 사람들은 당신이 얼마나 많이 아는지 거들떠보지도 않는다."

미국의 생활에 큰 변화를 가져온 사람들은 생애 초기부터 의무의 부름에 응답했음을 기억하라. 조지 워싱턴George Washington은 버지니아 식민지 민병대의 지휘를 맡았을 때 불과 스물세 살이었다. 알렉산더 해밀턴은 워싱턴의 부관 장교가 되었을 때 스무 살이었다. 토머스 제퍼슨은 독립선언문을 작성했을 때 서른세 살이었다(그 선언서에 서명한 사람 중 열두 명 이상이 서른다섯 살 이하였다).

남북전쟁 시절과 그 이후에, 30대였던 해리엇 터브먼Harriet Tubman은 300명의 노예를 자유의 철도로 인도했다. 프레더릭 더글러스는 회고록 초판을 출간하고 노예제 철폐를 주장하는 신문을 펴내기 시작했을 때 스물일곱 살이었다. 마틴 루서 킹은 링컨 기념관 계단에서 한 연설로 온 국민을 감동시켰을 때 서른세 살이었다. 그의 옆에는 스물세 살의 존 루이스가 있었다. 몇 년 뒤 밥 우드워드와 칼 번스틴은 워터게이트 추문을 파헤쳤는데, 각각 29세와 28세였다. 그보다 훨씬 과거의 일로, 잔 다르크는 1429년 남장을 하고 프랑스 군대를 승리로 이끌었을 때 열일곱 살이었다. 제인 애덤스는 스물아홉의 나이에 헐 하우스를 세웠는데, 그 몇 년 전에 런던의 토인비 홀을 보고 영감을 받아서 그런 큰일을 해냈다. 마더 테레사는 열여덟 살에 수녀가 되었다. 리더라면 모름지기 노련하고 나이가 많고 백인이어야 한다는 우리의 낡은 지도자상은 젊은이들에 의해 거듭거듭 도전을 받고 있다. 바람직한 일이다.

하버드 리더십 수업

경기장에서

시어도어 루스벨트는 1909년 대통령직에서 물러났을 때, 앞으로 무엇을 해야 할지 잘 몰랐고 그건 주위 사람들도 마찬가지였다. 하지만 그들은 한 가지 사실은 분명하게 알고 있었다. 그가 국가의 경기장을 영영 떠나지는 않으리라는 것이었다. 그는 지난 12년 동안 미국에서 가장 잘 알려진 인물이었고, 퇴임 이후에도 자신이 가진 권력과 사람들의 존경을 소중하게 생각했다. 그는 매력적인 지도자였고 러시모어산에 초상을 새길 만한 대통령이었다.

　대통령 자리에서 물러난 후에 그는 첫 한 해를 중부 아프리카에서 보내면서 들짐승을 사냥하고 많은 책을 읽었다. 1910년에 그는 북아프리카와 유럽을 관광했고, 그곳의 유력 인사들을 방문하고 또 장시간 강연을 했다. 그해 4월에 그는 소르본 대학교에서 강연했는데, 그 연설문은 아직도 우리를 흥분시킨다. 연설문의 제목은 '공화국의 시민 정신'이었지만 곧 '경기장 속의 남자'로 알려졌다(만약 그가 오늘날까지 살아 있었다면 제목의 '남자' 뒤에 '여자'라는 단어를 추가했을 것이다). 그 내용은 이러하다.

　　중요한 건 비판가가 아닙니다. 강인한 사람이 어떻게 실수하는지, 어떤 행동을 그보다 더 잘할 수 있었는지 지적하는 사람도 중요하지 않습니다. 공로는 경기장 안으로 들어선 사람에게 돌아가야 마땅합니다. 그의 얼굴은 먼지와 땀과 피로 범벅이 되어 있습니다. 그는 용감하게 시도하고, 실수하고, 그리고 거듭해 소기의 성과를 거두지 못합니다. 오류와 결점이 없는 시도는 없기 때문입니다. 하지만 경기장 안에 있는 사람은 무언가를 해내려고 애쓰고, 엄청난 열광과 치열한 헌신이 무엇인지 알고 있습니다. 그는 가치 있는 대의를 위해 자기 자신을 아낌없이 내어놓습니다. 그는 최선의 경우 결국에는 높은 업적의 승리를 얻으리라는 것을 알고 있고, 또 최악의 경우 실패하리라는 것을 알고 있습니다. 설사 실패한다 하더라도 그는 과감하게 시도하다가 실패한 것입니다. 그러므로 그의 자리는, 승리도 패배도 모르는 냉담하고 비겁한 사람들의 자리와는 아예 비교할 수가 없는 것입니다.[459]

각 분야의 지도자들은 지난 90년 동안 이 연설문의 일부분을 계속 서로 주고받아왔다. 현대에 들어와서는 넬슨 만델라가 이 멋진 문장을 남아프리카 공화국 럭비팀 주장에게 읽어주었다. 남아프리카 공화국 팀은 1995년 월드컵에서 전원 흑인으로 구성된 뉴질랜드 팀과 맞붙을 예정이었다. 닉슨 대통령은 사임 연설에서 이 멋진 문장을 인용했다.[460] 2016년 민주당 전당대회에서 오바마 대통령은 힐러리 클린턴을 응원하면서 이 문장을 소환했다. 리더십을 연구하는 학자 브렌 브라운Brené Brown은 자신의 책 제목으로 이 문장을 사용했다. 해군사관학교의 신입생들은 입학하면서 이 문장을 암송한다. 르브레네 제임스LeBron James는 경기 전에 자신의 운동화에다 '경기장의 남자'라는 문구를 새겨넣는다.[461] 마일리 사이러스Miley Cyrus는 이 문장을 그녀의 오른팔 팔뚝에다 문신으로 새겼다.[462]

이런 에피소드들로 미뤄볼 때 경기장 안에 들어간 사람들은 리더십을 발휘하는 일이 마음이 약해서는 해낼 수 없는 것임을 알고 있다. 비평가들이 당신을 향해 독화살을 계속 쏴대는 중에도 해내야만 하는 힘들고, 피곤하고, 종종 아무런 감사의 말도 듣지 못하는 일이라는 것을 말이다. 500년 전에 마키아벨리가 말했듯이, 변화는 아주 까다로운 것이다. 돈과 체면이 있는 사람들은 가능하면 현상을 유지하려 들고, 변화로부터 혜택을 얻는 사람들도 어떤 결과가 따라올지 몰라서 망설이고 두려워한다.

그러나 리더십을 발휘하는 일이 어렵다고 해서 뒤로 물러나서는 안 된다. 오히려 더욱 강인하게 당신을 담금질하는 계기가 되어야 한다. 이 세상을 향해 테디 루스벨트가 하는 말을 들어라. 당신은 내면의 나침반, 즉 진북이 필요하다. 그것을 따라 항해하다 보면 힘이 생기고, 장애물을 극복할 수 있을 것이다. 모든 것을 종합해보면, 여정이 어려울수록 그 여정을 마친 다음에 당신이 얻는 만족감은 그만큼 더 커진다. 마더 테레사의 경우가 그러했다. 그녀가 세상을 떠나기 직전에 누군가가 그녀에게 물었다. "왜 당신의 가정, 돈, 안전함을 다 포기하고서 가난하고 희망 없는 사람들 사이로 들어가 살았습니까?" 그녀는 대답했다. "나는 아주 힘든 인생을 원했습니다."

100여 년 전에 뉴욕시 공립 도서관의 현관문 양옆에 대리석 사자상이 설치되었다. 그 조각상은 도시의 유명한 랜드마크가 되었다. 왜? 두 사자상의 별명이 인내와 용기이기 때문이다.[463] 사람들은 진정한 뉴요커가 되려면 이 두 가지를 갖춰야 한다고 말한다. 그러나 인내와 용기는 뛰어난 리더가 되는 데도 반드시 필요하다.

그러니 '경기장의 남자'라는 메시지를 가슴 깊이 새기도록 하자. 국가는 당신을 필요로 한다. 아니, 온 세상이 당신을 필요로 한다. 우리는 진북을 발견하고 앞으로 닥쳐올 위기들을 극복할 수 있는 새롭고 힘찬 리더들을 발굴해내야 한다. 우리는 좀 더 많이 베풀고 좀 더 공정한 사회로 나아가는 우리 길을 가로막는 세력에 감연히 맞서 싸울 열정적인 이상주의자들이 필요하다. 우리는 올곧은 성품과 높은 명예심을 지닌 남녀가 필요하다. 우리는 당신이 가슴속에 이글거리는 횃불이 가득한 상태로 경기장 안으로 들어서기를 바란다.

리더는 게임 체인저가 되어야 한다

데이비드 거건은 네 명의 미국 대통령을 모신 공직 분야의 전문가다. 공직을 떠나서는 하버드 대학교 케네디스쿨 교수로 취임해 공공리더십센터를 설립하고, 공적 리더십 분야를 연구·개척해왔다. 또, 학교 밖에서는 방송국의 패널로, 잡지사의 편집장으로 50년을 보내면서 그간 축적된 리더십 경험을 바탕으로 이 책을 펴냈다. 저자는 글을 써나가는 요령으로 간결한 내용, 분명한 메시지, 흥미로운 스토리가 있어야 한다고 말한다. 그 말대로 이 책은 미래로 가는 다섯 갈래 길, 리더십의 4대 요소, 리더의 3대 자질, 리더십 발휘를 위한 교훈 20가지 등의 화제를 간명하게 요약하며 매력적인 이야기와 함께 전한다.

저자는 리더십을 자기보다 더 큰 대의를 찾아 나서는 모든 행동으로 정의한다. 리더의 인품을 갖추려면 먼저 자신의 내적·외적 여정을 완수해야 한다. 내적 여정은 나는 누구인가, 나는 무엇을 하는 사람인가, 나는 어떤 꿈을 갖고 있는가 등의 질문에 답변을 얻는 과정이다. 외적 여정은 사람들을 만나서 그들로부터 인생의 지침이나 방향을 얻는 과정이다. 그렇게 모든 성장의 여정을 마치면 사회에 나아가 그 시대에 당면한 문제를 잘 수행할 수 있게 된다. "인생에는 연습이 없다"라는 말이 있는데, 그건 실은 연습이 필요하다는 뜻이다. 도전은 우리를 기다려주지 않고, 인생은 되돌아보는 법이다. 그러므로 리더십을 발휘할 기회가 생길 때 곧바로 붙잡으려면 젊은 시절부터 스승의 영향과 지도를 받으며 치열한 연습을 거쳐야 한다. 리더의 자질은 타고나는 것이 아니라 무수한 연습으로 힘들게 얻어야 하는 것이기 때문이다.

성공한 리더들은 아주 어려운 신체·정신적 도전, 즉 시련의 도가니를 통과해야 한다. 저자는 이렇게 말한다. "진정한 리더십에 관해 가장 믿을 만한 지표 혹은 예측 변수 중 하나는 부정적인 사건에서 의미를 찾고, 가장 괴로운 환경에서조차 배우려고 하는 개인의 능력이다. 달리 표현하자면, 역경을 극복하고 이전보다 더욱 강한 모습으로 되돌아오며 어느 때보다 더 열성적으로 일에 매달리는 것, 바로 이것이 비범한 리더가 되기 위해 필요한 기술이다." 오래전 맹자도 "하늘이 큰일을 내리려고 하는 자에게는 먼저 온갖 시련을 내려 그를 단련시킴으로써 더욱 마음에 품은 뜻을 굳게 한다"라고 말한 바 있다.

리더의 자질을 함양하는 것은 영웅의 성장담과 비슷한 바가 많다. 호메로스의 두 서사시 『일리아스』와 『오디세이아』는 전형적인 영웅 신화인데, 인생은 곧 도전이면서 모험이라는 주제 아래 모든 사건이 배열되어 있다. 허다한 도전과 모험을 통해 터득한 아킬레스와 오디세우스의 리더십은 과학적으로 설명하기보다는 직관적으로 알아야 하는, 뭐라고 할까, 예술에 가까운 어떤 것이다. 일찍이 재즈 뮤지션 마일스 데이비스는 음악이 음표 사이의 침묵을 연주하는 것이라고 했다. 리더십 또한 그 어떤 말이나 설명보다는 그것을 체현한 사람의 구체적 행동이 대변해주는 것이다. 그리하여 저자는 밀크 하비, 캐서린 그레이엄, 제임스 베이커, 조지 매케인, 프랭클린 루스벨트, 조지 마셜, 수전 버리스퍼드, 스테이시 에이브럼스, 알렉산드리아 오카시오코르테스 등 뛰어난 리더들의 구체적 사례를 소개한다. 그 외에 네 명의 미국 대통령이 백악관에서 발휘하는 리더십 이야기도 아주 흥미진진하다.

리더십의 양상은 시간의 흐름에 따라 또 장소의 선택에 따라 계속 변하지만, 그 본질은 예전이나 지금이나 똑같다. 이와 관련해 이 책에서 언급하는 관리자manager와 리더leader를 구분하는 기준은 아주 그럴듯하다. 관리자는 올바르게 일하는 사람이라면, 리더는 올바른 일을 하는 사람이라는 것이다The manager does things right; the leader does the right thing. 이것은 'right'이라는 동일한 단어를 부사와 형용사로 다르게 사용한 것이지만 그 내밀한 뜻은 현격히 다르다. 삼국지에 빗대보면, 관리자는 조조의 참모 가후 같은 사람으로, 조조의 비위를 맞춰가며 온갖 일을 아무런 도덕적 기준 없이 잘해내는 사람이다. 반면 리더는 제갈공명처럼 비록 유비의 참모이지만 천하대세와 천문지리를 옳게 파악하면서 자신이 믿는 도덕적 사명을 완수해 결국에는 유비에 버금가는 진정한 위인으로 성장하는 사람이다. 천하대세라고

하면 결국 리더가 지도해 나아가야 할 사회의 방향을 말하는 것이고, 천문지리라 함은 오늘날의 방식으로 말해보자면 그 시대의 테크놀로지, 가령 SNS와 AI, 로봇 등의 최신 기술을 적절히 활용하는 것을 말한다. 지나간 사례를 살펴본다면, 링컨 대통령은 전보, 루스벨트는 라디오, 케네디는 텔레비전, 오바마는 소셜 미디어를 잘 활용해 리더 역할을 탁월하게 수행했다.

저자는 독일 극작가 브레히트의 《갈릴레오의 생애》라는 희곡을 인용하면서 스승 갈릴레오와 제자 안드레아의 대화를 소개한다. "영웅을 키워내지 못한 땅은 불행하다."(안드레아) "아니, 영웅을 필요로 하는 땅이야말로 불행한 곳이지."(갈릴레오). 나이 든 갈릴레오는 지동설을 발표하지 말아달라는 교황청의 요구를 무시했다가는 자칫 감옥에 갈지도 모르고 그렇다고 해서 학자의 양심을 저버릴 수도 없는, 아주 고단한 딜레마 상황에 빠져 있었다. 그것을 안 제자가 스승의 고민을 대신 짊어지고 유럽으로 건너가서 지동설을 퍼트렸고, 결국 그 학설은 온 천하의 진리가 되었다. 리더가 되고자 하는 사람은 안드레아처럼 스승이 시키는 일만 하는 것이 아니라, 도전과 모험 정신을 발휘해 시대가 나아가야 할 방향으로 과감히 전진해야 한다.

올바른 리더십은 일회성의 반짝 이벤트가 아니라 지속적으로 발휘되어야 한다. 그러자면 도덕적 목적을 반드시 준수해야 한다. 난처한 상황을 모면하기 위한 아웃 오브 박스out of box 방식은 처음 보면 기발한 것 같지만 결코 오래 가지 못한다. 준엄한 도덕 정신이 리더의 박스, 테두리, 보호의 울타리가 되어야 한다. 도덕을 지키다가 실패하는 것이 부도덕을 지향해 일시적 이득을 보는 것보다 낫다.

하버드 리더십 수업

부도덕은 썩은 동아줄과 비슷해 결정적인 순간에 리더를 배신할 뿐만 아니라 그가 이룬 모든 것을 한순간에 허물어버린다.

어느 시대나 현재의 잘못된 상황을 바꾸기 위해 도전과 모험을 기꺼이 감수하는 리더가 필요하다. 그가 바꾸려고 하는 것은 여러 형태로 존재한다. 리더는 지금의 잘못된 상태에 대한 참을 수 없는 분노와 더 나은 세상을 만들겠다는 열정을 품고 있기 때문에 자신이 반드시 리더로 나서야 한다는 것을 분명하게 인식한다. 그 목적을 위해 혼신의 힘을 다해 헌신하며, 필요하다면 자기 목숨을 내놓는 행동도 마다하지 않는다.

사회가 변화하는 과정을 하나의 이야기로 본다면 리더는 그 이야기를 새롭게 써나가는 사람이다. 가장 인상적인 이야기꾼은 『아라비안 나이트Arabian Nights』의 여주인공 셰에라자드다. 그녀는 자신을 죽이려는 포악하고 불행한 왕에게 매일 밤 이야기를 들려주면서 목숨을 하루하루 연장해나간다. 셰에라자드에게 이야기는 상대방이 행복하기를 바라면서 동시에 자신도 불행한 상태에서 탈출하는 수단이다. 실제로 날마다 들려주는 이야기 덕분에 그녀는 목숨을 건졌을 뿐만 아니라 불행한 왕과 결혼해 아이를 낳아주기까지 한다. 여기서 이야기의 본질을 알 수 있다. 자신이 괴로워서 견딜 수 없는 현재 상황을 새로운 이야기로 풀어내면 자신을 죽이려는 왕(현재 상황)을 변화시켜 자신과 결혼하고(리더로 뽑아주고) 그리하여 자식(더 밝은 미래 사회)까지 얻을 수 있다는 비유인 것이다.

이처럼 리더는 현재의 난국에서 하나의 감동적인 이야기를 만들어내는 사람이다. 무릇 이야기란 그 앞의 슬프거나 불행한 상황을 주인공의 개입과 노력으로 반전해 유쾌하면서도 행복한 결말에 도달할 때 가장 감동적이다. 지난 세월 각 시대는 그런 영웅들이 등장했다. 르네상스 시기에는 갈릴레오, 다빈치, 마키아벨리 같은 영웅이 나왔고, 근대의 계몽사상 시대에 들어와서는 칸트, 루소, 프리드리히 대왕 같은 영웅이 나왔으며, 그 후 산업혁명 시기에는 각국의 여러 산업 분야에서 영웅이 배출되었다. 오늘날에도 각급 학교와 여러 전문 직업 분야에서 그런 리더들이 계속 만들어지고 있다.

역사적으로 볼 때, 세상은 언제나 부카VUCA 세상이었다. 부카는 휘발성Volatility, 불확실성Uncertainty, 복잡성Complexity, 애매모호Ambiguity라는 네 단어의 앞글자만 딴 것이다. 오늘날 미국 사회는 전형적인 부카 사회다. 복잡한 환경과 조건 때문에 여러 위기가 생겨나고 있는데도 미국의 지도자들은 그것을 못 본 체하고 있다. 그들은 문제를 감추려 하고, 지연시키려 하고, 다음 세대에게 떠넘기려 한다. 게다가 도널드 트럼프 대통령 이후 보수와 진보의 편 가르기가 극심해져 두 개의 미국이 존재하는 것이 아닐까 의심할 정도로 아주 난처한 국면에 처해 있다. 저자는 이런 국가적 분열을 치유하려면 새로운 리더, 위대한 리더의 등장이 반드시 필요하다고 역설한다. 그러면서 복권에 당첨되려면 먼저 복권을 사야 하듯이, 리더가 필요하면 먼저 리더를 양성해야 한다고 주장한다. 이 책에는 바로 그러한 리더가 되는 길 혹은 리더를 양성하는 요령을 상세히 언급한다.

사회 갈등과 리더십 발휘라는 화두는 어느 사회나 중요한 문제이므로 이 책이 한국 독자들에게도 상당한 호소력이 있을 거라고 생각한다. 현재 한국에서도 게임의 이름은 분열과 갈등의 종식, 치유와

하버드 리더십 수업

화합의 성취, 바로 그것이기 때문이다. 미래의 지도자는 이런 게임의 이름을 깊이 명심하고 그 게임의 내용을 현재보다 더 좋게 바꿔내야 한다. 이 책은 그런 미래 지도자들에게 필요한 정보와 조언, 지침을 풍부하게 제공한다.

미주

프롤로그: 위대한 리더는 어떻게 만들어지는가

1   "Greta Thunberg Is TIME's 2019 Person of the Year," *Time*, accessed August 14, 2021, https://time.com/person-of-the-year-2019-greta-thunberg/.

2   "17 Killed in Mass Shooting at High School in Parkland, Florida," accessed August 14, 2021, https://www.nbcnews.com/news/us-news/police-respond-shooting-parkland-florida-high-school-n848101.

3   "More Than 2 Million in 90 Percent of Voting Districts Joined March for Our Lives Protests," accessed August 14, 2021, https://www.newsweek.com/march-our-lives-how-many-2-million-90-voting-district-860841.

4   Jonathan Watts, "Interview: Greta Thunberg, schoolgirl climate change warrior: 'Some people can let things go. I can't'" *Guardian*, March 11, 2019, https://www.theguardian.com/world/2019/mar/11/greta-thunberg-schoolgirl-climate-change-warrior-some-people-can-let-things-go-i-cant.

5   Kate Aronoff and Kate Aronoff, "How Greta Thunberg's Lone Strike Against Climate Change Became a Global Movement," Rolling Stone (blog), March 5, 2019, https://www.rollingstone.com/politics/politics-features/greta-thunberg-fridays-for-future-climate-change-800675/.

6   "Greta Thunberg Is TIME's 2019 Person of the Year," *Time*, accessed August 14, 2021, https://time.com/person-of-the-year-2019-greta-thunberg/.

7   NPR Staff, "Transcript: Greta Thunberg's Speech at the U.N. Climate Action Summit," NPR, September 23, 2019, sec. Environment, https://www.npr.org/2019/09/23/763452863/transcript-greta-thunbergs-speech-at-the-u-n-climate-action-summit.

8   Jennifer Hassan, "Greta Thunberg says world leaders' talk on climate change is 'blah blah blah,'" *Washington Post*, September 29, 2021, https://www.washingtonpost.com/climate-environment/2021/09/29/great-thunberg-leaders-blah-blah-blah/.

9   "Tarana Burke Biography," National Women's History Museum, accessed August 24, 2021, https://www.women shistory.org/education-resources/biographies/tarana-burke. 4.

10 Ibid.

11 "Herstory," Black Lives Matter, accessed August 24, 2021, https://blacklivesmatter.com/herstory/.

12 "Excerpts from the Sixth Churchill Lecture 'Winston Churchill: Leadership in Times of Crisis,'" International Churchill Society, April 4, 2015, https://winstonchurchill.org/publications/finest-hour/finest-hour-133/excerpts-from-the-sixth-churchill-lecture-winston-churchill-leadership-in-times-of-crisis/.

13 Barbara Tuchman, The March of Folly: From Troy to Vietnam, (Alfred A. Knopf, 1984), 2014 Random House Trade Paperback Edition p. 410.

14 Ibid., p. 411.

15 Erik H. Erikson, *Childhood and Society* (W.W. Norton, 1993), 267.

16 Winston Churchill, House of Commons, May 8, 1940.

17 "Poll: Young People Believe They Can Lead Change in Unprecedented Election Cycle," accessed August 14, 2021, https://circle.tufts.edu/latest-research/poll-young-people-believe-they-can-lead-change-unprecedented-election-cycle.

18 Ibid.

19 Ibid.

20 "Number of Millennials Running for Congress Increased 266 Percent in Two Years: Survey-Millennial Action Project," accessed August 24, 2021, https://www.millennialaction.org/press-archives/number-of-millennials-running-for-congress-increased-266-percent-in-two-years-survey.

21 Joseph Campbell, *The Power of Myth* (Anchor Books, 1991), 159.

1장: 열정으로 가득 찬 마음

22 Mark DeWolfe Howe, *Justice Oliver Wendell Holmes, Volume 1: The Shaping Years, 1841–1870* (1957), https://doi.org/10.4159/harvard.9780674865860.

23 Arthur M. Schlesinger Jr., "Democracy and Leadership," in *The Cycles of American History* (Boston: Houghton Mifflin Company, 1986), 419–36.

24 Michael Pollak, "Not His Finest Hour," *New York Times*, accessed August 24, 2021, https://www.nytimes.com/2006/05/07/nyregion/thecity/07fyi.html.

25 Garry Wills, *Certain Trumpets: The Nature of Leadership* (Simon & Schuster, 2013), 17.

26 Jon Meacham, *His Truth Is Marching On: John Lewis and the Power of Hope* (Random House, 2020), 5.

27 Ibid., 25.

28 Ibid., 26.

29   Ibid., 29.

30   Ibid., 78.

31   Ibid., 220.

32   Jane Sherron De Hart, *Ruth Bader Ginsburg: A Life* (Vintage Books, 2020), 8.

33   Ibid., 72.

34   Ibid., 82.

35   Ibid., 86.

36   "The Supreme Court: Excerpts from Senate Hearing on the Ginsburg Nomination," *New York Times*, July 22, 1993, https://www.nytimes.com/1993/07/22/us/the-supreme-court-excerpts-from-senate-hearing-on-the-ginsburg-nomination.html.

37   Antonin Scalia, "Ruth Bader Ginsburg: The World's 100 Most Influential People," *Time*, April 16, 2015, https://time.com/collection-post/3823889/ruth-bader-ginsburg-2015-time-100/.

38   "Ruth Bader Ginsburg," Academy of Achievement, accessed September 17, 2021, https://achievement.org/achiever/ruth-bader-ginsburg/.

39   Robert Barnes and Michael A. Fletcher, "Ruth Bader Ginsburg, Supreme Court Justice and Legal Pioneer for Gender Equality, Dies at 87," *Washington Post*, accessed September 17, 2021, https://www.washingtonpost.com/local/obituaries/ruth-bader-ginsburg-dies/2020/09/18/3cedc314-fa08-11ea-a275-1a2c2d36e1f1_story.html.

40   Linda Greenhouse, "Ruth Bader Ginsburg, Supreme Court's Feminist Icon, Is Dead at 87," *New York Times*, September 18, 2020, https://www.nytimes.com/2020/09/18/us/ruth-bader -ginsburg-dead.html.

41   "The Story of John Sidney McCain III," John and Cindy McCain: Service to Country | JohnMcCain.com (blog), March 2, 2018, https://www.johnmccain.com/story/.

42   "McCain Addresses His Alma Mater in Virginia," April 1, 2008, http://www.washingtonpost.com/wp-dyn/content/article/2008/04/01/AR2008040101034.html.

43   "Story of John Sidney McCain III."

44   Dan Nowicki, "John McCain POW Recordings Revive Historic, Painful Episode," accessed August 24, 2021, https://www.azcentral.com/story/news/politics/azdc/2016/08/13/john-mccain-pow-recordings-revive-historic-painful-episode/88547416/.

45   "Is John McCain a Crook?," *Slate*, February 18, 2000, https://slate.com/news-and-politics/2000/02/is-john-mccain-a-crook .html.

46   Michael Lewis, "The Subversive," *New York Times*, accessed August 24, 2021, https://www.nytimes.com/1997/05/25/magazine/the-subversive.html.

47   Ben W. Heineman, Jr., "Justice Oliver Wendell Holmes and Memorial Day," *Atlantic*, May

30, 2011, https://www.theatlantic.com/national/archive/2011/05/justice-oliver-wendell-holmes-and-memorial-day/239637/.

2장: 내 인생의 저자 되기

48   Debbie Elliott, "State Prosecutor Closes 'Mississippi Burning' Civil Rights Case," NPR, June 21, 2016, sec. Law, https://www.npr.org/2016/06/21/482900192/state-prosecutor-closes-mississippi-burning-civil-rights-case.

49   Allyson Szabo, *Longing for Wisdom: The Message of the Maxims* (Allyson Szabo, 2008), 15.

50   Thomas G. West and Grace Starry West, "Plato's Apology of Socrates," in *Four Texts on Socrates: Plato's Euthypro*, Apology, and Crito and Aristophanes' Clouds.

51   "Dialogues, vol. 5, Laws, Index to the Writings of Plato | Online Library of Liberty," accessed July 23, 2021, https://oll.libertyfund.org/title/plato-dialogues-vol-5-laws-index-to-the-writings-of-plato.

52   Peter F. Drucker, "Managing Oneself," Harvard Business Review, *Best of HBR 1999* (2005), https://www.csub.edu/~ecarter2/CSUB.MKTG%20490%20F10/DRUCKER%20HBR%20Managing%20Oneself.pdf.

53   Ibid.

54   Ray Dalio, *Principles*: Life and Work (Simon & Schuster, 2017).

55   Susan Cain, *Quiet: The Power of Introverts in a World That Can't Stop Talking* (Crown, 2012), 4.

56   Ibid., 3.

57   James B. Stockdale and Sybil Stockdale, *In Love and War: The Story of a Family's Ordeal and Sacrifice During the Vietnam Years* (Harper & Row, 1984).

58   Drucker, "Managing Oneself," 4.

59   Erving Goffman, *The Presentation of Self in Everyday Life*, rev. ed. (Anchor Books, 1990).

60   Laura Morgan Roberts et al., "How to Play to Your Strengths," *Harvard Business Review*, January 1, 2005, https://hbr.org/2005/01/how-to-play-to-your-strengths.

61   Morten T. Hansen, "IDEO CEO Tim Brown: T-Shaped Stars: The Backbone of IDEO's Collaborative Culture," January 21, 2010, https://chiefexecutive.net/ideo-ceo-tim-brown-t-shaped-stars-the-backbone-of-ideoaes-collaborative-culture__trashed/.

62   Samantha Grossman, "A Myth Debunked: Was Michael Jordan Really Cut from His High-School Team?" TIME.com, accessed August 26, 2021, https://newsfeed.time.com/2012/01/16/a-myth-debunked-was-michael-jordan-really-cut-from-his-high-school-team/.

63   Tom Huddleston Jr., "How Michael Jordan Became Great: 'Nobody Will Ever Work as Hard as I Work,'" CNBC, April 21, 2020, https://www.cnbc.com/2020/04/21/how-michael-jordan-became-great-nobody-will-ever-work-as-hard.html.

64   Ibid.

65   John McPhee, "A Sense of Where You Are," *New Yorker*, January 25, 1965, https://www.newyorker.com/magazine/1965/01/23/a-sense-of-where-you-are.

66   Tom Vitale, "Winston Churchill's Way with Words," NPR, July 14, 2012, sec. History, https://www.npr.org/2012/07/14/156720829/winston-churchills-way-with-words.

67   Malcolm Gladwell, *Outliers: The Story of Success* (Little, Brown, 2008), 42.

68   Ibid., 40–41.

69   Ibid., 50.

70   Ibid., 41.

71   Ibid., 40.

72   Daniel Coyle, *The Talent Code: Greatness Isn't Born. It's Grown. Here's How* (Random House Publishing Group, 2009), 88.

73   Samuel Beckett, "Worstward Ho," Samuel- Beckett.net, 1983, http://www.samuel-beckett.net/w_ho.html.

74   Agnes de Mille, *Martha: The Life and Work of Martha Graham* (Vintage Books, 1992), 264.

3장: 축적의 시기

75   Erik H. Erikson and Joan M. Erikson, *The Life Cycle Completed*, extended version (W.W. Norton, 1997).

76   Mary Oliver, "The Summer Day."

77   James M. Citrin and Richard A. Smith, *The 5 Patterns of Extraordinary Careers: The Guide for Achieving Success and Satisfaction* (DIANE Publishing Company, 2005).

78   Stephen J. Dubner, "Extra: Jack Welch Full Interview (Ep. 326)," Freakonomics (blog), accessed August 27, 2021, https://freakonomics.com/podcast/jack-welch/.

79   "Eisenhower Military Chronology," accessed August 8, 2021, https://www.nps.gov/features/eise/jrranger/chronomil1.htm.

80   Heather Caygle and Sarah Ferris, "Meet the Woman Mentoring Omar, Tlaib and Ocasio-Cortez," *Politico*, accessed August 8, 2021, https://politi.co/2Fsx53K.

81   "Pat Summitt, All-Time Winningest Division I College Basketball Coach, Dies: The Two-Way," NPR, accessed August 27, 2021, https://www.npr.org/sections/thetwo-way/2016/06/28/483612431/pat-summitt-legendary-tennessee-basketball-coach-dies-

at-64.

82 Gary Smith, "Understanding How Pat Summitt Guided UT to Five Titles," Sports Illustrated Vault | SI.com, accessed August 8, 2021, https://vault.si.com/vault/1998/03/02/eyes-of-the-storm-when-tennessees-whirlwind-of-a-coach-pat-summitt-hits-you-with-her-steely-gaze-you-get-a-dose-of-the-intensity-that-has-carried-the-lady-vols-to-five-ncaa-titles.

83 "Coach Pat Summitt: 1952–016," University of Tennessee Athletics, accessed August 27, 2021, https://utsports.com/sports/2017/6/20/coach-pat-summitt-1952-2016.aspx.

84 "Statement by the President on the Death of Pat Summitt," whitehouse.gov, June 28, 2016, https://obamawhitehouse.archives.gov/the-press-office/2016/06/28/statement-president-death-pat-summitt.

85 "3 Famous Billionairesand Their Mentors," Bcombinator (blog), September 15, 2020, https://bcombinator.com/3-famous-billionaires-and-their-mentors.

86 Cynthia Emrich, Mark Livingston, and David Pruner, *Creating a Culture of Mentorship* (Heidrick and Struggles, 2017), https://doi.org/10.13140/RG.2.2.10649.11365.

87 Marianne Cooper, "Why Women (Sometimes) Don't Help Other Women," *Atlantic*, June 23, 2016, https://www.theatlantic.com/business/archive/2016/06/queen-bee/488144/.

88 Alice George, "How Business Executive Madam C.J. Walker Became a Powerful Influencer of the Early 20th Century," *Smithsonian*, accessed August 27, 2021, https://www.smithsonianmag.com/smithsonian-institution/how-business-executive-madam-c-j-walker-became-powerful-influencer-early-20th-century-180971628/.

89 "Madam C.J. Walker Museum: Honoring Black Business Leaders," Madam Museum, accessed August 27, 2021, https://www.madamcjwalkermuseum.com.

90 Herminia Ibarra, Nancy M. Carter, and Christine Silva, "Why Men Still Get More Promotions Than Women," *Harvard Business Review*, September 1, 2010, https://hbr.org/2010/09/why-men-still-get-more-promotions-than-women.

91 "Why You Need a Work 'Sponsor,'" NPR, December 3, 2012, sec. Race, https://www.npr.org/2012/12/03/166402529/why-you-need-a-work-sponsor.

92 "Equileap_US_Report_2020.Pdf," accessed August 27, 2021, https://equileap.com/wp-content/uploads/2020/12/Equileap_US_Report_2020.pdf.

93 Lauren A. Rivera, "Hiring as Cultural Matching: The Case of Elite Professional Service Firms," *American Sociological Review* 77, no. 6 (December 2012): 999–1022, https://doi.org/10.1177/0003122412463213.

94 Drake Baer, "If You Want to Get Hired, Act Like Your Potential Boss," *Business Insider*, accessed September 21, 2021, https://www.businessinsider.com/managers-hire-people-who-remind-them-of-themselves-2014-5.

95 Gardiner Morse and Iris Bohnet, "Designing a Bias-Free Organization," *Harvard Business*

Review, July–August 2016, https://hbr.org/2016/07/designing-a-bias-free-organization.

96 James O'Toole, *The Executive's Compass: Business and the Good Society* (Oxford University Press, 1995).

97 Ronald A. Heifetz, *Leadership Without Easy Answers* (Harvard University Press, 2009).

98 Hart Research Associates and Public Opinion Strategies, "NBC News/Wall Street Journal Survey. Study #200266," June 28, 2020, https://www.documentcloud.org/documents/6938425-200266-NBCWSJ-June-Poll.html.

99 Bill George, *Discover Your True North* (John Wiley & Sons, 2015), 3.

100 Ibid., 101.

101 Steve Jobs, "Commencement Address at Stanford University (2005)," Stanford News (blog), June 14, 2005, https://news.stanford.edu/2005/06/14/jobs-061505/.

102 George, *Discover Your True North*, 8.

103 Herminia Ibarra, "The Authenticity Paradox," *Harvard Business Review*, January 1, 2015, https://hbr.org/2015/01/the-authenticity-paradox.

104 Fred I. Greenstein, "'The Hidden- Hand Presidency: Eisenhower as Leader,' a 1994 Perspective," *Presidential Studies Quarterly* 24, no. 2 (1994): 236.

105 Conrad Black, *Franklin Delano Roosevelt: Champion of Freedom* (Public Affairs, 2012), 316.

106 Bertolt Brecht, *Life of Galileo* (A&C Black, 2013), 68.

4장: 시련의 도가니에서 살아남기

107 Michael E. Ruane, "A Century Ago, Polio Struck a Handsome Young Politician—and Forged One of the Country's Greatest Presidents," *Washington Post*, accessed August 30, 2021, https://www.washingtonpost.com/history/2021/08/02/fdr-contracted-polio-100-years-ago/.

108 CDC, "Polio Elimination in the United States," Centers for Disease Control and Prevention, July 23, 2021, https://www.cdc.gov/polio/what-is-polio/polio-us.html.

109 "Harvard 1900—lubs—he Franklin Delano Roosevelt Foundation," accessed August 16, 2021, https://fdrfoundation.org/the-fdr-suite/harvard-1900-clubs/.

110 Ted Morgan, *FDR: A Biography* (Simon & Schuster, 1985), 258.

111 John Gunther, *Roosevelt in Retrospect: A Profile in History* (New York, Harper, 1950), http://archive.org/details/rooseveltinretro00gunt.

112 Doris Kearns Goodwin, "The Home Front," *New Yorker*, August 15, 1994, 40.

113 Black, *Franklin Delano Roosevelt*.

114 Hugh Gallagher, "FDR's Cover-Up," *Washington Post*, January 24, 1982, https://www.

washingtonpost.com/archive/opinions/1982/01/24/fdrs-cover-up-the-extent-of-his-handicap/9e3f26df-c0a4-4cb6-9852-754fd54d3cae/.

115 "Image Thumbnails | Franklin D. Roosevelt Presidential Library & Museum," accessed August 26, 2021, http://www.fdrlibrary.marist.edu/archives/collections/franklin/?p=digitallibrary%2Fthumbnails&q=wheelchair.

116 Doris Kearns Goodwin, *Leadership in Turbulent Times* (Simon & Schuster, 2018).

117 Andre Fribourg, *The Flaming Crucible: The Faith of the Fighting Men* (Macmillan, 1918), x.

118 "Paulo Coelho Biography," Paulo Coelho & Christina Oiticica Foundation (blog), accessed August 31, 2021, https://paulocoelhofoundation.com/paulo-coelho/biography/.

119 "Quotes from My Books," Paulo Coelho, June 30, 2017, https://paulocoelhoblog.com/2017/06/30/56408/.

120 Maya Angelou, *Letter to My Daughter* (Random House, 2008), https://search-ebscohost-com.ezp-prod1.hul.harvard.edu/login.aspx?direct=true&db=nlebk&AN=737699&site=ehost-live&scope=site.

121 Warren G. Bennis and Robert J. Thomas, "Crucibles of Leadership," accessed August 31, 2021, https://hbr.org/2002/09/crucibles-of-leadership.

122 Ibid.

123 William James, *The Varieties of Religious Experience: A Study in Human Nature* (Modern Library, 1902), 195.

124 Ibid., 236.

125 "The Nobel Peace Prize 2014," NobelPrize.org, accessed August 31, 2021, https://www.nobelprize.org/prizes/peace/2014/yousafzai/lecture/.

126 Doris Kearns Goodwin, *No Ordinary Time: Franklin & Eleanor Roosevelt: The Home Front in World War II* (Simon & Schuster, 2008), 377–78.

127 Virginia Moore, "Psyche," *Saturday Review of Literature*, 7, no. 1 (July 26, 1930).

5장: 회복력의 비결

128 Harvard Business Review et al., *HBR's 10 Must Reads on Mental Toughness* (with bonus interview "Post-Traumatic Growth and Building Resilience" with Martin Seligman) (Harvard Business Press, 2017), 126.

129 Ibid.

130 Friedrich Nietzsche, *Twilight of the Idols, or How to Philosophize with a Hammer* (Daniel Fidel Ferrer, n.d.).

131 Rhonda Cornum, Michael D. Matthews, and Martin E. P. Seligman, "Comprehensive

Soldier Fitness: Building Resilience in a Challenging Institutional Context," *American Psychologist* 66, no. 1 (January 2011): 4–9, https://doi.org/10.1037/a0021420.

132 "Recruiting and Retention in the Active Component Military: Are There Problems?," accessed August 15, 2021, https://www.everycrsreport.com/reports/RL31297.html.

133 Tony Perry, "Putting Marines Through a 'Crucible,'" *Los Angeles Times*, March 7, 1998, https://www.latimes.com/archives/la-xpm-1998-mar-07-mn-26377-story.html.

134 Jim Garamone, "The Marine Corps Crucible," Military.com, March 31, 2021, https://www.military.com/join-armed-forces/marine-corps-crucible.html.

135 Perry, "Putting Marines Through a 'Crucible.'"

136 "Author Reconstructs FDR's 'Defining Moment,'" NPR.org, accessed August 15, 2021, https://www.npr.org/templates/story/story.php?storyId=5525748.

137 Warren Bennis and Robert J. Thomas, "Crucibles of Leadership," *Harvard Business Review*, September 1, 2002, https://hbr.org/2002/09/crucibles-of-leadership.

138 George E. Vaillant, *Adaptation to Life* (Harvard University Press, 1998).

139 Ida B. Wells, *Crusade for Justice: The Autobiography of Ida B. Wells* (University of Chicago Press, 2013).

140 "Ida B. Wells: The Unsung Heroine of the Civil Rights Movement," *Guardian*, April 27, 2018, http://www.theguardian.com/world/2018/apr/27/ida-b-wells-civil-rights-movement-reporter.

141 Wells, *Crusade for Justice*, 47.

142 "'Fearless' Ida B. Wells Honored by New Lynching Museum for Fighting Racial Terrorism," *Washington Post*, accessed August 15, 2021, https://www.washingtonpost.com/news/retropolis/wp/2018/04/26/fearless-ida-b-wells-honored-by-new-lynching-memorial-for-fighting-racial-terror/.

143 Wells, *Crusade for Justice*, 64.

144 Caitlin Dickerson, "Ida B. Wells, Who Took on Racism in the Deep South with Powerful Reporting on Lynchings," *New York Times*, March 8, 2018, sec. Obituaries, https://www.nytimes.com/interactive/2018/obituaries/overlooked-ida-b-wells.html.

145 Ida B. Wells, *The Red Record*, accessed August 15, 2021, https://www.gutenberg.org/files/14977/14977-h/14977-h.htm.

146 "Woman Journalist Crusades Against Lynching (Educational Materials: African American Odyssey)," accessed August 15, 2021, https://www.loc.gov/exhibits/odyssey/educate/barnett.html.

147 American Public Media, "Angela Duckworth and the Research on 'Grit,'" accessed August 15, 2021, https://americanradioworks.publicradio.org/features/tomorrows-college/grit/angela-duckworth-grit.html.

148 "Rachel Carson's Silence," *Pittsburgh Post-Gazette*, accessed August 15, 2021, https://

www.post-gazette.com/opinion/Op-Ed/2014/04/13/THE-NEXT-PAGE-Rachel-Carsons-silence/stories/201404130058.

149 Nancy Koehn, *Forged in Crisis: The Power of Courageous Leadership in Turbulent Times* (Simon & Schuster, 2017), 373.

150 Ibid.

151 Ibid., 426.

152 Ibid., 428.

153 Ibid., 432.

154 Ibid., 374.

155 Forrest McDonald, foreword to *Cato: A Tragedy and Selected Essays* | Online Library of Liberty, by Joseph Addisoned. Christine Dunn Henderson and Mark E. Yellin (Indianapolis: Liberty Fund, 2004), https://oll.libertyfund.org/title/henderson-cato-a-tragedy-and-selected-essays.

156 Ibid.

157 James B. Stockdale, *Stockdale on Stoicism II: Master of My Fate* (Center for the Study of Professional Military Ethics, 2001).

158 James B. Stockdale, *Courage Under Fire: Testing Epictetus's Doctrines in a Laboratory of Human Behavior* (Hoover Institution, 1993).

159 Ibid., 5.

160 Stockdale, *Stockdale on Stoicism*, 237.

161 Stockdale, *Courage Under Fire*, 7.

162 Ibid., 12.

163 Ibid., 8.

164 Ibid., 13.

6장: 역경을 이기고 굳건한 목적을 세우기

165 "Founders Online: Abigail Adams to John Quincy Adams, 19 January 1780" (University of Virginia Press), accessed August 16, 2021, http://founders.archives.gov/documents/Adams/04-03-02-0207.

166 Randy Shilts, *The Mayor of Castro Street: The Life & Times of Harvey Milk*, Stonewall Inn Editions 12 (St. Martin's Press, 1988).

167 Ibid., 42.

168 Ibid., 99.

169 "Transcript: Hear Harvey Milk's The Hope Speech," Museum of Fine Arts, Boston, accessed August 16, 2021, https://www.mfa.org/exhibitions/amalia-pica/transcript-

harvey-milks-the-hope-speech.

170 "Elaine Noble, Massachusetts, 1974 · Out and Elected in the USA: 1974–2004 Ron Schlittler. Out-History: It's About Time," accessed August 19, 2021, https://outhistory.org/exhibits/show/out-and-elected/1970s/elaine-noble.

171 Shilts, *Mayor of Castro Street*, 79–80.

172 Ibid., 88.

173 Ibid., 90.

174 Ibid., 98.

175 Harvey Milk, Jason Edward Black, and Charles E. Morris, *An Archive of Hope: Harvey Milk's Speeches and Writings* (University of California Press, 2013), 126.

176 Shilts, *Mayor of Castro Street*, 92.

177 Ibid., 42.

178 "Milk Foundation.Org: The Official Harvey Milk Biography," accessed August 16, 2021, https://milkfoundation.org/about/harvey-milk-biography/.

179 Ibid.

180 Ibid.

181 "TIME 100 Persons of the Century," *Time*, June 6, 1999, http://content.time.com/time/magazine/article/0,9171,26473,00.html.

182 "Katharine Graham," *Washington Post*, April 12, 2018, http://www.washingtonpost.com/brand-studio/fox/katharine-graham.

183 Katharine Graham, *Personal History* (Knopf, 1997), Kindle location 1976.

184 David Halberstam, *The Powers That Be* (Open Road Media, 2012).

185 Graham, *Personal History*, Kindle location 2808, 2809.

186 J. Y. Smith and Noah Epstein, "Katharine Graham Dies at 84," *Washington Post*, July 18, 2001, https://www.washingtonpost.com/wp-dyn/content/article/2005/08/04/AR2005080400963_5.html.

187 Graham, *Personal History*, Kindle location 6915.

188 Robin Gerber, *Katharine Graham: The Leadership Journey of an American Icon* (Portfolio, 2005), 33.

189 Graham, *Personal History*, Kindle location 6779.

190 Gerber, *Katharine Graham*, 57.

191 Graham, *Personal History*, Kindle location 6862.

192 Smith and Epstein, "Katharine Graham Dies at 84."

193 Ben Bradlee, *A Good Life* (Simon & Schuster, 2011), 241.

194 Graham, *Personal History*, Kindle location 8466.

195 Smith and Epstein, "Katharine Graham Dies at 84."

196 Jim Collins, *Good to Great: Why Some Companies Make the Leap ... and Others Don't*

(HarperCollins, 2001).

197 "Our Company | Graham Holdings Company," accessed August 16, 2021, https://www. ghco.com/historykgrahamobituary/.

198 Graham, *Personal History*, Kindle location 9356.

199 "The Dark Night of the Soul: Google Books," accessed August 16, 2021, https://www. google.com/books/edition/The_Dark_Night_of_the_Soul/B8tMAQAAMAAJ?hl =en&gbpv=1&pg=PR3&printsec=frontcover.

200 "William Faulkner: Banquet Speech," accessed August 16, 2021, https://www.nobelprize. org/prizes/literature/1949/faulkner/speech/.

201 "Famous Quote from Thomas Carlyle," Famous Quote From: (blog), accessed August 16, 2021, http://famousquotefrom.com/thomas-carlyle/.

202 "What I Know for Sure: Oprah Winfrey," accessed August 16, 2021, https://www.oprah. com/omagazine/what-i-know-for-sure-oprah-winfrey/all.

203 Helen Keller, Helen Keller's Journal, 1936–937 (Doubleday, Doran and Company, Inc., 1938), http://archive.org/details/helenkellersjour00hele.

204 "The Path to Purpose: Google Books," accessed August 16, 2021, https://www.google. com/books/edition/The_Path_to_Purpose/mx7Ds2MnnWQC?hl=en&gbpv=1&printse c=frontcover.

205 "Good Work: Google Books," accessed August 16, 2021, https://www.google.com/books/ edition/Good_Work/gforDaQFRSoC?hl=en&gbpv=1&printsec=frontcover.

206 "Grandma Moses (Anna Mary Robertson Moses) | Artist Profile," NMWA (blog), accessed August 16, 2021, https://nmwa.org/art/artists/grandma-moses-anna-mary- robertson-moses/.

7장: 사람들을 관리하는 법

207 Benjamin Runkle, "When Marshall Met Pershing," War on the Rocks, October 3, 2017, https://warontherocks.com/2017/10/when-marshall-met-pershing/.

208 David Brooks, *The Road to Character* (Random House, 2015), 140.

209 Kevin Baker, "America's Finest General," *Military History*, September 2011, https:// www.marshallfoundation.org/marshall/wp-content/uploads/sites/22/2014/04/ MarshallarticleMilitaryHistory2011.pdf.

210 Ibid.

211 Rosanne Badowski and Roger Gittines, *Managing Up: How to Forge an Effective Relationship with Those above You* (Crown, 2003), xv.

212 Ibid., xi.

213 "Dean Gooderham Acheson—People—Department History—Office of the Historian," accessed July 26, 2021, https://history.state.gov/departmenthistory/people/acheson-dean-gooderham.

214 David McCullough, "Opinion | Clinton and Congress: A Touch of Harry in the Night," *New York Times*, December 2, 1994, https://www.nytimes.com/1994/12/02/opinion/clinton -congressa-touch-of-harry-in-the-night.html.

215 William E. Leuchtenburg, "New Faces of 1946," *Smithsonian*, accessed July 28, 2021, https://www.smithsonianmag.com/history/new-faces-of-1946-135190660/.

216 "Alexander Hamilton and His Patron, George Washington | American Experience | PBS," accessed July 28, 2021, https://www.pbs.org/wgbh/americanexperience/features/hamilton-and-his-patron-george-washington/.

217 Joshua Zeitz, *Lincoln's Boys: John Hay, John Nicolay, and the War for Lincoln's Image* (Penguin, 2014), 2.

218 Ibid., 8.

219 Frank Costigliola, "Broken Circle: The Isolation of Franklin D. Roosevelt in World War II," *Diplomatic History* 32, no. 5 (2008): 677–718, accessed July 28, 2021. http://www.jstor.org/stable/24915955.

220 Walter Isaacson and Evan Thomas, *The Wise Men: Six Friends and the World They Made* (Simon & Schuster, 2012).

221 "Bobby Kennedy: Is He the 'Assistant President'? | Politics | US News," *US News & World Report*, accessed July 28, 2021, //www.usnews.com/news/articles/2015/06/05/bobby-kennedy-is-he-the-assistant-president.

222 Stephen Sestanovich, "The Long History of Leading from Behind," *Atlantic*, December 22, 2015, https://www.theatlantic.com/magazine/archive/2016/01/the-long-history-of-leading-from-behind/419097/.

223 James A. Baker and Steve Fiffer, *Work Hard, Study ... and Keep Out of Politics!* (Northwestern University Press, 2008), 4–7.

224 Ibid., 3–4.

225 Peter Baker and Susan Glasser, *The Man Who Ran Washington: The Life and Times of James A. Baker III*(Doubleday, 2020).

226 Baker and Fiffer, *Work Hard*, 12.

227 Ibid., 12–13.

228 Baker and Glasser, *Man Who Ran Washington*.

229 Ibid., 46.

230 Ibid., 60.

231 Baker and Fiffer, *Work Hard*, 17.

232 Ibid., 65.

233 Ibid., 29.

234 Baker and Glasser, *Man Who Ran Washington*, 79.

235 Ibid., 120.

236 Ibid., 134.

237 Ibid., 132.

238 Ibid., 133.

239 Ibid.

240 Ibid., 140.

241 Megan Rosenfeld, "The Fabulous Baker Girl," *Washington Post*, September 23, 1992, https://www.washingtonpost.com/archive/lifestyle/1992/09/23/the-fabulous-baker-girl/0b587b0c-da73-4d57-a6a2-215fd1e3fcc9/.

242 Baker and Fiffer, *Work Hard*, 5.

243 "The Reagan Presidency," Ronald Reagan, accessed July 30, 2021, https://www.reaganlibrary.gov/reagans/reagan-administration/reagan-presidency.

8장: 당신의 팀을 이끌어라

244 Victoria Capatosto, "A Brief History of Civil Rights in the United States," accessed August 1, 2021, https://library.law.howard.edu/civilrightshistory/BLM.

245 "Patty Stonesifer—005 UNICEF—ill & Melinda Gates Foundation," accessed September 7, 2021, https://www.gatesfoundation.org/ideas/speeches/2005/06/patty-stonesifer-2005-unicef.

246 J. Richard Hackman, *Leading Teams: Setting the Stage for Great Performances* (Harvard Business Review Press, 2002), ix.

247 George J. Church, "Alexander Haig: The Vicar Takes Charge," *Time*, accessed August 20, 2021, http://content.time.com/time/subscriber/article/0,33009,922441,00.html.

248 Abigail Tracy, "How Trump Gutted Obama's Pandemic-Preparedness Systems," *Vanity Fair*, accessed August 1, 2021, https://www.vanityfair.com/news/2020/05/trump-obama-coronavirus-pandemic-response.

249 Ibid.

250 "United States—COVID-19 Overview—Johns Hopkins," Johns Hopkins Coronavirus Resource Center, accessed August 20, 2021, https://coronavirus.jhu.edu/region/united-states.

251 Max De Pree, *Leadership Is an Art* (Crown, 2011), 11.

252 Emily Esfahani Smith, "There's More to Life Than Being Happy," *Atlantic*, January 9, 2013, https://www.theatlantic.com/health/archive/2013/01/theres-more-to-life-than-

being-happy/266805/.

253 Viktor Emil Frankl, *Man's Search for Meaning: An Introduction to Logotherapy* (Beacon Press, 2006).

254 "WWII's Atomic Bomb Program Was So Secretive That Even Many of the Participants Were in the Dark," *Washington Post*, accessed August 2, 2021, https://www.washing tonpost.com/science/wwiis-atomic-bomb-program-was-so-secretive-that-even-many-of-the-participants-were-in-the-dark/2019/10/31/8d92d16c-fb7e-11e9-8906-ab6b60de9124_story.html.

255 "Los Alamos from Below: Reminiscences 1943–1945, by Richard Feynman," accessed August 2, 2021, http://calteches.library.caltech.edu/34/3/FeynmanLosAlamos.htm.

256 Jim Collins, *Good to Great: Why Some Companies Make the Leap ... and Others Don't* (HarperCollins, 2001).

257 Collins, *Good to Great*, 21.

258 Adam Bryant, "For This Guru, No Question Is Too Big," *New York Times*, May 23, 2009, https://www.nytimes.com/2009/05/24/business/24collins.html.

259 Ibid.

260 Ibid.

261 Tom Wolfe, *The Right Stuff* (Farrar, Straus and Giroux, 2008).

262 "NASA—ASA Langley Research Center Contributions to the Apollo Program" (Brian Dunbar), accessed August 1, 2021, https://www.nasa.gov/centers/langley/news/factsheets/Apollo.html.

263 Margot Lee Shetterly, *Hidden Figures: The American Dream and the Untold Story of the Black Women Mathematicians Who Helped Win the Space Race* (HarperCollins, 2016), 217.

264 Warren G. Bennis and Patricia Ward Biederman, *Organizing Genius: The Secrets of Creative Collaboration* (Addison-Wesley, 1997).

265 Warren G. Bennis and Patricia Ward Biederman, *The Essential Bennis* (Jossey-Bass, 2009), 140.

266 Ibid., 143.

267 Ibid., 140.

268 Ibid., 139.

269 Ibid., 140.

270 Ibid., 140.

271 Ibid., 150.

272 "Thomas Edison's Intelligence Test | American Experience | Official Site | PBS," accessed August 20, 2021, https://www.pbs.org/wgbh/americanexperience/features/thomas-edisons-intelligence-test/.

273　Meghan Casserly, "Why Are Manholes Round? The 10 Toughest Interview Questions," *Forbes*, accessed August 20, 2021, https://www.forbes.com/sites/meghancasserly/2011/07/27/the-10-toughest-interview-questions/.

274　Geoffrey Colvin, "Why Dream Teams Fail," *Fortune*, June 8, 2006, https://money.cnn.com/magazines/fortune/fortune_archive/2006/06/12/8379219/index.htm.

275　Gavin O'Connor, *Miracle* (Buena Vista Pictures, 2004).

276　"Miracle on Ice," 100 Greatest Moments, accessed August 1, 2021, https://www.amazon.com/100-Greatest-Moments/dp/B0779L7QQR.

277　Charles Payne, "Ella Baker and Models of Social Change," *Signs* 14, no. 4 (1989): 887, 888.

278　Ibid., 889.

279　Ibid., 890–91.

280　Mike D'Orso and John Lewis, Chapter 6, "Nigras, Nigras Everywhere!" in *Walking with the Wind: A Memoir of the Movement* (Simon & Schuster, 1998), 98–118.

281　Ibid., 892.

282　Ibid., 347.

283　NPR Staff, "The #BlackLivesMatter Movement: Marches and Tweets for Healing," NPR, June 9, 2015, https://www.npr.org/2015/06/09/412862459/the-blacklivesmatter-movement-marches-and-tweets-for-healing.

284　Joshua Keating, "The Leaderless Black Lives Matter Protests Are the Future of Politics.," accessed August 20, 2021, https://slate.com/news-and-politics/2020/06/george-floyd-global-leaderless-movements.html.

9장: 대중 설득의 기술

285　David W. Blight, *Frederick Douglass: Prophet of Freedom* (Simon & Schuster, 2018).

286　Frederick Douglass, *Narrative of the Life of Frederick Douglass, an American Slave* (Pub. at the Antislavery office, 1845), 39.

287　"The Book That Taught Frederick Douglass and Abraham Lincoln How to Speak," New England Historical Society (blog), August 22, 2020, https://www.newenglandhistoricalsociety.com/the-book-that-taught-frederick-douglass-and-abraham-lincoln-how-to-speak/.

288　Frederick Douglass and C. W. Foster, "Lincoln and Frederick Douglass—ith Malice Toward None: The Abraham Lincoln Bicentennial Exhibition | Exhibitions—Library of Congress," web page, February 12, 2009, https://www.loc.gov/exhibits/lincoln/lincoln-and-frederick-douglass.html.

289 Douglass, *Narrative of the Life*, 112.

290 "Lincoln-Douglas Debates | Summary, Dates, Significance, & Facts," *Encyclopaedia Britannica*, accessed August 4, 2021, https://www.britannica.com/event/Lincoln-Douglass-debates.

291 Graham A. Peck, "New Records of the Lincoln-Douglas Debate at the 1854 Illinois State Fair: The Missouri Republican and the Missouri Democrat Report from Springfield," *Journal of the Abraham Lincoln Association* 30, no. 2 (2009): 25–80.

292 Jiachuan Wu, et al., "Graphic: Presidential Debate Topic Tracker," NBC News, accessed August 20, 2021, https://www.nbcnews.com/politics/2020-election/first-presidential-debate-2020-topics-graphic-n1241389.

293 Neil Postman, *Amusing Ourselves to Death: Public Discourse in the Age of Show Business* (Penguin, 2006).

294 S. E. Smethurst, "Supplementary Paper: Cicero and Isocrates," *Transactions and Proceedings of the American Philological Association* 84 (1953): 262–320, https://doi.org/10.2307/283414.

295 "Isocrates | Greek Orator and Rhetorician," *Encyclopaedia Britannica*, accessed August 5, 2021, https://www.britannica.com/biography/Isocrates.

296 "Demosthenes | Greek Statesman and Orator," *Encyclopaedia Britannica*, accessed August 5, 2021, https://www.britannica.com/biography/Demosthenes-Greek-statesman-and-orator.

297 "The Greeks at Gettysburg: An Analysis of Pericles' Epitaphios Logos as a Model for Abraham Lincoln's Gettysburg Address," accessed August 5, 2021, https://projects.iq.harvard.edu/persephone/greeks-gettysburg-analysis-pericles-epitaphios-logos-model-abraham-lincolns-gettysburg-0.

298 "Barack Obama's Keynote Address at the 2004 Democratic National Convention," PBS NewsHour, July 27, 2004, https://www.pbs.org/newshour/show/barack-obamas-keynote-address-at-the-2004-democratic-national-convention.

299 William Shakespeare, *Henry IV, Part 1* (Folger Shakespeare Library, n.d.), https://shakespeare.folger.edu/shakespeares-works/henry-iv-part-1/.

300 Barbara Maranzani, "Inside John F. Kennedy's Lifelong Admiration of Winston Churchill," Biography, accessed August 5, 2021, https://www.biography.com/news/john-f-kennedy-winston-churchill.

301 Winston Churchill, *My Early Life: 1874–1904* (Simon & Schuster, 2010), 14.

302 Ibid., 17.

303 Martin Gilbert, *Churchill: A Life* (Rosetta Books, 2014).

304 Roy Jenkins, *Churchill: A Biography* (Macmillan, 2001).

305 Ibid., 24.

하버드 리더십 수업

306 Gilbert, *Churchill*, 67.

307 Jenkins, *Churchill*, 26.

308 Gilbert, *Churchill*, 135.

309 "History of Sir Winston Churchill—gov.UK," accessed August 5, 2021, https://www.gov. uk/government/history/past-prime-ministers/winston-churchill.

310 "Quotes FAQ," International Churchill Society, March 1, 2009, https://winstonchurchill. org/resources/quotes/quotes-faq/.

311 "America's National Churchill Museum | Sir Winston Churchill's Speeches," accessed August 20, 2021, https://www.nationalchurchillmuseum.org/winston-churchills- speeches.html.

312 Ralph Waldo Emerson, *Self-Reliance and Other Essays* (Sanage Publishing), Kindle edition, 48.

313 Ronald C. White, *A. Lincoln: A Biography* (Random House Publishing Group, 2009), 205.

314 Clayborne Carson, "MLK, the Reluctant Civil Rights Leader," CNN, January 20, 2014, https://www.cnn.com/2014/01/20/living/martin-luther-king-identity/index.html.

315 Gerald Eugene Myers, *William James: His Life and Thought* (Yale University Press, 2001), 49.

316 "1915–16: A Tour of the Homeland," *Hindustan Times*, September 30, 2019, https:// www.hindustantimes.com/india-news/1915-16-a-tour-of-the-homeland/story-Ncyh Mn8NEZiAp5m6OQplfL.html.

317 "America's Top Fears: Public Speaking, Heights and Bugs," *Washington Post*, accessed August 20, 2021, https://www.washingtonpost.com/news/wonk/wp/2014/10/30/ clowns-are-twice-as-scary-to-democrats-as-they-are-to-republicans/.

318 Rosalind Russell and Chris Chase, *Life Is a Banquet* (Random House, 1977). 211.

319 "Liberal Arts," *Encyclopaedia Britannica*, accessed August 5, 2021, https://www. britannica.com/topic/liberal-arts.

320 Mortimer J. Adler, *How to Speak, How to Listen* (Simon & Schuster, 1997).

321 Thomas K. McCraw, *Prophet of Innovation: Joseph Schumpeter and Creative Destruction* (Harvard University Press, 2009), 4.

322 George Campbell, *The Philosophy of Rhetoric* (Harper & Brothers, 1851).

323 Mark Twain, *Early Tales and Sketches*, Volume 1: 1851–1864 (University of California Press, 1979), 368.

324 Kathleen Hall Jamieson, *Eloquence in an Electronic Age: The Transformation of Political Speechmaking* (Oxford University Press, 1990).

325 "Inaugural Addresses of the Presidents of the United States: from George Washington 1789 to George Bush 1989," Text (Washington, D.C.: U.S. Government Printing Office,

1989), accessed August 5, 2021, https://avalon.law.yale.edu/20th_century/reagan1.asp.

326 "Figure, n.," in OED Online (Oxford University Press), accessed August 5, 2021, http://www.oed.com/view/Entry/70079.

327 Richard Reeves, *President Kennedy: Profile of Power* (Simon & Schuster, 1994), 326.

328 Jennifer Aaker and Victoria Chang, "Obama and the Power of Social Media and Technology," Stanford Graduate School of Business Case No. M-321, https://www.gsb.stanford.edu/faculty-research/case-studies/obama-power-social-media-technology, accessed July 2021, 7.

329 Ibid., 2.

330 Ibid., 2.

331 Charlotte Alter, "Inside Rep. Alexandria Ocasio-Cortez's Unlikely Rise," *Time*, accessed September 7, 2021, https://time.com/longform/alexandria-ocasio-cortez-profile/.

332 "Analysis | AOC Just Played 'Among Us' on Twitch. Over 400,000 People Came to Watch," *Washington Post*, accessed August 9, 2021, https://www.washingtonpost.com/politics/2020/10/22/aoc-just-played-among-us-twitch-over-400000-people-came-watch/.

333 Devin Dwyer, "Alexandria Ocasio-Cortez's Twitter Lesson for House Democrats," ABC News, accessed September 7, 2021, https://abcnews.go.com/Politics/alexandria-ocasio-cortezs-twitter-lesson-house-democrats/story?id=60443727.

334 Albin Krebs, "Charles Coughlin, 30's 'Radio Priest,'" *New York Times*, accessed September 7, 2021, https://www.nytimes.com/1979/10/28/archives/charles-coughlin-30s-radio-priest-dies-fiery-sermons-stirred-furor.html.

335 Jim Paymar, "Speak Like a Leader," *Forbes*, accessed August 9, 2021, https://www.forbes.com/sites/jimpaymar/2012/02/02/speak-like-a-leader/.

10장: 두 여정의 합일

336 Robert Coles, *Lives of Moral Leadership: Men and Women Who Have Made a Difference* (Random House Trade Paperbacks, 2013), 20.

337 Ibid., 22–25.

338 Ibid., 26.

339 Ibid., 44.

340 Ibid., 52.

341 Mary S. Hartman, *Talking Leadership: Conversations with Powerful Women* (Rutgers University Press, 1999), 52.

342 Tessa Stuart, "What the Democratic Party Can Learn From Stacey Abrams' Success in

하버드 리더십 수업

Georgia," *Rolling Stone*, December 20, 2020, https://www.rollingstone.com/politics/politics-features/stacey-abrams-georgia-senate-races-2020-election-1097107/.

343 Stacey Abrams, *Lead from the Outside: How to Build Your Future and Make Real Change* (Picador, 2018), Kindle location 1043.

344 Ibid.

11장: 길을 잃은 리더들

345 Robert Penn Warren, *All the King's Men* (Houghton Mifflin Harcourt, 2006), 235.

346 Michael Rothfeld, "The Rise and Fall of Rajat Gupta," *Wall Street Journal*, October 24, 2012, https://online.wsj.com/article/SB100014240529702034006045780752911935607 64.html.

347 Ibid.

348 Walter Kiechel, "The Tempting of Rajat Gupta," *Harvard Business Review*, March 24, 2011, https://hbr.org/2011/03/the-tempting-of-rajat-gupta.

349 Rothfeld, "Rise and Fall."

350 "Rajat Gupta Pleads Not Guilty in Insider Trading, Released on $10 Mn Bail," *Economic Times*, accessed August 9, 2021, https://economictimes.indiatimes.com/news/international/rajat-gupta-pleads-not-guilty-in-insider-trading-released-on-10-mn-bail/articleshow/10505219.cms?from=mdr.

351 "SEC Files Insider Trading Charges Against Rajat Gupta," accessed August 9, 2021, https://www.sec.gov/news/press/2011/2011-223.htm.

352 "Ex-McKinsey Chief Gupta Says He Was in Solitary for Weeks in U.S. Jail," Reuters, March 26, 2019, sec. Banks, https://www.reuters.com/article/us-crime-gupta-prison-idUSKCN1R70XR.

353 Peter Lattman, "Rajat Gupta's Wealth in Spotlight at Trial," *Business Standard India*, June 3, 2012, https://www.business-standard.com/article/economy-policy/rajat-gupta-s-wealth-in-spotlight-at-trial-112060302002_1.html.

354 "The Project Gutenberg EBook of The Divine Comedy, Hell, by Dante Alighieri," accessed August 11, 2021, https://www.gutenberg.org/files/1001/1001-h/1001-h.htm.

355 Ken Auletta, "Blood, Simpler," *New Yorker*, December 7, 2014, https://www.newyorker.com/magazine/2014/12/15/blood-simpler.

356 *U.S. v. Elizabeth Holmes, et al.*, February 26, 2019, https://www.justice.gov/usao-ndca/us-v-elizabeth-holmes-et-al.

357 Anne Gearan, "Three Years Later, Aramony Scandal Still Hurts United Way," AP NEWS, accessed August 11, 2021, https://apnews.com/article/8d91ad96f55046e2bebc3e

55feb6996d.

358 David K. Li, "Jerry Falwell Jr. Is Suing Liberty University after His Forced Resignation over Sex Scandal," NBC News, accessed August 11, 2021, https://www.nbcnews.com/news/us-news/jerry-falwell-jr-suing-liberty-university-after-his-forced-resignation-n1245258.

359 "These 5 Qualities Define Good Leadership, According to a Presidential Historian," Aspen Institute, October 26, 2018, https://www.aspeninstitute.org/blog-posts/these-five-qualities-define-good-leadership-according-to-a-presidential-historian/.

360 Donald Regan: 1918–2003 // Reagan's Staff Chief Stung by Iran-Contra," *Tampa Bay Times*, accessed August 11, 2021, https://www.tampabay.com/archive/2003/06/11/donald-regan-1918-2003-reagan-s-staff-chief-stung-by-iran-contra/.

361 "Oval Office," accessed August 11, 2021, https://www.reaganfoundation.org/library-museum/permanent-exhibitions/oval-office/.

362 Carmine Gallo, "How Starbucks CEO Howard Schultz Inspired Us to Dream Bigger," Forbes, accessed August 11, 2021, https://www.forbes.com/sites/carminegallo/2016/12/02/how -starbucks-ceo-howard-schultz-inspired-us-to-dream-bigger/.

363 "Treasures of the White House: 'Resolute' Desk," White House Historical Association, accessed August 11, 2021, https://www.whitehousehistory.org/photos/treasures-of-the-white-house-resolute-desk.

364 David Halberstam, *The Best and the Brightest* (Random House Publishing Group, 2002).

365 "Vietnam War U.S. Military Fatal Casualty Statistics," National Archives, August 15, 2016, https://www.archives.gov/research/military/vietnam-war/casualty-statistics.

366 "American Rhetoric: Teddy Roosevelt—The Right of the People to Rule," accessed August 11, 2021, https://www.americanrhetoric.com/speeches/teddyrooseveltrightpeoplerule.htm.

367 Niccolo Machiavelli, *The Prince* (Branden Books, 2002), 103.

368 James MacGregor Burns, *Roosevelt: The Lion and the Fox* (1882–1940) (Open Road Media, 2012).

369 Thomas A. Cronin and Michael A. Genovese, *The Paradoxes of the American Presidency* (Oxford University Press, 1998), 9.

370 Charles de Gaulle, *The Edge of the Sword* (Criterion Books, 1960), 104.

371 Michael Beschloss, *Mayday: Eisenhower, Khrushchev, and the U-2 Affair* (Open Road Media, 2016), 252.

372 Nancy Carroll, "Nancy Pelosi's Legacy as One of the Most Important People in History," accessed September 22, 2021, https://www.usatoday.com/story/opinion/2021/04/16/nancy-pelosi-house-speaker-book-susan-page-power-american-history/7231734002/.

373 Haynes Johnson, "Nixon Stirs All the Old Memories," *Washington Post*, May 5, 1977, https://www.washingtonpost.com/archive/politics/1977/05/05/nixon-stirs-all-the-old-memories/6d3e39ce-70e1-409d-84e5-1e72a0e17253/.

12장: 위기를 통과하는 리더십

374 History.com Editors, "Nelson Mandela Writes from Prison," History, accessed August 12, 2021, https://www.history.com/this-day-in-history/mandela-writes-from-prison.

375 Jill Smolowe, "Nelson Mandela: 1918–2013," People.com, accessed August 12, 2021, https://people.com/archive/nelson-mandela-1918-2013-vol-80-no-26/.

376 Poetry Foundation, "Invictus by William Ernest Henley," Poetry Foundation (Poetry Foundation, August 11, 2021), https://www.poetryfoundation.org/, https://www.poetryfoundation.org/poems/51642/invictus.

377 "Captain of Our Souls," International Churchill Society, November 30, 2016, https://winstonchurchill.org/resources/quotes/captain-of-our-souls/.

378 "How Mandela Helped Clinton Survive Scandal," *Guardian*, June 21, 2004, http://www.theguardian.com/world/2004/jun/21/usa.interviews.

379 "Nelson Mandela Memorial: Barack Obama's Speech in Full | CNN Politics," CNN, December 10, 2013, https://www.cnn.com/2013/12/10/politics/mandela-obama-remarks/index.html.

380 Grace Hauck and Natalie Allison, "12-Year-Old Tybre Faw Met His Hero Two Years Ago; He Read John Lewis' Favorite Poem at His Funeral," *USA Today*, accessed August 12, 2021, https://www.usatoday.com/story/news/nation/2020/07/30/john-lewis-funeral-tybre-faw-reads-invictus-poem-honors-hero/5545602002/.

381 "Nelson Mandela: No Easy Walk to Freedom," accessed August 12, 2021, http://www.columbia.edu/itc/history/mann/w3005/mandela01.html.

382 Nelson Mandela, *Long Walk to Freedom* (Back Bay Books; Hachette Book Group, 1995), 22.

383 "Who First Originated the Term VUCA (Volatility, Uncertainty, Complexity and Ambiguity)?—USAHEC Ask Us a Question," accessed August 12, 2021, https://usawc.libanswers.com/faq/84869.

384 "Character Above All: Harry S. Truman Essay," accessed August 12, 2021, https://www.pbs.org/newshour/spc/character/essays/truman.html.

385 Ibid.

386 Jack Valenti, *This Time, This Place: My Life in War, the White House, and Hollywood* (Crown, 2007), Kindle location 744.

387 "Napoleon on Strategy," Strategic Thinking, accessed August 12, 2021, http://www. strategybydesign.org/napoleon-on-strategy.

388 Geoffrey C. Ward, "Before He Became a Saint," *New York Times*, October 22, 1995, https://www.nytimes.com/1995/10/22/books/before-he-became-a-saint.html.

389 Herman Melville, *White-Jacket: Or, The World in a Man-of-War* (Harper & Brothers, 1850). 173.

390 Richard V. Allen, "When Reagan Was Shot, Who Was 'in Control' at the White House?," *Washington Post*, March 25, 2011, shttps://www.washingtonpost.com/opinions/when-reagan-was-shot-who-was-in-control-at-the-white-house/2011/03/23/AFJlrfYB_story. html.

391 History.com Editors, "FDR Commits to Biggest Arms Buildup in U.S. History," History, accessed August 12, 2021, https://www.history.com/this-day-in-history/roosevelt-commits-to-biggest-arms-buildup-in-u-s-history.

392 United States Army Air Forces Office of Statistical Control, Army Air Force Statistical Digest: World War II 1945), http://archive.org/details/ArmyAirForcesStatisticalDigest WorldWarII.

393 "December 3, 1901: First Annual Message | Miller Center," October 20, 2016, https:// millercenter.org/the-presidency/presidential-speeches/december-3-1901-first-annual-message.

394 "National Commission on Terrorist Attacks Upon the United States," accessed August 12, 2021, https://govinfo.library.unt.edu/911/report/911Report_Exec.htm.

395 Pam Fessler, "Why Wasn't New Orleans Better Prepared?," NPR, September 2, 2005, sec. Katrina & Beyond, https://www.npr.org/templates/story/story.php?storyId=4829443.

396 Mark Memmott, "'Human Action and Inaction' Caused 2008 Financial Crisis, Report Concludes," NPR, January 27, 2011, https://www.npr.org/sections/thetwo-way/2011/01/27/133269668/human-action-and-inaction-caused-2008-financial-crisis-report-concludes.

397 Steffie Woolhandler et al., "Public Policy and Health in the Trump Era," *Lancet* 397, no. 10275(February 20, 2021): 705–53, https://doi.org/10.1016/S0140-6736(20)32545-9.

398 "The Black-White Wealth Gap Left Black Households More Vulnerable," accessed September 22, 2021, https://www.brookings.edu/blog/up -front/2020/12/08/the-black-white-wealth-gap-left-black-households-more-vulnerable/.

399 Paola Scommegna and Mark Mather, "COVID-19 and Other Risk Factors Widen the Black-White Life Expectancy Gap | PRB," accessed September 22, 2021, https:// www.prb.org/resources/covid-19-and-other-risk-factors-widen-the-black-white-life-expectancy-gap/.

400 Max H. Bazerman and Michael Watkins, *Predictable Surprises: The Disasters You Should*

Have Seen Coming, and How to Prevent Them (Harvard Business School Press, 2004). 1.

401 History.com Editors, "World Trade Center Is Bombed," History, accessed August 12, 2021, https://www.history.com/this-day-in-history/world-trade-center-bombed.

402 "The Key to Saving More Lives in a Mass Violence Incident," EMS1, accessed August 12, 2021, https://www.ems1.com/ems-products/incident-management/articles/the-key-to-saving-more-lives-in-a-mass-violence-incident-1GPkseQwc6Qm4haF/.

403 Jordan Tama, "Congress May Appoint a Commission to Investigation the Capitol Riot. Three Factors Affect Whether These Work," accessed September 7, 2021, https://www.washingtonpost.com/politics/2021/01/19/members-congress-want-commission-investigate-capitol-invasion-heres-when-these-work/.

404 Ibid.

405 VADM James B. Stockdale, "Stockdale on Stoicism II: Master of My Fate," n.d., 18.

13장: 리더십에 부스터 로켓을 다는 법

406 Robert F. Kennedy, *Thirteen Days: A Memoir of the Cuban Missile Crisis* (W. W. Norton, 2011), 97.

407 "TWE Remembers: Eyeball to Eyeball and the Other Fellow Just Blinked (Cuban Missile Crisis, Day Nine)," Council on Foreign Relations, accessed August 13, 2021, https://www.cfr.org/blog/twe-remembers-eyeball-eyeball-and-other-fellow-just-blinked-cuban-missile-crisis-day-nine.

408 *Essence of Decision: Explaining the Cuban Missile Crisis* (Boston: Little, Brown, 1971), 30

409 Richard E. Neustadt, *Thinking in Time: The Uses of History for Decision Makers* (Simon & Schuster, 2011), 14.

410 "Aristotle—World History Encyclopedia," accessed August 13, 2021, https://www.worldhistory.org/aristotle/.

411 From Thomas Jefferson to John Page, 21 February 1770" (University of Virginia Press), accessed August 13, 2021, http://founders.archives.gov/documents/Jefferson/01-01-02-0023.

412 "Jefferson's Library—homas Jefferson | Exhibitions—ibrary of Congress," April 24, 2000, https://www.loc.gov/exhibits/jefferson/jefflib.html.

413 "Adams, John(1735–1826) Library," accessed August 13, 2021, https://www.bpl.org/archival_post/adams-john-1735-1826-library/.

414 Ethan Anderson, "Lincoln: Shakespeare's Greatest Character," National Endowment for the Humanities, accessed November 12, 2021, https://www.neh.gov/blog/lincoln-shakespeares-greatest-character.

415 Jeremy Anderberg, "Teddy Roosevelt's 10 Rules for Reading," Book Riot (blog), January 30, 2014, https://bookriot.com/teddy-roosevelts-10-rules-reading/.

416 Edmund Morris, *The Rise of Theodore Roosevelt* (Random House Publishing Group, 2010), xxxiii.

417 "Truman Quotes," Truman Library Institute (blog), accessed August 13, 2021, https://www.trumanlibraryinstitute.org/truman/truman-quotes/.

418 "Truman Home Study Book List—Harry S Truman National Historic Site (U.S. National Park Service)," accessed August 13, 2021, https://www.nps.gov/hstr/learn/historyculture/truman-home-study-book-list.htm.

419 Robert H. Ferrell, *Harry S. Truman: A Life* (University of Missouri Press, 2013).

420 "Recognition of Israel | Harry S. Truman," accessed August 13, 2021, https://www.trumanlibrary.gov/museum/ordinary-man/recognition-of -israel.

421 David McCullough, *Truman* (Simon & Schuster, 2003). 736.

422 Jim Mattis and Bing West, *Call Sign Chaos: Learning to Lead* (Random House Publishing Group, 2019), 5.

423 "Commandant's Professional Reading List (Foundational)," MCA (blog), accessed August 13, 2021, https://mca-marines.org/blog/resource/commandants-professional-reading-list/.

424 Mattis and West, *Call Sign Chaos*, 43.

425 "Defense Secretary James Mattis' Extraordinary Reading Habits," accessed August 13, 2021, https://www.cnbc.com/2018/09/13/defense-secretary-james-mattis-extraordinary-reading-habits.html.

426 Mattis and West, *Call Sign Chaos*, 42.

427 Sidney Harman, *Mind Your Own Business: A Maverick's Guide to Business, Leadership and Life* (Crown, 2003), xii.

428 Merrill D. Peterson, *Lincoln in American Memory* (Oxford University Press, 1995), 97.

429 Richard Carwardine, *Lincoln's Sense of Humor* (SIU Press, 2017), 45.

430 "Thatcher's Thoughts from a Life in Politics," AP News, accessed August 14, 2021, https://apnews.com/article/db88dbafc70b46f2a286a343105b472d.

431 Del Quentin Wilber, "When Reagan Was Shot, Country Rallied Around, but He Hadn't Spent Months Downplaying Assassins," *Los Angeles Times*, October 2, 2020, https://www.latimes.com/politics/story/2020-10-02/when-reagan-shot-country-rallied-he-hadnt-spent-months-downplaying-assassins.

432 "Debate Between the President and Former Vice President Walter F. Mondale in Kansas City, Missouri," accessed August 14, 2021, https://www.reaganfoundation.org/ronald-reagan/reagan-quotes-speeches/debate-be tween-the-president-and-former-vice-president-walter-f-mondale-in-kansas-city-missouri/.

하버드 리더십 수업

433 Con Coughlin, "Marrakesh: Where Churchill and Roosevelt Played Hookey," *Telegraph*, February 4, 2016, https://www.telegraph.co.uk/travel/destinations/africa/morocco/marrakech/articles/Marrakesh-where-Churchill-and-Roosevelt-played-hookey/.

434 Ibid.

435 "Speed Dial: Warren Bennis," Bloomberg.Com, September 23, 2010, https://www.bloomberg.com/news/articles/2010-09-23/speed-dial-warren-bennis.

436 Olga Khazan, "Give Up on Work-Life Balance," *Atlantic*, May 30, 2019, https://www.theatlantic.com/health/archive/2019/05/work-life-balance/590662/.

437 "Abraham Lincoln's Advice to Lawyers," accessed August 14, 2021, http://www.abrahamlincolnonline.org/lincoln/speeches/law.htm.

438 Lamar Alexander, *Six Months Off: An American Family's Australian Adventure* (Morrow, 1988).

요점 정리: 리더를 위한 20가지 교훈

439 Nancy Koehn, *Forged in Crisis: The Power of Courageous Leadership in Turbulent Times* (Simon & Schuster, 2017), 4.

440 Charlotte Alter, *The Ones We've Been Waiting For: How a New Generation of Leaders Will Transform America* (Penguin, 2021), 119.

에필로그: 부름에 응답하기

441 "Our Documents—ranscript of President John F. Kennedy's Inaugural Address (1961)," accessed July 19, 2021, https://www.ourdocuments.gov/doc.php?flash=false&doc=91&page=transcript.

442 "Jimmy Carter's Naval Service—About Us—The Jimmy Carter Presidential Library and Museum," accessed July 19, 2021, https://www.jimmycarterlibrary.gov/about_us/naval_service.

443 Hersey, "John F. Kennedy's Story of Survival," *New Yorker*, accessed July 19, 2021, https://www.newyorker.com/magazine/1944/06/17/survival.

444 Rene Sanchez and Fern Shen, "New President Charms Throngs Along America's Main Street," *Washington Post*, January 21, 1989, https://www.washingtonpost.com/archive/politics/1989/01/21/new-president-charms-throngs-along-americas-main-street/b277e78a-ff85-4c7c-9f71-908baaccedf7/.

445 "Bush, George H. W.," accessed August 18, 2021, http://public1.nhhcaws.local/research/

histories/biographies-list/bios-b/bush-george-h-w.html.

446 Jonathan E. Vespa, "Those Who Served: America's Veterans from World War II to the War on Terror," n.d., 18.

447 Tom Brokaw, *The Greatest Generation* (Random House, 1998).

448 Larry Buchanan, Quoctrung Bui, and Jugal K. Patel, "Black Lives Matter May Be the Largest Movement in U.S. History," *New York Times*, July 3, 2020, https://www.nytimes.com/interactive/2020/07/03/us/george-floyd-protests-crowd-size.html.

449 Ibid.

450 Amanda Barroso and Rachel Minkin, "Recent Protest Attendees Are More Racially and Ethnically Diverse, Younger Than Americans Overall," Pew Research Center (blog), accessed August 18, 2021, https://www.pewresearch.org/fact-tank/2020/06/24/recent-protest-attendees-are-more-racially-and-ethnically-diverse-younger-than-americans-overall/.

451 "Which Generations Have the Most Members in the 117th Congress? | Pew Research Center," accessed August 18, 2021, https://www.pewresearch.org/fact-tank/2021/02/12/boomers-silents-still-have-most-seats-in-congress-though-number-of-millennials-gen-xcrs-is-up-slightly/.

452 "Home | Ashoka | Everyone a Changemaker," accessed August 18, 2021, https://www.ashoka.org/en-hu.

453 "Learn More about Teach for America's Nationwide Impact," accessed August 18, 2021, https://www.teachforamerica.org/what-we-do/impact.

454 "KIPP's Structure | Learn How KIPP Public Charter Schools Are Structured," KIPP Public Charter Schools, accessed August 18, 2021, https://www.kipp.org/schools/structure/.

455 "Echoing Green Kicks Off Work Supported by Racial Equity Philanthropic Fund," Echoing Green, February 11, 2021, https://echoinggreen.org/news/echoing-green-kicks-off-work-supported-by-racial-equity-philanthropic-fund/.

456 John McCain and Stan McChrystal, "Expand Opportunities for Young Americans to Serve Their Country," CNN, August 10, 2015, https://www.cnn.com/2015/08/10/opinions/mccain-mcchrystal-national-service-legislation/index.html.

457 David Gergen and Caroline Cohen, "Opinion: This Program Puts People to Work Serving America. Now It's Going to Jump in Size," CNN, accessed August 18, 2021, https://www.cnn.com/2021/03/17/opinions/americorps-stimulus-national-service-gergen-cohen/index.html.

458 E. J. Dionne and Kayla Meltzer Drogosz, "United We Serve?: The Debate over National Service," Brookings (blog), November 30, 1AD, https://www.brookings.edu/articles/united-we-serve-the-debate-over-national-service/.

459 "Address at the Sorbonne in Paris, France: 'Citizenship in a Republic' | The American Presidency Project," accessed August 18, 2021, https://www.presidency.ucsb.edu/documents/address-the-sorbonne-paris-france-citizenship-republic.

460 "Roosevelt's Lessons for Nations Across Generations," accessed August 18, 2021, https://www.lowyinstitute.org/the-interpreter/roosevelt-s-lessons-nations-generations.

461 "LeBron James Is the 'Man in the Arena,'" https://www.cleveland19.com, accessed August 18, 2021, https://www.cleveland19.com/story/38385477/lebron-james-is-the-man-in-the-arena.

462 "Miley Cyrus Is Now Tattooing Presidential Quotes on Herself," *Washington Post* (blog), July 11, 2012, https://www.washingtonpost.com/blogs/celebritology/post/miley-cyrus-is-now-tattooing-presidential-quotes-on-herself/2012/07/11/gJQA9PGedW_blog.html.

463 "The Library Lions," New York Public Library, accessed August 18, 2021, https://www.nypl.org/help/about-nypl/library-lions.

감사의 말

≈

이 책에서 주장하는 핵심 주제는 오늘날 리더십 학자들의 시선이 역사의 위인 이론으로부터 다른 이론으로 옮겨가고 있다는 것이다. 물론 리더 개인은 여전히 필수 불가결하지만, 오늘날 '큰일을 해내려면' 리더는 반드시 창조적인 협업 관계를 유지해야 한다는 것이 점점 더 분명해지고 있다.

나는 이 책을 집필하면서 협력의 중요성을 재삼 느꼈다. 이 책은 처음부터 협업의 결과물이고 많은 사람의 정신과 펜이 이 과정에 참여했다. 나는 그분들의 협력에 놀랐지만 동시에 반가웠다.

반세기 이상 부부 생활과 부모 역할을 해오면서 나의 아내 앤은 소중한 파트너였고 내게 좋은 아이디어와 조언을 끊임없이 해주었다. 그녀는 우리 4인 가족 중에서 가장 문화적 교양이 높은 사람이다. 또 우리 부부는 아들 크리스토퍼와 딸 캐더린이 공직에서 근무하는 것을 자랑스럽게 여긴다. 아이들의 배우자와 자녀들 또한 공직에 진출해 있다. 그들 가정은 젊은 세대의 새로운 도전에 관한 신선한 통찰을 제공해주었다.

나는 하버드 대학교 케네디스쿨의 공공리더십센터를 창설하고 또 육성해온 내 파트너들에게 감사를 표하고 싶다. 우리의 협업은 나를 성장시켜준 놀라운 훈련이었다. 그 센터는 오늘날 센터장 더그 엘먼도프의 멋진 지도 아래에서 더욱 발전하고 있다. 또 새로운 공동 이사인 데이비드 패트릭과 해나 라일리 볼스, 신임 행정이사인 켄 히멜먼도 센터의 발전에 적극 관여하고 있다. 나는 센터의 교수와 직원들뿐만 아니라 후원자들에게도 감사드린다. 이분들의 후원 덕분에 근 1,000명의 학생에게 펠로십 자격을 수여해 박사학위를 딸 수 있게 도울 수 있었다. 고마운 후원자들은 레스와 애비게일 웩스너, 모트 저커먼, 글렌 더빈, 데이비드 루벤스타인, 빌 조지. 실라 C. 존슨, 리언과 데브라 블랙 가문, 루이스 베이컨, 앨런 글레이츠먼, UAE 정부 등이다. 이들이 지원한 1,000여 명의 학생을 우리는 아주 자랑스럽게 생각한다.

위대한 리더가 되는 문제를 연구하는 데 있어서 나는 이 분야의 오래된 스승들 덕을 많이 봤다. 그들은 워런 버니스, 존 가드너, 데버라 로드, 피터 드러커, 제임스 맥그레거 번스, 리처드 해크먼 등이다. 이들 중 몇몇은 근년에 별세했다. 나는 그들을 모두 그리워하지만 특히 다정한 친구였던 워런을 기억하고 싶다. 다행스럽게도 다른 이들은 여전히 리더십 연구에서 핵심 역할을 하고 있는데, 빌 조지, 짐 콜린스, 아이리스 보넷, 월터 아이작슨, 에이미 에드먼슨, 매티스 장군과 매크리스털 장군, 데이나 본 제독, 로자베스 모스 캔터, 론 하이페츠, 마셜 간츠, 바버라 켈러먼 같은 분들이 그러하다. 이들은 대부분 이 책에서 언급되었고, 특히 빌 조지의 저작과 권위 있는 리더십은 이 분야의 모습을 새롭게 형성하고 있다.

내 생각에, 역사가와 전기 작가들은 리더십을 이해하는 데 도움을 주는 풍부한 정보원이다. 도리스 컨스 굿원, 낸시 코엔, 존 미첨, 질 레포어, 프레드 로지볼, 드류 파우스트, 개리 윌스, 마이클 베슐로스, 바버라 터크먼, 스티븐 앰브로스, 아서 슐레진저 주니어 같은 역사가들의 책을 읽어보라. 핵심 교훈을 발견할 수 있을 것이다. 다행스럽게도 터크먼, 앰브로스, 슐레진저를 제외하고 이 역사가들은 우리와 함께 있으며 그들의 연구 작업은 계속될 것이다.

내 사상에 영향을 미친 사회과학자들도 언급하고 싶다. 그들은 조 나이, 조지프 캠벨, 에릭 에릭슨, 마틴 셀리그먼, 하워드 가드너, 아이리스 보넷, 수전 케인 등이다. 나아가 이 프로젝트가 만들어낼 놀라운 결과에 대해서도 언급하고 싶다. 이 책을 읽고 새로운 리더들이 미국을 빛나는 미래로 이끌 수 있다면 그것은 얼마나 놀라운 일일 것인가!

새로운 리더들의 유망한 미래에 대한 내 평가는 사반세기 전 대학 강단에 서면서 뿌리를 내리기 시작했다. 나는 훌륭한 재능을 지닌 학생들을 발견했고, 그래서 해마다 두 명의 대학원생을 뽑아서 리더십 훈련을 시키기로 했다. 한 명은 연구조사 담당 조수, 다른 한 명은 사무 담당 조수였다. 나는 두 학생과 비공식적인 계약을 맺었다. 내 옆에서 2년간 함께 일해준다면 세상으로 나가는 문을 여는 데 도움을 주겠다는 것이었다. 그런 제안을 할 당시에 나는 그들이 내 평생 파트너 겸 동반자가 되리라는 것까지는 예상하지 못했다.

그들은 몇 년 전 내게 고정된 업무에서 잠시 벗어나 이 책을 써보라고 권했다. 마이클 저커먼, 블라이드 리건, 제이미 필치, 그레그 호넌, 엠마 돌슨 등도 적극 권유했다. 이들은 모두 사회로 나가서 아주 보람찬 삶을 영위하고 있다. 마이클은 『하버드법률리뷰』의 편집자를 하다가 소토메이어 법관의 서기를 거쳐서 오하이오로 가서 형법 개정을 위한 비영리 단체에서 일하고 있다. 블라이드는 현재 채플힐에 있는 노스캐롤라이나 대학교 로스쿨에 재학 중이다. 제이미는 하버드, 예일, 스탠퍼드의 로스쿨 모두에 합격했으나 예일을 택했다(예일 졸업생인 나는 잘한 선택이라고 생각한다). 그레그는 케네디스쿨에서 석사학위를 받은 후에, 위드오너의 관리 요원으로 일하고 있다. 이 단체는 양당 소속 제대 군인들의 의회 진출을 도와주는 비영리 조직이다. 엠마는 내 팀을 떠나서는 CPL의 전략 파트너가 되었다가 지금은 워싱턴 D.C.의 연구조사 자문 회사의 운영 임원으로 근무하고 있다(내 웹사이트에 들어가면 '팀 거건'의 멤버들 프로필을 살펴볼 수 있다).

더욱 중요한 것은, 팀 거건이 최근에 하버드 대학교를 우등으로 졸업했고 또 멋진 글을 써서 상까지 받은 캐롤라인 코엔을 발견했다는 것이다. 캐롤라인은 팀에 합류해 자신이 멋진 파트너임을 증명했다. 그녀는 연구조사 활동을 멋지게 해낼 뿐만 아니라, 아이디어를 활발히 주고받으며 말들을 인쇄물로 바꿔놓았다. 나는 날마다 그녀의 건전한 판단과 현명한 분간에 의존하고 있다. 그녀가 없었더라면 이 책은 나오지 못했을 것이다. 아주 행복하게도 리아 잰저가 1년 전에 우리 팀에 합류했다. 그녀는 런던 대학교 경제대학원을 우수한 성적으로 졸업한 재원이다. 리아는 지금 또 다른 스타로 발전하고 있다.

이 책을 구체적 현실로 만들어준 사이먼앤슈스터 출판사의 멋진 팀과 여러 조언자에게도 감사를 표하고 싶다. 편집자인 스튜어트 로버츠는 집필 전 과정에서 많은 도움을 주었고, 부편집자 아우라 에이머 바니두아도 지원을 아끼지 않았다. 홍보 부국장 스티븐 베드포드와 발행인 데이너 카네디도 도움을 아끼지 않았다. 밥 바넷과 에일린 보일은 내게 특별한 코치 역할을 해주었다. 나는 지난 수십 년간 밥의 현명한 조언에 힘입은 바 많았는데, 이 책 또한 마찬가지였다. 에일린과는 함께 일한 것이 이번이 두 번째다. 그녀는 내가 도서 출판의 세계를 항해하는 데 큰 도움을 주었다.

솔직히 말해서 우리 팀에 많은 인재가 합류하기는 했지만, 이 프로젝트를 과연 멋지게 해낼 수 있을까 확신이 서지 않았다. 내가 이미 전에 깨우친 바 있듯이, 책을 쓴다는 것은 아주 어려운 일이다. 처칠은 그 어려움을 잘 말해두었다. "책을 쓴다는 것은 하나의 모험이다. 제일 처음에 그것은 장난감이면서 오락거리다. 그다음에는 사랑스러운 정부가 되고, 더 나아가면 나를 지배하는 주인이 되고, 결국에는 독재자가 되어버린다. 그리고 맨 마지막 단계는 이러하다. 이제 그런 노예 상태에 거의 체념하려는 순간에 당신은 분연히 일어나 그 괴물을 죽여서 일반 대중에게 내던진다."

그러나 우리 팀은 기대 이상으로 잘해주었고, 나는 무척 기쁘다. 내 옆에서 일하는 젊은이들은 오늘날 젊은 세대가 얼마나 전도유망한지를 내게 일깨워주었다. 그들이야말로 이 책을 창조적인 협업의

하버드 리더십 수업

결과물로 만들어준 장본인이다. 그들은 이 책의 집필을 하나의 모험으로 만들어주었다. 그들이야말로 우리 민주주의의 미래에 강한 믿음을 안겨주는 희망찬 젊은이들이다. 혹시 이 책에 있을지도 모르는 오류는 모두 내 책임이다.

옮긴이 이종인

고려대학교 영어영문학과를 졸업하고 한국 브리태니커 편집국장과 성균관대학교 전문 번역가 양성 과정 겸임 교수를 역임했다. 250여 권의 책을 옮겼으며, 최근에는 인문 및 경제 분야의 고전을 깊이 있게 연구하며 번역에 힘쓰고 있다. 옮긴 책으로는 『데일 카네기 인생경영론』 『국부론』 『자기 신뢰』 『진보와 빈곤』 『모비딕』 『숨결이 바람 될 때』 등이 있다.

하버드 리더십 수업

1판 1쇄 발행 2024년 3월 28일
1판 2쇄 발행 2024년 8월 14일

지은이 데이비드 거건
옮긴이 이종인
발행인 박명곤 **CEO** 박지성 **CFO** 김영은
기획편집1팀 채대광, 김준원, 이승미, 이상지
기획편집2팀 박일귀, 이은빈, 강민형, 이지은, 박고은
디자인팀 구경표, 유채민, 임지선
마케팅팀 임우열, 김은지, 전상미, 이호, 최고은

펴낸곳 (주)현대지성
출판등록 제406-2014-000124호
전화 070-7791-2136 **팩스** 0303-3444-2136
주소 서울시 강서구 마곡중앙6로 40, 장흥빌딩 10층
홈페이지 www.hdjisung.com **이메일** support@hdjisung.com
제작처 영신사

ⓒ 현대지성 2024

"Curious and Creative people make Inspiring Contents"
현대지성은 여러분의 의견 하나하나를 소중히 받고 있습니다.
원고 투고, 오탈자 제보, 제휴 제안은 support@hdjisung.com으로 보내 주세요.

현대지성 홈페이지

이 책을 만든 사람들

기획 박일귀 **편집** 강민형 **디자인** 임지선